Kunst-Reiseführer in der Reih

Zur schnellen Orientierung – die wi... ...nd Sehenswürdigkeiten Skandinaviens auf einen Blick:

(Auszug aus dem ausführlichen Ortsregister S. 380–387)

In der Umschlagklappe: Übersichtskarte Skandinavien

In der hinteren Klappe: Nordskandinavien (Nordkalotte)

Reinhold Dey

Skandinavien

Dänemark Norwegen Schweden Finnland

Kultur – Geschichte – Landschaft

Von steingewordener Vergangenheit
bis zur lebendigen Gegenwart

DuMont Buchverlag Köln

Для Бамучки

Umschlagvorderseite: Kuopio, Blick vom Puijo (Finnland)
Umschlagrückseite: Häuschen in Luopioinen (Finnland)
Vordere Umschlaginnenklappe: Voss, Heimatmuseum, Teppichweberei nach 1650. Die fünf klugen und die fünf törichten Jungfrauen (Norwegen) (Fotos: Wulf Ligges)

10. Auflage 1986

Satz und Druck: Rasch, Bramsche
Buchbinderische Verarbeitung: Boss-Druck, Kleve

Printed in Germany ISBN 3-7701-0827-2

Inhalt

Augen auf – es geht nach Norden

Autor und Verlag wagen sich hier an einen Versuch, der im deutschen Sprachraum – wenn nicht gar überhaupt – bislang noch nicht unternommen worden ist: Vorgestellt werden vier Länder im Norden Europas, die keineswegs so homogen sind, wie oft angenommen wird. Mit Pflug, Schwert und im Wind gebauschten Rahsegeln haben die Skandinavier ein gewaltiges Stück unseres Erdteils in Besitz genommen. Es ist nicht weniger als eine Million Quadratkilometer groß. Es reicht von den freundlichen Ebenen Jütlands und Schonens, von den dunklen, aber in sommerlicher Sonne stets zum Glitzern bereiten Seen Ostfinnlands, den schroff abweisenden Steilhängen der norwegischen Westküste bis herauf zu dem rätselhaften Plateau am Nordkap, wo Europa endet und die Arktis beginnt.

Vier eigenständige Kulturen? Nein, fünf. Denn die Samen haben ihre eigene.

Es gibt nur 45000 Samen. In ganz Skandinavien leben über zwanzig Millionen Menschen. Menschen, deren Vorfahren sich gegenseitig unterdrückt und zu unterwerfen versucht haben, die im Kampf gegeneinander um die Vorherrschaft rücksichts- und gnadenlos hart waren. (Voltaire über die Schlacht von Helsingborg, 1710: »Offiziere, die dabei waren, haben mir versichert, sie hätten die Leute fast alle vor Zorn schäumen sehen; so unbändig ist der Nationalhaß der Schweden gegen die Dänen.«)

Nichts ist davon geblieben. Friede zwischen Nachbarn ist in Skandinavien schon längst ein Normalzustand, wie er jetzt auch zwischen den Völkern Westeuropas entsteht und zwischen den beiden getrennten Teilen dieses Kontinents einmal möglich sein wird.

Dieses Riesenstück der Alten Welt im hohen Norden hat für viele von uns nur wenig Profil. In der Gemeinschaftskunde und im Sprachunterricht unserer Schulen sind sie Randgebiete. Das gilt auch für den massierten Gemeinschaftstourismus. Und weil man niemals dort war, keine eigenen Vorstellungen vom Norden hat, überfliegt man im Wust der Informationen die aus Skandinavien eher gleichgültig.

Wer den Pullover-Urlaub nicht scheut, läßt sich am Ende von dem schrecken, was er über die Preise gehört hat. Nun: In den Wohlstands- und Wohlfahrtsländern Nordeuropas ist außer dem weiten Raum, außer der mächtigen und großartigen Landschaft, der für uns nahezu unglaublichen Bewegungsfreiheit nichts umsonst oder ausgesprochen billig zu haben. Durchdachte Vorbereitung und spezielle Reiseformen können aber die Kosten erträglicher machen. Vorwiegend ortsfester Urlaub bei Bauern oder in einem Feriendorf, essen in Selbstbedienungsrestaurants, Verzicht auf die auch im Süden Europas schon verkümmernde Atmosphäre des Grand Hôtel. Im fröhlichen Extrem die große Fahrt im randvoll gepackten Kleinbus – oder Interrail und Rucksack mit Traggestell, Übernachtung in Wanderherbergen, mit Stubennachbarn aus Paderborn, Beauvais, Sevenoaks und San Diego.

Dabei kommt der Gaumen kaum auf seine Kosten, und man versinkt nicht in schwellenden Betten. Skandinavien fordert offene Augen, offene Ohren, einen wachen, aufnahmebereiten und verarbeitenden Verstand.

Und die Bereitschaft zum Verstehen. Wäre der Herr Geheimrat Johann Wolfgang von Goethe nach Skandinavien statt nach Italien gereist, so hätte er Menschen gefunden, die sich von den Ruinen und Basalten – und auch den Pergamenten – der Vergangenheit den Blick in die Zukunft niemals verbauen lassen.

Die Skandinavier haben ein unbefangenes Verhältnis zu ihrer Vergangenheit. Während die Eltern Kreuzgewölbe betrachten, spielen in den Seitenschiffen und im Gestühl die Kinder Versteck. Natürlich respektieren sie den Chor und die Sakristei. Wie auch die national Eingestellten die international Eingestellten respektieren, die Republikaner die Monarchisten und die Verheirateten jene, die in ›papierloser Ehe‹ zusammenleben.

Die Gemeinwesen der toleranten Skandinavier sind ›offene Gesellschaften‹. Das heißt: Prinzipiell darf jeder tun, was er will, solange er damit niemandem schadet; Information dient der Bildung und Weiterentwicklung, darum ist jede Information jedem zugänglich zu machen, sofern dadurch nicht wesentliche Interessen einzelner oder des Gemeinwesens verletzt werden. Das ist so dezidiert nicht in den Verfassungen verankert – und wird auch nicht durch spezielle Gesetze wieder eingeengt –, sondern es gehört zum Alltag und funktioniert.

So können die Skandinavier sich zum »Alles fließt« bekennen, zum Fluß der Ereignisse, der Entwicklung, zum Fließen auch der Begriffe Kunst und Kultur. Ein Wort, das im Deutschen noch fehlt, gehört in Skandinavien zum Arsenal intellektuell zugespitzter Speere der Diskussion über das Gemeinwesen heute und morgen: *Finkultur,* Kultur nur noch für schon Gebildete, deren konservativer Kunstbegriff allein bereits Altgewordenes gelten lassen will, wenn es sich in Richtungen, Epochen und Schulen einordnen läßt.

Gegen diese Erstarrung wehren die Skandinavier sich. Kultur fängt für sie schon bei dem Klecksbild im Kindergarten an, bei dem kleinen, eben entstehenden Kunstwerk, das mit dem Pinsel zu neuen Dimensionen der ausufernden Welt Vier- und Fünfjähriger erweitert wird.

Ist das eine Banalisierung abendländischer Kunst? Nicht nach skandinavischer Ansicht. Es ist ein bewußtes Festhalten an den Anfängen von Entwicklungen und an der Bereitschaft, sich immer wieder selbst in Frage zu stellen. Ein bewußter und andauernder Kontakt mit der Basis: der einfachen, naiven Gestaltungskraft.

Als die Mumin-Oper der Finnin Tove Jansson Uraufführung hatte, reagierten die Rezensenten zweier bedeutender Zeitungen Helsinkis auf dieselbe Art: Sie nahmen ihren Sohn – oder ihre Tochter – mit in die Oper. Kinder rezensierten eine Oper für Kinder. Es waren Kritiken, die zwar nicht die Gescheitheit des Kritikers widerspiegelten, dafür aber Hand und Fuß hatten.

Vier Länder, fünf Völker. Wer ihre Kunst und als deren Fundament ihre Kultur darstellen möchte, geht einen schweren Gang. Ich möchte Europas Norden und seine Menschen den Nachbarn südlich der Meere näherbringen. Dabei werde ich nach bestem Vermögen, von den Wurzeln ausgehend, den Weg bis in unsere Gegenwart verfolgen, zum Hier und Heute; die Denkweise, die Kultur und auch die Sozialstruktur und nicht zuletzt die Zukunftsvorstellungen dieser Völker, dieser vielen Individuen. Die Kunst ist also nur *ein* Aspekt, unter dem wir Skandinavien kennenlernen werden.

An einen Ausspruch des Geheimrats Goethe werde ich mich dabei halten: »Wer vieles bringt, wird manchem etwas bringen.«

Hoffentlich läßt seine Weisheit mich nicht im Stich!

Bitte beachten Sie, daß die Entfernungen (für Norwegen, Schweden, Finnland) in Meilen angegeben sind: 1 skandinavische Meile = 10 km! (s. S. 73)

»Der Nordwind ist kalt und trokken, was seinen Grund darin hat, daß die Sonne weit entfernt ist.«

Dänemark

Von Emil Hansen und anderen Skandinaviern

Im nordwestlichen Zipfel von Schleswig-Holstein liegt Seebüll, ein kleines Nest. Man fährt auf der B 5 nach Norden. 11 km hinter Niebüll ist man in Süderlügum, 4 km südlich der Grenze, um die Preußen und Dänen sich hundert Jahre lang gestritten haben. Links geht eine Straße nach Aventoft. Zwei Kilometer weiter steht das erste Schild ›Nolde-Museum‹.

Das Museum der Stiftung A. und E. Nolde ist vom 1. März bis 30. November täglich zwischen 10 und 18 Uhr geöffnet. Das Café macht eine Stunde früher auf und eine später zu. In diesem Café begegnete Skandinavien mir auf eine sehr subtile Art. Doch davon später.

Die Reichskammer der Bildenden Künste verhängte über den Künstler schon 1938 das Malverbot. Zwischen 1938 und 1945 malte Nolde etwa 1300 ›ungemalte Bilder‹ in einer Mischtechnik aus Aquarell und Tempera. An Ölbilder wagte er sich nicht mehr, weil dem kontrollierenden Polizisten der intensive Geruch der trocknenden Farbe hätte auffallen können.

Der 1941 Außgestoßene wurde am 7. August 1867 in einem Dorf geboren, das 1864 von den Truppen des Deutschen Bundes erobert worden war. Es wurde preußisch, nachdem die Österreicher 1866 bei Königgrätz eine Schlacht gegen den Bundesgenossen von gestern verloren hatten. Nach dem Ersten Weltkrieg fand im deutsch-dänischen Grenzgebiet eine in Versailles beschlossene Abstimmung statt. Nordschleswig fiel an Dänemark, dazu gehörte das Dorf Nolde, dessen Name der Bauernsohn Emil Hansen inzwischen als Nachnamen gewählt hatte.

Nach 1945 wird Emil Nolde zum Objekt deutscher Vergangenheitsbewältigung. Man überhäuft ihn mit akademischen und anderen Ehren. Er stirbt 1956.

Im Museumscafé kann man »nach Vorbestellung auch Mittagsgedeck« erhalten. Die Gerichte- und Getränkeliste des Gästehauses (Hotel garni) konstatiert: »Spirituosen können nur in Verbindung mit Speisen verabreicht werden.«

Neugierige Frage: »Warum denn das?« Taktvolle Antwort: »Wissen Sie, die Grenze ist hier so nahe.« Der skandinaviengewohnte Deutsche begreift: »Aha, die Dänen kämen sonst, um sich billig zu betrinken?« Antwort auf die taktvolle norddeutsche Art, die keinen einzelnen und auch keine einzelne Nation an das Kreuz eines Lasters nageln möchte: »Sagen wir lieber: die Skandinavier.«

Auf dem Hektar der *Stiftung Seebüll A. und E. Nolde* überschneiden sich zwei Kulturkreise: der geschichtlich gewachsene intolerante kontinentale und der ebenso geschichtlich gewachsene tolerante skandinavische. (»Die Grenze ist hier so nahe.«) Toleranz bis hin zur Libertinage oder – auf Neuokzidental – Permissiveness ist der Schlüssel zum Norden Europas. Zu jenem Teil unseres Kontinents, wo früher die schwedischen Soldaten »schäumten« – von wegen Nationalhaß – , wo früher die Kirchenmalereien übertüncht wurden (ein nachträgliches Malverbot), wo früher der Tanz als sündig galt (und trotzdem jedes dritte Kind außerehelich oder vor dem siebten Ehemonat zur Welt kam).

Natürlich können Sie durch Skandinavien reisen, um die Landschaft zu erleben. Aber Sie werden kaum noch die Gastfreundschaft kennenlernen, die Friedrich Wilhelm von Schubert pries, in seinem Buch: *Reise durch Schweden, Norwegen, Lappland, Finnland und Ingermannland in den Jahren 1817, 1818 und 1820 (Leipzig, 1823/24, J. E. Hinrichssche Buchhandlung).*

Die Skandinavier haben heute eine selbstbewußte, bis an Selbstzufriedenheit grenzende Einstellung gegenüber Gästen. *Take it or leave us.* Wer sich darauf einstellt, wird Skandinavien mit – menschlichem – Gewinn bereisen und verlassen. Und vielleicht sogar wiederkommen.

Die nach unseren Begriffen so homogenen Völker des Nordens haben ganz festumrissene Vorstellungen vom Nationalcharakter ihrer nächsten Nachbarn, und die sind erstaunlicherweise ebenso absurd wie die, welche etwa die Bayern von den Friesen haben. Da läuft der schweigsame Finne durch die ewig schweigenden Wälder; abends macht er ein Lagerfeuer, um sich die Hände zu wärmen, und trinkt aus der stets mitgeführten Flasche jenen Schnaps, ohne den er halt nicht existieren kann.

Westlich dieser Wälder, auf der anderen Seite des Bottnischen Meerbusens, wird der »königlich schwedische Hochmut« kultiviert. Die Schweden kapseln sich ab, weil sie dünkelhaft, reich und neutral sind. Wenn die Dänen, Norweger oder Finnen um ihre Existenz kämpfen, dann helfen die Schweden mit Kochgeschirren für die Soldaten und Fausthandschuhen für kleine Kinder.

Die Norweger sind als nationalstolze Spinner abgestempelt. Knorrig und sich an der Schönheit seines Landes labend wie der Finne am Schnaps, stapft der »norwegische

Norweger aus Norwegen« durch Täler und über steile Grate hinweg, wobei er unentwegt die erste Zeile seiner Nationalhymne vor sich hin summt: »Ja, wir lieben dieses Land.« Dieses Land ist für ihn das der Tugend und der aufrechten Lebensweise – das einzige in der ganzen weiten Welt.

Isländer treten immer zu zweit auf. Das müssen sie, weil sie von dem Zwang besessen sind, sich gegenseitig unentwegt Sagas zu erzählen und Stammbäume auseinanderzusetzen. Wenn ihre Kehlen davon trocken geworden sind, laben sie sich an einem hochprozentigen Getränk, das – nicht ganz zu Unrecht – ›schwarzer Tod‹ heißt. Bei ihnen gelten die Norweger als nicht zurechnungsfähig, weil sie in dem Irrglauben befangen sind, daß Norwegen schöner sei als Island.

Am schlimmsten sind die Dänen dran. Die weit dort drunten im Süden lebenden Dänen gelten als lustig, humorig und ewig gut aufgelegt. Sind sie im Kreise anderer Skandinavier, dann erwartet man von ihnen, daß sie ständig behäbig breit Anekdoten und Döntjes von sich geben. Wenn sie nur den Mund aufmachen, dann hängen sich die anderen zum Grinsen bereit an ihre Lippen. Ein Däne darf ganz einfach nicht ernst schweigen. Er ist dazu verurteilt, der Spaßmacher zu sein.

Nicht nur deswegen ist die Situation der Dänen wenig beneidenswert. Vom Herkommen sind sie Skandinavier, aber allein schon ihre geografische Situation zwingt sie immer und immer wieder in das Spannungsfeld Mitteleuropas hinein. Der Schatten des vergleichsweise großen deutschen Nachbarn liegt unausweichlich über diesem Volk von nicht einmal fünf Millionen Menschen.

Auch die Finnen haben einen großen Nachbarn. Der ist in allem und jedem so unterschiedlich, daß den Finnen die Abgrenzung nach Osten leichtfällt. Die Dänen sind – sie hören es nicht gern – mit dem Süden ebenso stark, wenn nicht gar stärker, verzahnt als mit dem Norden. Sie möchten Skandinavier sein, aber können es nicht ganz, sie wollen keine Kontinentaleuropäer sein, können sich aber den Auswirkungen Mitteleuropas nicht entziehen.

So stimmten 1972 zwei Drittel aller Dänen für den Anschluß an die Europäische Gemeinschaft, aber schon 1974 war wieder mehr als die Hälfte dagegen. Das ist keine blanke Unvernunft. Es ist ein Reflex des geistigen Widerspruchs, mit dem die Dänen leben müssen. Das begann, als sie im 15. Jahrhundert ihr Reich nach Süden bis vor die Tore der Hansestadt Hamburg ausdehnten.

Da drängt sich die Frage auf: Warum versuchen die Dänen nicht, eine Brücke zwischen Skandinavien und dem Kontinent zu schlagen?

Generell: Ein politischer und auch ein kultureller Brückenschlag ist zumindest in den letzten Jahrhunderten, seit dem Entstehen von Nationalstaaten und Ideologiestaaten keinem Volk oder Staatsgebilde gelungen. Den Belgiern nicht mit ihrem Zweisprachenstaat, den Holländern nicht zwischen Britannien und Mitteleuropa, den Österreichern nicht – weder zu Zeiten der k.u.k. Monarchie noch heute als neutraler Rumpfstaat. Den Spaniern nicht zwischen Nordafrika und Europa. Den Polen nicht ... Den Griechen nicht ... Den Türken nicht ... Und nicht einmal den Zyprioten auf ihrer kleinen Insel.

Die Finnen rechnen sich seit der Konferenz über Sicherheit und Zusammenarbeit in Europa (KSZE) 1975 reelle Chancen aus. Aber zunächst hat die Konferenz nichts anderes produziert als ein Dokument des guten Willens, noch nicht abgestützt durch die Politik oder gar durch die Geschichte.

Da kann man von den Dänen kaum mehr erwarten als guten Willen. Aber auch den aufzubringen, haben sie es schwer. Das Europa – das Westeuropa – der offenen Arme, die Europäische Gemeinschaft, ist noch jung. Die Gegensätze von gestern sind noch nicht Geschichte geworden, von der man leidenschaftslos Kenntnis nimmt.

Dänemark kann eine Brücke zwischen Skandinavien und dem Kontinent werden. Gegenwärtig aber sind die Dänen ein Volk zwischen zwei Stühlen. Wir können nur hoffen und wünschen – und als Besucher dazu beitragen –, daß die aus Tradition und Intellekt heraus geistig beweglichen Dänen in die Lage kommen werden, ihre natürliche Brückenaufgabe zu erfüllen.

Andere Völker, bis hinunter nach Nordafrika und in den Vorderen Orient, können ihre Vorgeschichte durch die Zäsur aufteilen: »Als die Römer kamen.« Das können die Skandinavier nicht. Sie hörten nur durch Kaufleute von dem mächtigen Reich am Mittelmeer. Später brachen sie dorthin auf, um es aus den Angeln zu heben.

Das älteste Zeichen, das auf Menschen in Dänemark hindeutet, wurde auf Jütland gefunden und ist 100000 Jahre alt. Der Zufall wollte es, daß dieser Fund charakteristisch auch noch für das heutige Dänemark ist: Reste einer Mahlzeit, gespaltene Damhirschknochen.

Nur während der letzten Eiszeit blieb ein Stück Land im Südwesten frei. Ergiebigere Funde gibt es jedoch erst aus der Ältesten Steinzeit vor etwa 12000 Jahren. Die Menschen jener Periode sind völlig im Dunkel der Vorzeit untergetaucht, bewahrt blieben nur Reste von Wohnplätzen und zugehauene Steine. Zahlreicher sind die Funde aus der Älteren Steinzeit, und noch zahlreicher wären sie, wäre nicht ein breiter Strich der Westküste seit jener Zeit in der Nordsee verschwunden. Aus dem Landesinneren gibt es viele Moorfunde. Dazu gehört das Skelett eines Auerochsen, in dessen Knochen sich steinerne Pfeilspitzen eingebohrt hatten. Offenbar war er gejagt ins Moor geflüchtet und dort langsam versunken.

◁ Gesichtsurne, spätes Neolithikum, Höhe 11 cm. Nationalmuseum, Kopenhagen

Steinzeitlicher Grabhügel mit Ganggrab Querschnitt

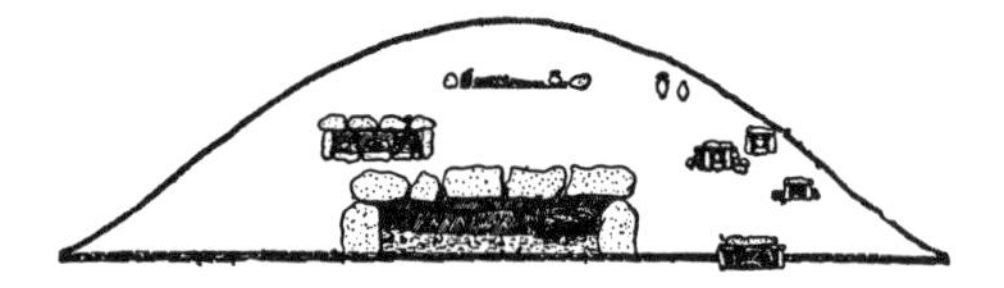

In der Jüngeren Steinzeit schon bildete sich jener Wirtschaftszweig heraus, der bis heute wesentliche Bedeutung auch für den dänischen Außenhandel behalten hat: die Landwirtschaft. Aus der Zeit vor 5000 Jahren stammen auch die ältesten Beispiele dessen, was wir heute *Danish Design* nennen. Die ›Gebrauchsgegenstände‹ waren Axtklingen und Dolche aus Feuerstein, von den Handwerkern mit erstaunlichem Geschick wertvollen Metall-Importgütern aus dem Süden nachgeformt, wo die Bronzezeit schon begonnen hatte.

Aus dieser Zeit gibt es Reste von wetterfesten Unterkünften. Stürme vom Westen brachten Flugsand, der sich dicht über den Boden legte und so Ackerfurchen bewahrte. Weiter bekannt sind die Dolmengräber, deren Grabkammern ein mächtiger Stein bedeckt. In ihnen hat man Skelette gefunden, die Knochenbrüche aufweisen, welche offenbar behandelt worden waren.

In der Bronzezeit begann die künstlerische Gestaltung. Nun taucht mit der Lure – heute Markenzeichen für dänische Dänenbutter aus Dänemark – erstmals etwas typisch Dänisches auf. Von den Luren vermutet man, daß sie kultischen Zwecken gedient haben. Welche Kulte sie mit ihren dröhnenden Tönen begleiteten und wohl auch anregten, weiß man nicht. Die Felszeichnungen mit Lurenbläsern sagen darüber nichts aus.

Etwas durch alle Zeiten typisch – erfreulich typisch – Dänisches ist die Achtung vor Tradition und Vergangenheit. Hünengräber aus der Bronzezeit sind zu Tausenden bewahrt, mitten auf den Äckern und Wiesen (Abb. 2). Unserem Rationalisierungsdenken würde es entsprechen, daß die Bauern irgendwann einmal herangegangen wären, mit Vorschlaghämmern, Ochsen und Pferden diese ärgerlichen Kultivierungshindernisse wegzuräumen. Nicht so die Dänen. Jahrtausende hindurch pflügten sie links und rechts an den Grabstätten vorbei.

In den Särgen der Hünengräber blieb die Kleidung jener Zeit bewahrt. Auch Gegenstände wie Trinkhörner und Stühle wurden unter den riesigen Findlingen

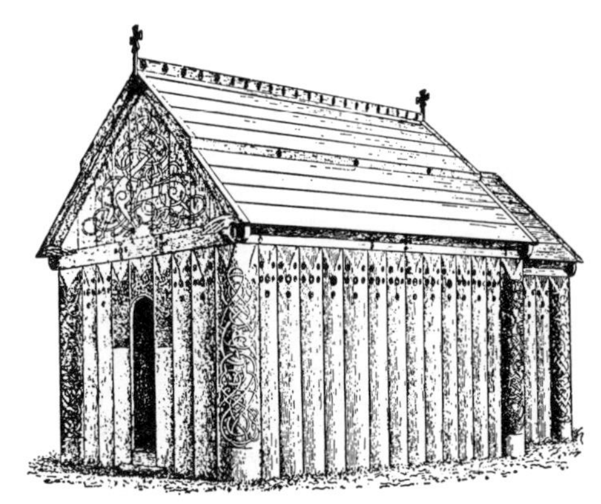

Frühe jütländische Holzkirche (Rekonstruktion)

gefunden. Wie aber die Menschen der Bronzezeit aussahen, das weiß man nicht. Erhalten sind wieder nur Skelette.

Das Antlitz des Menschen ist erst durch Moorfunde aus der älteren Eisenzeit bewahrt, Menschen, die vor 2000 Jahren gestorben sind. An den Zügen des *Tollund-Mannes* wird immer wieder herumgerätselt. Warum wirkt er so friedlich, obgleich er doch offenbar – der erhaltene Strick um seinen Hals beweist es – durch Gewalt gestorben ist? Wir wissen es nicht. Im Norden Europas gibt es keine beschrifteten Pergamente aus der Zeit von 2000 Jahren – vielleicht sind es auch ein paar hundert Jahre mehr oder weniger. Vom Wunsch zu leben, von der Furcht zu sterben, spricht der Ausdruck des *Grauballe-Mannes* (Abb. 4). Sein Gesicht gibt weniger Grund zum Rätseln – aber mehr zum Nachdenken.

Welche Bedeutung hatte der in Trundholm gefundene Sonnenwagen? (Abb. 3) Wurde er bei Prozessionen über die Felder getragen oder gefahren? Die Archäologen können ihre Erläuterungen immer nur auf dieselbe Art einleiten: »Vielleicht... «

Mehr können sie nicht sagen, konkreter können sie nicht werden. Sie sind überfordert. Wäre doch Tacitus aus seinem Rom herausgekommen, hätte er doch *Germania* bis nach *Europa Borealis* und bis *Ultima Thule* bereist, um aufzuzeichnen, was dort mündlich von Generation zu Generation überliefert wurde.

Was zurückgekehrte Händler ihm aufschwatzten, konnte sein kritischer Verstand einfach nicht glauben: »Das übrige ist dann alles im Bereich des Märchens: daß die Hellusier und Oxionen Menschenantlitz und -miene, Körper und Glieder von wilden Tieren hätten. Das lasse ich als unerforscht unentschieden.«

»Kaum gibt es in Europa oder auf der ganzen Erde einen Stamm, der mit größerem Fleiße und größerer Sorgfalt den Boden bestellt, als die nordischen.«

Dünen, Heide, Kirchen, Rittergüter

Die Westküste Jütlands

Dänemark, unser unmittelbarer nördlicher Nachbar, soll hier anhand zweier Hauptreisestrecken von Süd nach Nord vorgestellt werden: in diesem Kapitel durch *Jütland* nach Skagen und zum südwestlich davon gelegenen Hafen Hirtshals, von wo man in wenigen Stunden Fahrzeit nach Norwegen übersetzen kann. Das nächste Kapitel bringt die Vogelfluglinie von Puttgarden nach Rødbyhavn (Rödbühaun gesprochen), Kopenhagen und Helsingør *(Lolland, Falster, Seeland).*

Die Landgrenze zwischen Deutschland und Dänemark ist heute auf ihren ganzen 67,7 km Länge fast bedeutungslos geworden. In Tondern hängen Plakate für Veranstaltungen auf der Südseite der Grenze, und die Dorfjugend aus dem nördlichen Schleswig-Holstein fährt abends auf dem Moped oder Motorrad mal eben nach Tondern oder Krusau ein paar Würstchen essen.

Tondern – damals Tundira, heute Tønder – erschien bereits vor 850 Jahren zum erstenmal auf einer Weltkarte, die der arabische Geograf Idrisi zeichnete. Damals war es, wie auch das etwas weiter nördlich gelegene Ribe, eine Hafenstadt, und schon das erste Stadtwappen zeigt ein Schiff. Die Franziskaner gründeten hier 1238 ein Kloster, und 1243 verbriefte Lübeck der Stadt ihre Marktrechte. Diese Urkunde ist erhalten und wird in der Kopenhagener Königlichen Bibliothek aufbewahrt.

Die Einwohner der Stadt standen vor der Entscheidung »Geld oder Leben?«: Bei starken Stürmen brach der ›Blanke Hans‹ regelmäßig weit in das Land ein, er verwüstete und tötete. Mit einiger Aussicht auf Erfolg konnte man sich nur gegen ihn schützen, wenn man ihn schon weit westlich abdeichte. Dann aber war es mit den technischen

Grenen
SCHWEDEN
Skagen
Hirtshals
Skagerrak
Hjørring
Løkken
Frederikshavn
Børglumkloster
Sæby
Blokhus
Læsø
Bulbjerg
Thisted
Ålborg
Ydby
Limfjord
Kattegat
Spøttrup
Skive
Hobro
Fyrkat
Anholt
Hjerl Hede
Struer
Vinderup
Viborg
Randers
Holstebro
DÄNEMARK
Djursland
Sondervig
Mols
Ringkøbing
Herning
Silkeborg
Århus
Hvide Sande
Himmelbjerg
147m
Skjern Å
Jütland
Helsingør
Samsø
Henne
Horsens
Frederiksborg
Vejle
Varde Å
Blavandshuk
Kalundborg
Esbjerg
Kopenhagen
Kolding
Fanö
Roskilde
Ribe
Christiansfeld
Odense
Køge
Mandø
Ringstedt
Haderslev
Fünen (Fyn)
Rømø
Seeland
Haslev
Løgumkloster
Egeskov
Næstved
Sylt
Højer
Åbenrå
Als
Svendborg
Tønder
Langeland
Kruså
Tåsinge
Mønsklint
Sønderborg
Vordingborg
Møn
Flensburg
Aerø
Falster
Lolland
0
50km
Nykøbing
Rødbyhavn
Fehmarn
Puttgarden
Kiel

Mitteln des 16. Jahrhunderts nicht mehr möglich, den wirtschaftlich wichtigen Hafen auch für Nordsee-Schiffe befahrbar zu halten. Von 1553 bis 1556 wurde der große Deichbau durchgeführt. Seitdem ist Tondern vorwiegend Umschlagplatz für das nähere Hinterland, das die Grenzziehung von 1920 erheblich verkleinerte.

So hat Tondern nicht ganz freiwillig seinen Charakter als behäbige Kleinstadt bewahrt. Die Patrizier zeigten nach der Abdeichung eine Anpassungsfähigkeit, die auch heute noch für Industrie und Handel zwischen Hamburg und Kopenhagen bezeichnend ist: Sie stellten sich auf einen neuen Wirtschaftszweig um. Tondern wurde zum Produktionszentrum für Spitzen, die einen ausgedehnten Markt fanden. In den besten Zeiten beschäftigte dieses Gewerbe 12000 Klöpplerinnen, die im Akkord zu Hause arbeiteten.

Ohne diese Periode des späten Glanzes gäbe es heute in Tondern kaum noch derart viele guterhaltene Patrizierhäuser. Denn als mit dem Spitzengeschäft auch die Zeit der mächtigen Kaufmannsfamilien zu Ende ging und ihre Bauten zu verfallen begannen, wurden die Dänen bereits konservatorisch tätig. Das Bewahren dieser historischen Bauten kostete und kostet viel, sie prägen heute jedoch das Stadtbild auf eine einladend-freundliche Art. Das allein macht Tondern schon besuchenswert.

Sehenswert ist das Tønder-Museum mit holländischen Kacheln, dänischen Silberschmiedearbeiten und natürlich Spitzen. Unter den dänischen Gemälden des 20. Jahrhunderts ein Nolde, der aus Stettin hierher gelangte, nachdem der Maler in Deutschland für entartet erklärt worden war. Christus-Kirche (1591) mit vielen Bestandteilen aus der St. Nikolaus-Kirche, die früher an demselben Platz stand. Auf der Strecke nach Højer, in Møgeltønder, Kirche aus dem 12. Jahrhundert mit interessantem Interieur. Die Orgel geht auf das Jahr 1697 zurück und ist die älteste noch bei Gottesdiensten spielende Dänemarks. Weiter bietet der Ort Hotels, Informations-Büro, Schwimmbad, Wanderherberge, Campingplatz.

Kurz vor der Nordseeküste liegt die kleine Stadt *Højer*, fast gleich alt wie Tondern. Kirche (etwa 1200) mit einer gut erhaltenen Altartafel im gotischen Stil (1425).

Alternativen ab Tondern: die 11 nach Norden Richtung Ribe; oder 6 km hinter Tondern über Løgumkloster (Abb. 6, 7), Toftlund und Vamdrup nach Kolding (Anschluß an die 10, die auch E 3 ist); oder auf der 8 nach Osten bis Krusau, wo man sich in den Verkehr auf der E 3 nach Norden einfädeln kann.

Die Kirche in Høyer (Westjütland) ist eine der ältesten, turmlosen Steinkirchen

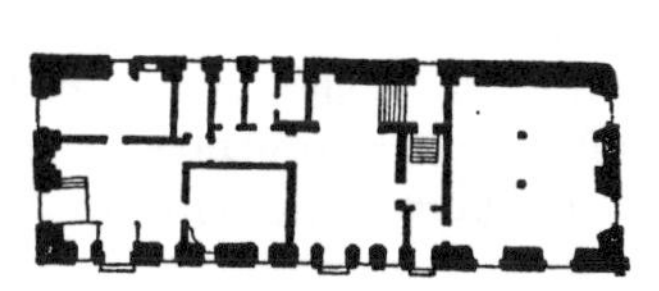

Die 8 führt über Krusau (Kruså) weiter nach Osten zum Schloß Gravenstein (Gråsten) und den Düppler Schanzen sowie nach Sonderburg (Brücke zur Insel Als) und Augustenburg.

Von der 11 vor Ribe Abzweigung zum Wattenmeer; hier kann man bei Ebbe bis zur Insel Mandø waten. Ab Ribe kann man über Ålkær Anschluß an die Straße nach Kolding bekommen. 23 km nördlich von Ribe Abzweigung zur modernen Hafenstadt Esbjerg mit der vorgelagerten Badeinsel Fanø. Von Esbjerg geht die 1/E 66 nach Kolding (und über Odense, Großen Belt, Roskilde nach Kopenhagen). Von Esbjerg nach Norden am günstigsten über die Nebenstraßen Hjerting–Billum–Oksbøl–Henne–Nebel nach Nymindegab und am Ringkøbing-Fjord entlang bis Søndervig. Von Ringkøbing 16 km nach Osten auf der 15, nach Norden auf die 11 Richtung Holstebro. Alternativ weiter nach Osten über Herning und Silkeborg (Tollund-Mann) nach Århus (Anschluß an 10/E 3 Richtung Norden).

Von Holstebro die 11 nach Norden über Struer in die malerische Landschaft Thy-Vendsyssel über Thisted und Løkken nach Hirtshals (Fähre Kristiansand und Arendal/Norwegen).

Oder von Holstebro nach Osten durch die Heide auf der 16 nach Viborg und Randers. Etwa 20 km östlich von Holstebro landschaftlich reizvolle Straße nach Skive am Skive-Fjord.

Die 10 (bis Frederikshavn auch E 3, von dort Schiffe nach Schweden und Norwegen) eignet sich besser für schnelle Durchfahrt nach Norden. Hinter Århus führt die 15 bis Grenå. Von dort kleinere Fähre nach Varberg/Schweden, vorbei an der zur Hälfte wüstenhaften Insel Anholt. Von Ålborg auf der 14 über Hjørning direkt nach Hirtshals oder E 3 bis Sæby und auf dem landschaftlich schönen Kontinental-Reststück der E 3 nach Frederikshavn (Schiffe nach Göteborg, nach Norwegen: Fredrikstad, Larvik und Oslo).

Ob Frederikshavn oder Hirtshals: Geschichte, Kultur und Menschen geben Grund zu einer Fahrt nach Skagen, zum ›Nordkap‹ Mitteleuropas.

Das – wie ganz Dänemark – saubere und dauernd irgendwo frisch gestrichene Jütland ist – wie ganz Dänemark – ebenso puppenstuben- wie zauberhaft schön. Handlich ist es auch, kein Ort liegt weiter als 50 km vom Meer entfernt. Die Straßen sind in Ordnung, Abstecher erfordern, anders als im übrigen Skandinavien, gewöhnlich nur einige Dutzend zusätzliche Kilometer. Der Rest dieses Kapitels bringt Städte, Ortschaften, Kirchen, Schlösser und ›Landschaftskonzentrate‹, die man auch bei der Durchreise nicht auslassen sollte. Soweit erforderlich, wird erwähnt, wo sie an den Hauptstrecken liegen oder wie sie leicht von dort aus zu erreichen sind.

Hier soll nur das Wesentliche gebracht werden: So gedenke ich nicht, über den jahrhundertelangen deutsch-dänischen Grenzstreit zu schreiben oder zu untersuchen, was in der Grenzlandschaft sogenanntes deutsches oder dänisches Kulturerbe ist.

Auf halber Strecke zwischen Tondern und Ribe Abfahrt nach Westen: 10 km Damm zur Urlaubsinsel Rømø.

Ribe nennt sich mehr aus Tradition denn aus Berechtigung ›Stadt der Störche‹ und ist Dänemarks älteste Kleinstadt. Bischof Ansgar, auf dessen Predigt auf der Insel Björkö bei Stockholm im Jahr 829 der Beginn der Christianisierung Skandinaviens datiert, ließ hier eine Holzkirche errichten. Etwa hundert Jahre später wurde Ribe Bischofssitz. Der Dom wurde im 12. Jahrhundert begonnen, das Gebäude enthält romanische und gotische Elemente (Abb. 8). Neben dänischen Ziegeln wurde rheinischer Tuffstein verwendet. Der spätere, quadratische Bürgerturm diente zur Verteidigung und als Landmarke für Schiffe. Das Hinaufklettern lohnt sich, man hat einen wundervollen Blick.

Das pittoreske Stadtbild lädt zum Bummeln ein. Bei einem Rundgang das Kloster der Schwarzen Brüder (13. Jh.) und die Catherinenkirche (15. Jh.) nicht übergehen. Im Hochsommer sind Parkplätze natürlich schwer zu bekommen. Am günstigsten ist es in den Kleinstädten, die ihr Zentrum für den motorisierten Verkehr gesperrt haben. In meist geringer Entfernung von diesen Fußgängerzonen findet man zumindest in der Vor- und Nachsaison einen Platz auch für einen Kleinbus.

Das traditionsbewußte Dänemark ist reich an Denkmälern. Eine besondere Art von Denkmal wird von Besuchern kaum bemerkt: Als Nordschleswig, das Gebiet zwischen dem Flüßchen Königsau und der heutigen Grenze, 1920 an Dänemark fiel, legten die Dänen in jeder Stadt und auch in größeren Orten dieses Gebiets ›Wiedervereinigungsparks‹ an. Der *Genforeningsparken* verschönt die Städte dort, wo zumindest nach unserem heutigen Empfinden eine in die Morgensonne blickende Jungfrau oder ein gen Süden weisender König zu Pferd deplaciert wären.

Ribe erhielt als zweite Stadt Dänemarks, nach Kopenhagen, 1855 ein archäologisches Museum, das jetzt auf drei Gebäude aufgeteilt ist. Einen Blick wert ist die Museumskollektion im Rathaus mit einem Trinkbecher (1564) für die Ratsherren von Ribe. Er ist aus Holz, hat Silberbeschläge, und bei Festen durften nur die Vornehmsten der Stadt daraus trinken.

9 km hinter Ribe geht die 11 über die Königsau, auf dänisch Kongeå, einst umstritten zwischen Dänen und Preußen wie der Rhein zwischen Deutschen und Franzosen. Hinter dem Flüßchen links eine direkte Verbindungsstraße nach Esbjerg, die landschaftlich nicht bemerkenswert ist, wohl aber 11 km erspart. Wer auf der 1/E 66 nach Osten will, bleibt vorläufig auf der 11, verläßt sie aber bei Bramminge und nimmt die Landstraße, die geradeaus nach Norden führt.

Esbjerg ist mit fast 80000 Einwohnern der Größe nach die fünfte, den Unterhaltungsmöglichkeiten nach die dritte Stadt in der dänischen Rangordnung. Die Stadt wurde aufgrund einer administrativen Entscheidung gegründet; sie entstand, weil Dänemark 1864 mit Husum seinen einzigen Nordseehafen verloren hatte, und feierte 1978 den 100. Geburtstag. Es ist also eine Stadt für alle, die sich bei ihrer Reise nach Norden nicht fortwährend mit den steingewordenen Zeugnissen der Vergangenheit befassen wollen. Interessant für jeden ist das Fischerei- und Seefahrtsmuseum (mit Salzwasseraquarium).

Alle weiteren Informationen, auch über die beschauliche Insel Fanö (20 Min. Überfahrt, 18 km Sandstrand) bekommt man im Informations-Büro. Wanderherberge und Campingplatz selbstverständlich vorhanden. Mehrere Schwimmbäder.

Wenn man ab Esbjerg über Hjerting noch einige Kilometer weiter an der Küste entlang fährt, kommt man zu einem Siedlungsplatz aus der Steinzeit. Östlich von Hjerting, bei Guldager guterhaltene Ausgrabungen aus der Eisenzeit.

Wer unterwegs stets das Größte, das Schönste, das Älteste usw. anlaufen möchte, der fährt von Oksbøl in Richtung Oksby weiter. Hier kommt man zum Leuchtturm *Blåvandsfyr* und am *Blåvandshuk* zum westlichsten Punkt Dänemarks (lange Badestrände, Camping).

Von Henne – nördlich davon, leicht erreichbar große Gruppe Grabhügel aus der Bronzezeit – geht eine Sackstraße nach Hennestrand (Gasthof, Camping). Hier kann man am Strand entlang nach Norden zur Flugsanddüne Blåbjerg fahren, von der sich aus 64 m Höhe ein weiter Blick auf die Nordsee bietet.

Was Flugsand ausrichten kann, werden wir noch in Skagen sehen. Hier nur schnell und auch sehr nachdrücklich eine Bitte: Bedenken Sie, wie wichtig die Dünenanpflanzungen für das Festhalten der Dünen sind; nehmen Sie auf die Vegetation (*Plantagen*) genausoviel Rücksicht wie die Einheimischen.

Kurz vor Nymindegab eine kleine Straße nach Norden an den Dünen von Bjålum vorbei zum landschaftlich herrlichen Vogelschutzgebiet Tipperne. Die Landzunge Holmsland hat gerade genug Platz für die Düne (dän. Klit) im Westen, die Straße und ein wenig Grasbewuchs auf der östlichen Seite, am ruhigen Ringkøbing-Fjord. Über den Fjordausgang bei Hvide Sande führt eine Brücke. Dann die Dünen Holmsland Klit mit dem Dæmonsbjerg (24 m). Bald darauf Nørre Lyngvig, dessen Leuchtturm 28 m hoch ist. In Søndervig rechts nach Ringkøbing, von dort die 15 nach Herning, Silkeborg und Århus oder die 16 nach Holstebro. Interessant und kein Umweg ist die 15 von Ringkøbing Richtung Osten und dann nach 16 km Richtung Nord in die Landschaft Hardsyssel einbiegen, auf der 11 bis Holstebro noch 27 km.

Fährt man von Søndervig weiter nach Norden, so erreicht man nach etwa 15 km die Düne Vedersø Klit (Camping). Nach Südosten einbiegen zur wuchtigen Kirche Vedersø. Hier hat der Dichter und Pfarrer Kaj Munk 20 Jahre lang gelebt und geschrieben, von hier aus wandte er sich gegen die deutsche Besatzungsmacht. Er wurde 1944 von der Gestapo umgebracht. (Von Vedersø Nebenstraßen zur 16, alternativ nach Ringkøbing im Süden oder Holstebro im Nordosten.)

Die Handels- und Industriestadt Holstebro hat dem Nordlandreisenden wenig zu bieten. Von hier geht die 16 Richtung Osten nach Viborg und Randers. *Viborg* war vor etwas 1000 Jahren Jütlands Hauptstadt, wo auch die Könige gewählt wurden. Erst in der *Handfeste* (Magna Charta) von 1282 wurde bestimmt, daß der gerade entstehende Reichsrat grundsätzlich in Orten zusammengerufen werden soll, die mit dem Schiff leicht zu erreichen sind.

Damit verlor Viborg an Bedeutung. Es blieb aber bis zur Reformation Bischofssitz. Danach verfiel der aus Granit gebaute romanische Dom (12. Jh.). Er wurde erst Ende des letzten Jahrhunderts restauriert. Die Fresken stammen von Joakim Skovgaard (1856–1933), dessen Monumentalstil Anklänge an byzantinische Kunst aufweist. Der

Viborger Dom (Abb. 16) gehört mit denen von Ribe und Lund (jetzt Schweden) zu den wichtigsten dänischen Kirchenbauten im romanischen Stil. Sie weisen nämlich lombardische Einflüsse auf. Lund und Viborg erinnern an den Kaiserdom in Speyer, während Ribe – teilweise ja auch vom Material her – rheinländische Züge besitzt.

Auf der Straße von Holstebro über Vinderup nach Skive kommt man am Freilichtmuseum *Hjerl Hede* (Hjerl Heide) am Flynder-See vorbei. Hier ist in rund 30 Gebäuden die Entwicklung der dänischen Architektur und Gebrauchskunst von der Stein-, Bronze- und Eisenzeit bis zur Gegenwart veranschaulicht. Das Heidegebiet ist Naturschutzpark.

Skive ist als Ausgangspunkt für Tages-Radtouren zu empfehlen. Eine davon kann man zum Schloß *Spøttrup* machen, das nordwestlich von Skive bei Rødding liegt. Es gehört zu den schönsten Beispielen mittelalterlicher Profanbauten in Skandinavien (auch mit Kfz erreichbar).

Nach Norden führt die 11 von Holstebro über Struer auf einer Brücke über den Odde-Sund in die Landschaft Thy-Vendsyssel. Nördlich vom Skibstedt-Fjord (Schiffsplatz-Fjord) führt rechts ein Weg zum Gräberfeld *Oldtidshøjene* auf der Ydby Hede. Der Fjord war Sammelplatz der Wikinger und ihrer Schiffe, wenn sie zu Eroberungszügen aufbrachen. Von der 11 kann man praktisch jederzeit in Richtung Küste abzweigen, man wird stets einen Campingplatz in der Nähe und Sandstrand vorfinden. Etwa 25 km hinter Thistedt geht der Weg nach Bulbjerg ab. Dort stand früher 130 m von der Küste entfernt der Feuersteinfelsen Skarreklit im Meer; heute ist nur noch ein zusammengefallener Rest zu sehen. Hinter Åbybro die romanische Kirche Jetsmark (Kalkmalereien). Hinter Pandrup der Weg nach Blokhus zum Meer, von wo aus man die Strecke bis Løkken zwischen Dünen und Wasser entlangfahren kann.

Dicht hinter Løkken geht Richtung Ost ein Weg nach Børgum. Er führt zum früheren Kloster und Bischofssitz (1150–1536) *Børglumkloster*, das in ein Rittergut verwandelt wurde. Von Hjørring führt die A 11 nach Frederikshavn (Schiffsanschlüsse nach Norden, s. S. 345 f.), die von Ålborg kommende 14 aber in gerader nördlicher Richtung nach Hirtshals. Hier beginnt die Schnellstraße über das Skagerrak: nach Arendal 4 Stunden, nach Kristiansand 4 Stunden 15 Min. Man wählt Arendal, wenn man nach Oslo will, Kristiansand aber, wenn man Stavanger als nächste Etappe in Norwegen herausgesucht hat. Pkw müssen 45 min. vor Auslaufen abgefertigt sein. Bei manchen Nachtabfahrten kann man einige Stunden früher an Bord gehen und sich eine Kabine oder einen Schlafsessel nehmen.

Die Ostküste Jütlands

Zurück an die dänische Südgrenze und zur 10/E 3. Wer diese Route wählt, der hat es wohl besonders eilig und bekommt die für ihn notwendigen Informationen durch eine gute Straßenkarte. Hier nun einige Ergänzungen, die – unter anderem – auch Gesprächsstoff für die Mitreisenden liefern können.

Apenrade (dän. Aabenraa oder Åbenrå) ist das Zentrum deutscher Kultur im Grenzgebiet. Hier erscheint ›Der Nordschleswiger‹, hier gibt es die einzige deutschsprachige Oberschule.

Die Strecke nach *Hadersleben* (Haderslev) ist landschaftlich besonders abwechslungsreich. Im Zentrum der Stadt steht die gotische Backsteinkirche Unserer Lieben Frau. Museum mit umfangreichen vorgeschichtlichen Sammlungen. Im Freilichtmuseum Häuser und andere Gebäude aus Nordschleswig.

Auf halbem Weg nach Kolding liegt *Christiansfeld*, gegründet 1773 von der Herrnhuter Brüdergemeinde. Diese Stadt zeigt in Planung und Ausführung deutlich einen eigenen Stil. Die Herrnhuter durften hier nach ihren Vorstellungen und Überlieferungen leben und auch bauen. Ihre Kirche wurde 1777 geweiht. 1800 zählte die Brüdergemeinde 756 Mitglieder, die in schlichten Häusern wohnten. Heute hat die Gemeinde mit 180 Seelen nur noch ein Zehntel der Einwohnerschaft von Christiansfeld. Im Rahmen des Europäischen Denkmalschutzjahrs 1975 wurde die Bewahrung des alten Stadtkerns eingeleitet.

Kolding, gegr. 1321, hat mehr als 50000 Einwohner. Hier scheiden sich die Alte Heerstraße von Nord nach Süd und der Handelsweg von der Nordsee zum Öre-Sund. Die Festung aus dem 13. Jahrhundert wurde mehrfach erweitert. Christian IV., auf dessen Bautätigkeit man überall zwischen Altona und Norwegens nördlicher Varanger-Halbinsel trifft, ließ den mächtigen Turm hochziehen. 1808 brannte die Festung aus, weil Truppen Napoleons, mit dem Dänemark wider Willen ein Bündnis eingegangen war, im nördlichen Winter zu stark einheizten. Koldinghus ist heute zum Teil restauriert. Hier befindet sich im Museum eine der 3000 Bibeln, die Christian III. im 16. Jh. nach dem Übersetzen ins Dänische drucken ließ. Die Übersetzung erfolgte in vielen Passagen nach Luthers Bibel, der Drucker Ludwig Dietz war ein Deutscher.

Die 1/E 66 von Esbjerg führt via Kolding und über zwei ästhetisch überzeugende Brücken auf die Insel Fünen. Die erste Stadt ist Odense, wo 1805 H. C. Andersen (Abb. 33) zur Welt kam.

Odense gehört mit seinen fast 150000 Einwohnern zu Dänemarks größten Städten, zeigt aber gerade im Zentrum die gemächliche Behäbigkeit, die für uns gestreßte Mitteleuropäer Dänemark so anziehend macht. Odense wurde schon im Jahr 1020 Stift. Von Odense aus versuchte Knud II. gemeinsam mit der Kirche einen starken Staat aufzubauen. Das dafür erforderliche Geld preßte er als Steuern bei den Bauern heraus. Deswegen erschlugen die arg Bedrängten ihn 1086 in der damals hölzernen Albani-Kirche. Der Papst sprach ihn heilig. Seine Reliquien ruhen in der St. Knuds-Kirche, der bedeutendsten gotischen Kirche Dänemarks (interessante Krypta, Flügelaltar von Claus Berg), zusammen mit denen seines Bruders Benedikt. – Ein weltbekannter Odenser, der Dichter, Zeichner und Journalist Andersen, ging mit 14 Jahren nach Kopenhagen, »um dort berühmt zu werden«. In Odense galt er lange als verlorener Sohn, erst als er 62 Jahre alt und seine Bücher in alle Kultursprachen übersetzt waren, machte die Heimatstadt ihn zum Ehrenbürger.

Jelling, Runenstein von Harald Blauzahn, 10. Jh.

Auf unserem Weg (10/E 3) nach Norden folgt hinter Kolding Vejle am Vejle-Fjord, etwa so groß wie Kolding. Lohnend ist der kurze Abstecher auf der 18 nach *Jelling* (10 km). Hier steht vor der Kirche neben anderen Runensteinen auch jener (um 940) von Harald Blauzahn, der ›Taufschein des Dänenvolkes‹ genannt wird: »Harald, der ganz Dänemark und Norwegen gewann und die Dänen zu Christen machte«.

Århus, bereits im 10. Jh. Bistum, heute Dänemarks zweitgrößte Stadt und bedeutender Hafen

Über Horsens erreichen wir *Århus.* Die Århusianer haben dieselbe Einstellung zu den Kopenhagenern wie die Göteborger zu den Stockholmern: Man pflegt bei allem Fleiß bewußt einen etwas behäbigen, in bürgerlichen Traditionen wurzelnden Lebensstil und läßt sich vom Glanz der königlichen Hauptstadt nicht beeindrucken. Wie Århus, heute eine Industrie- und Hafenstadt mit 250000 Einwohnern, früher ausgesehen hat, das zeigen die Häuser im Freilichtmuseum *Gamle By* (Abb. 14, 15). Hierher haben die Århusianer jedoch auch Häuser aus Fünen und Jütland geholt. Prachtstück dieser Sammlung von rund 60 Gebäuden ist ein Theater aus Helsingør, der Hamlet-Stadt nördlich von Kopenhagen. – Jeweils im September findet das Århus-Festival statt, es dauert neun Tage: Berufs-, Amateur- und Kindertheater, Konzerte, Opern, Ballett und Sport.

Von Århus sind es weniger als 50 Abstecher-Kilometer nach *Silkeborg,* dessen kulturgeschichtliches Museum außer dem Tollund-Mann (s. S. 375) auch viele andere Vorzeitfunde besitzt. Die Landschaft bei Silkeborg ist vielgestaltig und reizvoll, aber die Silkeborger sind selbstbewußt genug, sie nicht ›jütländische Schweiz‹ zu nennen. Sie sprechen von der *Landschaft am Himmelbjerg,* der mit 147 m Jütlands dritthöchster ist (Farbt. 2). Westlich der Stadt, auf dem Hügel Hørbylunde, steht ein Gedenkkreuz für Kaj Munk (vgl. S. 22).

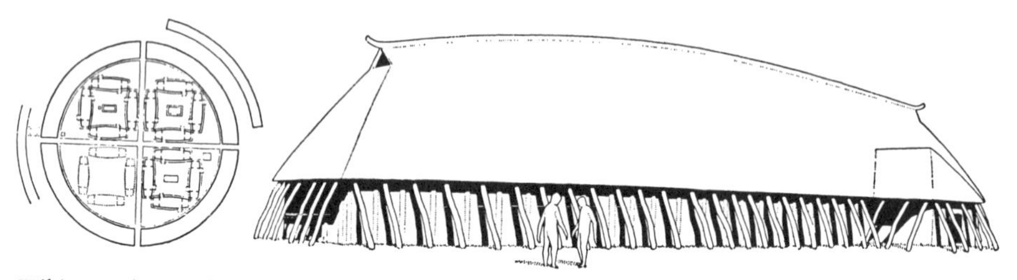

Wikingeranlage Fyrkat bei Hobro, Nordjütland. Grundriß und Hausansicht

Die 10/E 3 geht weiter über Randers und Hobro nach Ålborg. Bei Hobro wurde ein Teil der Wikingerburg *Fyrkat* restauriert. Niedergebrannt hat sie vermutlich im Juni 1086 ein Heer aufgebrachter Bauern, die nicht mit Knud dem Heiligen gegen Engelland fahren wollten. Fyrkat, Trelleborg bei Slagelse und zwei andere Anlagen dieser Art waren Winterlager für das stehende Heer dieser ersten Marineinfanteristen der Geschichte und Ausbildungslager für Rekruten. Grundmaß der Konstruktion war der römische Fuß (29,5 cm). Ein Frauengrab weist in seiner Ähnlichkeit mit dem Oseberg-Fund auf Verbindungen nach Norwegen hin; ein Runenstein hat dieselbe Schrift und fast denselben Inhalt wie der im schwedischen Ås (Västergötland). Vermutlich hat derselbe Krieger Tore beide errichten lassen.

Direkt nördlich von Ålborg (Abb. 19) liegt das große Grabfeld von *Lindholm Høje* (Abb. 20) mit vielen Schiffsetzungen. Die in Schiffsform gesetzten Steine wurden als Gräber für angesehene Krieger aufgeführt, die allerdings nicht so bedeutend waren, daß man ihnen zu Ehren ein kostbares Schiff als Totengabe verbrennen mochte. So setzte man ihnen eines aus Stein und nahm wahrscheinlich an, daß der Tote mit seinen magischen Kräften wohl in der Lage sein würde, aus dem steinernen Modell ein richtiges, hölzernes, seegängiges Schiff zu zaubern.

Die 10/E 3 erreicht bei Sæby (Camping) die Küste. Von Frederikshavn gehen Schiffe nach Schweden und Norwegen (S. 346). Vor *Skagen* Zufahrt zur versandeten Kirche, die – von einer Wanderdüne eingedeckt – seit 1775 unbenutzt ist (Abb. 17). Die Bewohner von Gamle Skagen, dem ursprünglich holländischen Fischerdorf Alt-Skagen, haben große Teile des Kirchgemäuers abgebrochen und die Ziegel für ihre Häuser verwendet.

Grenen, der am weitesten ins Meer ragende Ausläufer Jütlands, ein kleiner Landzipfel, verändert ständig seine Form: Bei Westwind wird im Nordosten Land aufgespült, bei Ostwind im Südosten. Grenen ist nicht der nördlichste Punkt, der liegt ein wenig westnordwestlich davon.

In Skagen gab es um die Jahrhundertwende eine Malerkolonie mit internationalem Gepräge. Unter den Künstlern sprach sich herum, daß hier am Meer, wo sich im Hochsommer die hellen Nächte des Nordens erahnen lassen, das Licht besonders intensiv ist.

Zurück auf der 10, im Osten die versandete Kirche, im Westen die Wanderdüne Råbjerg Mile, 1700 ha Sand und Dünen, die sich Jahr für Jahr 8 m weiter nach Osten bewegen. 30 km südlich von Skagen der Ort Jerup. Abwechslungsreiche Landstraße von dort über Mosbjerg nach Sindal. Auf der 11 bis Hjörring 14 km, dann noch 17 km bis Hirtshals (Schiffsabfahrten nach Norwegen S. 345 f.).

»Überall hat man die Arbeit des Brauens und Backens ausschließlich den Frauen als ihre vornehmste Aufgabe überlassen…«

Wie die Vögel fliegen…

Auf der E 4 von Rødbyhavn nach Helsingør

Das Teilstück der E 4 zwischen Hamburg und Kopenhagen (oder eigentlich zwischen Kassel und dem kleinen Ort Ödeshög am schwedischen Vättern-See) verläuft ziemlich gerade nach Nordosten und hat den romantischen Namen *Vogelfluglinie* bekommen, der natürlich viel ansprechender und anziehender klingt als etwa das Wort *Hastraba,* das Fortschrittsenthusiasten sich in den 20er Jahren für die erste geplante Autobahn von Hamburg über Straßburg nach Basel ausgedacht hatten.

Die Fähren über den Fehmarn-Belt verkehren zwischen Puttgarden und Rødbyhavn rund um die Uhr und brauchen pro Überfahrt etwa eine Stunde. Das ist für

Skandinavien-Neulinge Zeit genug, das erste Mal am *Smörgåsbord* zuzulangen (dieser schwedische Name für das skandinavische Büfett setzt sich langsam offenbar auch international durch, und er ist ja auch leichter aussprechbar als das finnische *Voileipäpöytä).* In der Hochsaison muß man allerdings mit der Möglichkeit rechnen, mitten zwischen Eßbegeisterten eingekeilt zu werden.

Das Smörgåsbord dürfte bei Nichtskandinaviern vorwiegend deswegen so beliebt sein, weil man nicht nur das nehmen darf, was einem schmeckt, sondern auch soviel davon, wie man will. Unerfahrene werden aber zuweilen das Pech haben, Happen zu erwischen, die anders schmecken als sie aussehen, die man dann herunterwürgt, weil man nicht den Eindruck erwecken will, man hätte hemmungslos zugegriffen und mehr auf den Teller gepackt, als man essen kann.

Das Smörgåsbord bietet Fisch, Fleisch, Brot, Kartoffeln, Warmgerichte, Käse und Früchte. Man beginnt mit Heringshappen und Kartoffel oder Brot. (In Skandinavien schneidet man Kartoffeln mit dem Messer.) Dann läßt man den Teller samt Besteck stehen, rüstet sich am Büfett neu aus und wählt unter dem reich sortierten Aufschnitt. Diesen Teller kann man auch für die warme Speise benutzen, die nicht etwa Hauptgericht ist, sondern zusammen mit dem Aufschnitt-Gang den Kern der Mahlzeit bildet. Als Abschluß nimmt man Käse und/oder Früchte (Salzkekse mit Emmentaler und Weintrauben!).

Unschön wirken vollgepackte Teller und ›Dauerläufer‹, die offensichtlich für Tage auf Vorrat essen. Schnelles Essen ist statthaft, wenn man – wie auf den Fähren – unter Zeitdruck steht.

Rødbyhavn und die Stadt Rødby einige Kilometer weiter lohnen durchaus einen Aufenthalt, wenn man sich langsam an Skandinavien anpassen möchte, vor allem bei sehr schönem und sehr schlechtem Wetter. Westlich des Hafens schöner Badestrand. Bei Regen und Sturm kann man eine ausgedehnte Deichwanderung unternehmen. Dieser Deich war für Rødby gleich überlebensnotwendig wie die Anlagen an Jütlands Westküste für Tondern und Ribe, und auch er hat die Stadt vom Seeverkehr abgeschnitten. Am Marktplatz von Rødby die mittelalterliche Kirche mit Votivschiffen, der Kaufmannshof (1729) und die Sturmflutsäule, auf der angezeigt ist, wie hoch (3,50 m) das Wasser in der Katastrophennacht vom 13. November 1872 stand.

Die E 4 geht als Autobahn bis zum Guldborg-Sund und trifft bei Orehoved vor dem Sund *Storstrømmen* mit der E 64 zusammen. Die Brücke über den Storstrømmen war bei ihrer Fertigstellung 1937 mit 3200 m die längste Europas.

Lolland und Falster, die beiden südlichsten Inseln Dänemarks, die man von Rødbyhavn bis zur Storstrømmen-Brücke in einer Stunde reiner Fahrzeit duchqueren kann, bieten Interessantes genug für eine ganze Woche Aufenthalt. Man quartiert sich am besten in der Stadt Nykøbing ein und unternimmt von dort Tagesausflüge.

Wer darauf mit »Vielleicht später mal« antwortet, soll wenigstens einige Kilometer hinter Rødby von der Autobahn abbiegen und nach Nysted (21 km) fahren. Hier liegt das Schloß Ålholm (oder Aalholm), das im 12. Jahrhundert zunächst als Burg angelegt wurde. Der Nordflügel stammt aus dem 16. Jahrhundert. Zugänglich sind der Rittersaal, die alte Küche und das Verließ, in dem 1332 König Christoffer II. eingesperrt war. Schloß Ålholm hat überdies die größte Oldtimer-Sammlung Europas, 200 Autos aus Europa und Nordamerika. Sie sind nicht nur äußerlich auf Hochglanz poliert, sondern tatsächlich auch samt und sonders fahrbereit. Von diesem Museum geht stündlich ein Dampfzug zum Badestrand. Geöffnet und in Betrieb von Ostern bis weit in den Herbst.

Am Nordende der Storstrømmen-Brücke beginnt die Insel Seeland, auf der Kopenhagen liegt. Früher war sie Macht-, heute ist sie Wirtschaftskern des Königreichs, das Jahrhunderte hindurch mit Schweden um die Vorherrschaft im Ostseeraum konkurrierte.

Von zwei ab Vordingborg möglichen Abstechern sollte man wenigstens einen wahrnehmen: entweder zu den Kreidefelsen der Insel Møn oder in die Stadt Næstved.

Die Straße zur Insel Møn führt in östlicher Richtung aus Vordingborg heraus. Bei Kalvehave (16 km) Brücke über den Ulvsund, von dort etwa noch einmal soweit bis *Møns Klint* (Farbt. 1). Hier ragen auf 7 km Küstenstrecke Kreidefelsen aus dem Meer, am Sockel bedeckt von Kreidesand, Reste von Klippenteilen, die ins Meer gestürzt sind. Die markantesten Formationen, das Høje Møn mit dem Königinnenstuhl, sind mehr als 120 m hoch. Eine Stunde Spaziergang.

Auf der Nordseite von Møn liegt, dem Meere abgewandt, das Schlößchen *Liselund* (Ende 18. Jh.) mit einem dunklen Reetdach nach Art der Dächer im Dorf der Marie-Antoinette bei Trianon. Es bildet den Mittelpunkt einer romantischen Gesamtanlage

Das Schlößchen Liselund auf der Insel Møn

mit künstlichen Seen, mit Terrassen, einem Wasserfall und Pavillons. Einer der Felsrutsche von Møn zerstörte 1905 eine künstliche Ruine und die Kapelle. Bauherr – oder man sollte lieber sagen: Austüftler – von Liselund war Antoine de la Calmette, dessen Vater holländischer Gesandter am dänischen Hof war. Seit 40 Jahren ist Liselund eine Stiftung.

Die kürzeste Verbindung von Vordingborg nach Næstved ist 29 km lang. Man sollte aber gern 4 km extra ansetzen: bis Bårse (14 km) auf der E 4, dann über eine landschaftlich herrlich eingebettete Straße 19 km nach Næstved. Anschluß an die E 4 bekommt man via Toksværd, ebenfalls eine schöne Strecke (19 km).

St. Peders-Kirche (um 1250) in Næstved, Seeland, Valdemar IV. Atterdag und Königin Helvig beten die Dreifaltigkeit an

Næstved (40 000 E.) entstand als Folgesiedlung eines Benediktinerklosters (1135). Im 15. und 16. Jahrhundert war es ein wichtiger Umschlagplatz auch für Kaufleute der Hanse. Die St. Peders-Kirche (um 1250) ist mit 56 m Länge und 20 m Höhe eine der wuchtigsten Seelands. Reiche Wandmalereien und eine sehenswerte Chorpartie. Der Turm wurde um 1400 errichtet. (Strand, Camping, Wanderherberge.)

2 km von Næstved entfernt liegt das frühere Kloster *Herlufsholm* mit einer Kirche aus dem 13. Jahrhundert. Es ist seit 400 Jahren Internatsschule und damit die älteste europäische auf dem Kontinent. Die Schule ist nicht zur Besichtigung frei, wohl aber das Refektorium, der einzige bewahrte Teil des Klosters.

Etwas nördlich der Strecke von Næstved zur E 4 liegen (südlich von Haslev) die Schlösser Bregentved und Gisselfeld. Sie repräsentieren zwei gänzlich verschiedene Richtungen und sogar Grundvorstellungen des Burgen- und Schlösserbaus.

Der dänische Adel ist aus dem Bauernstand aufgestiegen: Bauern, die tüchtiger waren, mehr in ihre Scheuern fuhren, Land von Nachbarn kauften. Diese Verwurzelung hinderte die späteren Generationen natürlich nicht daran, einen eigenen Lebensstil zu entwickeln, sich von Knechten und Mägden bedienen zu lassen und die Nachkommen der ehemals gleichberechtigt gewesenen Nachbarn der eigenen Vorfahren in Erbzins und Abhängigkeit bis zur Leibeigenschaft zu zwingen. Gleichzeitig schielten sie neidisch zu den Mönchen hinüber, an deren prächtiger Bauweise gemessen die eigenen Herrenhäuser wie Lehmkaten wirkten. Schadenfroh erlebten sie die Reduktion

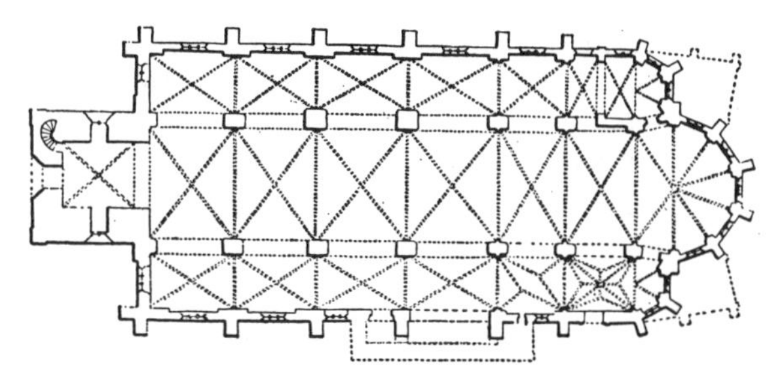

St. Peders-Kirche in Næstved, Grundriß

im Gefolge der Reformation. Zwar fiel der Kirchenbesitz nicht ihnen zu, sondern der Krone, aber das Spieglein an der Wand flüsterte nun, daß *nur der König* im fernen Kopenhagen tausendmal schönere Gebäude hätte als sie selbst.

Wenn in Mitteleuropa die Fürsten aufeinanderschlugen, dann hatten die dänischen Getreideproduzenten Konjunktur. Bauern in Königs Rock, unbestellte und verwüstete Felder ließen die Preise in die Höhe schnellen. Wenn die Schweden sich mit dem Großen Brandenburger schlugen oder Friedrich II. nach der Frundsberg-Parole »Viel Feind, viel Ehr« in seinen Feldquartieren nicht mehr zum Flötenspielen kam und langsam der Alte Fritz wurde, dann verdienten die dänischen Rittergütler besonders gut.

Und sie bauten! Aber sie bauten zugleich vor. Wie prächtig auch immer die Schlösser und Herrenhäuser errichtet wurden, wie sehr man sich gegenseitig mit großen Fenstern zu übertrumpfen versuchte, der Verteidigungsaspekt wurde nicht vernachlässigt. Verteidigung nicht gegen einen Feind von jenseits der Landesgrenzen, aber doch so viel militärische Sicherheit, daß man notfalls Belagerungen durch die eigenen Erbzinsbauern überstehen konnte, bis der Nachbar oder Truppen der Krone zum Entsatz kamen.

Die anmutigen Wasserschlösser (Abb. 9, 10) Dänemarks, sie dokumentieren unter anderem deutlich den schwelenden Klassenkampf, der vor einigen Jahrhunderten in dieser Musterdemokratie des 20. Jahrhunderts ständig explosionsbereit lauerte.

Schloß *Egeskov* (Ege-skau) auf Fünen, ständig wiederkehrendes Motiv aus *Wonderful Denmark,* ist der bekannteste Repräsentant des Freund-Feind-Baustils jener Zeit (Abb. 12). Gisselfeld gehört zur selben weltanschaulichen Epoche.

Das weiße, von einem weiten Park umgebene Schloß *Bregentved* wurde von seinen Eigentümern – den dänischen Moltkes, deren Name heute fällt, wenn man von den Radikalsten der Radikalen in der dänischen Innenpolitik spricht – über eine Periode hinweggerettet, die man am allertreffendsten wohl als ›Zeit der Türmchen-Schlösser‹ bezeichnen kann. Bevor die Amerikaner und die Russen um die letzte Jahrhundertwende den europäischen Markt mit billigem Getreide versorgten, brach beim dänischen Adel die zweite Bauwut aus: holländische Renaissance, italienische Villen, Backsteingotik im Stil der wilhelminischen Bahnhöfe. Und natürlich Türmchen, Giebelchen und Erkerchen. Je schändlicher die architektonische Entgleisung war, desto mehr Anklang fand sie. Jetzt waren es nicht die Einkäufer der Kriegführenden, die jeden geforderten

Preis bezahlten. Die Industrialisierung, das Herabdrücken der Babysterblichkeit durch Ärzte wie Koch und Semmelweis, die Automatik der freien Marktwirtschaft, dies alles gab den Gutsbesitzern Geld genug, ihre neureichen Bau-Träume zu verwirklichen.

Die Moltkes hielten Stil. Das zeigt ihr Neubarock (oder ist es schon Rokoko?) in Bregentved. Sie kamen auch mit der Steuerbelastung zurecht, mit der dänische Schloß- und Rittergutsbesitzer seit Anfang dieses Jahrhunderts fertigwerden müssen. Bregentved gehört noch immer dieser Familie. (In ganz Skandinavien wird die private Sphäre unbedingt respektiert. Deswegen – und nicht, weil die Eigentümer Snobs sind – ist es auch in Dänemark allgemein akzeptiert, daß einige Schlösser nur zu bestimmten Zeiten öffentlich zugänglich sind.) Bregentved können Sie am Sonntag tagsüber besuchen.

Vor Köge auf der E 4 noch ein Abbieger: 8 km südlich der Stadt. Da haben Sie alles: Renaissance original und kopiert, mit mächtigen Türmen, Zugbrücke, Wallgräben, Verschachtelung. Eine erfolgreiche Oberklasse setzte sich mit Schloß Vallø (Farbt. 9) ein Denkmal in rotem Backstein.

Etwa 15 km vor Kopenhagen führt eine Landstraße nach Nordwesten, nach *Roskilde.* Hier trifft man wieder auf die Spuren von Harald Blauzahn, dem Täufer des Dänenvolks. Er war es, der hier um 975 eine kleine Holzkirche für den Bischof der Insel Seeland bauen ließ. In diese Kirche flüchtete etwa 30 Jahre später Ulf Jarl, nachdem er seinem Schachpartner und Schwager, König Knut dem Großen, die Figuren umgeworfen hatte. Am nächsten Tag wurde er ermordet. Ulfs Witwe ließ später die Holzkirche abreißen und eine aus Stein bauen. Aber diese Kirche war für Roskilde, damals

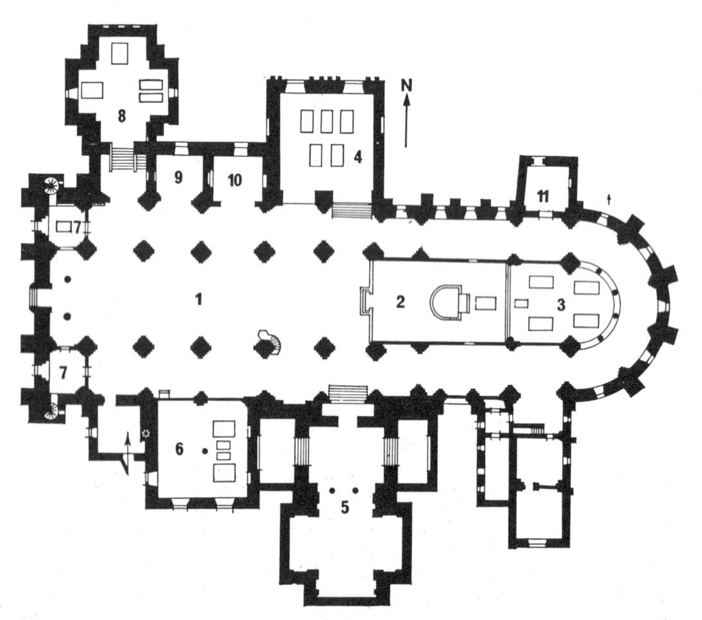

Roskilde, Grundriß des Domes, Baubeginn um 1170

1 Hauptschiff
2 Domherrenchor
3 Hoher Chor
4 Kapelle Christians IV.
5 Kapelle Frederiks V.
6 Kapelle Christians I.
7 Turmkapellen
8 Kapelle Christians IX.
9 Kapelle der hl. Birgitte
10 Kapelle des hl. Andreas
11 Vorhalle des Bischofs Oluf Mortensen

1 MOLS Halbinsel Djursland, Jütland: freundliche dänische Sommerlandschaft

2 Vorzeitgrab bei DYREBORG, Südfünen, eines von Tausenden in Dänemark
3 Der Sonnenwagen von TRUNDHOLM, vermutlich die verkleinerte Nachbildung eines ›Erntebitt-Wagens‹. Nationalmuseum, Kopenhagen
4 Der Grauballe-Mann, einer der rätselhaftesten Funde aus der Bronzezeit
5 HJERL HEDE Leben nach Art der Vorfahren – wissenschaftliches Experiment und Urlaubsvergnügen im Vorzeitmuseum

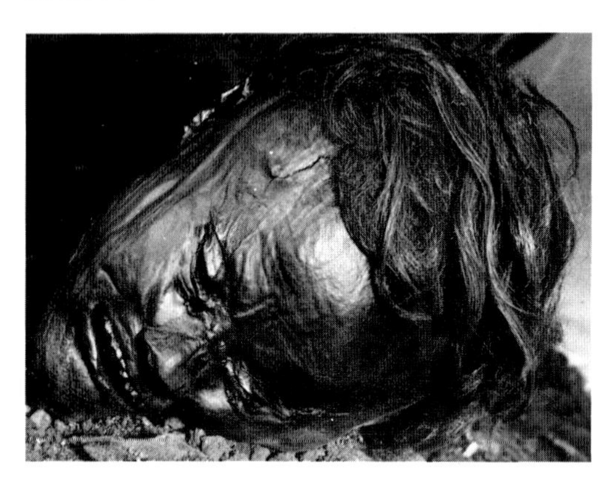

6 LØGUMKLOSTER Klosterkirche, 12. Jh., in Südwestjütland

7 LØGUMKLOSTER Klosterkirche, südliches Querschiff

8 RIBE Dom, links der Bürgerturm

9, 10 Schlösser auf Fünen: RAVNHOLT und BROHOLM

12 EGESKOV (Fünen) Das Wasserschloß entstand im 16. Jh. auf einer Insel aus Pfählen ▷

11 DÜPPEL (Dybbøl) Schanzen und Mühle, Symbole einer nationalen Tragödie und dänischen Selbstbehauptungswillens

13 Die hellen Treppengiebelkirchen gehören seit 700 Jahren zur Kulturlandschaft Dänemarks; Fallingkirche, Ostjütland

14, 15 ÅRHUS Im berühmten Freilichtmuseum Gamle By

16 VIBORG Teilansicht des Domes

17 SKAGEN Die ›versandete Kirche‹ wurde ein Opfer des Westwindes und der Wanderdünen

18 JÜTLAND An der Nordseeküste ist der Strand direkt am Wasser streckenweise fest wie eine Straße

19 ÅLBORG Links das alte Rathaus, dahinter das Haus von Jens Bang, Skandinaviens besterhaltenes Privatgebäude (1623/1624) aus der Renaissance

20 ÅLBORG Lindholm Høje, Wohn- und Grabstätte der Kimbern

21 KALUNDBORG Die Kirche gehört zu den eigentümlichsten Bauten Dänemarks ▷

22 ROSKILDE Der Dom erinnert an die Zeit bis zum 15. Jh., als diese Stadt Residenz der Könige war ▷

23 ROSKILDE Sarkophage in der Grabkammer im Dom ▷

21

22

23

KONG CHRISTIAN
DEN FIERDE
FØDTES d. 12 APRIL
1577
PAA FREDERIKS
BORG.
HAN INDGIK
TIL SINE FÆDRE
d. 28 FEBRUAR 1648
PAA ROSENBORG
EFTER AT HAVE
STYRET
DET DANSKE RIGE
I 60 AAR.

24 KOPENHAGEN Im Vordergrund Schloß Amalienborg, dahinter die Kuppel der Marmorkirche

25 KOPENHAGEN Runder Turm (1637–1642) an der Dreifaltigkeitskirche mit Wendelgang nach oben

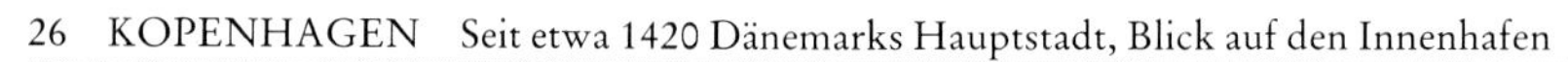

26 KOPENHAGEN Seit etwa 1420 Dänemarks Hauptstadt, Blick auf den Innenhafen

27 KOPENHAGEN Fußgängerstraße Strøget mit dem als Treffpunkt beliebten Storchenbrunnen

28 KOPENHAGEN Börse, die vier hochgeschwänzten Drachen (Turmspitze) waren ein Sonderwunsch von Christian IV.

29 KOPENHAGEN Der Schloßplatz gehört zu den hübschesten Rokoko-Plätzen Europas

30 KOPENHAGEN Frühere St. Nikolaj-Kirche und Thorvaldsen-Museum
31 KOPENHAGEN Thorvaldsen-Museum, Modelle für ein päpstliches Grabmal, von Schiller, Kopernikus und (zu Pferd) dem polnischen Freiheitshelden Josef Poniatowski

32

33

34

32 N.F.S. Grundtvig (1783–1872)

33 H.C. Andersen (1805–1875)

34 Søren Kierkegaard (1813–1855)

35 Tycho Brahe arbeitete auf der Insel Hven (heute Ven) im Öresund

36 Tycho Brahe (1564–1601)

37 KOPENHAGEN Denkmal des streitbaren Stadtgründers, Bischof Absalon, vor dem Schloß Christiansborg

35

36

37

38

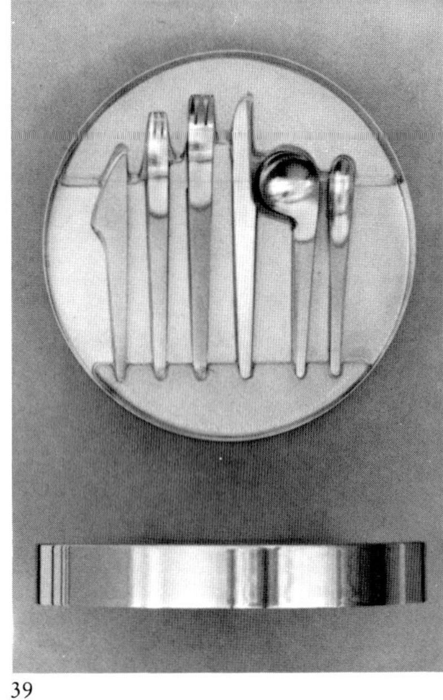

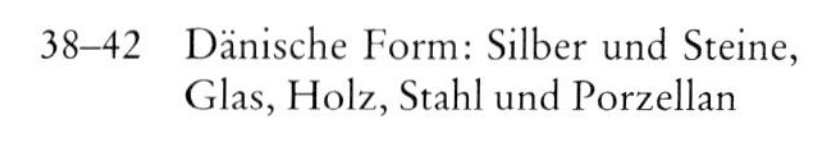
39

38–42 Dänische Form: Silber und Steine, Glas, Holz, Stahl und Porzellan

40

41

42

43 HELSINGØR Blick auf Schloß Kronborg, 16. Jh.

44 HILLERØD Schloß Frederiksborg. Der Brand von 1859 verschonte die Kirche, Barockorgel auf der nördlichen Empore

46 BORNHOLM Die Olafskirche entstand Ende des 11. Jhs. ▷

45 BORNHOLM St. Lorenz in Østerlars ist die größte der vier Bornholmer Rundkirchen

Siegel des Domkapitels Roskilde. Papst Lucius und der ältere Bau des Doms

Dänemarks Hauptstadt, offenbar nicht prächtig genug. Bischof Vilhelm, Kanzler des inzwischen verstorbenen Königs Knut, ließ eine Kathedrale aus Kalktuff bauen. Deren Grundmauern liegen unter dem Fußboden des heutigen Doms aus Backstein, der ab etwa 1170 um die Kathedrale herum von Osten nach Westen errichtet wurde (Abb. 22). Bauherr war Bischof Absalon (Abb. 37), der Gründer der Stadt Kopenhagen.

Etwa zehn Jahre früher, 1157, war eine weittragende Entscheidung im Kampf um die Macht gefallen. König Sven ließ seinen Rivalen Knut attackieren – der gerade Schach spielte, wobei Valdemar, einer der Mächtigen im Lande, zusah. Knut stirbt bei dem ›Blutgelage zu Roskilde‹, Valdemar kann verwundet entfliehen. Noch im selben Jahr stellt er Sven und besiegt ihn. Er wird König, und damit beginnt die Zeit der Valdemare (bis 1241), unter denen das Land zum Gegenangriff gegen die deutsche Ostsee-Vorherrschaft antritt. Anfang des 13. Jahrhunderts wird Lübecks Einfluß zurückgedrängt. In der Schlacht von Lyndaniz wird Estland erobert.

Während dieser Schlacht, 1219, ist der Sage nach die dänische Fahne, der Dannebrog, vom Himmel herabgeschwebt, als die Kreuzfahrer aus dem Westen – von den estnischen Heiden hart bedrängt – den Himmel um Beistand anflehen. Die Geschichte von der wunderbaren Errettung der braven, glaubensfesten Soldaten Christi läßt sich erstmalig im 16. Jahrhundert nachweisen. Damals schrieb Arild Huitfeld *Danmarks Riges Krønike,* die Chronik des Dänenreiches. (Das erste Geschichtsbuch wurde von Saxo, einem Sekretär Absalons, geschrieben, der um 1220 gestorben ist. Es heißt *Gesta Danorum,* die Taten der Dänen.)

Absalon hatte mit dem Bau des neuen Doms offenbar einen dänischen Meister beauftragt, der sich in Nordfrankreich umgetan haben muß. Die Ähnlichkeit mit der Kathedrale zu Tournai ist unverkennbar. Kurz vor 1300 war der Dom fertig. Danach sind nur An- und Umbauten vorgenommen worden, so im Jahre 1635 die schlanken Turmspitzen.

In diesem Dom liegen die Könige und Königinnen Dänemarks begraben (Abb. 23), seit Anfang 1972 auch König Frederik IX. Er ruht in der Kapelle von Christian IX. († 1906).

Eine Kuriosität besonderer Art ist die Granitsäule in der Kapelle der Heiligen Drei Könige (Christian I.): Hier haben einige Erlauchte Europas und Asiens ihre Längenmaße hinterlassen. Als längsten Herrscher wies Christian I. sich selbst aus, was aber wohl übertrieben ist, denn sein Skelett mißt nur 188 cm. Korrekt hingegen dürften die Angaben über Peter den Großen (208), Herzog Philip von Edinburgh (188), Gustaf VI. Adolf (188,0 im Gegensatz zu Philips 188,2), Bhumibol von Thailand (174) sowie Christian VII. sein, der mit 164 weit unter dem ersten Christian steht.

Südlich Roskilde liegt das archäologische Versuchszentrum *Lejre* bei dem gleichnamigen Dorf. Hier ist eine vorgeschichtliche Siedlung aufgebaut, hier leben – oft monatelang und in Familien – interessierte Dänen unter den Bedingungen früherer Zeitalter (Abb. 5), fast so, wie Tacitus die Fennen beschrieben hat: »Eine erstaunliche Wildheit, eine gräßliche Armut; nicht Waffen, nicht Pferd, nicht Heim; Nahrung das Gras, Kleidung Felle, Lager der Boden: der einzige Reichtum liegt in den Pfeilen, die sie aus Mangel an Eisen mit Knochen zuspitzen.«

Sinn eines Versuchszentrums wie Lejre ist in erster Linie, wissenschaftliche Theorien und Schlüsse zu überprüfen. Wie etwa Tacitus' Behauptung: Kann man wirklich Holzpfeile mit Knochen zuspitzen?

Kopenhagen

Von Roskilde bzw. Køge erreicht man in direkter Fahrt die Hauptstadt *Kopenhagen* (Abb. 24–31). Sie sollten sich auf einer Durchreise wenigstens das Zentrum ansehen. Man kann am Schloß Christiansborg einen Parkplatz zu finden versuchen. Nicht weit von diesem großzügig angelegten Bau, in dem heute *Folketing* (Parlament) und Kabinett residieren, liegen die Börse (Abb. 28) (Christian IV.), die Königliche Bibliothek, die Fischrestaurants am Gammel Strand, dem kleinen Fischmarkt, stehen die Denkmäler für Bischof Absalon (Abb. 37) und König Frederik VII. sowie das Thorvaldsen-Museum (Abb. 30, 31). Gegenüber die Holmens-Kirche. Von Christiansborg

Im Jahre 1254 wurde Kopenhagen durch Bischof Jakob Erlandsen zur Stadt erhoben, und es ist seit 1445 Hauptstadt und Residenz der Könige von Dänemark; am mittleren Turm eine Kartusche mit dem Initial König Friedrichs III.

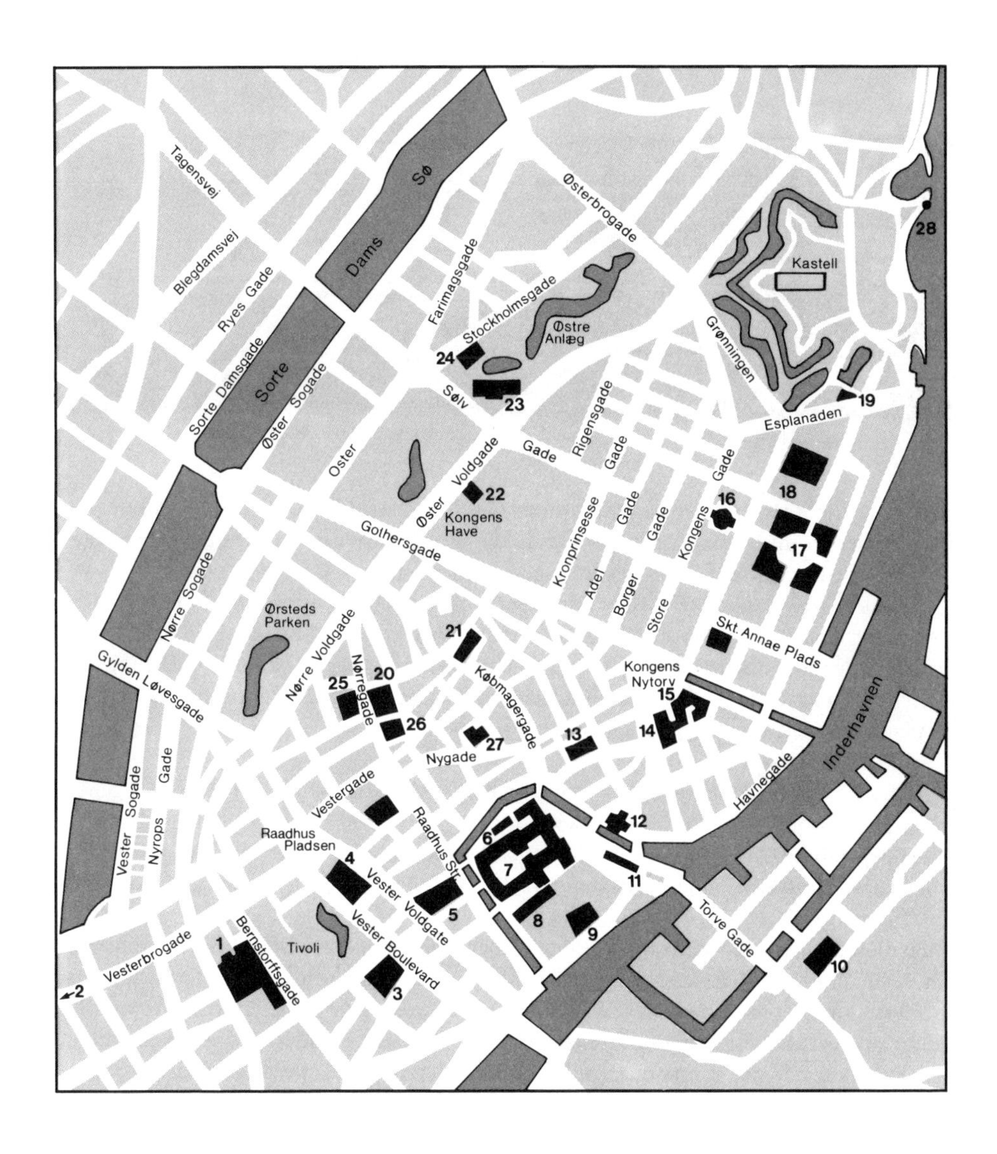

Kopenhagen 1 Bahnhof 2 Stadtmuseum 3 Ny Carlsberg Glyptotek 4 Rathaus 5 Nationalmuseum 6 Thorvaldsen-Museum 7 Christiansborg (mit Theatermuseum) 8 Zeughausmuseum 9 Königliche Bibliothek 10 Erlöser-Kirche 11 Börse 12 Holmens-Kirche 13 Nikolaj-Kirche 14 Königliches Theater 15 Charlottenborg 16 Frederiks-Kirche 17 Amalienborg 18 Kunstgewerbemuseum 19 Freiheitsmuseum 20 Universität 21 Trinitatis-Kirche 22 Rosenborg 23 Kunstmuseum 24 Sammlung Hirschsprung 25 St. Petri-Kirche 26 Liebfrauen-Kirche 27 Heiliggeist-Kirche 28 Kleine Meerjungfrau

Ansicht von Kopenhagen, 1585

geht man die Stormgade entlang und über den H. C. Andersen Boulevard durch das Tivoli oder vom Gammel Strand durch die Raadhusstræde zur Fußgängerstraße ›Strøget‹ (bedeutet ›der Strich‹, wird ausgesprochen ›streu-et) (Abb. 27).

Gäbe es eine Möglichkeit, das abzumessen oder nachzuwiegen, so könnte man es beweisen: Kopenhagen ist die liberalste Stadt der Welt. Mit liberal ist hier nicht die Duldung des sogenannten Sündhaften gemeint, sondern gerade seine Abschaffung. In Kopenhagen darf jeder jedes tun, vorausgesetzt, er schadet niemandem damit. So wurde Kopenhagen zeitweise zum Zielort der Porno-Verspeiser und auch der Liveshow-Besucher.

Aber das ist eher ein Neben-, wenn nicht gar Abfallprodukt der Kopenhagener Liberalität, ist nur eines von vielen Zeichen einer toleranten Einstellung dem Mitmenschen gegenüber. Am deutlichsten läßt sie sich vielleicht so definieren: Kopenhagen ist eine Stadt, wo keiner über den anderen die Nase rümpft und wo Augenzwinkern überflüssig ist.

Zu dieser All-round-Toleranz, die den Dänen insgesamt eigen ist und in Kopenhagen am sinnfälligsten in Erscheinung tritt, gehört auch ein konservierender Zug, das Interesse am Vergehenden, der Wunsch nach Bewahrung. Dänemark hat etwa 180 kulturgeschichtliche Lokal- und Spezialmuseen. Dabei dominiert Kopenhagen nicht gleich stark wie in der Einwohnerzahl: Während den Raum Kopenhagen 1,5 Millionen von insgesamt 4,9 Millionen Dänen bewohnen, sind von den 180 Museen nur 20 in der Hauptstadt gelegen. Deren Sammlungen jedoch dürften zu Dänemarks bedeutendsten gehören.

Die ersten dänischen Museen waren nach Art jener Kunst- und Wunderkammern zusammengestellt, die man an den deutschen Fürstenhöfen während der Renaissance einrichtete. Das erste dänische Museum, das Wormianum, bestand aus den Sammlungen des Kopenhagener Arztes Ole Worm (1588–1654), der genaugenommen nur ein Kriterium kannte: Erweckt der Gegenstand Interesse?

König Frederik III. eiferte seinem Untertanen nach und ließ eine Königliche Kunstkammer eröffnen (Museum Regium), die eine naturhistorische Sammlung, Raritäten, Gemälde und Waffen enthielt. An dieses Museum fiel das Wormianum, später auch diese oder jene andere Privatsammlung. Mit der Zeit wurden die Exponate nach Sachgebieten geordnet und katalogisiert. Die Kunstkammer besteht heute nicht mehr, sie wurde 1821 aufgelöst, und ihr Besitz nach Schwerpunkten auf die Kopenhagener Museen verteilt.

Ein anderes ursprünglich königliches Museum ist erhalten geblieben. Es liegt in Rosenborg, dem Lusthaus von Christian IV. (über den noch viel zu berichten sein wird). Es zeigt in erster Linie Sachen, die mit dem Königshaus und Königtum in Verbindung stehen. Manche können als ein wenig makaber gelten, wie die Ohrhänger der Vibeke Kruse: Christians Geliebte hatte dafür die Metallsplitter einfassen lassen, die den König in der Seeschlacht vor der Kolberger Heide ein Auge gekostet hatten.

Das reich verzierte Admiralsschwert desselben Königs bringt uns den Feldherrn und Städtebauer menschlich näher: An der Scheide untergebracht sind nicht nur Geräte zum Messen von Geschützkalibern, sondern auch ein Tafelmesser und eine Nagelfeile.

Viele Museen außerhalb Kopenhagens konnten das Stadium der Ein-Zimmer-Sammlung nur deswegen überwinden, weil das Königliche Museum der Schönen Künste ihnen mit Leihgaben und die Carlsberg-Stiftungen ihnen mit Geld über die Anfangsschwierigkeiten hinweghalfen. In den Carlsberg-Stiftungen vereinigt sich das dänische Interesse an Kunst und Museen mit der dänischen Leidenschaft für das

Schloß Rosenborg, unter Christian IV. ▷ 1610–1624 errichtet. Ansicht und Grundriß

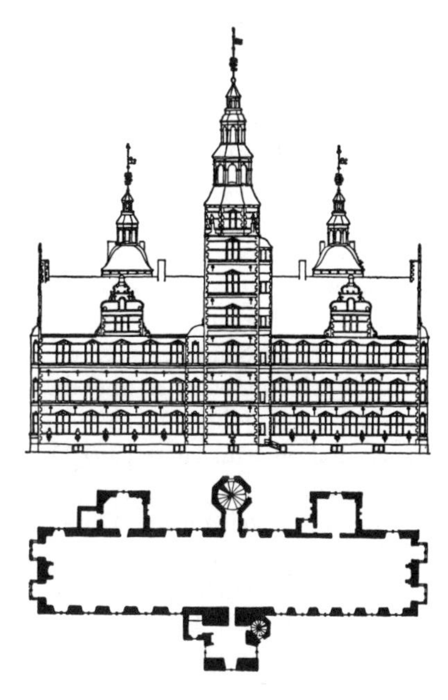

Das Pantomimen-Theater im Tivoli ist einzigartig in der ganzen Welt

Biertrinken. Der Kopenhagener Brauer J. C. Jacobsen gründete 1876 die Carlsberg-Stiftung, die vor allem Naturwissenschaften und Geschichtsforschung unterstützen sollte. Ihm ist es zu verdanken, daß Schloß Frederiksborg (Farbt. 8, Abb. 44) nach dem Brand von 1859 wieder aufgebaut und als nationalgeschichtliches Museum eingerichtet wurde. Der millionenschwere Brauer vermachte seine Villa, die auf dem Grundstück des Unternehmens steht, ›einem verdienten Dänen – Mann oder Frau – als Wohnung auf Lebzeiten‹. In dieser Ehrenwohnung hat der Atomphysiker Niels Bohr (1885–1962), Ritter des Elephantenordens, von 1932 bis zu seinem Tod gelebt. Es ist durchaus möglich, daß dort eines Tages wieder ein Bohr einziehen wird.

Der Sohn von Jacob Christian, Carl Jacobsen, förderte Wissenschaften und Künste gleich seinem Vater und brachte 1902 seinen Anteil an der Brauerei in den Carlsberg-Fonds ein (Neuer Carlsberg Fonds). Verwaltet wird diese Stiftung durch ein Direktorium, dessen Ernennung Sache der Königlich Dänischen Gesellschaft der Wissenschaften ist.

Eine Führung durch die Brauerei und ihr eigenes Museum (denn auch sie hat ja schon eine Geschichte) ist interessant. Geradewegs angenehm ist es, einmal Gast der Brauerei zu sein, die sich im Ritual der dänischen Bewirtungstradition wahrlich gut auskennt. Nach den reichlich aufgetragenen Speisen kommt der *café avec*. Bald darauf serviert man wieder Bier. Wer das barbarisch findet und gar wagt, eine Augenbraue ein wenig hochzuziehen, der wird vom Gastgeber belehrt: »Jemand, der unsere Brauerei verläßt, darf unmöglich nach Kaffee oder Cognac duften.«

Carl Jacobsen liebte französische Kunst und begann mit dem Sammeln schon 1878 bei einem Besuch in Paris. 1888 eröffnete er das Museum Ny Carlsberg Glyptotek. Es enthält Werke von Degas, Gauguin, Toulouse-Lautrec, Cézanne (Selbstporträt) und Manet (Absinthtrinker). Ein Tonrelief von Aristide Maillol, ›Mann und Frau‹, brachte Jacobsen 1909 im eigenen Reisegepäck aus Paris mit.

Die Glyptothek enthält außer französischer Kunst des 19. Jahrhunderts auch dänische sowie Werke aus Ägypten, Griechenland, Etrurien und Rom. Der rote Ziegelbau der Glyptothek liegt im Zentrum der Stadt, dicht beim Rathaus und beim Tivoli.

An der Küstenstraße von Kopenhagen nach Helsingør (also nicht an der Umgehungsstraße E 4) liegt in Humlebæk das moderne Museum Louisiana, eröffnet 1958. Es ist eine private Sammlung (Knud W. Jensen) von Kunst der unmittelbaren Gegenwart und gibt einen Überblick über die Veränderungen in der dänischen Kunst während der letzten fünfzig Jahre. Durch seine Lebendigkeit und Dynamik ist das herrlich am Sund gelegene Louisiana ein in ganz Dänemark bekannter Mittelpunkt kultureller Aktivität geworden.

Dieser Hinweis für die Weiterreise Richtung Norden. Man kann auch nach Malmö und Landskrona in Schweden übersetzen. Außerdem Schiffsverbindung nach Travemünde, Kiel, Göteborg, Oslo und Helsinki.

Am nördlichen Ende der Küstenstraße, dort, wo sie auf die E 4 trifft, liegt, Helsingør. *Helsingør* hat sich mit seinem Hamlet-Image abgefunden und sich daran

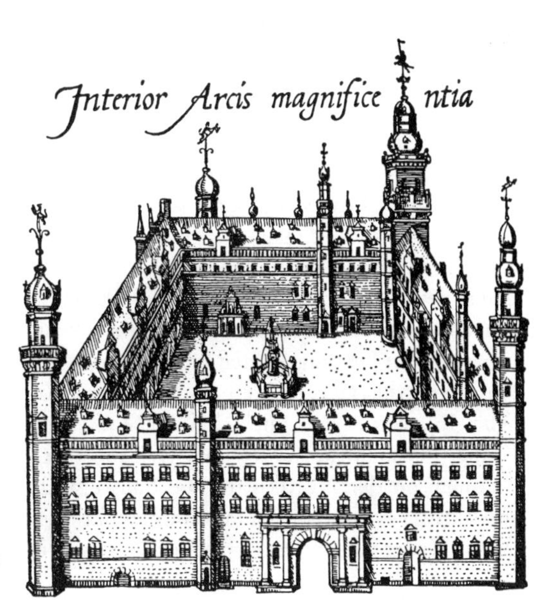

Festung Kronborg in Helsingør. Stich Ende 16. Jh.

gewöhnt, damit zu leben. Für die dänische Reichs- und für die europäische Kulturgeschichte hat es eine völlig andere Bedeutung: Es entstand um die Burg Kronborg herum, mit der die dänischen Herrscher ihren Anspruch auf den Sundzoll militärisch absicherten. Anfang des 15. Jahrhunderts gehörte ja das Land auf beiden Seiten des Sunds zu Dänemark, er war also eine Art ›innerdänische Wasserstraße‹. Wer sich der königlichen Logik nicht fügen wollte, sah sich mit den Kanonen von Kronborg konfrontiert. Das Schloß in seiner heutigen Form wurde 1585 fertig (Abb. 43) (s. a. S. 367).

Jahrhunderte hindurch hat die Zollverwaltung in dicken Folianten jedes Schiff notiert, das den Sund passierte, sowie dessen Ladung und deren Wert angegeben. Diese für die europäische Kulturgeschichte immens wichtigen Aufzeichnungen gehen bis zur Mitte des letzten Jahrhunderts, denn die Dänen kassierten auch weiter, nachdem die östliche Gegenküste von Kopenhagen und Helsingør an Schweden gefallen war. Seit 1658 stimmte zwar das Argument für die Erhebung des Sundzolls nicht mehr, aber das bekümmerte die Dänen nicht, denn die hatten ja auf Kronborg noch immer Kanonen stehen.

Das alte Zentrum von Helsingør ist ein weiteres dänisches Projekt im Rahmen des Denkmalschutzjahrs. Außer den drei Kirchen der Stadt und dem ausgezeichnet erhaltenen Hof des Karmeliterklosters sind auch 67 Häuser unter Denkmalschutz gestellt und sollen – wie man auf dänisch sagt – aufgerüstet werden. Damit wird Helsingør in einer Form und einem Umfang bewahrt, wie sie der gesamteuropäischen Bedeutung dieser Stadt entsprechen.

Besuch auf Bornholm

Vor der Abreise aus Dänemark sollen Sie noch drei Inselreiche kennenlernen, die zumindest nicht alle auf ihrem Reiseplan stehen: Bornholm, die Färöer und Grönland.

Bornholm (588 qkm) ist vermutlich die Insel, auf der die Burgunder gewohnt haben, ehe sie nach Mitteleuropa und schließlich nach Burgund zogen. Heute wohnen auf Bornholm 45000 Menschen, sie leben von Ackerbau, Fischfang und -verarbeitung sowie vom Fremdenverkehr. Die Insel hat nur 40000 ha landwirtschaftliche Nutzfläche; in den Küstenorten sind 400 Kutter beheimatet, von denen einige vor Grönland auf Fang fahren. Industrie gibt es auf der Insel kaum. Hauptort ist Rönne (13000 E.).

Neben den Festungsruinen von Hammershus sind die interessantesten Gebäude auf Bornholm die vier kleinen Rundkirchen von *Olsker* im Nordwesten (Olskirke) (Abb. 46), von *Nyker,* dicht bei der Stadt Rönne (Nykirke), von *Nylars,* östlich von Rönne (Nylarskirke) und von *Østerlars* (Østerlarskirke) (Abb. 45), nahe beim Ort Gudhjem an der Nordküste. Die Bauweise dieser Kirchen ist einmalig – und auch unpraktisch –, weil mitten im Raum ein kräftiger Pfeiler steht, der das Gewölbe trägt. Dieser Pfeiler versperrt den meisten Gottesdienstteilnehmern den Blick auf den Altar.

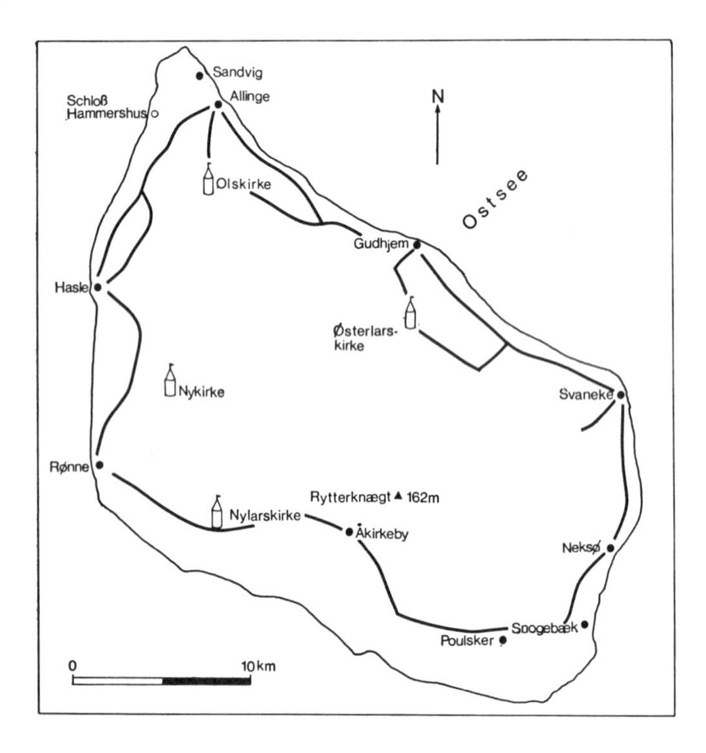

Die dänische Ostseeinsel Bornholm liegt nur 40 km südöstlich von der schwedischen Küste.

Die Rundkirche von Olsker (Olskirke) im Norden Bornholms, Querschnitt ▷

Das Theater in Rønne ist das älteste Dänemarks; in dem Gebäude von 1753 werden seit 1823 Aufführungen gegeben

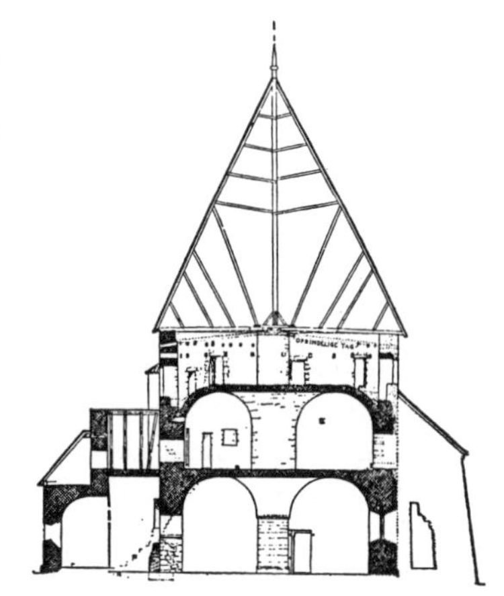

Der Pfeiler ist notwendig, weil das ganze Gebäude sonst zusammenstürzen würde. Im 13. Jahrhundert waren die Baumeister auf Bornholm zu besseren Leistungen einfach deswegen nicht in der Lage, weil von ihnen verlangt wurde, auf der Decke über dem Kirchenraum noch einen Raum und darüber noch einen Raum (heute nicht mehr vorhanden) zu bauen.

Diese Kirchen hatten eine Doppelfunktion: Sie waren Festungen gegen den irdischen Feind ebenso wie Festungen des Glaubens. Zu den Obergeschossen führt nur eine schmale Treppe, auf der die Übermacht des Angreifers wirkungslos ist, weil die Treppe nur die Breite eines Mannes hat. Vom zweiten Obergeschoß aus konnte man die draußen nachdrängenden Angreifer bekämpfen.

Es ist nicht bekannt, ob die Kirchen oft als Zuflucht vor Feinden gedient haben. In der Nylars- und der Østerlarskirke sind viele Malereien aus dem 13. Jahrhundert original erhalten, also niemals durch Brände oder andere Verheerungen beschädigt worden.

Hammershus bei Sandvig (Nordwestspitze) gehört zu den Burgen, die bei jedem Angriff fielen. Auch Valdemar Atterdag hat sie einmal erobert. Die Burg wurde 1645 von den Schweden unter Wrangel (der Verteidiger hieß Rosenkrantz) zusammengeschossen und niemals mehr durchgreifend repariert. Wie die verschüttete Kirche bei Skagen und der Nidaros-Dom (Abb. 90) in Trondheim war sie Jahrhunderte hindurch Baumateriallieferant für die Bewohner der Umgebung. 1822 kam sie unter Denkmalschutz, und seitdem werden erhaltende Arbeiten regelmäßig durchgeführt.

Wer von der Insel auf andere Inseln fahren will, kann in Svaneke an der Nordostspitze das Boot nach Christiansø auf der Inselgruppe *Ertholmene* (Erbseninseln) nehmen (20 km). Die Ertholmene bestehen aus drei größeren Inseln und einigen Klippen. *Christiansø* ist 710 m lang und 430 m breit, *Frederiksø* (Brücke) mißt 440 und 160 m. Hier ließ 1684 Christian V. eine Festung anlegen, von der zwei Türme und einiges Gemäuer noch vorhanden sind. Die dritte größere Insel, *Græsholm* (Grasinsel), ist gesperrt. Das sind keine militärischen Nachwehen aus der Zeit des fünften Christian. Nein, auf Græsholm leben viele Vögel, und darum wurde die Insel unter Naturschutz gestellt.

Die Färöer

Die Atlantikinseln *Färöer,* etwa gleichweit von der norwegischen und isländischen Küste entfernt, besitzen einen der interessantesten Repräsentanten mittelalterlicher Kirchenarchitektur in Skandinavien. Ganz im Südosten der Hauptinsel *Streymoy* steht der niemals vollendete gotische *Dom von Kirkjubøur.* Er hat einen rechteckigen Grundriß. Der Bau begann Ende des 13. Jahrhunderts und wurde Anfang des 15. endgültig eingestellt. Mit der Reformation (1538) erlosch jedes Interesse am Weiterbau. Das Projekt war für die wirtschaftliche Tragfähigkeit der dünnbesiedelten Inseln zu ehrgeizig, zumal während der Bauzeit die Pest über die Färöer hinwegzog.

Nach unseren Begriffen waren die Pläne gar so großartig nicht. Die Außenmaße betragen nur 80 mal 33 Fuß (26,5 × 11 m, innen 23 × 7,40 m). Wie hoch der Turm werden sollte, ist unbekannt. Fertig wurden nur die Gewölbe der Kapelle. Das übrige Gemäuer (Naturstein) kam niemals über 27 Fuß (9 m) Höhe hinaus.

Erhalten sind mehrere Figuren, manche erst teilweise ausgeschnitzt. Eine stellt vermutlich Håkon V. dar, eine andere Bischof Erland (1269–1308), den Initiator des Baus. Er bemühte sich, die Finanzierung dadurch zu sichern, daß er auch läßliche Sünden mit hohen Bußen bestrafte, wodurch nicht wenige Bauern um Haus und Hof kamen. Schließlich wurde er vertrieben.

An diesem windigen Punkt von Streymoy – der für die baumlosen Färöer wichtig war, weil hier von der Dünung viel Treibholz an Land geschwemmt wurde – vereinigt sich die Kirchenbaukunst des ganzen Nordmeerraums: Details der Architektur erinnern an die älteren Teile des Nidaros-Doms in Trondheim, einige Figuren an Stavanger, andere an Figuren nord- und sogar südenglischer Kirchen. Parallelen für die Kreuzigungsgruppe gibt es in Norwegen ebenso wie in England.

Nach fast 700 Jahren ohne Schutz gegen Wind und Wetter ist die Bauruine vom Zerfall bedroht. Finden sich auch auf dem Kontinent Fonds, die zur Unterhaltung und Wiederherstellung beitragen könnten?

Grönland

Gönland wurde schon um 980 von Eirikr Thorvaldsson (Erich der Rote) und 25 anderen Wikingerfamilien besiedelt. Eirikr nannte den Fjord nordwestlich von Kap Farvel nach sich selbst und den schnell entstehenden Ort Brattahlith (heute Kagssiarssuq). Hier stehen die Überreste der ältesten christlichen Kirche in der westlichen Hemisphäre: ein Stück Gemäuer auf Eriks Grundstück, ein wenig abseits von seinem Haus mit der großangelegten Halle. Erik der Rote wollte sein Lebtag von dem neuen Glauben nichts wissen und brummte böse, als Sohn Leif (der Glückliche, Vinland-

Entdecker) von einer Reise nach Norwegen bekehrt und dazu auch gleich noch mit einem Priester zurückkam. Eriks Frau Thjodhild wurde bald Christin. Erik konnte ihr den Wunsch nach einer Kirche nicht abschlagen, ließ sie aber so hinbauen, daß er – dessen Blick ja doch mehr über See als ins Land hinein glitt – sie nicht ständig sehen mußte.

Westlich vom Kap Farvel, nicht weit von Brattahlith entfernt, liegt der Ort Igaliko (›verlassene Feuerstelle‹), der früher Garthar hieß und vom Anfang des 12. Jahrhunderts fast 200 Jahre lang Bischofssitz war. Der Dom hatte Kreuzform, war aus Sandstein und nicht weniger als 27 m lang, bei 16 m Breite.

Von dieser Kirche gibt es nur noch einige Grundmauern. Über das Schicksal der Siedler ist nichts bekannt. Im 15. Jahrhundert ging die Verbindung mit Grönland verloren. Mehrere Expeditionen versuchten, die Eisbarrieren zu durchdringen, aber es gelang nicht. Als 1721 der Norweger Hans Egede, lange Zeit hindurch Pfarrer in Klasvig auf den Lofoten, in Südgrönland an Land ging, fand er auf Grönland nur Eskimos.

Zufälliges Gespräch mit einem inniglich verehrten Vorgänger

Eine halbe Stunde vor Mitternacht ging ich in Hirtshals an Bord der ›Christian IV.‹ und suchte, weil das Schiff bereits früh um halb sechs in Kristiansand ankommt, unter Umgehung der Bar direkt die Kabine auf. Obgleich die Reise durch Dänemark mit allen ihren Erfahrungen schon hinter mir lag, plagte mich immer noch das Thema: Scandinavian Design und offenes Gemeinwesen, Kreuzgewölbe und Stabkirchen, Wikinger und Samen, Nornen und Schamanen – wie soll man das bloß alles in den Griff bekommen? Ich drehte mich unter der Bettdecke, durch das Bullauge warf das reflektierende Meer hüpfendes Licht an die Kabinenwand.

Er hatte nicht angeklopft, sondern stand ganz einfach neben mir. Hochgewachsen und schwarzgekleidet, ein wenig kahlköpfig schon. Mit der Stimme professioneller Christen fragte er: »Kann ich mich setzen?«

Verwirrt flüchtete ich in ausgesuchte Höflichkeit: »Aber selbstverständlich, verehrtester Herr Pfarrer. Möchten Sie einen Schemel?«

Er setzte sich auf die Bettkante und schüttelte den Kopf. Ein wenig Mißbilligung lag darin. »Brauche Seine Fürsorge nicht, bin ja selbst viel gereist«, sagte er knapp. Und dann – als ob er etwas vergessen hätte: »Bin Friedrich Wilhelm von Schubert, der Theologie Doctor und Professor an der Königlich Preußischen Universität zu Greifswald, designierter Königlicher Superintendent und Pastor zu Altenkirchen auf der Insel Rügen.«

Ich richtete den Oberkörper halb auf, nicht mehr verwirrt, sondern baß erstaunt. Fragte dann: »Sind Sie der Schubert?«

Er – weniger pastoral als in der vollen Würde des Bewußtseins erbrachter Leistung: »Wenn Er den Friedrich Wilhelm von Schubert meint, der zwischen 1817 und 1820

Schweden, Norwegen, Lappland, Finnland und Ingermannland bereist und darüber ein dreibändig Werk geschrieben hat ... Freilich, der bin ich.«

»Herr Kol ...«, ich unterbrach mich, setzte neu an: »Herr Professor, was ich schon immer wissen wollte: Haben Sie alles unterwegs auf kleine Zettel geschrieben, mit dem Graphit und dem Federkiel?«

Er antwortete erklärend: »Unterwegs meist mit dem Graphit.«

»Kein Kugelschreiber, keine Schreibmaschine, kein Tonbandgerät?«

»Kein Kugelschreiber, keine Schreibmaschine, kein ..., na, jedenfalls auch das nicht. Keine Lokomobile, kein Automobil, nicht einmal ein Velociped.«

Es erschien mir überflüssig, nach Aeroplanen zu fragen. Und außerdem konnte ich den Ausdruck meiner Verehrung nicht mehr zurückhalten: »Jahrelang gereist, Notizen mit dem Graphit und der Feder gemacht, 1600 Seiten geschrieben und sogar einen Verleger dafür gefunden. Ich bewundere Sie!«

Er holte aus dem Ärmel ein Tüchlein hervor und schneuzte sich. Dann zu mir: »Verachte Er lieber die Verleger, die Seines Jahrhunderts, die das Risiko scheuen, die ihn und seinesgleichen auf 300 Seiten zu bringen zwingen, wofür ich – Dänemark eingeschlossen – mindestens 2000 gebraucht hätte.«

»Herr Theologie Doctor und Professor, darf ich das zitieren?«

»Ich bitte sogar darum. Auch aus meinen Büchern mag Er herausgreifen, was ihm überliefernswert erscheint. Aber mache Er bitte Zitate als solche kenntlich. Kursivierung möchte ich mir schon ausbitten.«

Nein, die Lichterkringel hüpften nicht mehr auf dem schwarzen Tuch seines Rocks, sondern ich sah durch ihn hindurch die Kabinenwand. Nur die Züge seines Gesichts blieben klar. Jetzt neigte sein Kopf sich, er deutete zum Tisch hinüber.

»Was hat es mit dem Kasten auf sich?«

»Das ist ein Ton ..., ein Magnetophon. Man spricht hinein, auf ein Magnetband, das sich bewegt und die Worte aufzeichnet ...«

»Wie ein Graphit?«

Ich bestätigte: »Wie ein Graphit, ein unsichtbarer. Dann kann man das Band wieder abspielen und hören, was man an Ort und Stelle bemerkenswert gefunden hat. Es ist wie Aufzeichnungen, nur eben nicht mit der Feder.«

Er dachte nach, fragte dann: »Und die Töne verblassen wohl nicht, wenn die Sonne lange auf das Band scheint?«

Ich nickte bejahend. Nach einer Weile murmelte er: »Kugelschreiber, Tonbandgeräte, Elektrozüge, Autos, PR-Chefs, Schreibmaschinen, Flugzeuge, Fremdenverkehrsbüros ... Er hat es gut bei Seiner Arbeit. Er wendet wohl nichts dagegen ein, wenn ich Ihn nicht aus den Augen lasse und Ihm zuweilen über die Schulter gucke?«

Ich sehe ihn an: »Im Gegenteil, eine Ehre wäre es mir, gerade von Ihnen begleitet zu werden.«

Seine Hand ist pergamenten, die Knochen sind hindurchzufühlen. Ein wenig wird mir kalt. Vielleicht hätte ich doch lieber an die Bar gehen sollen.

»Obwohl die Völker im hohen Norden sich wegen der extremen Kälte nicht über selbstgezüchteten Wein freuen können, verschmähen sie es keineswegs, sich ebenso mit ausländischen Weinen wie auch mit einheimischen Malzgetränken verschiedener Art zu verlustieren.«

Norwegen

Kristiansand – der König, die Geschichte und die Sprache

Auch wenn man keine nächtlichen Besucher in seiner Kabine empfängt, ist auf der Strecke Hirtshals–Kristiansand die Zeit zum Ausschlafen etwas knapp. Im Hochsommer kann man schon um 22 Uhr an Bord gehen, aber man wird kaum gleich einschlafen, und eigentlich ist die Überfahrt auch zum Verschlafen zu schön. Das Schiff läuft um 1 Uhr nachts aus und erreicht Kristiansand um halb sechs.

Während andere skandinavische Könige, vor allem Schwedens Karl XII., Meister im Niederbrennen und Zerstören waren, erinnert an die lange Regierungszeit von Christian IV. (1588–1648) eine große Zahl von Gebäuden und sogar Städten, hochgezogen und gegründet in beiden Teilen des Reiches zwischen der Elbe und dem Nordkap. *Kristiansand* ist eine der Gründungen von Christian IV., der in Norwegens Geschichtsbüchern *Kristian den 4* heißt.

Das Norwegen jener Zeit bestand aus fünf Landschaften: hoch im Norden *Finnmarken,* südlich davon mit Trondheim als Zentrum *Tröndelag,* das etwa dort aufhörte, wo Norwegen breit wird. Der große Sack darunter bestand aus *Östland* und *Vestland* und dem südlichen Dreieck *Sörland.* Bis in die Mitte des 17. Jahrhunderts hinein hatte das Südland kein Handelszentrum. 1641 einigte der König sich mit dem zuständigen Gouverneur Palle Rosenkrantz, daß im Schwemmgebiet der Otra-Mündung – auf dem dortigen *Sand* – eine Stadt entstehen sollte. Über den Namen brauchte Christian nun nicht mehr viel nachzudenken.

Sein Stadtplan folgte der quadratischen Form des Sandgebiets, wurde aber nicht verwirklicht, denn erst unter dem nächsten Christian, ab 1685, begann das Bauen, und die Viertel bekamen eine rechteckige Form. 1722 hatte die Stadt 3059 Einwohner.

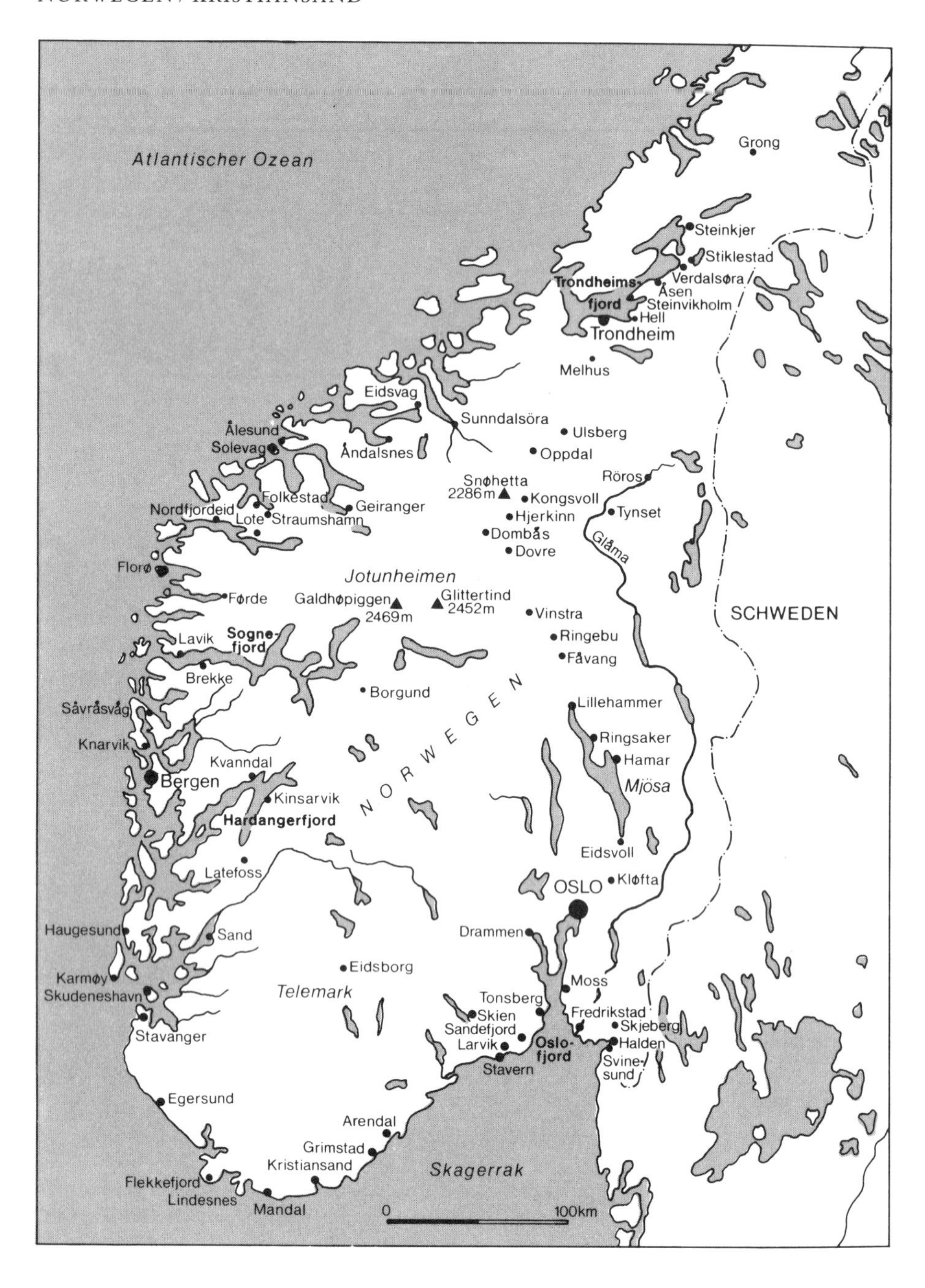
Atlantischer Ozean
Grong
Steinkjer
Stiklestad
Verdalsøra
Åsen
Trondheims-
fjord
Steinvikholm
Hell
Trondheim
Melhus
Eidsvag
Sunndalsöra
Ulsberg
Ålesund
Solevag
Åndalsnes
Oppdal
Röros
Snøhetta
2286m
Kongsvoll
Folkestad
Geiranger
Nordfjordeid
Lote
Straumshamn
Tynset
Hjerkinn
Dombås
Dovre
Glåma
Florø
Jotunheimen
Førde
Galdhøpiggen
2469m
Glittertind
2452m
Vinstra
SCHWEDEN
Lavik
Sogne-
fjord
Ringebu
Fåvang
Brekke
Borgund
Såvråsvåg
N O R W E G E N
Lillehammer
Knarvik
Ringsaker
Hamar
Kvanndal
Bergen
Mjösa
Kinsarvik
Hardangerfjord
Eidsvoll
Latefoss
OSLO
Kløfta
Haugesund
Sand
Drammen
Eidsborg
Karmøy
Skudeneshavn
Telemark
Moss
Tonsberg
Fredrikstad
Skien
Skjeberg
Sandefjord
Halden
Larvik
Oslo-
fjord
Stavanger
Svine-
sund
Stavern
Egersund
Arendal
Grimstad
Kristiansand
Skagerrak
Flekkefjord
Lindesnes
Mandal
0
100km

Kristiansand, Ansicht Mitte des 19. Jh.

Den Lebensrhythmus von Kristiansand gab die Kirchglocke an. Der Tagesbeginn war im Sommer auf drei Uhr festgelegt, im Winter auf vier – die Glocken läuteten. Um sechs läutete die kleine allein: Kinder zur Schule. Um acht die große: Zeit zum Beten. So ging es den Tag durch bis neun Uhr abends im Sommer oder acht Uhr im Winter: Schlafenszeit. Der Wächter begann seine Runden durch die Stadt, und wo er noch Licht sah, klopfte er mit seinem Morgenstern gegen das Fenster.

Trotzdem erlebte Kristiansand mehr als einen großen Brand. Am schlimmsten war es im Mai 1734. Damals blieb nur ein Viertel aller Häuser, am Stadtrand, stehen, 215 Gebäude brannten ab, darunter die Schule, das Rathaus und bis auf die Grundmauern auch die Erlöserkirche, seit 1682 Stiftskirche. Der letzte Großbrand, 1892, hat auf eigenartige Weise Spuren im Stadtbild bis heute hinterlassen: Mauerzwang wurde eingeführt, gebaut werden durfte nur noch mit Stein. Die Bürger ließen ihre Häuser im Stil jener Zeit hochziehen. Es war kein strahlender Phönix, der hier aus der Asche entstand. Nur in der Neustadt, wo die überflüssig werdenden Handwerkshäuser der Reeperbahn unter die Spitzhacke kamen, durfte man noch mit Holz bauen. Hier siedelten sich die Nostalgiker an.

Die zweite Funktion des Marktfleckens war Bau von Kriegs- und Handelsschiffen. Damit wurde – ähnlich wie für die dänischen Junker – die Konjunktur zu einem Reflex des Weltgeschehens. Der erste große Boom kam mit dem Aufstand der britischen Kolonien an Amerikas Ostküste. Bis zu zwanzig Schiffe lagen zeitweise auf Stapel, Kristiansand hatte einige der größten Werften Norwegens.

Für die nächste Hochkonjunktur sorgte Napoleon, und das gleich auf zweifache Art. Direkt aus dem Schiffbau entwickelte sich das Kapern zeitweise zu einem gewichtigen Gewerbezweig. Außer hochseetüchtigen Schiffen bauten die pfiffigen Unternehmer von Kristiansand auch Boote mit kleinem Aktionsradius und einer Kanone an Bord.

Das Stadtwappen von Kristiansand zeigt den norwegischen Löwen, der die Streitaxt König Olafs II. Haraldsson hält.

Die konnten vor der Haustür Handelsschiffe aufbringen und in gemeinsamer Aktion mit ›richtigen‹ Kriegsschiffen sogar ganze Geleitzüge kapern. Der Rekord lag bei fünfundvierzig auf einen Streich. Da konnten sich sogar die Frauen der Schiffsknechte Kleider aus Sammet und Seide leisten.

In die Napoleonischen Kriege war Norwegen – nicht zum ersten und nicht zum einzigen Male – wider Willen hineingerutscht. Die politischen Beschlüsse wurden in Kopenhagen gefaßt. Während der Franzosenkaiser von großen Schlachten träumte, bereiteten die Engländer sich schon auf den Endsieg vor. Sie benötigten mehr Kriegsschiffe und forderten 1807 die Dänen auf, ihre Flotte auszuliefern. Als die Dänen sich weigerten, schossen die Engländer Kopenhagen zusammen und holten sich, was sie so dringend brauchten. Daraufhin schloß Frederik VI. ein Bündnis mit Napoleon.

Die Rechnung dafür präsentierten die Schweden schon vor dem Wiener Kongreß. Zwar hatte Alexander I. auch mit Napoleon paktiert und dafür Finnland zugesagt bekommen, aber später hatte die Große Armee ihn angegriffen. Darum löste der

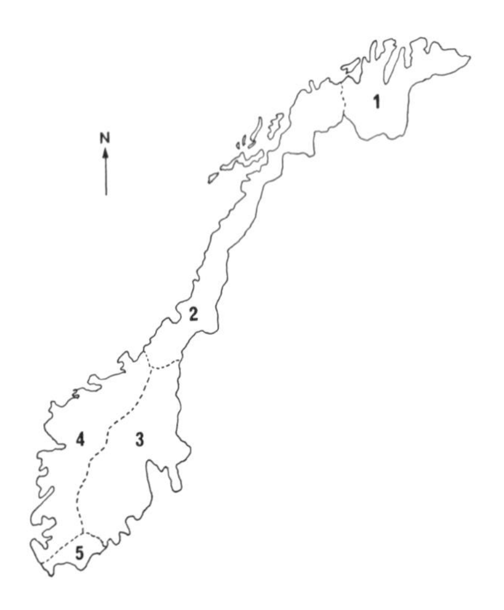

Norwegen im Mittelalter 1 Finnmarken
2 Tröndelag 3 Östland 4 Vestland 5 Sörland

Wiener Kongreß die Zusage Napoleons an Alexander ein und sprach ihm Finnland zu, das Alexander sich schon längst genommen hatte. Weil aber Schweden auch an der Völkerschlacht bei Leipzig teilgenommen hatte – auf der richtigen Seite – mußte es entschädigt werden. Nach den Denkkategorien jener Zeit war es logisch, Dänemark für diese Neuordnung Nordeuropas zahlen zu lassen: Norwegen wurde von Dänemark abgetrennt und fiel der schwedischen Krone zu.

So endete 1814 ein Staatsverband, der 434 Jahre bestanden hatte. 1380 war Olaf Håkonsson, seit 1376 König von Dänemark, auch König von Norwegen, dem Heimatland seines Vaters. Nach seinem Tod 1389 wurde seine Mutter Margareta Königin aller drei nordischen Königreiche, die 1397 (Kalmarer Union) die Krone ihrem Großneffen Erich von Pommern übergab.

Die Kalmarer Union zerfiel schon nach etwa fünfzig Jahren, weil Schweden eigene Wege ging. Dabei aber blieb Norwegen an dem damals mächtigen Dänemark sozusagen hängen. Viel Interesse zeigten die dänischen Könige an diesem Besitz nicht, Norwegen sank auf den Status einer Kolonie ab. Was die Wikingerkönige zusammengerafft hatten, begann jetzt abzubröckeln. 1469 verpfändete der Däne Christian I. die Orkneys und Shetlands an den schottischen König Jakob III. und löste sie nicht wieder ein.

(Auf den beiden Inselgruppen ist das Gefühl, in Großbritannien Fremde zu sein, nie ganz erstorben. Seitdem die Färöer sich von Dänemark einen Autonomiestatus ertrotzt haben, beginnt dieses Gefühl sich zu einem politischen Willen zu kanalisieren, zu einer Solidarität auch mit dem Autonomiestreben der Basken, Bretonen und Waliser. Dazu ist jetzt auch eine wirtschaftliche Komponente gekommen: Die Ölfunde in der Nordsee, soweit sie zum Sockel dieser Inselgruppen gehören, könnten den Orkneys und Shetlands finanzielle Unabhängigkeit sichern, wenn die Einkünfte an die Inselbewohner gingen. Kenner der dortigen Verhältnisse sagen voraus, daß die Engländer in diesem Teil ihres Reiches spätetens in den 80er Jahren Schwierigkeiten bekommen werden. Und was die Situation noch mehr kompliziert: Auch die schottischen Separatisten werden Ärger mit den Inseln haben. Denn sie stehen auf dem Standpunkt, daß Schottland die Inselgruppen unter Jakob III. rechtmäßig erworben hat, während die Betroffenen von einem über ihre Köpfe – oder die ihrer Vorväter – hinweg geschlossenen und daher ›ungerechten Vertrag‹ sprechen. Sie wollen nicht zu Britannien gehören und nicht zu Schottland und nicht zu Norwegen oder Dänemark. Sie arbeiten auf einen Status größtmöglicher Selbständigkeit hin.)

1536 führte Christian III. per Erlaß in Norwegen die Reformation durch. Soweit die dänischen Könige – Christian IV. bemühte sich wirklich darum – ein Konto an gutem Willen in Norwegen hatten, wurde es immer und immer wieder überzogen. Erst kurz vor dem Zusammenbruch des französischen Kaiserreiches und der daraus resultierenden Strudelwirkung, versuchte Frederik IV. das Ruder herumzuwerfen. In Christiania, von Christian IV. als neue Stadt anstelle des verwüsteten Oslo gegründet, richtete Frederik 1811 eine Universität ein, 1813 sandte er seinen Vetter Christian Frederik, der in der Erbfolge auf dem ersten Platz stand, als Statthalter nach Norwegen.

Christian Frederik plante, den norwegischen Thron für sich zu gewinnen – im Einvernehmen mit den Norwegern. Während Dänemark im Kieler Frieden von 1814 Norwegen bereits an Schweden abgetreten hatte, berief Christian Frederik nach Eidsvoll bei Christiania eine verfassunggebende Versammlung ein. Sie erledigte ihren Auftrag in nicht viel mehr als einem Monat, legte am 17. Mai die Verfassung vor und wählte gleich danach Christian Frederik einstimmig zum König von Norwegen.

Die Schweden wollten vollendete Tatsachen schaffen, ehe der Wiener Kongreß zusammentrat und möglicherweise zu zweifeln beginnen konnte, ob man Norwegen einem Reich einverleiben sollte, für dessen Thron nach schwedischem Willen ein früherer General Napoleons designiert war. Carl Johan (Bernadotte) gab Befehl zum Angriff.

Gößere Kampfhandlungen gab es nicht. Für die Norweger war wichtiger, was sie unter dem Schleier militärischer Scharmützel politisch erreichen konnten: Nachdem Christian Frederik abgedankt hatte, wurde der Schwedenkönig Carl XIII. nicht kraft des Kieler Friedens König von Norwegen, sondern durch eine Abstimmung im norwegischen Storting. Die Alternative wäre für die Norweger ein Krieg gegen Schweden gewesen, den sie selbstverständlich verloren hätten. Die – wenn auch durch die Macht der Tatsachen erzwungene – Lösung gab ihnen aber immerhin das Gefühl, wieder handelnd in die europäische Politik einzutreten, sich von einem Objekt langsam wieder in ein Subjekt zu verwandeln.

Zu jener Zeit war das Leben für den Bodensatz der norwegischen Gesellschaft schwer. Auf den Werften von Kristiansand begann der Arbeitstag um fünf Uhr morgens. Drei Stunden bis acht Uhr, drei von neun bis zwölf und noch einmal fünf von zwei bis sieben. Der Lohn für elf Stunden Arbeit betrug eine Mark und zwölf Schillinge.

Für 1,12 nkr bekommt man heute in der Stadt nicht einmal mehr eine gekochte Knackwurst. Wer nach Skandinavien fährt, kommt einigermaßen billig nur weg, wenn er seine Ansprüche erheblich herunterschraubt. Es muß nicht ein Robinson-Urlaub sein, es wird aber auch keiner für Epikureer. Ich werde versuchen, möglichst regelmäßig auf das hinzuweisen, was billig und doch preiswert ist. Wer auf der ganzen Reise oder an bestimmten Punkten üppiger leben und tiefweich gebettet sein möchte, hat immer die Möglichkeit, sich von den lokalen i-Büros die gewünschten Alternativen aufzeigen zu lassen. In Kristiansand kostete 1984 ein Einzelzimmer mit Bad 300 nkr. Im Missionshotel ›Norge‹ konnte man aber auch Familienzimmer mit fünf Betten haben, die nur 100 nkr kosteten.

Südnorwegen liegt – wie auch Südschweden und ganz Dänemark – noch im Einzugsbereich von Remidemi-Touristen, die nicht nur aus Großstädten und nicht nur aus Deutschland kommen. Der Campingplatz Roligheden (etwa: zur Ruh) ist von den Einheimischen schon in Oroligheden (Die Unruhe) umbenannt worden. Die norwegischen Küstenstädte und -orte im Süden haben meist mehrere Campingplätze, darunter findet sich immer einer, der nicht sehr günstig zum Strand liegt, aber mehr rolighed bietet. In den i-Büros kommt man überall mit Deutsch gut zurecht. Es lohnt sich immer, zuerst das i-Büro anzulaufen, die Wünsche zu nennen und dem Rat zu folgen.

Vor der Abreise oder während des Aufenthalts kann man wieder beim i-Büro vorbeifahren, sich für den guten Ratschlag bedanken oder sagen, warum man doch nicht richtig zufrieden ist. Die Mitarbeiter legen auf feed back großen Wert, weil sie wirklich ihre Arbeit gut machen wollen. Am meisten freuen sie sich, wenn man nur zum Danken kommt und erzählt, daß man zufrieden ist. Aber auch Anregungen und Reklamationen sind geschätzt. In den i-Büros hat man es einmal mit Profis zu tun, die ihr Serviceangebot laufend verbessern wollen, und andererseits mit sprachkundigen Amateuren, die aus ihrem Sommerjob das Beste machen möchten. Handaufhalter gibt es unter ihnen nicht (und die Mädchen warten nicht auf eine Einladung für den Abend; sie sind eher froh, wenn man ihnen die Peinlichkeit erspart, zum xten Male in diesem Sommer abzuwinken).

Noch mehr Info Kristiansand: Wanderherberge und Pensionate, Badestrand mit kleinen Sandflächen und Klippengelände, Wasser selten angenehm warm, Hallenbad, großer Tierpark, Dampfeisenbahn (sonntags), Kunstsammlung von Arne N. Vigeland im früheren Pulverturm, sehr gutes Heimatmuseum mit alten Häusern. Discos, Parkrestaurants, Pubs, alte Kirche im Stadtteil Oddernes.

Das Heimatmuseum (*Vest-Agder Fylkesmuseum*) ist sehr instruktiv, es zeigt auch die Entwicklung der Wohnkultur auf dem Land von der Wikingerzeit bis heute.

Das älteste Wohnhaus des Museums, die *Årestue* vom Ende des 17. Jahrhunderts, dürfte nämlich gegenüber den Wikingerhäusern kaum weiterentwickelt worden sein. Es ist klein, fensterlos und um die Feuerstelle (åre) herumgebaut, die als Rauchabzug ein Loch im Dach hatte, ein Einzimmerwohnhaus mit grassodengedecktem Giebeldach und einer niedrigen Eingangstür.

Warum die Türen damals absichtlich niedrig gehalten wurden, läßt sich nur vermuten: Der Eintretende konnte ja immerhin ein Gegner sein, und wenn man ihn rechtzeitig erkannte oder bemerkte, daß er die Waffe gezogen hatte, so konnte man selbst in Verteidigungsposition bzw. zum Angriff übergehen, ehe er sich voll aufgerichtet hatte.

Mit ständiger Bereitschaft hat auch die Kürze der – zweischläfrigen – Betten zu tun: Der Oberkörper war auch im Schlaf halb aufgerichtet, damit man schneller aus dem Bett kam, wenn Feuer- oder anderer Alarm gegeben wurde.

Auch ein weiteres Zeichen kann zum Nachdenken darüber anregen, ob die gute alte Zeit so gut wirklich gewesen ist: In den Fußböden der auf Stelzen stehenden Speicher – diese Bauweise sollte gegen Nagetiere schützen und die Vorräte auch von unten her durchlüftet halten, was die Dielenritzen ermöglichten – findet man runde Bohrlöcher. Hier haben in schlechten Jahren die Nachbarn versucht, den Speicher gerade dort anzubohren, wo man die Kiste mit dem Mehl vermuten konnte.

Weniger als der Baustil ist offenbar die Denkweise der Bauenden Veränderungen unterworfen gewesen. In der Årestue steht auf dem Einbaumtisch eine Butterschale, die an Verkaufstricks der modernen Kosmetikindustrie erinnert: außen groß und innen klein. Damit wollten Bauer und Bäuerin imponieren, wenn Gäste kamen. »Uns geht es gut, seht nur, wie mächtig unsere Butterschale ist.«

Ungebrochen hält sich dieses Statusdenken auch in den nächsten Jahrhunderten. Die Speicher wurden zwei- und dreistöckig aufgeführt, sie verkündeten so weit hinaus in die Umgebung: »Uns geht es gut, seht nur, wie mächtig unser Speicher ist.« Weil man aber derart viel Raum nicht brauchte, machte man aus dem untersten Raum ein Gästezimmer – was ja auch den Vorteil hatte, daß hungrige Nachbarn mit ihren Bohrern nicht an das Mehl herankamen.

Das Wohnhaus (setehus) des Vest-Agder-Hofs aus der Mitte des vergangenen Jahrhunderts zeugt schon von der Sucht der Bauern, es den Städtern gleichzutun. Unten an der Küste wurden die Häuser nicht mehr aus klobigen Stämmen gebaut, sondern als Gerüst errichtet und außen mit Brettern verschalt. Mit solchen hübschen weißen Brettern wollten die Bauern auch prunken. Die zuzurichten und anzupinseln aber forderte viel der ohnehin knappen Zeit. So begnügte man sich in der Regel mit einer Verschalung der Vorderfront – die drei anderen Seiten blieben roh und vom Wetter gedunkelt, wie sie immer gewesen waren.

An der Europastraße 18 Richtung Oslo liegt auch die Kirche von *Oddernes*, eine der ältesten Norwegens, erbaut um 1050 oder vielleicht schon zu heidnischer Zeit als Hof, mit einem außergewöhnlich hohen Runenstein.

Die Sprachen des Nordens

Die Inschriften der skandinavischen Runensteine haben für die Wissenschaftler dieselbe Bedeutung wie die beschrifteten Pergamente der Hochkulturen im Mittelmeerraum. Freilich sagen sie nicht ebensoviel aus. Die Germanen waren wortkarger, weil sie mit dem Messer oder gar mit Hammer und Meißel schreiben mußten.

Abgefaßt sind die Inschriften im urnordischen *Runen-Alphabet*, das 24 Buchstaben – oder eher Typen – hat. Die Typen haben nicht immer dieselbe Bedeutung, weswegen es auch nach Jahrhunderten der Forschung schwierig ist, die Inschriften exakt zu lesen.

Aus dem *Urnordischen* haben sich während der Wikingerzeit die heutigen skandinavischen Sprachen – abgesehen natürlich von Finnisch – entwickelt: *Dänisch, Färöisch, Isländisch, Norwegisch* und *Schwedisch.* Die Zweige auf den Shetlands und Orkneys verschwanden zwischen dem 15. und 18. Jahrhundert, man kann aber nicht ausschließen, daß sie wieder aufleben werden; auch Färöisch war schon einmal totgesagt.

Am reinsten hat das Isländische sich erhalten, weil die norwegischen Wikinger nach der Landnahme (870–930) auf der fast unbewohnten Insel schon bald ihre Literatur schufen, die im ganzen Norden des frühen Mittelalters beispiellos ist. In erster Linie sie – und nicht die Isolierung der Insel – ist der Grund dafür, daß die Isländer bis heute für neue Gegenstände, Begriffe und Vorgänge griffige Worte aus der eigenen Sprache

Mittelalterliche Darstellung von Runensteinen

schöpfen können. So für Velociped *hjól*, zufällig haargenau entsprechend *Rad* im Deutschen. Das Atom ist ganz einfach ein *eind*, und das Wort für Produktion ist *framleizla*, was etwa *Hervorbringung* bedeutet, also dem Wort Herstellung entspricht. Ein kleines Lächeln kann man sich kaum verkneifen, wenn man auf dem Flugplatz Keflavik bei Reykjavik neben dem englischen Wort *Passport* das isländische *vegabréf* liest.

Auf Island und den Färöern hieß im Mittelalter der Norweger ›Ostmann‹, bei den Dänen und in Südschweden wohnenden Goten bekam er den Namen *noregr*, der Mann, der am Weg nach Norden wohnt – der Norweger. (Die Deutschen waren im südschwedischen Götaland bis ins frühe Mittelalter hinein ›Südmänner‹, und die Nordsee heißt ja im Dänischen heute noch *vesterhavet*, das Westmeer.)

Während Isländisch, Schwedisch und trotz starker Einflüsse vom Süden her auch Dänisch sich schnell stabilisieren konnten, kam Norwegisch nicht zur Ruhe. Ihre Sprache ist auch heute noch ein Problem für die Norweger.

Im Land der Einödbauern, der an Fjorden weit voneinander entfernt liegenden Fischersiedlungen und Händlerstädtchen blieb die Schriftsprache der Bischofsstadt Nidaros (Trondheim) und der Hauptstadt Bergen auf einen kleinen Kreis , die Spitze der Gebildeten beschränkt. Unter *Håkon Magnusson* (1299–1319) zog die Kanzlei aus Bergen in die neue Hauptstadt Oslo um. Sie entwickelt neben der in Ostland bereits vorhandenen eine zweite Form des Norwegischen. Aber sie beide verschwanden später unter den Strömungen des Dänischen, das über die Verwaltung im 15. und 16. Jahrhundert zur zweiten und oft wichtigsten Sprache der Oberschicht wurde. Die einzige Universität des Doppelreichs lag in Kopenhagen, wer dort studieren wollte, mußte Dänisch wirklich beherrschen. (Eine Parallelentwicklung gab es in Finnland, auf dessen einziger Universität in Åbo – heute Turku/Åbo – das Wissen auf Schwedisch vermittelt wurde.)

Das norwegische Unabhängigkeitsstreben regte sich bereits kulturell, ehe es sich auch politisch akzentuierte. Ausgehend zwar von der dänischen Schriftsprache entstand eine Umgangssprache, die mit Worten und Formen aus dem gesprochenen Norwegisch der einfachen Menschen des Ostlands durchsetzt war. Die dänischen Worte wurden mehr und mehr mit norwegischen Lauten und dem klangvollen norwegischen Tonfall ausgesprochen. So zeigte man, daß man gebildet ist, aber doch nicht ›verdänischt‹, sondern in aller Offenheit ein echter, vaterländischer Norweger.

Nach 1814 entstanden zwei Richtungen: Die Anhänger der älteren – auch heute noch vorherrschenden – wollten die eben dargestellte ›Stadtsprache‹ *(bymål)* langsam weiter und weiter vom Dänischen entfernen und so der Nation eine ganz auf sie zugeschnittene ›Reichssprache‹ (*riksmål*) geben; die Revolutionäre hingegen meinten, Norwegisch sei so hoffnungslos verdänischt, daß mit Reformen nichts zu erreichen sei. Sie wollten – und wollen – riksmål ganz einfach über Bord werfen und haben ein ›Neunorwegisch‹ (*nynorsk*) geschaffen, das auf die Umgangssprache von Vestland zurückgeht, die weniger von schwedischen und deutschen Einflüssen durchsetzt war als die Umgangssprache von Ostland.

Im überschäumenden Streben nach Eigenständigkeit konnte nynorsk sich gut voranarbeiten, nachdem der Autodidakt *Ivar Aasen* es zu einer Grammatik (1848) und zu einem Wörterbuch zusammengestellt hatte. Nynorsk ist heute gleichberechtigt neben riksmål und Unterrichtssprache an einem Drittel aller Volksschulen.

Es wäre falsch zu sagen: bei einem Drittel aller Volksschüler. Nynorsk hat sich am stärksten dort durchgesetzt, wo Aasen dem Volke aufs Maul geschaut hatte: südlich von Bergen bis nördlich von Trondheim. Diese Landstriche sind durchweg dünner besiedelt als Ostland und Sörland, und nur etwa jeder zehnte Norweger benutzt nynorsk als *seine* Sprache.

In extremen Fällen haben die beiden norwegischen Sprachen für denselben Begriff zwei völlig verschiedene Worte, die aber beide germanischen Ursprungs sind. *Schnell* heißt in riksmål *hurtig*, in nynorsk aber *snögg*, ein Wort, dem man im Schwedischen *snygg* wiederbegegnet. *Snygg* sind sehr viele schwedische Mädchen, denn das Wort bedeutet *hübsch*.

Der Bedeutungswandel läßt sich am sinnfälligsten erklären, wenn man – zugegeben, nicht sehr originell – als Demonstrationsobjekt ein Wikingerschiff heranzieht. Wenn den Bootsbauern ein besonders gutes Exemplar gelang, so war dieses nicht nur mit gesetztem Rahsegel *snögg*, sondern es wurde von seiner Mannschaft auch liebevoll betrachtet, es war für sie eine Augenfreude, ganz einfach – wie die Schweden heute sagen – *snygg*.

Nynorsk wird vor allem an den Volkshochschulen gepflegt. Die aber gehen in Norwegen auf das dänische, von Pastor *Grundtvig* (Abb. 32, S. 347) geschaffene Volkshochschulwesen zurück, die kulturellen Trutzburgen der Dänen gegen deutsche Überfremdung. In Norwegen sind sie jetzt Stätten der Sprach- und Kulturpflege gegen die Überreste dänischer Einflüsse.

Auf Diskussionen über riksmål und nynorsk – von Anhängern des riksmål zuweilen abqualifizierend gammelnorsk (Altnorwegisch) genannt – soll man sich nur einlassen, wenn man sehr viel Zeit hat. Die Zahl der Argumente und Gegenargumente ist schlechthin Legion.

Die größten Schwierigkeiten mit dieser Splitterung haben reichsumfassende Medien. Zeitschriften mit offiziösem Charakter, wie etwa das Blatt der Heimwehr, bringen Artikel in beiden Sprachen, aber die richtige Mischung gelingt den Redakteuren niemals. Ständig bekommen sie zu hören: »Ihr bringt zu wenig riksmål« oder »Ihr bringt zu wenig nynorsk.«

Das Fernsehen gerät zuweilen gar unter den Verdacht, nynorsk austrocknen zu wollen. Wenn wieder einmal viele Beschwerdebriefe eingetroffen sind, sucht Norsk Rikskringkasting (ein puristisches Wort aus dem riksmål, es bedeutet etwa *Reichs-Umherwerfung*) einen Kompromiß: Für die Bevölkerungsmehrheit im Süden, die nach der Schule in der Regel jeden Kontakt mit nynorsk verliert, ist diese Sprache leichter zu lesen als gesprochen zu verstehen, und darum werden ausländische Streifen mit Untertiteln in nynorsk versehen. Das jedoch ruft unvermeidlich die energischsten Streiter für riksmål auf den Plan. Da heißt es dann etwa: »Natürlich habe ich nichts gegen nynorsk, aber es enthält so viele in unserer Gegend nicht geläufige Worte. Wenn Columbo oder Cannon schnell sprechen und da unten auf dem Bildschirm die Textstreifen immer nur für Sekunden erscheinen, dann gehen mir einfach die Zusammenhänge verloren. Ich kann doch aber wohl von Rikskringkasting vollen Service erwarten, denn ich bezahle ja volle Teilnehmergebühren.«

Untertitel in beiden Sprachen bringen? Dann würden die Detektive, Kommissare, Raumfahrer und Affenmenschen vom anderen Planeten hinter dicken schwarzen Balken mit darauf tanzenden Buchstaben so gut wie ganz verschwinden.

Nachdenklich sagte mir ein Norweger dazu: »Vielleich wäre es eine gute Idee. Dann könnten wir uns die hohen Kosten für das Farbfernsehen ersparen.«

Und nach einer Pause, noch nachdenklicher: »Oder für das Fernsehen überhaupt.«

»Über Boote, die mit Sehnen und Baumwurzeln zusammengefügt werden.«

Zur alten Stadt am tiefen Fjord

Skandinavien ist 1,15 – ohne Dänemark 1,1 – Mio qkm groß, und es wird nicht kleiner, wenn man schneller fährt. Jeder Versuch, durch Rasen Zeit zu sparen, wird gestoppt – *besten*falls durch einen Hagel von Strafmandaten ... Auf der Fahrt von Südnorwegen zum Nordkap und zurück nach Mitteleuropa sieht und erlebt man ohnehin mehr, als man verdauen kann. Wenn man nicht zu den Skandinavienbegeisterten gehört, die jedes Jahr nach Norden kommen, dann ist man versucht, die Reise so zu planen, daß man möglichst viel ›mitnimmt‹. Schon am dritten oder vierten Tag hinkt man hinter der geplanten Route her und sitzt hinter dem Steuer vor der Frage, ob man nicht ›einen Zahn zulegen‹ soll. Nein, man soll nicht. Lieber den Plan zusammenstreichen, ein paar Stabkirchen weniger besichtigen, diesen oder jenen Wasserfall und Campingplatz auslassen – oder gar eine ganze Stadt. Gemütliches Fahren hebt die Urlaubsstimmung und verlängert die Lebenserwartung.

Am besten: Schon bei der Planung vorsichtig sein und dauernd an die gewaltigen Entfernungen im Norden denken. Wenn man Norwegen um seinen südlichsten Punkt drehen würde, dann käme das Nordkap etwa in der Gegend von Rom zu liegen. Rom kann man nicht einmal von Norddeutschland aus in zwei Tagen erreichen, und das Nordkap ist von Oslo aus bei schnellstmöglichem Tempo kaum in vier zu schaffen.

Wer auf seiner Reise den nördlichsten Punkt Europas ansteuern will, der wird vielleicht auch den südlichsten Norwegens abhaken wollen. Das ist *Lindesnes* (nes = Landnase), südwestlich von Kristiansand. Als letzter Besichtigungspunkt in Kristiansand bietet sich die Statue von *Henrik Wergeland* im Wergelandparken am Dom an. Der Park wurde von General Oscar Wergeland, einem Bruder des Lyrikers und Streiters gegen religiöse Intoleranz, angelegt. Das Denkmal zeigt deutlich den Stil des Bildhauers Gustav Vigeland (1869–1943) in jener Zeit, als er noch nicht der Ego- und Gigantomanie verfallen war.

Ich gehe jetzt bei den Entfernungsangaben zur skandinavischen Meile über, weil diese besser zur weiten Landschaft von Norwegen, Schweden und Finnland paßt. Der Begriff Meile hat auch in Skandinavien lange Traditionen, die heutige Meile aber ist eine Kunstschöpfung des metrischen Zeitalters, denn sie ist genau 10 km lang. Sie hat sich wohl deswegen eingebürgert, weil der Kilometer für die riesigen Entfernungen hier oben einfach unbrauchbar ist.

4 Meilen westlich von Kristiansand liegt *Mandal,* Norwegens südlichste Stadt. Hier wurde *Gustav Thorsen,* der sich nach einem Ort jener Gegend später *Vigeland* nannte, 1869 geboren. Der p.p. Thorsen alias Vigeland dürfte die außerhalb Norwegens am wenigsten bekannte Berühmtheit aller norwegischen Berühmtheiten sein.

Das Fallenlassen des Vaternamens, das Übergehen auf einen neuen Familiennamen steht im Widerspruch zu unseren Vorstellungen von der Bindung des Skandinaviers an Traditionen. Und tatsächlich hat es seine Gründe in Sachzwängen (um ein beliebtes Politikerwort zu benutzen): Früher wechselte der Nachname von Generation zu Generation; der Sohn von Harald hieß Gustav Haraldsson, seine Tocher Gunnvor Haraldsdotter. Als die Familiennamen festgeschrieben (um mal beim Jargon zu bleiben) wurden, verschwanden die dotters-, datters- und dottirs, und es blieben die -senssons und -ssons. Die Zahl der Familiennamen war damit zunächst so begrenzt wie die der Vornamen. Das war in der Bauerngesellschaft möglich, wurde aber mit der Bevölkerungsexplosion und der Verstädterung Mitte des letzten Jahrhunderts unerträglich. König und Regierung ermutigten die Untertanen, sich neue Nachnamen zu wählen – was auch heute noch ohne schwierige Formalitäten möglich ist, denn immer noch gibt es zu viele Hansens und Hanssons, Thorsens und Thorssons. Man wählt aber gewöhnlich nicht mit Fantasie, sondern eben doch nach Tradition: Emil Hansen den Namen seines Heimatdorfs Nolde, Gustav Thorsen einen aus der Nachbarschaft. (In Finnland haben Namensänderungen häufig andere Gründe, die später genannt werden.)

Hinter Mandal – das etwa 100 Jahre älter als Kristiansand ist – kommt nach rund einer Meile der Ort *Vigeland.* 3 Meilen südwestlich von hier liegt Lindesnes.

Von Kristiansand nach Oslo geht die gut ausgebaute E 18 meist an der Küste entlang, etwa 35 Meilen. Im kleinen *Grimstad* hat der Apothekergehilfe *Henrik Ibsen* (1828–1906) zwischen 1848 und 1850 ›Catilina‹, sein erstes Drama, vollendet. Schon 1850 ging er nach Christiania (das seinen Namen 1877 in Kristiania ›vernorwegischte‹) und ein Jahr später an das Nationaltheater in Bergen. Grimstad hat ein kleines Ibsen-Museum.

Arendal, die nächste Stadt, hatte zeitweise die größte Zahl von Bruttoregistertonnen pro Kopf der Bevölkerung, ungenauer ausgedrückt die meisten Schiffe im Verhältnis zur Einwohnerzahl. Mit dem alten Rathaus (Anfang 19. Jh.) besitzt es heute das zweitgrößte Holzgebäude Norwegens. Auch Arendal hat Schiffsverbindung mit Hirtshals (Dänemark). Die Überfahrt dauert vier Stunden, Abgang von Hirtshals mittags und von Arendal gegen 17 Uhr. Preise dieselben wie Hirtshals–Kristiansand.

Die Nähe Oslos macht sich in diesem, gegen die Nordsee etwas geschützten Teil des Skagerrak auf eigene Art bemerkbar: Viele der Städte und Ortschaften an der E 18 sind Badeorte, von deren Möglichkeiten und Dienstleistungen man auch als Durchreisender seine Annehmlichkeiten hat.

In Lillegården geht eine Straße über Porsgrunn nach Skien. *Skien* liegt zwar nicht zentral in der Landschaft und heutigen Provinz (fylke) *Telemark,* ist aber deren Hauptstadt, denn es liegt an einer Wasserstraße, die sich weithin ins Land verzweigt und durch lange Seen geht. So wurde es schon zu den Zeiten der Ruder-Segelschiffe Handelsort und 1358 auch offiziell Kjöbstad, also Kaufstadt oder Marktflecken.

Hier wurde 1828 *Henrik Ibsen* in *Stockmanngaarden* geboren. Als er sechs Jahre alt war, machte sein Vater Konkurs, und Henrik kam mit fünfzehn in die Apothekerlehre nach Grimstad, wo er später zu schreiben begann. Nach Christiania ging er 1850, um Medizin zu studieren. Aber daraus wurde ja nichts, weil sein Genius ihn daran ›hinderte‹. Ibsen war einer der Norweger, die sich hochgedarbt haben, wie später Vigeland und Knut Hamsun (1859–1952), der 1890 sein Buch ›Hunger‹ über die *Stadt mit dem großen Herzen* so begann: »Es war zu der Zeit, als ich in Kristiania umherging und hungerte, in dieser seltsamen Stadt, die keiner verläßt, bevor sie ihn gezeichnet hat.«

Venstöp, das Wohnhaus der Familie, gehört heute zum Landschaftsmuseum. Im Ibsen-Park steht ein Denkmal für ihn, nicht die Büste von Vigeland, sondern eins von Dyre Vaa. Nahebei Denkmal für norwegische Gefallene des Zweiten Weltkriegs. Bei Skien der Berg *Kikutkaje* mit Telemark-Panorama.

Larvik hat Schiffsverbindung mit Frederikshavn an der jütländischen Ostküste. Reine Überfahrtszeit 6–7 Stunden, Preise etwa wie bei den Schiffen ab Hirtshals. Einige Abfahrten abends (1975: 21 Uhr), Ankunft im Zielhafen morgens (7 Uhr). Von Larvik ist es nicht einmal eine Meile bis zum Seebad *Stavern,* wo *Jonas Lie* (1883–1908), einer der vier Großen der norwegischen Literatur (›Niobe‹) begraben ist. Eine Lie-Büste ist das letzte Werk Vigelands, in welchem er mit den Gesichtszügen auch etwas über die Seele des Porträtierten auszusagen vermochte.

Auf der Strecke nach Tønsberg in der Nähe von *Sandefjord* die Fundstelle des *Gokstad-Schiffes* (Nationalmuseum Oslo). *Tønsberg* war eine Stadt der Wal- und Robbenfänger, es ist die älteste Stadtgründung Norwegens überhaupt (9. Jh.). Das *Vestfold-Museum* hat eine Walfangabteilung. Der norwegische Walfang in der Antarktis steigerte sich vom Anfang dieses Jahrhunderts bis zur Fangsaison 1930/31, als die Norweger 30000 von insgesamt 40000 Walen fingen. Seitdem sind die Ergebnisse durch Überfang rückläufig, auf UNO-Initiative wurde ein Quotensystem eingeführt, das dem Wal die Möglichkeit geben soll, sich zu regenerieren. Auch wenn das Fangen später wieder wirtschaftlich interessanter wird, dürfte Norwegen sich kaum mehr daran beteiligen. Norwegens wirtschaftliche Zukunft liegt nicht mehr im Wasser, sondern darunter. Die Quellen seines künftigen Wohlstands sprudeln aus dem Festlandssockel: Öl in noch nicht berechenbaren Mengen.

Nordnordost von Tønsberg liegt der Hof Oseberg, wo 1903 das *Osebergschiff* gefunden wurde. Im Schiffsgrab fanden sich nur noch zwei Frauenskelette. Eines wird der Königin Åsa (Mitte 9. Jh.) zugeschrieben. Das Schiff ist nicht hochseetüchtig, sondern dürfte eine Art Lustjacht für Küstenfahrten gewesen sein.

Nahe der E 18 Richtung Drammen liegt die Stabkirche von *Höyjord*. Der Chor stammt aus dem 12. Jahrhundert und die Altartafel aus der Mitte des 17. Jahrhunderts.

Während des Hochsommers schon vor Oslo Quartier suchen. Sonst kann es passieren, daß man in einigen Hotels der Hauptstadt vergeblich fragt, schließlich an die Quartiervermittlung im Ostbahnhof verwiesen wird, dort eine Weile ansteht und dann von einem der Mädchen an den Schaltern – die mit bewundernswerter Geduld sogar den Ungeduldigsten freundlich abfertigen – ein Hotel oder Pensionat gerade in dem Ort zugewiesen bekommt, durch den man eine Stunde früher hindurchgefahren ist.

Das geschichtslose *Drammen* kommt für die Übernachtung in Frage. Es hat überdies eine Attraktion, die in der ganzen Welt einmalig ist: die *Tunnelspirale*. In den 50er Jahren brauchte Drammen für Bauvorhaben Steine und Schotter. Man hätte sie vom Berg Bragernesåsen (ås = Landrücken) im Tagebau gewinnen können, aber der hätte nach dem Abräumen von 70000 cbm wohl einen Anblick geboten, den Morgenstern ›häßlich und gemein‹ genannt hätte. So entschloß der ›Senat‹ sich, das benötigte Material aus dem Inneren des Berges herauszuholen. Man legte im Bragernesåsen eine Spirale mit 10 % Steigung an. Nach sechs Windungen kommt man auf fast 300 m Höhe oben heraus. Noch weiter ist die Aussicht, wenn man mit dem Sessellift 100 m höher fährt.

Oslo

Von Oslo (Abb. 47–57) haben nur die Norweger eine hohe Meinung. Und auch auf die Gefahr hin, sie mir alle zu Feinden zu machen, dazu noch ganze Heerscharen mitteleuropäischer Fachwerknostalgiker, wage ich zu behaupten: Oslo wirkte bislang recht kleinstädtisch, fast muffig. Erst seitdem es jetzt unweit von seinem mächtigen Backstein-Rathaus ein Zentrum aus Beton bekommt, kann es seinen Anspruch als moderne Hauptstadt eines wirtschaftlich potenten Landes glaubwürdiger vertreten.

Am Rande dieses Zentrums liegt das i-Büro. Hier bekommt man jede Information gedruckt oder auch mündlich auf deutsch. Viel Nutzen hat man vom Stadtplan ›Wie parkt man in Oslo?‹ Gleich Stockholm hat Oslo Parkuhren in verschiedenen Farben für verschieden lange Parkzeiten. Parkplätze für Dauerparker gibt es auch in den älteren Stadtteilen, so vor der Festung *Akershus* (Abb. 51).

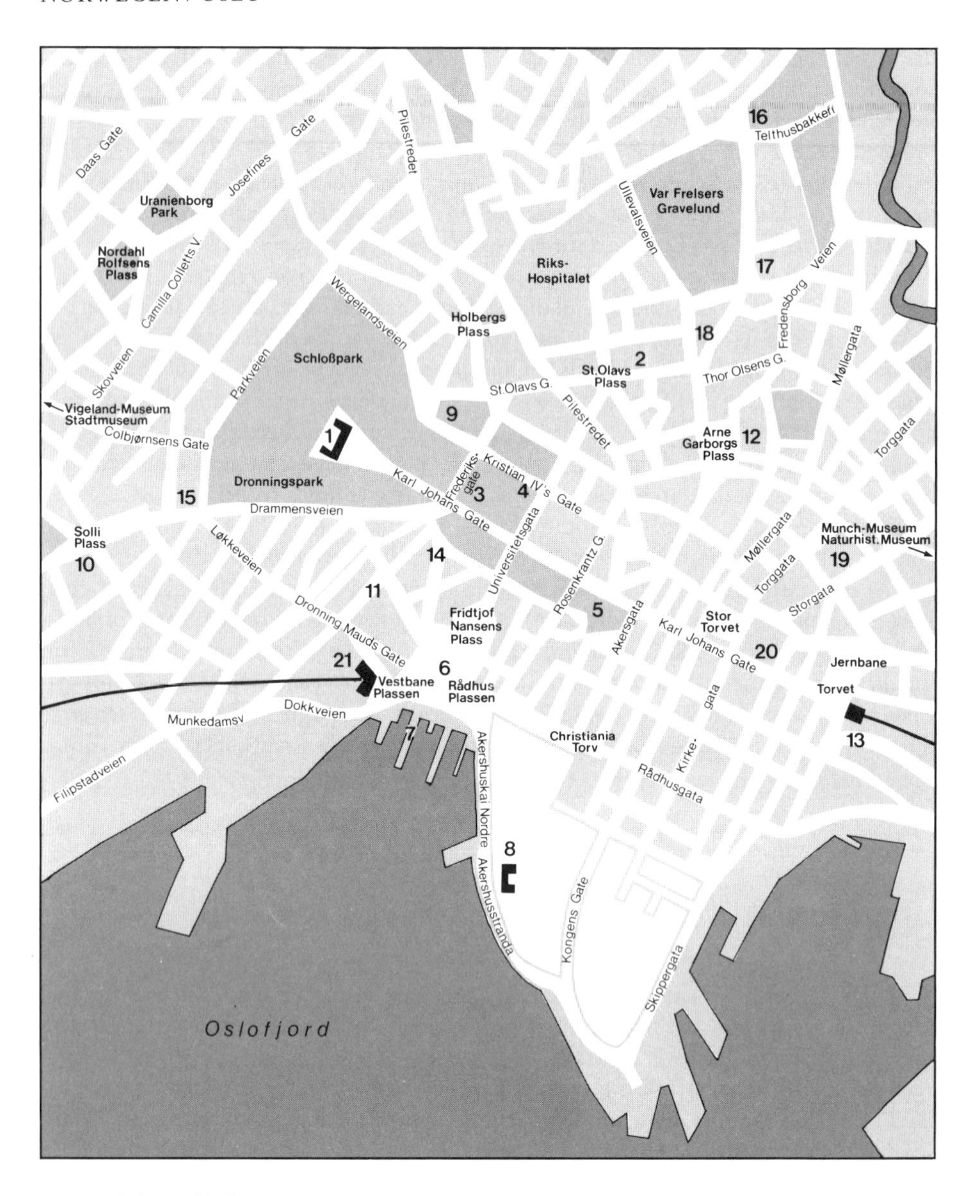

1 Königliches Schloß 2 Kunstgewerbemuseum 3 Universität 4 Nationalgalerie 5 Parlament (›Storting‹) 6 Rathaus 7 Fähre nach Bygdøy 8 Festung Akershus 9 Historisches Museum 10 Universitäts- und Staatsbibliothek 11 Konzerthaus 12 Deichman-Bibliothek 13 Ostbahnhof 14 Nationaltheater 15 Nobel-Institut 16 Alte Aker-Kirche 17 Damstredet 18 St. Olavs-Kirche 19 Oper 20 Dom 21 Westbahnhof

Ansicht der Festung Akershus, Mitte des 19. Jh.

Diese – heute natürlich militärisch wertlose – Festungsanlage ist, wenn nicht mit dem Entstehen, so doch mit der Entwicklung Oslos eng verbunden. Gegründet (um 1300) wurde sie, weil König *Harald Hårdråde* »von dort aus das Land gegen die Dänen verteidigen und von dort aus Dänemark gut angreifen« konnte.

(Wenn andere Skandinavier ihre Meinung über Oslo ausdrücken wollen, so sagen sie: »Daß Harald der Gestrenge die Stadt gegründet hat, das merkt man heute noch.«)

Harald Hårdråde, der wirklich wenig Sinn für andere Vergnügungen hatte als die, sich gegen die Dänen zu verteidigen und die Dänen gut anzugreifen, bekam die Richtigkeit seiner strategischen Überlegungen zum wohl letzten Male am 9. April 1940 bestätigt. Als der Kreuzer ›Blücher‹ den engen Sund des Oslofjord bei Drøbak passierte, nahm ihn von den Festungsanlagen *Oscarsborg* eine Kanone mit dem von ehrwürdigem Alter zeugenden Namen ›Moses‹ unter Feuer und versenkte ihn.

Die Stadt dürfte um 1050 herum angelegt worden sein. Von hier führten die einzigen Handelswege durch das Gebirge nach Bergen und Trondheim. Oslo wurde unter Harald zum wichtigsten Königssitz, und sein Nachfolger *Olav Kyrre* machte auch einen Bischofssitz aus der Stadt. Die erste, die *Hallvard-Kirche* entstand Anfang des 12. Jahrhunderts, sie wurde Mitte des 17. Jahrhunderts abgerissen, mit ihren Steinen wurden die Wälle von Akershus aufgefüllt.

Ein betrübliches Ende für eine Kirche, deren Namensgeber schon damals der Schutzheilige Oslos war. *Hallvard* hatte ein gottesfürchtiges Leben geführt und war umgekommen, als er eine schwangere Frau schützen wollte. Die Bösewichte hängten ihm einen Mühlstein um den Hals und warfen ihn in den Drammenfjord, aber Mann und Stein kamen wieder an die Oberfläche. Wunder geschahen auch am Grabe

Der hl. Hallvard mit Mühlstein und Pfeilen, Stadtwappen von Oslo

Hallvards nach der Beisetzung. St. Hallvard ist seit dem 14. Jahrhundert Motiv des Stadtwappens. Das heutige zeigt ihn auf einem Thron, in der linken Hand drei Pfeile, in der rechten der Mühlstein und liegend vor ihm die Frau, die er beschützt hat.

Nach den Machtkämpfen zwischen den sogenannten Edlen und ihren Anhängern, machte *Håkon V. Magnusson* 1299 bei der Krönung Oslo zu seiner ständigen Hauptstadt. Er verfügte, daß »der Propst der Mariakirche der Kanzler der Krone in ewiger Zeit sein« sollte. Der Stab des Kanzlers wurde von Bergen nach Oslo verlegt, und damit hielt auch die Kanzleisprache Einzug in die neue Hauptstadt.

Unter Håkon V. entwickelte sich eine staatstragende Beamtenschaft, entstand die Festung Akershus. Dorthin flüchteten die Bürger bei Belagerungen. Wenn der Feind abziehen mußte, konnten sie die Festung wieder verlassen und bauten die verwüstete Stadt neu auf.

Dreißig Jahre nach Håkons Tod kam 1349 die Pest nach Oslo. Ihre Verheerungen waren das Ende der großen Epoche. Was wirtschaftlich noch Profit brachte, das hatten die Hanseaten in der Hand. Die nordische Reichseinheit der Kalmarer Union raubte Oslo auch seine Bedeutung als Hauptstadt. Die neuen Könige wohnten in Kopenhagen, wohin die jungen Männer fuhren, die studieren wollten. Viele blieben dort, wo man aufsteigen und gar bei Hofe eingeführt werden konnte. Die norwegische Bildungselite dünnte aus.

Erst *Christian IV.* erkannte, daß die nördlichen Reichsteile den Bestand der Monarchie gefährden konnten, wenn sie zu einem Notstandsgebiet absinken. Etwa dreißigmal besuchte er Norwegen. Als Oslo 1624 abbrannte, kam er über das Skagerrak und ließ einen neuen Generalplan – mit 15 m breiten Straßen – festlegen, schachbrettartig wie später auch Kristiansand. Dieses Muster ist bis heute unverändert geblieben.

Obgleich Christian Mauerzwang einführte, brannte *Christiania* 1687 noch einmal auf großen Flächen ab. Beim Aufbau fielen auch die Festungswälle. 1704 wurde die Stadt noch einmal erweitert, und damit bekam sie den Rahmen für ihre Entwicklung bis in unser Jahrhundert hinein.

1814 wurde Christiania wieder Hauptstadt der Monarchie Norwegen – allerdings einer Monarchie ohne eigenen König. Immerhin galt jetzt die Verfassung von Eidsvoll, politisch hatte Norwegen den Status eines voll autonomen Reichsteils. Nur außenpolitische Angelegenheiten durften vom König in Stockholm ohne Rückfrage beim norwegischen Kabinett entschieden werden.

Fast parallel zum Bauen in Helsinki, das ja 1809 von der schwedischen auf die russische Krone übergegangen war, begann das Bauen in Oslo. In der norwegischen Hauptstadt entwickelte sich aber kein völlig neuer Stadtkern, sondern Bestehendes wurde verändert, erweitert, prächtiger gestaltet. Die Flanierstraße und Esplanade *Karl Johan* (Abb. 47), benannt nach dem König von Schweden und Norwegen, entstand; an ihren Abschlüssen wurden Nationaltheater (Abb. 48) und Storting hochgezogen. Die Universität, die Basare und die Reichsbank stiegen aus der felsigen Erde. Es ließ sich wieder leben in diesem Christiania.

Aber es war immer noch eine Hauptstadt mit Fragezeichen. Das entstehende völkische Selbstbewußtsein konnte die Union mit Schweden nur als Parenthese, als letztes Stadium vor der vollen Selbständigkeit ansehen. Christiania bereitete sich weiter auf eine Rolle vor, von der niemand sagen konnte, wann das Stichwort für den Auftritt fallen würde. Darum wurde weiterhin an den Dekorationen für die große Szene gebastelt.

Diese Unerlöstheit war eine Zeit, in der die erwachende Nation große Söhne brauchte und nicht genug von ihnen bekommen konnte. *Henrik Ibsen*, der gewaltige Dichter (nach eigener Aussage »mehr ein Poet als ein Gesellschaftsphilosoph«) war da. *Edvard Grieg* (1843–1907) komponierte, *Björnstjerne Björnson* (1832–1910) wetteiferte mit Ibsen, später kam *Edvard Munch* (1863–1944), Neffe des Historikers Peter Andreas Munch und nach skandinavischen Begriffen auch eng verwandt mit dem nationalromantischen Schriftsteller Andreas Munch, und malte mit einer dämonischen Genialität, die dem Jungradikalen schon 1892 bei seiner ersten Ausstellung in Berlin das »Skandal! Skandal!« der Kulturbetriebsamen einbrachte. (In derselben Stadt, wo drei Jahre früher die Freie Bühne mit den ›Gespenstern‹ von Ibsen eröffnet hatte.)

Dieses bereits angebrochene Spektakulum betrat durch die Kulissen im Jahre 1884 der Sohn des Tischlers Thorsen aus Mandal im pietistischen Sörland. Er kam – ganze fünfzehn Jahre alt und im Holzschnitzen geübt – nach Kristiania, weil er glaubte, ein Genie zu sein. 1943 starb er. Kein Oslo-Tourist kommt an einem Besuch im *Vigeland*-Park vorbei (Abb. 50). An dieser monumentalen Skulpturenwelt von Menschen und Tieren (Eisen, Bronze, Stein) hat der wohl bedeutendste skandinavische Bildhauer der Neuzeit über 30 Jahre gearbeitet.

Die *Schiffsmuseen* (Abb. 54, 56) auf Bygdøy, *Landschaftsmuseum, Skimuseum* auf *Holmenkollen* (Abb. 55), *Grieg-Museum, Munch-Museum* (Abb. 57), *Nationalmuseum:* alle Info durch das i-Büro. Das Leben *Vigelands* – nach gängigen Begriffen ein ›erfülltes Leben‹ – sagt mehr über die Norweger und Norwegen aus als jeder Streifzug durch Altes und Neues in Oslo.

Ornament vom Bug des Oseberg-schiffes. Schiffsmuseum auf der Halbinsel Bygdøy

Norwegen mit seinen Bergen und Tälern, Flüssen, Fjorden und Wasserfällen ist seiner Mächtigkeit wegen eine ›Kutschen-Landschaft‹. Oslo hingegen ist eine ›Droschken-Stadt‹, gerade weil es so klein ist. Droschke und Pferdebahn wären die Verkehrsmittel, die außerhalb des neuen Betonzentrums genau in das Milieu dieser behäbigen Hauptstadt hineinpassen würden – wenn es sie noch gäbe.

Auf der großen Nordlandreise mit ihren riesigen Entfernungen wird auch der zum Frühaufsteher, der das zu Hause gar nicht mag. Fangen Sie schon in Oslo damit an. Vielleicht mal schon kurz nach sieben das Hotel verlassen (Frühstück gibt es ja bis zehn) und zu Fuß durch die Stadt bummeln. Die Esplanade Karl Johan entlang, die noch immer nach jenem Schwedenkönig heißt, obgleich die Norweger ja sonst so sehr bemüht sind, sich gegen die früheren Kolonialherren Schweden und Dänemark (Christiania/Kristiania/Oslo) abzugrenzen.

Spazieren Sie direkt in die norwegische Umgebung hinein. Auffallen wird Ihnen, daß auch in Oslo die Morgenstunden Unterschiede im Lebensstandard zeigen – oder Klassenunterschiede, wenn Sie es so gesagt haben wollen. Von sieben bis neun steigt die Qualität von Kleidung und Schuhwerk. Das merkt man vor allem bei den Mädchen und Frauen, die eilig unterwegs sind zum Laden und zum Büro. Bis kurz nach acht begegnen einem noch die, die jetzt zunehmend seltener werden: Das zweite Frühstück und was man noch sonst tagsüber braucht, tragen sie nicht in einer großen Tasche an der Hand, sondern in einem Rucksack auf dem Rücken. – Die Hauptstraße Karl Johan entlang, an der Universität und am Schloß vorbei, dann hinüber zum Uranienborgveien, über die Inkognitogata in das Viertel des Bürgerwohlstands nach der Jahrhundertwende hinein. Jetzt haben sich dort Botschaften der Wohlstandsländer angesiedelt, in der Oscarsgate die holländische, kanadische, italienische und bundesdeutsche.

Man kann sich so gut vorstellen, wie hier jeder mit seinem Haus das des Nachbarn zu übertrumpfen versucht hat, wie jeder in Individualität schwelgte (das tun die Norweger heute noch gern). Auf uns wirken diese Versuche, das Wohnhaus zum Palais hochzustilisieren, recht gleichförmig.

Und gerade darum verläuft man sich leicht in diesem Viertel. Versuchen Sie, sich am Schloß hinter ihrem Rücken zu orientieren. Auf dem Weg wieder ins Hotel wählen Sie die andere Seite des Schloßparks und betrachten Sie noch einmal Vigelands Abel-Denkmal.

Vigeland lief nicht von zu Hause weg, sondern er floh. Aus dem Elternhaus, das ihn bereits hoffnungslos geprägt hatte, gegen das er sich mit Hammer und Meißel herumschlug, bis er berühmt geworden war – um dann zu entdecken, daß irgend etwas fehlte.

Pietismus in Skandinavien, das war und ist – jetzt möchte man mal das Vokabular der Touristen im uralten und buntbemalten Kleinbus benutzen – ›das Letzte‹. (Levi Laestadius werden wir in Schweden treffen.) Ein Inferno menschlicher Entfremdung vom Menschsein. Vigeland: »An einem Karfreitage kam der Vater und riß mir und meinem Bruder Theodor das Bettdeck weg und peitschte uns, nicht weil wir etwas Böses getan hätten, sondern weil es Karfreitag war und man an diesem Tag leiden soll.« Oft trank Vater mehr als ihm gut bekam – auch darin ein Skandinavier – und war hernach zerknirscht. Dann ging er zu Erweckungspredigten und nahm (wohl um zwei zusätzliche Seelen in die wirkliche Bekehrung einzubringen und so seine eigenen Vergebungschancen zu bessern) die beiden Söhne mit.

Gustav Vigeland: »Ich habe meine Kindheit immer mit mir getragen.«

47 OSLO Die Hauptstraße ›Karl Johan‹ führt vom Schloß zum Ostbahnhof (Züge nach Schweden)

48 OSLO Vom Nationaltheater (1895–99) zum Parlament führt Oslos Achse, die Esplanade

49 OSLO Am Bootshafen vor dem Westbahnhof (Züge ins Landesinnere)

50 OSLO Sonnenuhr im Vigeland-Park; auf dem 17 m hohen Monolith sind 121 Körper plastisch herausgearbeitet

51 OSLO Mit dem Bau der Festung Akershus (Anfang 14. Jh.) wird Oslo die Hauptstadt Norwegens

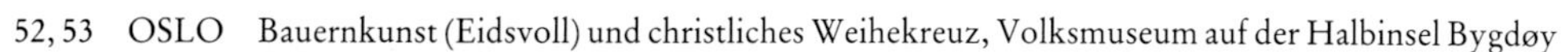

52, 53 OSLO Bauernkunst (Eidsvoll) und christliches Weihekreuz, Volksmuseum auf der Halbinsel Bygdøy

54 OSLO Das rund 22 m lange Wikinger-Schiff (9. Jh.) aus dem Osebergfund, Museumsinsel Bygdøy

55 Im ältesten Ski-Museum der Welt – auf der weltberühmten Holmenkollen-Sprungschanze bei Oslo; die von Nansen und Sverdrup benutzte Ausrüstung der Grönland-Expedition 1888

56 OSLO
Thor Heyerdahls Polynesienfloß Kon-Tiki, Seefahrtsmuseum auf Bygdøy

57 OSLO Im Edvard Munch-Museum

58 HALDEN Vor der niemals eingenommenen Grenzfestung Fredriksten fiel 1718 der schwedische König Karl XII. durch einen Schuß aus ungeklärter Richtung

59 Domruine von HAMAR (12. Jh., 1567 abgebrannt) am Mjösa, dem größten norwegischen Binnensee

60 Felszeichnungen von Leiknes

61 Stabkirche von HEDDAL, die größte altnorwegische Holzkirche. Mitte 13. Jh. Die Stabkirchen hatten ursprünglich keine Fenster

62 Stabkirche von EIDSBORG, rund 700 Jahre alt, Telemark

63, 64 Stabkirche von LOMEN, Details

65 Der Tvindefoss zwischen Voss und Vinje

66 BERGEN Deutsche Brücke, hier machten Hanseaten ihre Vermögen ▷

AAKON JANSON

67 BERGEN Fischmarkt

69 Wasserfälle von Jostedal. ›Abfall‹ von Europas größten Eisfeldern

68 Im Hafen von STAVANGER Das Handels- und Industriezentrum gewinnt in neuerer Zeit zusätzliche Bedeutung durch das Nordsee-Öl

70 RINGEBU Ursprünglich eine Stabkirche, im 17. Jh. umgebaut

71 Der Zaubersteig (Trollstig) zwischen den Fjorden Romsdal und Geiranger

72 Der Suphellegletscher am Jostedal

73 Sognefjord, Norwegens und der Welt längster (180 km); mehr als 1200 m Wassertiefe

74 Den Stabkirchen nachempfunden ist die Kirche von ÖYE (1747)

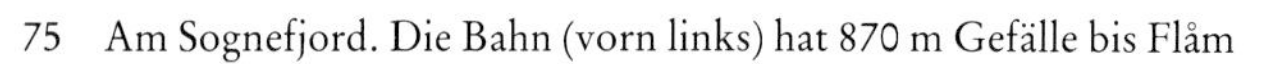

75 Am Sognefjord. Die Bahn (vorn links) hat 870 m Gefälle bis Flåm

In Kristiania anfangs, was Knut Hamsun – mit Vaternamen Pedersen – bis zum Zusammenbruch als Hunger erlebt hat. Gustav: »Eines Nachts erwachte ich außerhalb der Stadt und fror. Ich war bis zur Mitte der Waden mit Schnee bedeckt. Da überkam mich ernstlich die Furcht, ich stand auf und begann zu hüpfen und zu tanzen wie ein Verrückter, um warm zu werden...«

Das ist keine nachträglich aufgebaute Legende. Egozentrisch begann Gustav Thorsen (Vigeland) früh mit seinen Aufzeichnungen.

Fast fünf Jahre brauchte er, um den Kopf über die Brandung zu bekommen. Er wird bei dem Bildhauer Brynjulf Bergslien vorgelassen. Der ist von den Zeichnungen beeindruckt, gibt sie an Lorentz Dietrichson, Professor der Kunstgeschichte, weiter. Auch der blättert die Skizzen durch und entsinnt sich, daß er »ganz geschlagen ausrief: Aber das ist ja ein Genie«. Er »wandte dieses Wort nur selten an«, aber hier »schien es mir am Platze zu sein«. Er überredete zwanzig wohlhabende Bürger, dem Thorsen »fünf Kronen im Monat zu geben«.

Im Kristiania jener Tage hatte ein Talent in Entwicklung gute Möglichkeiten, Beihilfen zu bekommen. Parlament und Kabinett hatten spätestens beim Bau der großen Bauten für Kunst und Wissenschaft begriffen, daß Kultur Geld kostet, daß man Künstlern und Wissenschaftlern auch die Zeit und den Rahmen geben muß, die sie zum Ausreifen brauchen. Darum wurden nicht etwa bereits Etablierte mit Kulturpreisen bedacht, sondern die junge Vorhut mit ›Stipendien‹ genannten Beihilfen. Wohl alle bekannten norwegischen Künstler jener Zeit haben längere Auslandsreisen unternommen, an die sie ohne Stipendium nicht hätten denken können.

Private Initiative ergänzte die öffentliche. Wie breit gestreut wurde, zeigt der ›100-Kronen-Topf‹ für Vigeland, zwanzigmal fünf Kronen für ein Genie am Start. (Dabei aber wird auch eitle Selbstbespiegelung eine Rolle gespielt haben: Morgen abend kommt *mein* junges Talent, und ehe *ich* ihm sein Legat aushändige, wird er mir Frage und Antwort stehen müssen, ob er auch fleißig war und ein gottesfürchtig Leben geführt hat. – An jedem Monatsende mußten die jungen Künstler zwanzigmal und öfter die miefbürgerlichen Verhöre über sich ergehen lassen. Kein Wunder, daß Ibsen es sich nicht verkneifen konnte, in ›Peer Gynt‹ und anderen Stücken seinen Landsleuten ihre Selbstzufriedenheit so lange und intensiv um die Ohren zu schlagen, daß viele in ihm schließlich eher einen Sozialkritiker als einen Poeten sahen.)

Stipendien ermöglichten Vigeland ein Jahr Kopenhagenaufenthalt. Danach ein halbes Jahr zu Haus, dann im Herbst 1892 auf Stipendium nach Paris. Er besuchte Rodin, lernte aber nicht bei ihm, dennoch ist ein rodinscher Einfluß nicht zu übersehen. 1895 – jetzt schon ein beachteter Bildhauer in Norwegen – besucht er Florenz und Berlin. Dort im ›Schwarzen Ferkel‹ treffen sie sich regelmäßig: *Edvard Munch*, der junge Kunsthistoriker *Jens Thiis*, die geballte Ladung *August Strindberg* (1849–1912) aus Stockholm, *Gustav Vigeland*, der polnische Dichter *Przybyszewski* und dessen bildhübsche norwegische Frau *Dagny Juell*. (Daß die Stipendiengelder dabei nicht immer im Sinne der hochherzigen Donatoren verwandt wurden, zeigt eine

Tagebuchnotiz von Vigeland: »Ich kann mich nicht daran erinnern, daß wir (er und der Pole) je nüchtern dagesessen haben und ruhig über die verschiedenen Dinge redeten, nein, daß weiß ich wirklich nicht mehr.«) Przybyszewski hat entweder weniger getrunken, oder er konnte mehr vertragen, oder er war fantasiebegnadet. Jedenfalls schreibt er unter dem Titel ›Auf den Wegen der Seele‹ ein Buch über Vigeland.

So sieht Przybyszewski das Heimatland seiner Frau: »Land eines furchtbaren Ernstes und einer harten, schweren Melancholie: es ist das tragischste Land von Europa ... Und in dieser Öde, in diesem Gewimmel und Geschluchze des Regens, unter dem bleiernen Nachthimmel, den man erstickend über sich lasten fühlt, ... beginnt die Seele des sonst so vernünftigen Norwegers langsam auseinanderzugleiten. Schlimme, trübe Gedanken steigen auf, wie Blasen auf einem Sumpf ...«

Aus der Kindheit, die ihn nie ganz verlassen hat, erinnert Gustav sich an die Besuche von Bibellesern, Priestern, Emissären und Brüdern, »aber nie eine Schwester«. Er hatte sich durch das Alte Testament und die Göttliche Kömödie gelesen. Er betrachtete sich als Menschenfeind, auch als Feind der Frau. (»Als ich klein war, hörte ich viel davon, daß Frauen keine Menschen seien.«) Wenn er Paare schafft, dann ist auch der weibliche Partner liebevoll modelliert, aber sieht ins Leere.

Przybyszewski: »Munch und Vigeland synthetisierten das moderne germanische Weib, das Weib, das allerdings keine rituellen Traditionen des Satanskultus hat, aber in dem nichtsdestoweniger die Macht des Bösen und der Trieb zum Bösen lebt.«

Vigeland, gezeichnet von dem Leben im Elternhaus, wollte sich durch die Plastik ausdrücken. Er hatte der Mitwelt so viel zu sagen, er arbeitete rasant: Skizzen über Skizzen, Aufzeichnungen, Miniaturen, Plastiken. (Björnson: »So können Sie nicht weitermachen, Vigeland, Sie verbrennen ja innerlich.«)

Björnson sollte recht behalten, aber anders als zu erwarten war. In seinem rastlosen Eifer, die Last der Vergangenheit zu gestalten und derart von sich abzuwälzen, verlor Vigeland die Geduld für das, was anfangs seine Stärke gewesen war: Zartheit, Innigkeit, Wärme. Sie mußten der Masse weichen, später der Wucht und Monumentalität.

An der Auffahrt zum Schloß steht sein Denkmal für den Wissenschaftler *Niels Henrik Abel* (1802–29), dessen Begabung sich noch lange nicht voll entfaltet hatte, als er – schon Professor – in Berlin an TBC starb. Der Denkmalsausschuß wollte ein Denkmal jenes Typs, für den Vigeland das Wort *Überziehermann* geprägt hatte. Sitzend wollten ihn die Professoren der Universität Kristiania, auf daß er so das Portal ihrer Alma Mater schmücke. Ein Wettbewerb auf der Basis dieser blutarmen Idee brachte nichts Brauchbares. Dann schuf Vigeland seinen Abel, der von zwei fliegenden Genien getragen wird, ein Körper von 5 m Höhe. Wohl verinnerlicht, aber schon monumental. Ragna Stang nennt es in ihrem Buch über Vigeland: »Noch heute das phantasievollste Denkmal der Stadt Oslo«.

Damit ist zugleich alles kritisiert, was später von Vigeland in Oslo aufgestellt wurde.

Von seiner Kunst der Verinnerlichung zeugt auch das *Wergeland-Denkmal* in Kristiansand. Zwar ein Überziehermann, aber keiner der Konfektion.

Um die Jahrhundertwende hat er seine schöpferischsten Jahre. Er macht Skizzen über Skizzen. »Das ist«, erklärt er dazu, »als ob man Geld auf der Bank einzahlt.« Viele davon lassen sich zum Thema ›Brunnen‹ zusammenfassen, auf das Vigeland immer wieder zurückkommt. Er soll vor dem Parlament stehen, von dem der Kritiker *Gunnar Heiberg* schrieb: »Das Stortingsgebäude ist weder schön noch wohlgeformt, aber es hat Charakter und sieht drohend zum Theater hinüber.« Den Platz davor wünschte Heiberg ausgeschmückt, aber ihn packte das Grausen beim Gedanken an den Augenblick, »wenn norwegisch-deutsche Architekten die Erlaubnis bekommen, ihn mit Treppenanlagen und geraden Linien, mit Felsenkaskaden und Schildkröten, die Wasser spritzen, und mit Nymphen und mit Gaslampen zu verunzieren«. Dorthin wollte er Vigelands Brunnen haben. Dieses Bauwerk sollte Kristiania den Beinamen ›Stadt mit der Fontäne‹ eintragen.

Wo Heiberg den Brunnen hinhaben wollte, stehen heute zwei Löwen. Sie sind – was für Tierskulpturen etwas ungewöhnlich ist – geologisch interessant: gehauen aus der vulkanischen Masse, die sich vor 200 Mio. Jahren rund um Oslo auftürmte, die auch den Berg *Holmenkollåsen* bildete und *Nordmarkit* heißt.

Vigelands Brunnenidee begann auszuwuchern, bald nachdem sie in ersten Skizzen Niederschlag gefunden hatte. Die gigantische Fontäne sollte Teil einer Parkanlage sein, zu dieser Parkanlage sollte eine Brücke führen, in diesem Park sollte ein hoher Monolith stehen, eine aus Leibern gebildete Säule von siebzehn Metern Höhe.

Vigeland fand Anhänger. Schon 1907 begann das Geldsammeln. 1921 schließt er einen seltsamen Vertrag mit Oslo, der ihn für den Rest seines Lebens honorarunabhängig macht: Er schenkte der Stadt alles, was er schon geschaffen hatte und noch schaffen würde. Die Stadt baute ihm dafür ein prächtiges Atelier, das später Vigeland Museum werden sollte (und heute ist). Im Jahr darauf schloß er mit dreiundfünfzig seine erste Ehe. Das junge Modell Ingerid wurde seine Frau.

Zwei Jahre später billigt der Magistrat die Parkpläne. Jetzt arbeitet er nur noch an diesem einen Werk. Er fühlt sich vollkommen gesund, aber was wären sogar dreißig schöpferische Jahre angesichts dieser großen Aufgabe? Gustav Vigeland wird von einer Unrast ergriffen, die ihn nicht mehr losläßt, die ihn aber auch zwingt, immer mechanischer und schließlich sogar flüchtiger zu meißeln.

Damit wurde der Park das Monument eines Menschen, der es aufgegeben hatte, an seiner künstlerischen Vollendung zu arbeiten, weil er sich nur noch Zeit genug nahm, an der Vollendung seiner Kunstwerke zu arbeiten. Das Hauptwerk eines Lebens voller unbeantworteter Fragen für eine Hauptstadt mit Fragezeichen. Das *Vigeland-Museum* (Nobelsgate 32, nahe beim Park) zeigt Arbeiten aus dem gesamten Leben dieses Mannes: 1650 Skulpturen, 3700 Holzschnitte, 11000 Skizzen. Verglichen mit ihrer Aussagekraft ist der ganze Vigeland-Park mit seinen 320000 qm, mit den 121 Leibern der Säule, mit dem Lebensrad, nur ein schmaler Sektor der Arbeit eines Mannes, der ein Genie zu werden versprach.

»... und so groß ist die Macht der Natur, daß je höher ein Berg sich in den Raum hebt, desto unermeßlicher sich die Tiefe zu seinen Füßen erweist ...«

Stavanger, Bergen, Ålesund – an der Westküste

Kristiansand – Stavanger 29 Meilen. Man kann die ganze Strecke hindurch auf der E 18 bleiben, hübscher ist aber ab *Flekkefjord* die 44 über *Ekkesund*. 5 Meilen hinter Vigeland kommt man nach *Kvinesdal*, wo der aus dem Bergland kommende Fluß Kvina mit breiter Mündung in die Nordsee fließt. Lachssaison 15.6. – 15.8., beste Fangzeit Anfang Juli. Die Holzkirche (1837) ist achteckig, ihre Einrichtung in Empire gehalten. An der Strecke nach Flekkefjord bei Nuland Camping-Platz Egenes (1 km): Baden, Rudern, Angeln.

Flekkefjord war im 17. Jahrhundert Umschlagplatz, seine größten Zeiten hatte es, als man in der Nordsee viel Hering fangen konnte, in den Jahren 1820–1830. Im ganzen Nordseeraum (Skagen) und bis ins Eismeer hinein (Hammerfest, Spitzbergen) beteiligten sich die Holländer am Fischfang. Das Holzhausviertel *Hollenderbyen* stammt aus ihrer Zeit. Die Holzkirche (1833) ist achteckig mit Einrichtung in Empire: *Linstow was here*. Bei der Badeanlage *Grönne* Reste von Befestigungen aus der Zeit, als Dänemark–Norwegen sich an Napoleons Kontinentalsperre beteiligte.

An der E 18 nach Stavanger im Ort *Sira* eine Hängebrücke von 1844 (jetzt unter Denkmalschutz), die zu Norwegens schönsten zählt. – Lachsangeln bei *Bjerkreim* im Tengselva und im *Bjerkreimselva* (ab Juli) bei *Vikeså*. – *Vaulekrossen*, 3 Meilen vor Stavanger, ist der Ort mit den meisten Schafen in Norwegen, etwa 100000 werden von hier aus jedes Jahr auf die Almen getrieben. Gleich hinter Vaulekrossen liegt *Ålgård* mit seinen Wollspinnereien. Danach *Figgjo:* Lachsfang 15.4.–20.9.

Auf der 44 verläßt man die Provinz *Vest-Agder* bei dem kleinen Ort *Åna-Sira*, damit kommt man von *Sörland* nach *Vestland*. Der Abschnitt von Åna bis Hauge geht durch zwei Tunnel und auf einer Überführung. Hübsche Aussichtspunkte. Auf 18 km steigt und fällt die Strecke in vierzehn Kurven, das Gefälle ist an einigen Stellen gleich stark wie in der Drammen-Spirale, kleinster Kurvenradius 10 m. Die geringste Straßenbreite beträgt 2,5 m; regelmäßig Ausweichstellen. Schönster Blick von der höchsten Kurve westlich des Jössingfjords (150m ü. NN). Der Hafen am Eigersund, heute die Stadt *Egersund*, ist schon in der Sage von Olav dem Heiligen erwähnt. Hier lag 1028 Knut der Große mit seiner Flotte. Nach dem Tod des englischen Königs Edmund Ironside herrschte er über England, Dänemark, Norwegen und Südschweden, das größte Reich, das während jener Zeit im Norden bestanden hat. – Die Porzellanfabrik Egersund (1847) ist Norwegens älteste.

Bei *Ogna* ausgezeichneter Badestrand und Camping-Platz. Steinkirche aus dem Mittelalter mit ursprünglichem Taufbecken. Altartafel und Kanzel (1627) von Hendtzchel, Westportal gotisch. Später in und um *Hå* Fundstellen aus mehreren Zeitaltern; Wohnstätten und Grabfelder von *Klauhaune*, Steinzeit; Grabhügel bei *Kipparhaug*, Bronzezeit; aus der Eisenzeit bei *Evestad* Grabhügel und Wohnstätten, am alten Pfarrhof Hå ein Gräberfeld und bei *Leksaren* Hofanlagen.

Aus der jüngeren Geschichte stammen die Geschütze der *Lindö Batterie* (Christian IV.) und die Invasionssperren aus dem Zweiten Weltkrieg. Die Antennenmasten erhalten die Verbindung mit den Schiffen der norwegischen Handelsflotte aufrecht. Nach der mittelalterlichen Steinkirche von *Orre* (1864 nach Osten hin verlängert, gotisches Portal, innen viel Renaissance) der Sandstrand von *Järens Rev.*

Stavanger (Abb. 68) ist die Stadt des Erzählers *Alexander Kielland* (1849–1906). Er wuchs ohne Not in wohlhabender Kaufmannsfamilie auf und wurde 1891 Bürgermeister seiner Heimatstadt. Max Tau: »In Stavanger ... kann man noch heute die Konturen des Milieus erleben, denen er in seinen Werken Dauer verliehen hat.« Thomas Mann, der Kiellands Werke gelesen hat, ehe er sich an die Buddenbrooks setzte, nannte Norwegen sogar »Kiellands Land«.

Das Gründungsdatum von Stavanger ist genau nicht zu ermitteln. Da man aber weiß, daß die Stadt irgendwann zwischen 1123 und 1130 Bischofssitz wurde, bestimmte der Magistrat Anfang der zwanziger Jahre 1125 als Gründungsjahr, und so konnte Stavanger 1925 sein 800jähriges Jubiläum begehen.

Es entstand für die Bischöfe und lebte durch die Bischöfe. In der Rückschau nennt ein Stadtchronist die Zeit bis zum Anfang des 19. Jahrhunderts einen »langen Dornröschenschlaf«. Mit der Durchführung der Reformation 1536 wechselte der Glaube des amtierenden Bischofs. Die lutheranische Kirche bekam die Norweger zunächst nicht so fest in den Griff wie die katholische – deren Amtsträger zeitweise auch für läßliche Sünden harte materielle Bußen auferlegten und so den Wohlstand der Kirche mehrten. 1682 überdies mußte der Bischof nach Kristiansand umziehen. Im Jahr 1800 hat Stavanger nur 2500 Einwohner.

Zeitweise bringen die Heringsfänge Aufschwung, und im Gefolge der Fischerei etabliert sich die Konservenindustrie. Am Ende des 19. Jahrhunderts hat die Stadt 30000 Einwohner.

Heute ist Stavanger die zukunftsträchtigste Stadt ganz Norwegens. Sie ist Stützpunkt für die Ölsuche und den Ölabbau südlich des 62. Breitengrads in der Nordsee. Dieser alle anfangs skeptischen Voraussagen übersteigende Reichtum macht die Norweger keineswegs ungeteilt glücklich – zum Erstaunen vieler US-Amerikaner, die gekommen sind, um mit ihrem Know-how die Norweger beim Erschließen des Ölsegens zu unterstützen.

Um dieses scheinbare Paradox besser beleuchten zu können, muß ich zunächst ein Axiom aufstellen, das mir wohl den Vorwurf unwissenschaftlicher oder gar halbpornografischer Geschichtsbetrachtung einbringen wird: Die drei erst in diesem Jahrhundert selbständig gewordenen Völker Nordeuropas, die Norweger (1905), Finnen (1917) und Isländer (1944), sind nach Jahrhunderten der Fremdherrschaft das Gefühl nationaler Kastration noch immer nicht losgeworden. Sie sind nach wie vor dabei, ihre Identität abzurunden. In der Sphäre zwischenmenschlicher Begegnung treffen wir sie als die Gastfreundlichsten, im wirtschaftlichen und politischen Bereich treten sie uns zögernd, übersensibel und übervorsichtig entgegen. Sie haben Angst davor, daß der Kolonialismus, vorn hinausgeworfen, sich durch die Hintertür wieder hereinschleicht.

Dieses letztlich irrationale Argument veranlaßte die Norweger, mit großer Mehrheit gegen den Beitritt zur Europäischen Gemeinschaft zu stimmen. Mehr Ratio und kaufmännisches Geschick bewiesen sie, als es um die Erschließung und Ausbeutung der Ölvorräte in der Nordsee ging. Ihnen fehlten die technischen Kenntnisse sowie die technischen und finanziellen Vorraussetzungen dafür, diese Aufgabe allein in Angriff zu nehmen. Aber sie stellten sich auf den Standpunkt: fremde Unterstützung und Beteiligung nur so viel und lange wie unbedingt notwendig. Sie setzten sich mit den Multis an einen Tisch und handelten Bedingungen aus, die den ausländischen Unternehmen keine anderen Rechte zusicherten als die auf einen annehmbaren Gewinn in einem begrenzten Zeitraum.

(Man behauptet sogar, die Norweger hätten damit – ungewollt – die Olpreiskrise ausgelöst: Als die arabischen Förderländer merkten, wie weit die Multis in Nordeuropa nachgaben, nur um an das begehrte Öl heranzukommen, dämmerte am Persischen Golf die Erkenntnis, daß Öl aus Nahost allzu lange allzu billig verkauft worden war. Dies führte zur Aktivierung der OPEC.)

Norwegen könnte schon heute am Südteil seiner Westküste erheblich schneller erheblich mehr Öl erschließen und fördern als bislang. Jede Steigerung über das gegenwärtige Tempo und die gegenwärtigen Mengen hinaus würde zwei Notwendigkeiten bedingen: Die Norweger müßten ausländische Unternehmen stärker beteiligen und ihnen günstigere Konditionen bieten. Sie müßten außerdem – auch dies wieder um der Deutlichkeit willen überspitzt formuliert – einige Industrie- und Erwerbszweige ganz einfach schließen, um mit den so freiwerdenden Arbeitskräften den Bedarf der Ölindustrie zu befriedigen.

Damit würde die Ölindustrie die gesamte Wirtschaft dominieren. Der Ölpreis ist heute hoch und wird morgen hoch sein. Aber – so fragen die Norweger – wie sieht es wohl übermorgen aus? Wenn der Energiemarkt wieder Käufermarkt wird, dann geriete eine Volkswirtschaft mit ›Öl-Struktur‹ in ausländische Abhängigkeit. Die zweite Kastrierung würde drohen.

Man könnte hemdsärmelig gegenan argumentieren: Die sollten doch jetzt bei der Hochkonjunktur kräftig abstauben, dann können sie bei einem – ja kaum vorstellbaren – Abknicken der Preiskurve mit einem Teil der Gewinne etwas Neues aufbauen. Das klingt einleuchtend – für Nordamerikaner und Westeuropäer, für Skandinavier nicht. Sie fragen: Wie sollen wir dann die Wirtschaft reorganisieren, wenn die Bauerndörfer im Binnenland und die Fischersiedlungen an den Küsten verfallen sind, wenn die Menschen sich in den engen Räumen von Oslo und Stavanger zusammengedrängt haben, tagsüber in Büro- und Fabriksilos, abends bis morgens in überdimensional aufgestockten Wohnmaschinen?

Na, und letztlich tangiert es ja auch Ihr ganz persönliches Interesse. Möchten Sie, daß die Norweger alle Arbeitskräfte aus dem Fremdenverkehrsgewerbe in die Ölindustrie umleiten?

Noch einmal der Chronist von Stavanger: »Während der letzten 200 Jahre war Einseitigkeit ein charakteristischer Zweig für das Erwerbsleben unserer Stadt. Eine Einseitigkeit, die sich auf die natürlichen Ressourcen vor unserer Haustür stützte. Es ist eine Herausforderung für die Stadt und die Region, die Verhältnisse so zu ordnen, daß die Ölgewinnung nicht zu einer Situation führt, in welcher sie zur einzigen tragenden Säule für das Leben der Stadt und der Region wird.«

Stavanger: *Dom* nächst dem von Trondheim der eindrucksvollste; er hat seine mittelalterliche Gestalt vollständig bewahrt. Hübsche Aussicht vom *Valbergtårnet*, dem früheren Feuerwehrturm. Noch mehr Panorama vom Funkturm *Ullandhaug. Prekestolen* (Kanzel), eine Klippe, die 600 m hoch aus dem Lysefjord aufsteigt. Längerer Ausflug: 1 Stunde Bootsfahrt zur Insel *Finnöy* mit dem Kloster *Utstein*, Augustinerkloster von 1270, abgebrannt 1515 und 1539, restauriert 1957, innen Renaissance, Gestühl von Hendtzchel und Lars Snedker (Lars der Zimmermann).

Nördlich von Stavanger beginnt das westnorwegische Fjordland. Wenn man den südlichen Teil kennenlernen will, dann ist Stavanger eine gute Basis. Eine Strecke geht mit dem *Snöggbåt* bis Bergen und zurück. Auf den Tragflügelbooten und Westamarans (Tunnel vom Bug zum Heck) werden keine Fahrzeuge befördert. Sie fahren durch die Schären, also nicht hinein in die Tiefe der Fjorde. (Zeiten etwa: Stavanger ab 8 Uhr, Bergen an 12.10 Uhr, Bergen ab 17.35 Uhr, Stavanger an 21.50 Uhr.) Kürzere Strecken ab Stavanger in die Verzweigungen des Boknfjords.

Fragen Sie mal jemanden, was ein Fjord ist. Ohne Zeit zum Nachdenken – oder Nachsehen im Konversationslexikon – ist die Definition ebenso schwer wie die der Wendeltreppe. Also: Der Ford ist ein von hohen Bergen umgebener Meeresarm, der an der Eingangsschwelle flach ist, dahinter tiefer wird und dessen Boden dicht vor den Rändern wieder ansteigt. – Man nehme einen Tennis- oder Pingpongschläger und errichte darum einen Wall (falls vorhanden aus ehernem Granit), dessen Kamm etwa so hoch ragt, wie die Strecke vom Schlägerrand bis zur Mitte lang ist. Darunter setze man einen mit den Rändern der Schlagfläche übereinstimmenden, unten in der Spitze abgerundeten Kegel. Am Griffansatz – wo der Fjord ins Meer übergeht – falte man den Rand des Kegels ein wenig nach oben.

So sieht das in Norwegen aus: Bergkamm rundherum bis 1000 m und darüber, Wassertiefe maximal 1000–1300 m, Tiefe an der Ausgangsschwelle 100–200 m. Auf dem Kamm liegt Schnee, der sich, von der Sonne geschmolzen, als Bäche und/oder Wasserfälle in den Fjord ergießt.

Entstehung: In der frühesten Eiszeit drückt das Eis auf bereits vorhandene Flußtäler, und das Gestein wich nach unten aus. An der Kante zum Meer war das Eis dünner, der Druck schwächer, das Gestein wich weniger zurück. So bildeten sich die niedrige Schwelle und der tiefe Kegel dahinter. Als die Eiszeiten – bis auf weiteres – vorbei waren, blieb als eine Art Abfallprodukt dieser urgewaltigen Massenbewegungen der Fjord. (Immanuel Kant, der ewige Königsberger, hat nie in seinem Leben einen mit eigenen Augen gesehen. Sonst hätte er wohl die zwei Dinge, die sein Gemüt mit immer neuer Bewunderung und Ehrfurcht erfüllten, um ein drittes ergänzen müssen.)

Von Stavanger nach Bergen: Fähre nach *Skudenshavn* auf der Insel Karmöy (1½ Stunde, mehrmals täglich). 511 bis *Haugesund*, dann nach Nordosten auf der 10 bis *Låtefoss*, Skudenshavn – Låtefoss 15 Meilen. Von Låtefoss bis *Kinsarvik* 6 Meilen. Von dort Fähre nach *Kvandal* (35 Min.). Kvandal – Bergen 13 Meilen.

Von Stavanger bis Bergen also zusammengerechnet zwei Stunden Fähre und 34 Meilen Straße. Ein herrliches Naturgebiet, in dem einhunderttausend Menschen leben. 1500 Jahre Geschichte und noch einmal 1500 Jahre Vorgeschichte. Campingplätze, Berghütten, Wanderherbergen und Hotels.

Bergen wurde im Jahre 1070 von König Olav III. gegründet und war bis zum Jahre 1300 die Hauptstadt Norwegens

Bergen: eine Stadt, die jahrhundertelang kein Hinterland hatte. Von der man zu den Shetlands und den Orkneys und nach Aberdeen und nach Edinburgh in kürzerer Zeit segeln konnte als nach Oslo, diesem Emporkömmling unter den Häfen. Die bischöfliche Kanzlei wurde dorthin beordert, wo man sich gegen die Dänen verteidigen und die Dänen gut angreifen konnte. Nach Bergen kamen die Pfeffersäcke der dudeschen Hanse.

Naive norddeutsche Geschichtsbetrachtung sieht heute gern die Hanse als eine Art Vorsegler der Europäischen Wirtschaftsgemeinschaft. Nordeuropäische Geschichtsschreibung sieht sie anders: eine weitverzweigte Organisation zur Mehrung des Reichtums und der Macht deutscher Küstenstädte auf Kosten der Nachbarn.

In Bergen schneiden sich die Lebenslinien der Hanse und der norwegischen Wirtschaft. Die Hanse machte Bergen groß, und der Vorteil daraus blieb der Stadt noch, als die Hanse schrumpfte und schrumpfte, bis zur Bedeutungslosigkeit. Heute ist Bergen eine blühende Stadt, die zweitgrößte Norwegens.

Der hanseatische Städteverband operierte mit zwei Monopolen: Salz aus Mitteleuropa und Fisch aus Skandinavien. Die beiden ergänzten einander. Im Norden gab es kein Salz, das man nicht nur brauchte, um Speisen genießbar zu machen, sondern auch, damit nicht getrocknete Fische haltbar blieben. Haltbaren Fisch brauchte das ganze katholische Europa jede Woche einmal, am Fastentag Freitag.

Trockenfisch nach Süden exportierte Bergen schon, bevor die Hanseaten kamen, aber man backte ziemlich kleine Brötchen: ein wenig Stockfisch dahin und ein wenig Klippfisch dorthin. Dann kamen die Deutschen und sagten: »Nun werden *wir* euch mal zeigen, wie man das macht.« Jetzt wurde organisiert: Norwegische Schiffe holten den Fisch von Nordnorwegen, von den fernen Inseln bis Grönland hin. In Bergen wurde gesalzen und getrocknet, dann ging die Ware unter hanseatischer Flagge nach Süden, bis ans Mittelmeer. Rückfracht waren außer Salz Tuche, Waffen und andere handwerkliche Erzeugnisse, die das Leben nach den Vorstellungen jener Zeit erst lebenswert machten. Eignertraum, Reedertraum: Schiffe – damals Koggen – bis an die Reeling befrachtet bei Hin- und auch Rückfahrt.

Die Deutschen machten sich an der besten Anlegestelle Bergens breit und nannten sie *Tyskebryggen* –Deutsches Kai) (Abb. 66). Sie traten protzig auf, und die Norweger schluckten das, denn sie verdienten sekundär auch an den Umsätzen der ausländischen Herren. Bergen avancierte zur viertwichtigsten Umschlagstadt der Hanse. Alle machten gute Geschäfte, aber am Ruder saßen die Deutschen. (Auf leibliches Wohl bedacht, holten sie auch Bierbrauer aus Deutschland, was noch heute durchzuschmecken ist.)

Was der Hanse außer ihren überdehnten Machtansprüchen endgültig das Geschäft verdarb, war Martin Luthers Reformation, durch welche die Nachfrage nach Fastenspeise rapide sank. Mitte des 16. Jahrhunderts war die große Zeit der Hanse vorbei. Auch die Norweger begannen wieder auf eigenen Kielen zu verschiffen. Das war der Grundstock einer Handelsflotte, die heute jeder anderen der Welt an Transportpotenz überlegen ist.

Die Bauten der *Bryggen* (früher Tyskebryggen) werden oft als baulicher Beitrag der Hanse zur Entwicklung Bergens betrachtet. Das ist jedoch nur bedingt richtig, denn die Hanseaten fanden in Bergen ja einen lebhaften Hafen vor und brauchten nur das bereits Bestehende zu vergrößern und weiterzuentwickeln. Und nach dem Verschwinden der Hanseaten ist im Laufe der Zeit auch vieles verändert worden. Man kann unmöglich Planke für Planke festlegen, was aus welcher Zeit stammt.

Bergen
Tyskebryggen.
Ansicht des 19. Jhs.

Auch von Bergen läßt sich das Gründungsdatum nicht genau festlegen. Man hat sich schließlich für 1070 entschieden, die Stadt ist also schon mehr als 900 Jahre alt, und noch weit in die nachhanseatische Zeit hinein war sie die größte Stadt Skandinaviens, von Kopenhagen abgesehen. 1233 wurde hier auf einem Reichstag König *Håkon* das Recht auf den Thron zugesprochen. In dieser Stadt – die von sieben Hügeln umgeben ist – kam 1684 der Mann zur Welt, dem wir das geflügelte Wort vom »politischen Kannengießer« verdanken. *Ludwig Holberg* war einer von jenen, die der königliche Glanz nach Kopenhagen zog, wo er das Glück hatte, seinen Erfolg materiell und immateriell genießen zu können. Dänemark verdankt ihm ein historisches Werk, ›Dannemarks Riges Historie‹ (3 Bände, 1732–1735). Er starb 1754 und vermachte seine großen Liegenschaften einer Akademie.

Das größte kulturelle Ereignis Norwegens von internationalem Format sind die *Bergener Festspiele* im Frühsommer. Sie begannen ab 1976 ihren Stil zu verjüngen wodurch sie auch für Ausländer wesentlich attraktiver wurden. Musik und Dramen (1976 u.a. ›Theater ohne Worte‹) sind die zentralen Themen, um die sich Filme, Ausstellungen und Ereignisse aus anderen Bereichen der Kultur gruppieren. Programmvorschau jeweils durch die norwegische Botschaft oder die Büros des Fremdenverkehrsverbands. Die vielseitigen Festspiele in Bergen können schon allein Anlaß genug sein, die Nordlandreise in die Vorsaison zu verlegen.

Für Kurzbesucher hier ein Rundgangvorschlag: Der beste Startpunkt ist das Freilichtmuseum *Gamle Bergen* (5–6 Min., Bus ab Postamt) mit Häusern aus den beiden voraufgegangenen Jahrhunderten. Gegenüber vom Museum die Badestelle zu besuchen lohnt nicht (Ölflecken usw.). Auf dem Weg zur Stadt kommt man an den Festungs- und Prachtbauten vergangener Zeiten, dem *Rosenkrantzturm* und der *Håkonshalle*, vorbei. Beide liegen auf dem Gelände der früheren Festung *Bergenhus*.

Der Rosenkrantzturm wirkt trotz seines hellen Mörtels düster. Das Zwiebeltürmchen mit der Wetterfahne, das zwischen den Zinnen hervorsieht, lockert den strengen Eindruck etwas auf. Der Turm wurde nach 1560 unter Einbeziehung eines älteren Vorläufers gebaut. Aus dieser Zeit des Vorläufers stammt auch die Håkonshalle, erbaut von *Håkon Håkonsson,* eingeweiht bei der Hochzeit und Krönung seines Sohnes Magnus. Die ursprünglich für Feste und als Festung (mit eigener Quelle) gedachte Halle kann gut als der charmanteste mittelalterliche Profanbau des ganzen Nordens gelten.

Über dem Eingang zur Festung Bergenhus ein Wappen mit der Inschrift »C XIV J 1832«. Sie dokumentiert den Wechsel von der dänischen zur schwedischen Herrschaft. *Carl XIV. Johan* (1818–1844), der erste Bernadotte auf dem Thron, numerierte sich im Gegensatz zum dänischen Brauch mit lateinischen Zahlen.

Rosenkrantzturm und Håkonshalle sind mehrfach restauriert worden und wurden 1944 durch eine Explosion fast völlig weggefegt. Am Tag vorher war ein kleiner holländischer Frachter in den Hafen eingelaufen, dessen Kapitän in Bergen Bekannte besuchen wollte. Um Schwierigkeiten zu vermeiden, gab er nicht an, daß er Dynamit an Bord hatte. Und natürlich ging es dann zufällig hoch.

Diese Erklärung klang der ständig von Sabotage bedrohten Besatzungsmacht zu simpel, und man suchte lange Zeit nach Schuldigen. Freilich hatten der Eifer und das Mißtrauen der Deutschen auch einen ganz besonderen Grund: Die Explosion geschah ausgerechnet am Morgen des 20. April und wirkte darum wie ein Feuerwerk der norwegischen Widerstandsbewegung zu Hitlers Geburtstag.

Von Bergenhus zum Zentrum führt die Bryggen. Wenn man dem Hinweis zur ›Bryggen Tracteursted‹ folgt, kommt man auf den Hof des *Svendsgård.* Hier steht inmitten der Holzhäuser ein kleiner Steinbau mit dicken Wänden. Er war früher der Tresor der hier ansässigen Kaufleute. Wegen Diebstahls-, vor allem aber wegen Feuersgefahr brachten sie abends ihre Hauptbücher und andere Dokumente in den ›Keller‹.

Die *Tracteursted* ist ein Restaurant für Gammler und Touristen mit gehobenen Ansprüchen (man ist *nicht* gezwungen, sich einen der gehörnten Helme aufzusetzen und Bier aus dem Methorn zu trinken). Bitten Sie um ein Prospekt, der auch auf deutsch über die Bryggen und den Svendsgård berichtet.

Vor dem Tresor ein Brunnen, nahebei Steine mit Namenszügen von Kronprinz Harald und dem verstorbenen Bundespräsidenten Gustav Heinemann. Diese familiäre Art der Verewigung bei Staatsbesuchen gestatten die Norweger nur Gästen, die sie ungezwungen zu empfangen vermögen. So dokumentiert Heinemanns nachgemeißelte Unterschrift von 1970 die norwegisch-deutsche Versöhnung nach dem 2. Weltkrieg.

Auch besuchen: Korskirke, Marienkirche, Dom, Marktplatz mit Seefahrerdenkmal (darauf ein sarazenisch aussehender Wikinger), Museum und Aquarium. In der Umgebung Edvard Griegs Wohnsitz *Troldhaugen* und die Stabkirche *Fantoft* sowie die Ruinen der Zisterzienserabtei *Lysekloster.*

Die Fjordstraße Bergen – Ålesund führt durch ein non plus ultra norwegischer Landschaft. Sie ist 37 Meilen lang, sechsmal muß die Fähre benutzt werden. Die Straßen sind fast durchgehend fest, mindestens 4 m breit und haben zuweilen 10 Prozent Gefälle.

2 Meilen bis Steinestö, 15 Min. Fähre bis Knarvik. 3 Meilen bis Sävråsvåg, 30 Min. Fähre bis Duesund, weiter 5 Meilen über Steine und Austgulen bis Brekke (Fjordpensionat) am *Sognefjord* (Abb. 73). Dieser Fjord geht 180 km tief ins Land hinein, seine Ausläufer enden an der Gletscherwelt von *Jotunheimen* (Abb. 86).

Fähre nach *Lavik* 40 Min. Lavik – Förde 7 Meilen: *Förde* gut für eine längere Pause (Hallenbad). (Eine durchaus ernstgemeinte Frage: Haben Sie jetzt schon genug erlebt, genug von Norwegen gesehen? Pause?) Von hier bis nach Florö (7 Meilen) kommt man in weniger als 2 Stunden. Florö ist Norwegens westlichste Stadt, guter Service, viele Ausflugs- und Ausruhmöglichkeiten.

Auf der Straße nach Klakegg (5 Meilen) nach einer Meile der Fall *Huldrefoss*, dessen Wasser senkrecht 90 m hinunterstürzt. Hinter Klakegg abwärts durch das Tal *Våtedalen*, zu dessen beiden Seiten die Felswände steil ansteigen.

Klakegg – Anda 4,5 Meilen, Fähre Anden – Lote 10 Min. Bis Nordfjordeid ein fast 3 km langer Tunnel. Lote – *Folkestad* 4 Meilen, an der Brücke bei Straumshamn eine Jettegryte. Diese ›Riesenpfannen‹ sind zylindrisch, sie entstanden durch wirbelndes Wasser, das ständig Steine mit sich führte, die den gewachsenen Fels ausschliffen.

Fähre Folkestad – Volda 20 Min., Volda – Festöy fast 5 Meilen. Bald hinter Volda der Ort Åsen, mit einem Museum für Ivar Aasen, der Grammatik und Wörterbuch für nynorsk schrieb. (Im Dänischen und Norwegischen benutzte man für den Laut o – wie in Lot – früher aa, jetzt aber das a mit dem Kreis darauf, das ›Bällchen-o‹.)

Die 20 Min. über den *Storfjord* von Festöy nach *Solevåg* gehören zu den schönsten, die Norwegen bietet. Anfangs hat man einen Blick in den *Hjörundfjord*, der wie eine Kerbe ins Gebirge gehauen ist. Der Storfjord wird backbords breiter und steuerbords schmaler. – Von Solevåg bis Ålesund 2 Meilen.

Ålesund gewährt den deutschen Besuchern die ungewöhnliche Chance, auf Kaiser Wilhelm II. stolz sein zu können. Die Stadt der drei Inseln brannte 1904 so gut wie völlig ab. (Großfeuer sind in norwegischen Städten oft deswegen so verheerend, weil der Wind unerwartet umschlägt und einen schon eingedämmt geglaubten Brand fast urplötzlich nach einer anderen Richtung wieder ausbrechen läßt.) Zu dieser Zeit war Wilhelm schon das geworden, was wir heute einen Nordland-Fan nennen würden. Sommer für Sommer dampfte die ›Hohenzollern‹ in den hohen Norden. Der Deutsche Kaiser und König von Preußen war nicht nur von der Landschaft fasziniert, offenbar war er auch von den Menschen angetan, die fast neunzig Jahre vorher der designierte Königliche Superintendent so beschrieben hatte:

»Ein kräftiges, biederes und aufrichtiges Volk, von mittlerer Statur, länglichem, vollem, ernstem Gesicht und von starkem Knochenbau, mäßig und arbeitsam, kühn und erfinderisch, entschlossen, dienstfertig und gastfrei in hohem Grade, voll Liebe für

Freiheit und Vaterland. Voll Gefühl ihrer Freiheit ist ihnen jede Höflichkeit und Ehrerbietung, welche an Erniedrigung gränzt, und aller Hochmuth verhaßt, und freimüthig treten sie selbst vor den Herrscher hin.«

Es gibt die Anekdote – und vermutlich ist sie sogar wahr – von dem norwegischen Lotsen, dem in einem engen Sund Wilhelm II. ins Ruder greifen wollte. Es blieb beim Versuch. Der Lotse ließ keinen Zweifel daran, wer gerade das Kommando auf der ›Hohenzollern‹ führte.

Auf die Nachricht von dem großen Feuer setzte Wilhelm II. Schiffe mit Lebensmitteln, Ärzten und Medikamenten in Marsch. Dafür hat Ålesund ihm einen 7 m hohen Bauta gesetzt, wohl das gewichtigste Denkmal, das noch heute von ihm irgendwo in der Welt steht. – Im selben Park ein Geschenk aus Frankreich: der Wikinger Rollo, Eroberer der Normandie, von dem die Historiker aber nicht einmal sagen können, ob er aus Norwegen oder Dänemark stammt.

Ålesund (40000 E.) (Abb. 88) lebt von Fischerei, von hier laufen die Kutter zu Fangreisen bis weit ins Eismeer aus. In ihrer drastischen Ausdrucksweise behaupten die Ålesunder von sich selbst: »Hier wird man mit einem Fisch in der Fresse geboren.« Die würdigsten – aber weniger kriegerischen – Nachfolger Rollos sind wohl jene vier Männer aus Ålesund, die in der Nußschale (einen sinnfälligeren Vergleich als diesen gewiß simplen gibt es wohl kaum) ›Brudeegget‹ den Atlantischen Ozean überquert haben. Die Fahrt dauerte *nur* sechs Monate. Das Boot liegt am Kai Skansekaia.

Es muß noch einmal gesagt werden: Jeder – Norweger nicht ausgenommen – ist überfordert, wenn er dieses Land auf einer einzigen Reise kennenlernen will. Irgendwann unterwegs funken die für neue Eindrücke zuständigen Gehirnzellen: »Rien ne va plus!« Dann steht man vor der Entscheidung, ob man weiterfahren oder umdrehen soll. Da man Skandinavienreisen in der Regel genau plant, wird man versucht sein, diesen Plan auch einzuhalten. Gewöhnlich ist ›man‹ der Mann am Lenker, der nicht zugeben will, daß Norwegen nicht so zu schaffen ist, wie er sich das zu Haus gedacht hat.

Macht euch nichts aus einem Prestigeverlust im Augenblick. Denkt lieber daran, wie gründlich der Urlaub vermiest wird, wenn man mit einer nicht mehr aufnahmefähigen und widerwillig dahindämmernden Autobesatzung bis zum Nordkap fahren muß. Morgens beim Frühstücksei in Ålesund kannst du sagen: »Na, wenn ihr euch das gründlich überlegt habt und immer noch meint...«

Sage auch nicht: »Wir *müssen* es bis zum Nordkap schaffen, denn wer weiß, wann wir wieder einmal nach Norden fahren.« Wenn ihr in Ålesund angekommen seid und der Norden euch immer noch nicht gepackt hat, na dann seid ihr ohnehin schon viel zu weit von Kristiansand weg. Seid ihr aber beeindruckt, dann werdet ihr nach ein paar Jahren bestimmt zum Nordkap starten. (»Bis Trondheim bewegen wir uns nur vorwärts, und von da ab nordwärts sehen wir uns gründlich um.«)

Vergeßt nicht: Eine skandinavische Meile ist gleich 10 km. Mehr als 30 davon sollte man pro Tag nicht ›machen‹.

Guten Morgen ...

... und guten Appetit für das reichlich bemessene norwegische Frühstück. Der Brauch des großen Morgenmahls stammt aus der Bergbauerngesellschaft, als man sich vor dem beschwerlichen Aufstieg zur Alm sagte: »Was ich im Magen hab', brauche ich nicht im Rucksack mitzuschleppen.«

Ihr habt euch nun doch entschlossen, nach Norden weiterzufahren. Laßt euch zwei Möglichkeiten nennen. Zunächst die vier Meilen zurück, nach Osten, bis Sjöholt. Gemeinsam ist beiden Strecken auch das Stück bis Åndalsnes (9 Meilen). Von dort geht die E 69 weiter durch das *Romsdal* bis Dombås (10 Meilen), wo man auf die E 6 nach Trondheim (20 Meilen) geht. Åndalsnes – Dombås ist sehr beliebt, eine für norwegische Verhältnisse gerade und breite Straße, die mit gleichmäßigen Steigungen bis Dombås (659 m ü. NN) führt. Etwas über eine Meile östlich von Åndalsnes die *Trolltindene*. Die Wand der Zauberzinnen geht fast 1000 m senkrecht hoch, erst 1967 schafften französische Alpinisten die Besteigung. Ewas mehr als eine Meile weiter das *Tal von Marstein*, auf dessen Sohle die Sonne kaum gelangen kann: fünf Monate pro Jahr ohne einen einzigen Sonnenstrahl.

Die Alternativstrecke geht nach *Sunndalsöra* (14 Meilen) und von dort nach *Oppdal* an der E 6 (7 Meilen). Zwischen Hen und Skörgen im *Vengedal* gute Panoramen. In Lerheim Abzweigung nach Westen zur Stabkirche *Rödven*; mittelalterlich sind noch die geschnitzten Portale, das Kirchenschiff und das Kruzifix.

Von Lerheim bis Eidsvåg fast 7 Meilen am *Langefjord* entlang, dann am *Sunndalsfjord* (4 Meilen). An der Abzweigung Richtung Molde der Pfarrhof *Nesset*, wo *Björnstjerne Björnson* aufgewachsen ist. Hinter Eidsöra der mit 244 m längste Straßentunnel dieser Strecke (durch den Merraberg). In Öksendalsöra Badeplatz am Fjord. Nicht ganz eine Meile vor Sunndalsöra bei *Vetamyar* der höchste Punkt dieser Strecke (231 m) mit hübschem Blick über den Fjord. *Sunndalsöra* hat zwei Dinge, die zur modernen Entwicklung der norwegischen Wirtschaft wesentlich beigetragen haben: ein Kraftwerk (Norwegens zweitgrößtes) und zwei Aluminiumwerke. Bei einer Fahrt ins *Lilledal* erst umdrehen, wenn man den ›Kalken‹ erreicht hat, eine senkrechte Wand von mehr als 1600 m, auf welcher der *Skorstein* mit noch einmal fast 200 m thront. In Fale der Hof *Storfale gård*, in für diese Gegend typischer Bauweise. Unterkunft für Angler. Der Fluß Driva ist für Lachsangler vorzüglich (1. 5.–5. 9.), Angelkarten in Sunndalsöra.

Im *Sunndal* ist während des Winters die Lawinengefahr groß. Die Bauernhöfe sind vielfach möglichst eng an Steilhänge gebaut, damit die Lawinen darüber hinweggehen. Das letzte Stück der Strecke verläuft neben dem Driva, der Zuflüsse aus der nördlichen Talseite aufnimmt.

Die hölzerne Kreuzkirche von *Oppdal* stammt aus der Mitte des 17. Jahrhunderts und ist besonders wegen ihrer Innenraumausstattung einen Besuch wert.

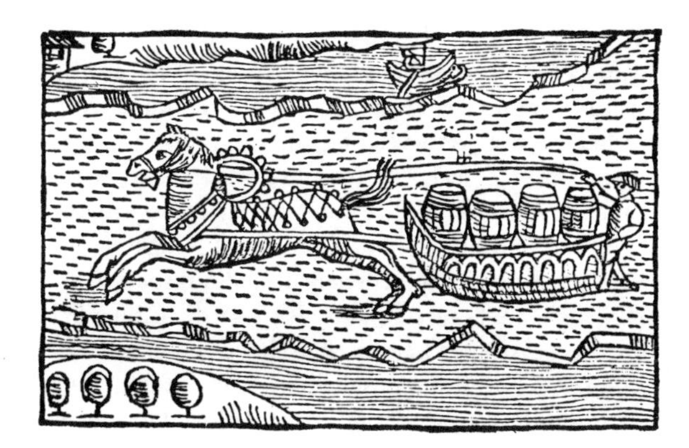

»Der Reisende sieht nur Himmel und Eis. Und im Sommer segeln an derselben Stelle Flöße.«

Auf der E 6 von Svinesund nach Trondheim

Wie die Brücke über den Storströmmen in Dänemark, so gehört auch die über den *Svinesund* (1946, Skandinaviens höchste Brücke mit 65 m ü. d. M.) zu den klassischen Bauten der Technik. Friedrich Wilhelm von Schubert mußte diese Stelle *»zu Boote, und zwar des starken Stromes wegen, in kreisförmiger Linie überfahren«*. Das kostete: *»Auf Norwegischer und Schwedischer Seite wird der Paß unterschrieben, wofür dort (mit Einschluß des Fährgeldes) drei Norwegische Reichsbankthaler, hier 16 Schwedische Reichsschillinge bezahlt werden.«*

Heute erfolgt die vereinfachte Abfertigung für den Verkehr nach Norwegen auf der norwegischen Seite von norwegischen und schwedischen Zöllnern. D. h.: Schwedische Beamte haben das Recht bekommen, auf norwegischem Gebiet schwedische Hoheitsmaßnahmen zu vollziehen. Von derart starker Harmonie wagten die Norweger Anfang diese Jahrhunderts nicht einmal zu träumen, als sie – formell noch immer mit Schweden vereint – an der Grenze nach Osten Befestigungen aufzubauen begannen.

Entfernungen: Kopenhagen – Svinesund 49 Meilen und eine Fährstunde (Übersetzen und Warten) Helsingør – Helsingborg. Svinesund – Oslo 12 Meilen, Oslo – Lillehammer 19 Meilen, Oslo – Dombås 35 Meilen, Oslo – Trondheim 56 Meilen (keine Fähre), Trondheim – Narvik 92 Meilen (2 Fähren), Narvik – Skaidi 65 Meilen (Abzweigung Nordkap von Skaidi 6 Meilen und 30 Min. Fähre), Skaidi – Kirkenes 44 Meilen, insgesamt 320 Meilen, jede zu 10 km!

Addiert: Kopenhagen – Oslo 61, Oslo – Narvik 148, Narvik – Kirkenes 111 (+ 12 für Nordkap). Die Nordnorweger – von der ersten Fahrstunde ab an kurvige und enge Straßen gewöhnt – veranschlagen für Narvik – Oslo zwei Tage (»... wenn man sich ranhält ... «).

In Lökkeberg, bald hinter Svinesund, Abzweigung nach *Halden* mit der Festung *Fredrikssten*. In den Zeiten, als die Schweden beim Zusammentreffen mit Dänen und

Norwegern vor unbändigem Nationalhaß zu schäumen pflegten, wurden die Stadt (damals Fredrikshald) und die Festung oft angegriffen. Hier fiel 1718 durch eine Kugel aus unbekannter Richtung der Schwedenkönig *Karl XII.*, der Sieger von Narwa, der Verlierer von Poltawa (Abb. 58).

Ein Umweg nach Westen über Fredrikstad erfordert ebenfalls nicht viel Mehraufwand an Zeit. Man fährt die ›Vorzeitstraße‹ entlang, an der Felszeichnungen aus der Bronzezeit und Grabstätten aus der Wikingerzeit liegen. *Skjeberg* kurz vor Sarpsborg hat Relikte aus verschiedenen Besiedlungsperioden: Bronzezeit (Felszeichnungen bei Bakkehaugen, Navestad und Hornes), die Eisenzeit (Gräberfeld von Storedal) und den Übergang von der heidnischen zur christlichen Zeit (Steinkirche, mit Reliefs, Kopfskulpturen und Runeninschriften, romanisches Taufbecken 1. H. 12. Jh.).

Bei Råde trifft die Straße aus Fredrikstad wieder auf die E 6. Hier Steinsetzungen aus der Bronzezeit. In *Moss* der *Konventionsgård*, wo 1814 die Union zwischen Schweden und Norwegen geschlossen wurde – auf norwegischer Seite ohne auch nur einen Funken Begeisterung. (Als neunzig Jahre später ein Volksentscheid über die Unionsauflösung erfolgte, stimmten 368208 *für* die Scheidung von Schweden, *dagegen* nur 184. Ein derartig eindeutiges Ja ist wohl kaum bei einer anderen demokratischen Abstimmung gefallen.)

Westlich von Korsegården liegt *Drøbak*, wo ›Moses‹ den Sund bewachte. In Vinterbru trifft die E 18 auf die E 6. Sie geht auf der schwedischen Seite durch Karlstad, wo 1905 der Vertrag über die Unionsauflösung unterzeichnet wurde. Von Oslo ab verläuft die E 6 nach Nordosten. Nach 4 Meilen in Klöfta die Sendeanlagen von Norsk Rikskringkastning. Vor Eidsvoll das frühere Eisenwerk mit dem Reichssaal im Hauptgebäude, wo 1814 die Verfassung (S. 66) verabschiedet wurde. Die Delegierten waren aus ganz Norwegen zusammengekommen, sie trugen nach 1814 den Titel *Eidsvollsmann*, ihre Heimatorte setzten ihnen Denkmäler oder brachten zumindest an den Kirchen Gedenktafeln mit ihren Namen an (Korskirke Bergen).

Im Ort *Eidsvoll* ein Stein für Henrik Wergeland (Kristiansand), der als erster Norweger erfolgreich für religiöse Toleranz eintrat. Die Eidsvoll-Verfassung untersagte »Juden und Jesuiten« das Betreten des Landes. Wergeland gab keine Ruhe, bis eine Kommission zum Studium dieser Frage eingesetzt wurde. Sie empfahl die Streichung dieses Artikels, die Vorlage wurde 1851 mit 93 gegen 10 Stimmen angenommen. Wergeland war schon 1845 gestorben. In Schweden hatten die Juden Geld für ein Wergeland-Denkmal gesammelt, das auch errichtet wurde – aber in Stockholm. Als sich ab 1851 die Grenzen Norwegens für Juden und Jesuiten öffneten, wurde das Denkmal in das Zentrum von Oslo überführt. Jedes Jahr am Verfassungstag (17. Mai) findet hier eine Gedenkstunde statt.

1940 lebten 1400 Juden in Norwegen. 1942 erging der Befehl zur Festnahme aller jüdischen Männer. Soweit sie nicht auffindbar waren, wurden ihre Familienangehörigen in Sippenhaft genommen, bis das Familienoberhaupt sich stellte. Von 650 deportierten Juden überlebten nur 21 die Konzentrationslager. Durch das Aufgreifen

76 Stabkirche in LOM (vermutl. Anfang 13. Jh.); norwegische Friedhöfe haben gewöhnlich keine Grabhügel

77, 78 Stabkirche LOM, Innenraum und Malereien

79, 80 Stabkirche URNES (11. Jh.), Christus und Apostel; Flechtornamentik

81 Innenraum der Stabkirche von URNES mit Stützkonstruktion

82, 83 Details von der Stabkirche BORGUND

86 Der grünschimmernde See Gjendevatn liegt fast 1000 m über dem Meeresspiegel, Jotunheimen ▷

84 Die ›Sieben Schwestern‹ am Geiranger-Fjord sind nur bei Schneeschmelze vollzählig

85 Im Geirangerfjord

88 ÅLESUND ist auf drei Inseln gebaut

87 Sognefjell, Paßhöhe 1430 m

89 TRONDHEIM Kaianlagen am Nidelv

91 Blick über BODÖ, vorn der Dom (1956) mit freistehendem Glockenturm

◁ 90 TRONDHEIM Der bereits verfallene Nidarosdom (um 1100) wurde im 19. Jh. restauriert

92 Vogelberg Vedöy bei dem Lofotenausläufer Röst. Von Bodö 3½ Stunden Fahrzeit

93 In NARVIK

94 NUSSFJORD – ein typischer Lofotenort

95 Straße auf der Lofoteninsel Flakstadöya

96 Angler im Sagfjord bei Sjövegan nördlich von Narvik

98 Fischtrockengestelle am Lyngenfjord

◁ 97 Am Lavangenfjord

99 Einfahrt nach HAMMERFEST

100, 101 In den samischen Sommersiedlungen DJUPVIK und KVENANGSFJELLET

102 Das NORDKAP

und Verschicken dieser norwegischen Staatsbürger begaben sich die Besatzungsmacht und die Regierung Quisling der letzten Möglichkeit, mit der norwegischen Bevölkerung zu einem modus vivendi zu kommen.

Hamar ist mit 15000 Einwohnern die größte Binnenstadt Norwegens (die größte Skandinaviens ist mit 150000 Tampere in Finnland). Es wurde 1152 Bischofssitz. Damals wurde außerhalb der heutigen Stadt auf einer Halbinsel im See *Mjösa* der *Dom* erbaut, im 16. Jahrhundert zerstörten ihn die Schweden; die Ruine ist heute noch eindrucksvoll (Abb. 59). Hamar liegt 13 Meilen von Oslo entfernt (Freilichtmuseum mit Theater und Restaurant, Ruinenpark, Eisenbahnmuseum). Gutes Etappenziel.

3 Meilen nördlich Hamar die dreischiffige Steinbasilika von *Ringsaker*. Sie wurde im 12. Jahrhundert gebaut und gilt als die eindrucksvollste Norwegens: Querschiff und Chor 13. Jahrhundert, flämische Altartafel 16. Jahrhundert, Turm (70 m) 1694, Kanzel und Taufbecken von 1702.

Einige Kilometer nördlich im Ort *Stein* die Ruinen eines Kastells von Håkon Håkonsson, der die Königsmacht festigte und damit die Periode beendete, »als Bürgerkrieg in Norwegen wütete und ein Königsanwärter nach dem anderen Verrat, Verstümmelung und Mord an seinen Mitbewerbern um die Königskrone beging ... Kam da ein junger Mann und behauptete, er sei Sohn dieses oder jenes Königs, und konnte er genug Anhänger für sich gewinnen, so hatte er auch Chancen – vorausgesetzt, daß inzwischen kein anderer auftauchte, der sich noch stärker erwies. Diese Sitte hielt sich lange aufgrund altheidnischer Vorstellungen vom geheimnisvollen, halbgöttlichen Königsblut«. (Kibike Helgesen in ›St. Ansgar 1970‹, Köln.)

Noch reicher an Sammlungen als Hamar ist *Lillehammer* (20000 E.) – und darum auch oft bis zum Bersten mit Touristen gefüllt. *De Sandvigske Samlinger* ist ein Freilichtmuseum über die Kultur des reichen Gudbrandstals mit hundert Gebäuden, darunter eine Stabkirche. Die ›Malerisamling‹ der Stadt ist eine der reichhaltigsten mit norwegischen Künstlern.

Nach weiteren 5 Meilen die Kirche *Fåvang*, eine im 17. Jahrhundert umgebaute Stabkirche. Sieben Kilometer weiter in Eldstad eine Abzweigung (2 km) zur Stabkirche *Ringebu*, die um 1630 zu einer Kreuzkirche erweitert wurde (Abb. 70).

Vinstra liegt genau auf der halben Strecke Oslo – Trondheim. Hier liegt *Hågå*, der Hof von ›Peer Gynt‹. 1 Meile weiter bei Kvam wurde 1612 der schottische Condottiere G. Sinclair geschlagen, der nach Schweden durchbrechen wollte. 1940 versuchten hier norwegische und britische Einheiten, den deutschen Vormarsch nach Norden aufzuhalten.

Der am besten bewahrte Hof des Gudbrandstals ist *Bjölstad* an der 257, die in Sjoa nach Westen abzweigt (18 km). Näher der E 6 liegt in Dovre der Königshof *Tofte*. Er stammt aus dem 18. Jahrhundert und ist restauriert.

Der nächste größere Ort ist mit 1200 Einwohnern *Dombås*, dessen Häuser im ganzen Tal weit verstreut sind. 10 Camping-Plätze, Wanderherberge, Pensionate, Hotel und Motel. Abzweigung E 69 nach Ålesund (S. 108), E 6 bis Trondheim 20 Meilen.

3 Meilen nördlich von Dombås der kleine Ort Hjerkinn. Er liegt in 956 m Höhe und hat die geringste Niederschlagsmenge von ganz Norwegen: 217 mm – Bergen kommt leicht auf das Zehnfache. Hier ließ schon im 12. Jahrhundert König *Eystein* – oder Öystein – eine der Berghütten bauen, mit denen die Infrastruktur verbessert und so das Reich besser zusammengehalten werden sollte (wie in Dänemark durch die *Kro* genannten Posthaltereien). Die Kirche in Hjerkinn trägt Eysteins Namen, und hier steht ein Bautastein zum Gedenken an den alten Königsweg. 1 km hinter Hjerkinn der mit 1026 m höchste Punkt dieser Strecke. Vorsicht im Gelände um Hjerkinn, es ist teilweise Sperrgebiet (Heeresfeldschützenschule). In Kongsvoll (887 m) eine weitere Eystein-Hütte. 13 km dürften damals als normale Tagesetappe gegolten haben (bei diesem Tempo würde man für Kopenhagen – Kirkenes 250 Tage brauchen, vorausgesetzt man ist ein guter Schwimmer – wegen der Fjordstrecken). An der Kongsvold-Fjellstue ein botanischer Garten mit der regionalen Flora. – Nach 5 km die Riesenpfannen (S. 108) von *Magalaupet*. Westlich von Kongsvoll erhebt sich das großartige *Dovrefjell* mit dem Berg *Snøhetta* (2286 m).

Auch *Oppdal* ist ein Zentrum des Fremdenverkehrs. Es hat etwa dreimal soviel Einwohner wie Dombås, bietet aber touristisch weniger, zumindest nicht für Besucher im Sommer. Im Betrieb ist der Sessellift zum 1030 m hohen *Skjörstadhovden*. Von Oppdal geht die 16 nach Sunndalsöra (S. 110).

In Ulsberg haben Freunde der neuen Literatur, der deutschen, ein Aha-Erlebnis. Hier biegt nach Südosten die 3 ab, die nach 7,5 Meilen *Tynset* erreicht. Der Ort hat nicht nur eine Bahnstation – die ihm zu einem Platz auf dem Olymp verhalf –, sondern auch 2000 Einwohner, ein Verkehrsbüro, eine Kirche (1793) und ein Heimatmuseum mit vierzehn Gebäuden. Wer von Ulsberg dorthin fährt, kommt erst durch Innset (Kirche, 1642) und Yset sowie danach über die Steigung des Passes, die hier 700 m erreicht. (Bergbau und Stadt Røros: s. S. 370.)

Hovin ist in den Annalen Norwegens verzeichnet, weil hier 1345 der größte Lehmrutsch erfolgte und 250 Menschen unter sich begrub. Im Fluß Gaula kann man bei den Stromschnellen *Gaulfoss* bei niedrigem Wasserstand Riesenpfannen ausmachen. Zur eiszeitlichen Hinterlassenschaft dieser Gegend gehört auch die Moräne Meggen bei Melhus. – 1 Meile vor Trondheim Abfahrt zum Camping-Platz *Tonstad*.

Trondheim (Abb. 89) ist Norwegens drittgrößte Stadt, geschichtsträchtiger als Bergen, geschichtsträchtig wie Oslo.

Fast jeder vorgeblich Thronberechtigte führte in dieser Zeit seinen Stammbaum auf Harald Schönhaar (Hårfagre), den beliebten, zurück. Er war der erste König, der ganz Norwegen unterwarf (und danach die Shetlands und Orkneys). Nach seinem Tod (nach 930) zerfiel das Reich wieder, eine neue Periode der Kleinkönige begann, von denen einer Erik Blutaxt hieß. Ein echter Urenkel war *Olav Tryggvason*, dessen Vater in Südostnorwegen ein Kleinkönigtum hatte. Als Olav I. raubte und plünderte er an den Küsten der Ost- und Nordsee, bis der Bischof von Winchester ihn zum Christentum bekehrte. Bei den Wikingerfürsten war der Übertritt zum Christentum oft durch

Ansicht von Trondheim, Mitte 19. Jh.

mystischen Opportunismus motiviert, der Vater Jesu war für sie der stärkste aller bekannten Götter, und so galt es nur als Gebot der Klugheit, sich mit ihm zu verbünden.

Olav I. ebnete dem neuen Alliierten in Norwegen mit Feuer, Schwert und rücksichtslosen Verboten den Weg. So brachte er die Kleinkönige gegen sich auf, die Verbündete in Dänemark und Schweden suchten. Sie sammelten eine große Flotte und besiegten Olav in der Seeschlacht von Svolder im Jahr 1000. Das Datum steht fest, ungewiß aber ist, wo zwischen dem Öresund und Rügen Svolder wohl gelegen haben mag.

Olav hatte Trondheim gegründet, das später zeitweise *Nidaros* hieß. Sein Reich zerfiel, Heidentum breitete sich wieder aus. Im Jahr 1015 trat ein 20jähriger *Olav* auf den Plan, der sich auch auf Harald Schönhaar berief. Seine Qualifikationen als Herrscher bewies er auf Wikingerzügen. Dabei studierte er in der Normandie Verwaltung und trat zum Christentum über. Dann fuhr er nach Haus und ernannte sich zum König von Norwegen. Er organisierte die Verwaltungsstruktur normannisch und war bei der endgültigen Durchsetzung des Christentums nicht zimperlicher als sein Vorgänger. 1024 stand auch die kirchliche Verwaltung, das ›riksting‹ beschloß ein Kirchengesetz und unterstellte den Klerus dem Erzbischof von Bremen.

Außenpolitisch festigte Olav seine Position durch Heirat mit der Tochter des schwedischen Königs. Das gab ihm Ellenbogenfreiheit, als die Opposition im eigenen Land gegen ihn zu konspirieren begann.

Diese Opposition wollte keinen straff geführten Staat, sondern eine Art König von ihren Gnaden – je weiter weg, desto besser. In der Zeit vor der Kalmarer Union herrschte in Skandinavien eine letztlich gut ausgewogene Dreiecksfeindschaft: Jeweils zwei Könige versuchten, ihren Groll gegeneinander hinunterzuschlucken und dem dritten die Hosen auszuziehen. Olav wollte Knuts Norwegenambitionen mit Hilfe des schwedischen Schwagers stoppen. Beide zusammen stellten Knut zu einer Seeschlacht. Der Däne verlor zwar, aber dann ließen die Schweden Olav im Stich. Er konnte sich

König Olav I. Tryggvason gründet Trondheim, ursprünglich Nidaros, im Jahre 996

nicht mit seiner Flotte durch die Meerengen wagen, mußte die Schiffe in der Ostsee zurücklassen und mit seinen Kriegern zu Fuß Norwegen erreichen.

Im Land kam es zu einer offenen Rebellion. Olav schlug sich mit den Aufständischen herum, bis Knut zum Gegenschlag ausholte und 1028 mit seiner Flotte an der Südküste bei Egersund erschien (S. 101). Olav setzte sich nach Osten ab, in das Wikingerreich Gardarike auf russischem Boden, wo er einen Sohn – *Magnus* – zeugte. Knut konnte sich zum König von Norwegen krönen lassen, setzte einen Statthalter ein und segelte anschließend nach Roskilde zurück.

Als Olav erfuhr, daß der Statthalter bei einem Unfall umgekommen war, kam er aus Gardarike nach Schweden, sammelte dort ein ziemlich buntes Heer zusammen und machte sich nach Nidaros auf. Die Bauern verlegten ihm bei Stiklestad, etwa sieben Meilen nordöstlich von der Stadt, den Weg und schlugen sein Heer. Dabei fiel Olav, seine Leiche wurde in einer Sandbank verscharrt. Das geschah am 29. Juli 1030.

Dänenkönig *Knut* machte mit den Norwegern böse Erfahrungen. Die Kleinfürsten und Bauern von Tröndelag warteten auf Belohnung, wurden aber statt dessen zu Steuern veranlagt, die noch höher waren als unter Olav II. Zwei Kleinfürsten machten sich 1034 nach Gardarike auf, holten Magnus ab und setzten den Kleinen (hier wieder die »altheidnischen Vorstellungen vom geheimnisvollen, halbgöttlichen Königsblut«) an die Spitze einer Bewegung zur Entmachtung der Dänen und ihrer Handlanger. Schon 1035 war Magnus selbst König.

Der Stimmungsumschlag hinsichtlich der Dänen blieb auch für den toten Olav nicht ohne Folgen. Man grub ihn aus und überführte ihn in die Clemenskirche, wo an seinem Grab – wie vorher schon auf der Sandbank – Wunder geschahen.

Eigenartig ist das Phänomen, daß Olav nun auch dort Resonanz hatte, wo man keine Steuern an die Dänen zahlen mußte. War es die erste Welle der Nordlandromantik? War es Freude über die Integration der gefürchteten Wikinger mit einem heiliggesprochenen König in den Schoß der abendländischen Kirche? Außerhalb Norwegens – auch in London und sogar in Rom, kaum aber in Roskilde – wurden Altäre und Kirchen dem gekrönten Heiligen geweiht, den sogar Konstantinopel anerkannte.

Kathedrale von Trondheim, Ansicht des 19. Jh.

Sein Leichnam kam später in eine neue Kirche, die als Begräbnisplatz für ihn errichtet wurde. Durch Änderungen und Erweiterungen entstand die prächtige Nidaroskathedrale (Abb. 90), die im 19. Jahrhundert neu aufgebaut – also nicht durchgehend restauriert – wurde. Die erste Salbung und Weihe eines Königs durch den Erzbischof fand in Bergen 1163 im Namen des ›heiligen Königs Olav, Norwegens Ewigem König« statt. Später erfolgten einige Krönungen in Trondheim. Seit 1814 schreibt die Eidsvoll-Verfassung die Nidaroskathedrale als Krönungsstätte vor. Das Machtzentrum Norwegens freilich blieb auch nach 1814 dort, wohin *Håkon V. Magnusson* es um 1300 verlegt hatte: in Oslo.

Der 3. Mai 1531 brachte einen Großbrand, er betraf »die Domkirche des hl. Olav auswendig und inwendig mit allem, was darinnen war, und ebenso die Stadt mit allen Kirchen und Klöstern, die Schwarzen Brüder Dominikaner allein ausgenommen ...« wie Erzbischof *Olav Engelbrektsson* schrieb. Er konnte damals schon absehen, daß an Wiederaufbau vorläufig nicht zu denken war, weil die Reformation sich in Skandinavien ausbreitete und über kurz oder lang auch in Norwegen Gesetz werden würde.

Der Dom blieb bis 1869 ein Steinbruch, dann wurde, zunächst unter Leitung des Leipziger Architekten Heinrich Ernst Schirmer, der Neuaufbau begonnen. Sein Nachfolger, der Norweger Christian Christie, holte 1897 Gustav Vigeland zum Ausschmücken der Westfront nach Trondheim. Mit dieser Arbeit war der junge

Festung Munkholmen (Mönchsinsel), 17. Jh., im Trondheimfjord nördlich der Stadt

Vigeland nicht glücklich. Er arbeitete zeitweise gern im gotischen Stil, wurde aber darin nie heimisch. Außerdem gefiel ihm Christies Konzeption nicht: »Der Trondheimer Dom wird zu protestantisch gemacht, was er nie gewesen ist«, schrieb Vigeland an einen Freund. Schon im vierten Arbeitsjahr war er erschöpft: »Wäre ich reich, sähe ich mir den Dom überhaupt nicht an. Ich bin aber arm und muß darum etwas von meinem Inneren verkaufen.« Noch ein Jahr später: »Dies geht, weiß Gott, so nicht weiter. Ich verdiene zwar viel Geld dabei, aber – pfui Teufel!«

Vigeland ließ sich 1907 durch das Kultusministerium von dem Auftrag entbinden und kehrte nach Oslo zurück. Die Arbeiten an dem Dom dauerten bis 1969.

Trondheim außerdem: Erzbischöflicher Hof, Lade Kirke und Vår Frue Kirke (beide 17. Jh.), Festung auf der Insel *Munkholmen* und der Platz der Festung *Steinviksholm*, wo Olav Engelbrektsson 1537 an Bord eines holländischen Kriegsschiffs ging, womit das katholische Erzbistum Norwegen zu existieren aufhörte; Stiftshof, Norwegens größtes Holzgebäude und die Skisammlung im *Folkemuseet* (mehr über Trondheim und Umgebung beim Informations-Büro).

»Zuweilen passiert es den Fischern, daß sie aus der Tiefe schreckliche Fische oder eher Ungeheuer hochziehen, bei deren Anblick und Berührung ihre Hände gelähmt werden.«

Wo das Land der Samen beginnt

Nördlich von Trondheim fängt das Gebiet von Nordeuropa an, an dem der weiße Mann bis ins frühe Mittelalter hinein nur wenig Interesse zeigte. Erst als im Mittelalter findige Händler entdeckten, daß man bei den samischen Fischern, Jägern und Rentierfängern gute Geschäfte machen konnte, begann auch die Obrigkeit sich für die *Lappenhölle* zu interessieren und Vögte mit dem Eintreiben von Steuern zu beauftragen. Zeitweise kamen alle Partner dabei auf ihre Kosten, auch die Samen verdienten so gut, daß die Goldschmiede in Nordschweden sich auf ihren Geschmack einstellten und

Lappensilber genannten Schmuck arbeiteten. Heute schätzt sich jedes Museum glücklich, diese Kostbarkeiten in seinem Besitz zu haben. Politisch begann – zum Zeitpunkt der Kolumbus-Reise nach Westen zwischen Schweden-Finnland und Dänemark-Norwegen – ein Ringen um dieses Gebiet, woran sich später auch Rußland mit seinem Vordringen auf die Halbinsel Kola beteiligte.

Die Samen wurden verachtet und entrechtet, aber niemals versklavt. In unserem Jahrhundert versuchte man, die Samen anfangs zu integrieren. Nach dem Zweiten Weltkrieg erhielten sie Sonderrechte – aber nicht Vorrechte – als ethnische Minderheit. Ihr Fortbestand ist heute nicht mehr durch Druck von außen bedroht, sondern durch die Bequemlichkeitswünsche und Wohlstandserwartungen, die sich mit der engeren Verbindung zur ›weißen‹ Zivilisation unter den Samen ausbreiten.

Drei Meilen auf der E 6 nordöstlich von Trondheim der Ort *Hell*, mit Badestrand und Felszeichnungen aus der älteren Steinzeit. Nach weiteren 1,5 Meilen der Ort Tiller, von hier geht ein Landweg nach Flosjöen (3 km), von wo aus man bei Niedrigwasser zu Fuß die Ruinen von Engelbrektssons Burg *Steinvikholm* erreichen kann. Von Åsen geht die 753 nach Frosta (23 km) mit einem Thingplatz. In der Nähe die Kirche von Logtu: im Mittelalter aus Stein gebaut, Mitte des vorigen Jahrhunderts abgerissen und hundert Jahre später wieder aufgebaut. Altartafel und Kanzel, beide 1652, von Johan Bildthugger (Johan der Bildhauer). Zwei Meilen nach *Åsen Alstadhaug*: wieder eine mittelalterliche Steinkirche, etwa 1250 um den Chor erweitert, Altartafel und Kanzel Mitte des 17. Jahrhunderts, Kalkmalereien beim Restaurieren Mitte der 50er Jahre freigelegt.

In Verdalsöra werden Bohrplattformen für das Nordseeöl gebaut. 4 km nach Osten zur Kirche von Stiklestad, die im Zuge der Olav-Anbetung etwa hundert Jahre nach seinem Tod auf dem Schlachtfeld errichtet wurde. Chor mit Kreuzgewölbe, Taufbekken aus dem Mittelalter, Wandbemalungen von Alf Rolfsen, Sakristei aus dem Jahre 1722. Die Kalkmalereien wurden während der Restaurierung (1927–1930) freigelegt.

Die Straße Trondheim – Narvik (92 Meilen) hat fast durchgehend festen Belag und ist 6–7 m breit. Sie ist natürlich in einem Tag nicht zu schaffen. Wer nur bis Mosjöen kommt, muß am nächsten Tag früh starten, denn zwischen Fauske und Narvik befinden sich noch zwei Fährüberfahrten. Vom Zeitaufwand her halbiert die Stadt Mo i Rana die Strecke. Wenn möglich drei Tage: Trondheim – Mosjöen, bis Fauske und nach Bodö, dann Bodö – Narvik.

In Steinkjer Lachsangeln (im Hotel fragen). Bald hinter Aps beginnt steuerbords der *Snåsavatn*, einer der größten Binnenseen Norwegens, an dessen Ostseite die Züge der ›Nordlandsban‹ entlangfahren. Der See bietet viele Angelmöglichkeiten, Karte erforderlich. Angeln außerdem gut in Snåsa, Grong, Namskogan und Majavatn (32 Meilen nördlich von Trondheim). Bald nach Majavatn steigt die Straße auf 375 m ü. NN an, 4 Meilen weiter die Angelplätze von Båfjellmo, dann in Laksfoss (foss = Wasserfall) direkt an der Straße eine Lachstreppe mit 16 m Steigung.

Mosjöen hat Hotel, Herberge, Wanderherberge, Campingplatz und Kfz-Werkstatt. Achteckige Holzkirche (1734).

Die Sieben Schwestern (de syv söstre) erreicht man über die 810 zur Küste nach Sandnessjöen (7 Meilen). Die mit 1066 m größte Schwester ist die nördlichste.

Auf der E 6 etwas über 4 Meilen hinter Mosjöen guter Blick vom höchsten Punkt dieser Strecke (550 m): im Norden die Svartisen-Gletscher. Der Fernsehmast 3 Meilen vor Mo steht auf dem Reintind (583 m).

Die Stadt *Mo* im *Ranafjord* hat 9000 Einwohner und Unterkunftsmöglichkeiten wie Mosjöen, hier trifft die E 79 (vom schwedischen Hafen Umeå am Bottnischen Meerbusen) auf die E 6. Mo hat zwei Zeugen der Eiszeit: die beiden Gipfel des Gletschers Svartisen – Vestisen und Östisen, mittendurch geht das Glamtal – und an der Straße zum See Svartisvannet die Grönligrotte (nichts für Gehbehinderte und Kinder).

Der Svartisen ist nicht ›ewiges Eis‹, sondern er ist ganz einfach übriggeblieben, für ihn ist die Eiszeit noch nicht zu Ende. Er gibt ständig Jahr für Jahr mehr geschmolzenes Eis ab als durch Schneefälle und unter dem Druck von Schnee an Neueis hinzukommt. Die Glaziologen geben verschiedenartige Prognosen zu seiner Lebenserwartung, manche rechnen mit einem rapiden Schlußabbau schon Anfang des 21. Jahrhunderts. Ein wenig hängt die Lebenserwartung auch vom blauen Himmel über der Ruhr und den Midlands ab. Seit Jahrzehnten schon schlägt sich Industriestaub auf dem Eis nieder. Nicht sichtbar viel, aber doch genug, um die Reflektionskraft zu verringern. Entstaubung über den westeuropäischen Industriegebieten – wie heute zeitweise durch lang anhaltende Streiks in England – verlängert das Leben von Vestisen und Östisen.

Grönli ist die bekannteste der vielen Grotten im Ranagebiet. Über 60 sind schon bekannt, meist entdeckt und teilweise auch schon erforscht von Engländern; 150–200 dürften es insgesamt sein. Die Grotten entstanden, als in den Eiszeiten das Eis sich in die hier zahlreichen Kalkadern hineindrängte. – Bei längerem Aufenthalt in Mo Mitglied des ›Rana Grotto Clubs‹ werden; ein nicht exklusiver Zusammenschluß von Höhlen-Amateuren, die gute Tips geben können. Bei kürzerem mit der Seilbahn den Berg Mofjellet hochfahren. Am besten kurz vor Sonnenuntergang, im Hochsommer also gegen 23 Uhr, denn der Polarkreis ist nicht mehr weit.

Die E 6 führt jetzt durch das *Dunderlandsdal* und *Lönsdal.* Im ›Donnerlandtal‹ sieht man breite Bäche über die Felskanten treten. Sie verschwinden wieder im Gestein und treten weit unten im Tal endgültig hervor. 1 Meile vor dem Polarkreis verläuft die Waldgrenze am Fluß Stokka. Am *Polarkreis* (650 m ü. NN) ein Stein mit dem Meridianglobus und ein Gedenkstein für jugoslawische Kriegsgefangene, die hier im Arbeitseinsatz waren. Etwa 8000 Jugoslawen wurden nach Norwegen verlegt, bei Kriegsende konnten nur noch 1000 in ihre Heimat zurückkehren.

Vor Stödi samische Opfersteine. Die Samen wählten ihre heiligen Plätze nach keinem anderen Prinzip als dem optischen Eindruck: ein mächtiger Berg, ein großer See oder auch eine seltsam anmutende Steingruppe. Mit Opfergaben waren sie – da sie ja meist wenig zu essen hatten – sehr sparsam. In besonders schlechten Zeiten taten es auch

Knochen, an denen noch Sehnen oder einige Fleischfetzchen hingen: Die Götter mit ihren magischen Kräften würden schon eine nahrhafte Speise daraus machen. Ähnlich verhielten sich ja die Wikinger, wenn sie den Toten Steine in Schiffsform setzten. Man vertraute darauf, daß Verstorbenen Kräfte zuwachsen, die sie befähigen, die Steinsetzungen in ein Boot zu verwandeln.

In der Nähe des Ortes Lönsdal samische Ansiedlungen, aber schwieriger erreichbar als andere weiter im Norden. In Hestbrinken geht die Straße 77 durch das Junkerdal bis zur Grenze nach Schweden. Vom Ort am norwegischen Grenzübergang hat sie den Namen Graddisvägen bekommen, die Reiseveranstalter nennen sie Silberstraße, weil sie durch Arjeplog (ab Hestbrinken 16 Meilen) führt, dessen Museum die größte Sammlung *lappsilver* hat, die auf der Welt existiert. Die Straße wurde erst 1974 fertiggestellt, man kann sie als Dokument westeuropäischer Entspannungssehnsucht bezeichnen, denn lange Zeit hatten die norwegischen Nato-Generale und die neutralen schwedischen sich gegen den Bau dieser Angreifer anlockenden Straße gewehrt.

Bald hinter Hestbrinken ein Gedenkplatz für in Norwegen umgekommene sowjetische Kriegsgefangene. Fast fünf Meilen weiter der Ort Setså, aus dessen Steinbruch im Mittelalter ganz Nordnorwegen mit Mühlensteinen versorgt wurde. Dann kommt man über den Moränenrücken Straumnakken (Stromnacken), wo die Norweger ohne fremde Hilfe für Luftverpestung sorgen: Die Vegetation leidet unter dem Schwefelrauch, der hier beim Erzabbau in Sulitjelma entwickelt wird. Die Erzverschiffung erfolgt über den Hafen des kleinen Orts Finneid.

Die Bahnstrecke von Oslo geht über Fauske nach Bodö, wer nach Narvik will, steigt in Fauske um. Der Ort (4000 E., Fremdenheim, Wanderherberge, Campingplatz, Kfz-Werkstätten) ist der Ausgangspunkt für Busreisen bis zum Nordkap und nach Kirkenes.

Bodö: Auf der 80 etwas über 6 Meilen. Zwei Meilen vor Bodö bei Löding nach Süden zum Saltstraumen (Salzstrom). Der Sund ist 150 m breit und 31 m tief, der Gezeitenunterschied beträgt über 3 m. Der schnellste Gezeitenstrom der Welt erreicht in Ausnahmefällen Geschwindigkeiten bis zu 28 Knoten (52 km/h), im Durchschnitt aber etwa 7 (13 km/h). Hier und in Geitvågen (Straße 834 nordöstlich von Boden, nur ein paar Kilometer) gute Angelmöglichkeiten.

Will man direkt vom Polarkreis die Mitternachtssonne sehen, so ist das in Norwegen mit seinen hohen Bergen schwierig. Im meerzugewandten *Bodö* (Abb. 91) hat man gute Möglichkeiten (5. 6.–9. 7.). In Bodö (20000 E., 1940 größtenteils abgebrannt) kann man auf die Schiffe der Hurtigrute umsteigen, bis nach Honningsvåg (Farbt. 21) fahren und von dort mit dem Bus (35 Min.) zum Nordkap. Oder auch bis Kirkenes.Norweger brechen gern zu zwei Reiseteams im selben Wagen nach Norden auf. Das eine nimmt später – wie in Bodö – die Hurtigrute, das andere fährt mit dem Wagen – etwa bis Narvik – weiter. Dann wechselt man.

Die Strecke Fauske – Narvik führt durch zehn Tunnel, der längste ist der Kalvikstunnel (2700 m). Hier beginnt die Landschaft Salten, in der Knut Hamsun aufgewachsen und auf die er in seinen Werken immer wieder zurückgekommen ist. Sein Vater war Schneider und kaufte einen Hof auf Hamaröy, später wohnte er zeitweise in Kråkmo, wo er 1915 ›Segelfoss by‹ (›Die Stadt Segelfoß, dt. 1916) schrieb und 1917 ›Markens Gröde‹ (›Segen der Erde‹, dt. 1918) begann.

In Bonnåsjöen die erste E-6-Fähre (15 Min.). Kråkmo (Krähenheide) liegt 15 Meilen vor Narvik. Die Kråkmo-Zinnen sind bis 924 m hoch, nur drei haben Namen, die anderen haben einfach die Ziffern 4–7 bekommen. 10 Meilen vor Narvik, schon im Schatten der nur von schmalen Sunden aufgerissenen *Lofotenwand*, der Ort Ulvsvåg. Hier geht die 81 nach Hamaröy. Nach 1,5 Meilen der Hamsunhof. Noch einmal so weit ist es auf dieser landschaftlich herrlichen Straße bis Buvåg, wo man am Meer die Lofotenwand weit vor sich sieht. Am Südende der mit dem Festland verbundenen Insel Hamaröy Skutvig; Fährverbindung nach Svolvär auf den Lofoten.

Bautasteine und Quellen

Nördlich von Ulvsvåg nach 2 Meilen in Bognes die Fähre über den Tysfjord nach Skarberget (30 Min.). Am eindrucksvollen Fjord ragt im Osten wie ein riesiger Bautastein der seltsamste ›natürliche Obelisk‹ von ganz Europa, wenn nicht gar der ganzen Welt, auf. Von Bognes gehen auch die Fähren zu den Lofoten ab, und beim Anreisen kann man leicht in die falsche Schlange kommen.

Der Tysfjord geht weiter im Süden in den Hellemofjord über, und wo der endet, ist mit nur 6,5 km Breite Norwegen am schmalsten.

2 Meilen vor Narvik die Hängebrücke Skjomen (709 m lang, 35 m über dem Wasser).

Im Kampf um den Erzhafen *Narvik* (Abb. 93) fielen Norweger, Deutsche, Österreicher, Polen, Franzosen, Engländer und Soldaten der Fremdenlegion. Nach Abschluß der Kämpfe im Juni 1940 lag der Stadtkern in Schutt und Asche.

Zu Narvik einige Informationen, die man nicht in Prospekten findet: Von der Eingangstür des Sommerhotels Malmen (Fjellveien 33) sieht man auf der anderen Fjordseite einen Berg, dessen samischer Name etwa ›der Alte um die Ecke‹ bedeutet. Seit 1940 heißt er Winston Churchill – und die Ähnlichkeit ist tatsächlich frappant.

Deutsche werden in Narvik nicht weniger freundlich behandelt als anderswo in Norwegen. Man betrachtet hier die Kämpfe als unvermeidbare Folge aus dem primären Unrecht der Besetzung.

Eurorailer und Interrailer: Als Verbindungsglied zwischen der Erzbahn und der Nordlandbahn weiter im Süden erlebt die Stadt jeden Sommer eine regelrechte Invasion von Rucksackreisenden. Billige Unterkünfte sind dann knapp. Man muß sich darauf vorbereiten, eine kurze Sommernacht lang – so nennen es die Schweden – »Brandwache zu gehen«, wie früher die Nachtwächter in Kristiansand, die mit ihrem Morgenstern dort anklopften, wo Licht unbewacht brannte. – Autofahrer haben seit Herbst 1984 eine gut ausgebaute Straßenverbindung Narvik–Kiruna. Die Straße biegt nördlich von Narvik (Rombakkbrua) nach Osten ab und verläuft in Schweden entlang der Erzbahn (s. S. 352).

Die Lofoten und Vesterålen

Von hier ab bis *Ultima Thule* betrachte ich es als meine Hauptaufgabe, Ihnen eine *Informationsschnur* zu geben, welche Ihnen die Entscheidung der Fragen erleichtert, ob Sie überhaupt so weit nach Norden vorstoßen sollen und was Sie dort erwartet. Einige *Knoten* sollen das Relief der Berge und Täler zu einem Relief der Menschen und ihrer Geschichte erweitern. Ich muß dabei in ein Stakkato der Hauptsätze und Kurzinformationen verfallen (Narvik – Nordkap 67 Meilen, Narvik – Kirkenes 104), will mich aber bemühen, immer lesbar zu bleiben. Zitate des Friedrich Wilhelm von Schubert stehen nicht zur Verfügung, denn auf diesem Teil der Nordkalotte ist er nicht gewesen.

Vor Nordland liegen zwei Inselgruppen, die wir gewöhnlich pauschal als Lofoten bezeichnen. Die *Lofoten* (Abb. 92, 94, 95) sind jedoch nur der südliche, ins Meer hinausragende Teil, der nördliche, parallel zur Küste verlaufende sind die *Vesterålen* (Farbt. 22). Austvågöy, die Hauptinsel der Lofoten, gehört teilweise auch zu den Vesterålen. Die wichtigste Verbindungsstraße, 19, führt von Narvik an der Seite des Ofotfjords entlang auf die große Insel Hinnöya. Beim Besuch der Inselgruppe macht man gern die Anreise mit dem Schiff, weil das Hineinfahren in die sich langsam auflösende Bergkette der Lofotenwand sehr eindrucksvoll ist.

Die Lofoten sind auf den Reiseverkehr besser vorbereitet als die Vesterålen. Anreise per Schiff von Bodö, Skutvik oder Narvik zum Hauptort Svolvär, Abreise auf Gegenkurs oder über die 19 (dauert lange). Fahrtzeiten nach Svolvär von Bodö 6, Skutvik 2–3 und Narvik 9 Stunden.

Sehr interessant: Ab Bodö oder Evenes (Narvik) mit der Fluggesellschaft Wideröe nach Svolvär. Die Twin-Otter-Hochdecker schnurren vertrauenerweckend gleichmäßig in beruhigendem Abstand über die Bergwelt hinweg. An den Bergen – oftmals auf demselben Hang – Seen in verschiedenen Höhenlagen. (Wideröe fliegt außer an der Westküste auch in den nördlichen Provinzen bis Kirkenes.)

Svolvär (4000 E.) ist das beste Informationszentrum vor jeder Weiterreise, es hat zwei Hotels und eine Wanderherberge. Der Ort selbst gibt nicht viel her, weil er noch ziemlich jung ist. Als Ausgang für Wanderungen, Klettertouren und Rundfahrten sehr gut geeignet. Schon eine Tagesfahrt (eigener Wagen, Mietwagen oder Bus) bis zum Inselort Henningsvär gibt vielfältige Eindrücke. In Svolvär auch Ruder- und Motorboote für Angelfahrten und Vermittlung von Gastplätzen auf Fischerbooten.

Der frühere Hauptort ist *Kabelvåg*, 1 Meile westlich von Svolvär. Er stagniert jetzt, weil der Hafen zu wenig Tiefgang für die neuen Boote hat. Rundgang vom Marktplatz zum kleinen Fischereimuseum mit unbedeutendem Aquarium. Die Beschriftungen im Museen sind durchweg in norwegisch, aber schon die Exponate und alten Lichtbilder geben einen Eindruck von dem harten Fischerleben in der vergangenen Zeit der offenen Boote.

Die Lofoten lagen selbst in den Zeiten der größten Eisausdehnung am Gletscherrand und waren darum schon früh besiedelt. Vom Jahr 1000 ab begann die *Lofotenfischerei*: Der Dorsch kommt von Mitte Januar bis Mitte April zum Laichen in den Vestfjord zwischen den Lofoten und dem Festland, weil hier das Wasser (Golfstrom) bedeutend wärmer als im Eismeer ist. Fischer aus ganz Nordnorwegen ruderten dann zum Vestfjord. Was sie fingen, verkauften sie an die Zwischenhändler der Küstendörfer.

Die Fischer bauten sich, anfangs auf Befehl von König Eyvind, am Ufer Hütten, weil sie in den offenen Booten nicht übernachten und ihr Fanggerät in Ordnung halten konnten. So entstanden die *rorbuer* (Ruderhäuser), die auch jetzt noch zur Lofotenfischerei gehören, obgleich die Zeit der hohen Beteiligung (30000 Mann und 6000 Boote) schon vorbei ist. Außerhalb der Fangsaison werden die rorbuer an Feriengäste vermietet, und jetzt entstehen auch Feriensiedlungen im selben Stil. Mietdauer gewöhnlich ab einer Woche.

Die Lofoten bieten bereits ausreichenden Komfort zu Preisen von normaler nordnorwegischer Höhe. Sie sind nicht überlaufen und werden auch vorläufig nur für Liebhaber spezieller nordischer Landschaft, des Angelns und des Wanderns Urlaubsziel bleiben. Die Wassertemperatur am Ufer steigt gelegentlich bis 20 Grad. Mit Sturm und Regen muß man immer rechnen. Mitternachtssonne von 26. Mai bis 19. Juli.

Svolvär – Narvik 28 Meilen. Fiskeböl – Melbu Fähre (30 Min.), Stokmarknes – Sandnes (10 Min.), Hallenbad in Kleiva, zwischen Sortland und Strand gebührenpflichtige Brückenverbindung (961 m), auf halbem Weg nach Langvassbukt die Kapelle Sigerfjord mit einer Olavsfigur aus dem 15. Jahrhundert. 10 Meilen vor Narvik Brücke über den Tjeldsund (gebührenpflichtig, 1005 m lang). – Nach Harstad (25 km) die 83 Richtung Norden. Im Ort und der weiteren Umgebung leben 20000 Menschen. Unterkunftsmöglichkeiten. – 5 Meilen vor Narvik Brücke Trollvik mit Blick auf Narvik, bald danach in Bjerkvik Anschluß an die E 6 nach Norden.

»Welche Macht Kälte und Frost in den Nordlanden, wo sie ja eigentlich Heim und Ursprung haben, ausüben, das kann man besser durch die vielen Erfahrungen, die man von den äußeren Sinnen bekommen hat, darlegen, als durch Angaben anderer.«

Auf der Nordkalotte

Hammerfest, Nordkap, Kirkenes

In den skandinavischen Sprachen – auch in der finnischen – heißt das Gebiet etwa nördlich vom Polarkreis bis ans Nordkap die *Nordkalotte*. Der Name paßt wirklich gut zu dieser anfangs baumarmen, später baumlosen Gegend, denn er stammt von dem kleinen runden Mützchen her, mit dem die Weltgeistlichen ihre Tonsur, die kahlgeschorene Stelle auf dem Schädel, bedecken. Das *e* am Ende ist nicht stumm, sondern wird ausgesprochen.

Aus Narvik kommend über die Brücke Rombak (Gebühr, 765 m lang, 41 m über dem Wasserspiegel). In Bjerkvik Abzweigung zu den Vesterålen und Lofoten.

Übergang zur Landschaft *Troms*, die weniger karg als Nordland wirkt, manchmal an Südostnorwegen erinnert. Auf und ab 13 Meilen durch das Salangsdal. In Setermoen (bzw. Bardu) (13 Meilen ab Narvik) Abzweigung nach Südosten durch das Österdal zum See Altvatn. Gasthöfe, Hütten, Campingplätze. Gut geeignet für Ruhetage und als Endziel. Baden, angeln, rudern, Wanderungen in den Nationalpark Övre Dividal.

Die wirtschaftlich fast bedeutungslose und landschaftlich so eindrucksvolle Nordkalotte gehört bekanntlich zu den militärisch brisantesten Gebieten Europas. Wo man auf Sperrgebiete und Fotografierverbote – wie unsinnig sie auch sein mögen – stößt, sollte man sie beachten. Mit Übertretungen kann man sich nur Ärger, Extrakosten und unerwünschten Aufenthalt einhandeln.

In *Bardufoss* (2500 E.) einfaches Hotel und Wanderherberge. Direkt nördlich davon Fagerlidal, wo 1789 der erste Bauer dieser Gegend sein Land rodete, womit der Einbruch in das Samengebiet begann.

In Nordkjosbotn (20 Meilen von Narvik), geht die E 78 nach *Tromsö*. Bis dort 7 Meilen. Besichtigung der Stadt mit Museum (deutsche Beschriftung), evangelischem

Reisen-Kirche, Ansicht 19. Jh.

Dom aus Holz, katholischem Bischofssitz (nördlichster der Welt), Amundsen-Denkmal und der modernen Eismeerkathedrale (1965, Architekt Jan Inge Hovig). Die Ostgabel ist eine dreieckige, 23 m hohe Glasmalerei, deren 140 qm in 86 Felder unterteilt sind. Der Künstler Victor Sparre hat in der Dalleglastechnik gearbeitet, die während der 30er Jahre in Frankreich entwickelt wurde. Die zugehauenen Glasstücke werden mit Eisen eingefaßt und dann mit Beton umgossen. Das Glas wurde aus Südfrankreich geliefert. Sparre, welcher dem unbekannten Maler der verinnerlichten Arbeiten in der Kathedrale von Chartres nähersteht als den kraftvollen Farb- und Formausbrüchen der Renaissance, mußte während der Arbeit ständig mit sich kämpfen: Immer wieder kam er in Gefahr, entweder zuckersüße Bildchen zusammenzustellen oder aber die Gesamtkomposition durch ein Übermaß an Farben von innen her zu sprengen (›Wiederkunft Christi‹).

Übernachtung einkalkulieren. Rückweg bis Fagernes (2,5 Meilen), dann auf der 91 durch das Tal Breivikeid nach Breivik, dort Fähre (20 Min.) nach Svensby, weiter bis Lyngseidet am Lyngenfjord (Tromsö – Lyngseidet 7 Meilen).

Die E 6 ab Nordkjosbotn geht durch das Tal Bjalsfjordeidet zur Ortschaft Oteren am Ende (botn) des Storfjord, der den Abschluß des Lyngenfjord bildet. Hier hört die E 6 auf, die Strecke bis Kirkenes hat keinen durchgehend festen Belag und darum nur Anspruch auf die Bezeichnung *Riksvei.* Am Fjord entlang bis Lyngseidet (ab Nordskjosbotn 6 Meilen). Überfahrt nach Olderdalen (45 Min.) zwischen 7 Uhr und 22.30 Uhr, Wartezeiten in der Hochsaison.

1975 wurde eine neue Verbindung fertig, die zwar 50 km länger ist, aber die Fähre vermeidet: von Oteren nordöstlich nach Kitdal, dann nach Falsnes und Olderbakken. Abzweigung E 78 durch das Skibotndal nach Südosten zur finnischen Grenze (8 Meilen) vor Kilpisjärvi. – Bald hinter der Kreuzung, im Ort Skibotn ein Bethaus für die verinnerlichten, weltabgewandten Laestadianer. In Mandalen Möglichkeiten zum Lachsangeln. Diese Strecke an der Ostseite des Fjords beträgt von Nordkjosbotn bis Olderdalen 11 Meilen.

Von Olderdalen 2 Meilen bis Djupvik. Entlang der ganzen Strecke – und nicht nur hier – Überreste deutscher Befestigungen aus dem Zweiten Weltkrieg. Das Gebiet östlich des Lyngenfjords bis nach Kirkenes und herunter nach Rovaniemi in Lappland wurde im Winter 1944/45 von der Gebirgsarmee planmäßig niedergebrannt, oft betrug der Zerstörungsgrad praktisch 100 Prozent. Stehen blieb gewöhnlich nur die Kirche – in Hammerfest die Friedhofskapelle. So fanden die Norweger wenigstens immer ein beheizbares, wetterfestes Gebäude vor, als sie schon im Nachwinter an den Wiederaufbau gingen. Er brachte der rückständigen Nordkalotte eine neue Stadtplanung und schloß sie den modernen kulturellen Strömungen Südskandinaviens an.

Die Bevölkerung betrachtet die damaligen Zerstörungen als sinnlos. Zuweilen räumt man jedoch ein, daß ›verbrannte Erde‹ bis zum Lyngenfjord (Abb. 98) begründet war, wenn man als Deutscher sich noch zum Endsieg bekennen mußte. Man kann heute – wenn man das Thema unbedingt will – mit den Norwegern die Ereignisse jener Zeit ohne Zorn und Eifer diskutieren.

Von Olderdalen bis Storslett am Reisafjord 5 Meilen. In Djupvik nach Spåkanes kurzer Abstecher. Hübsche Aussicht und Betonklötzchen (Hitler-Speer-Architektur). Von Rotsund aus schwimmen die Rentiere zur Insel Ulöya hinüber, in Sörkjosen ein Sommerlager der Samen aus Kautokeino.

Das Rentier ist nur halbzahm und folgt – wie die Lemminge – seinem Wanderinstinkt, den man auf die Formel reduzieren kann: Nahrung soweit nördlich wie nur möglich suchen. Darum macht es sich im Frühsommer auf und folgt der Schneeschmelze in Landschaften, wo überdies der Wind stärker bläst und auf freien Flächen die Mücken vertreibt. Die Samen – früher ganze Familien, heute gewöhnlich nur Männer – folgen ihnen. Zum Eismeer und wieder zurück. (Über die Bedeutung der Wanderschaft in früheren Zeiten mehr im Zusammenhang mit Jukkasjärvi, S. 250.)

Das größte Samenlager in *Kvänangsfjell*, das mit 402 m auch der höchste Punkt dieser Strecke ist (wieder: Wind als Mückenschutz). Bei Karvik (41 Meilen ab Narvik auf der neuen Strecke) der enge Sund Sörstraumen (Südstrom), den man bei starker Gezeitenströmung im Ruderboot nicht überqueren kann. Angeln.

Bei Bjurfjord beginnt die Provinz *Finnmark* (Lappenland). Sommerlager für Samen aus Kautokeino, dem größten norwegischen Rentierzüchtergebiet.

53 Meilen ab Narvik: Ort Talvik, einst Handelszentrum des Altagebiets. Hier war früher ein Wald von Fichten (tall). *Alta* (57 Meilen ab Narvik) hat 6000 Einwohner und ist ein Zentrum der Nordkalottenverteidigung. Lachsangeln im Altaelv 1.–25. August. Der Stab des IR 16 liegt in einem Gebäude, das lange Zeit der Katholischen Arktischen Mission gehört hat. Diese wurde 1856 im Zuge der Gegenreformation aufgestellt. Im sonnigen Rom steckte man das Arbeitsfeld der neuen Organisation sehr summarisch ab: Ihr wurden alle Gebiete zugeschlagen, die nördlich des Polarkreises lagen, Rußland ausgenommen. Als der schwedisch-norwegische Amtmann für Finnmarken einen neuen Sitz in Tromsö bekam, kaufte die Mission (seit 1851 durften außer Juden ja auch Jesuiten das Land betreten) seinen Sitz und verpaßte ihm den Turm. Aus der Polarkreismission spaltete sich das Stift Tromsö ab, wo heute der Bischof residiert.

Das Gebäude brannte 1944 ab, wurde aber später in ursprünglicher Form wieder aufgebaut. Die Missio Circuli Polaris Arctici besitzt in Alta einen Friedhof (mit zwei Gräbern) und ein zur Bebauung aufgelassenes Grundstück.

Richtung Skaidi nach 5 km etwa 2000 Jahre alte Felszeichnungen. Dann geht es auf das Plateau Finnmarksvidda hinauf. 6 Meilen vor Olderfjord die Samenkapelle Duodde Sion. Nahebei wieder ein Lager für Kautokeino-Samen. 2 Meilen vor Olderfjord der Ort Skaidi mit Abzweigungen nach Hammerfest.

Skaidi – Hammerfest 6 Meilen auf der 94. Kiesweg bis Kvalsund, dort Hängebrücke (seit 1977) hinüber nach Stallogargo. 2 km hinter Stallogargo der samische Opferplatz von Stalloen (Hammernes, samisch Akkanjargstabba). Bis Hammerfest noch 3 Meilen.

Hammerfest (Abb. 99) hat das klassische Prädikat ›besuchenswert‹ von Herrn Baedeker schon erhalten, bevor wir – Leser und Schreiber – geboren wurden. Darum nur einige – unbedeutende, aber hoffentlich beleuchtende – Erlebnisse aus der eigenen Erfahrung: Ich fragte auf *Skandinaviska* (Schwedisch, gemischt mit norwegischen und dänischen Brocken): »Warum kommen Touristen nach Hammerfest?« Prüfender Blick, dann Antwort auf deutsch(!): »Um hier gewesen zu sein.«

Klar: Die nördlichste Stadt der Welt würden viele auch dann besuchen, wenn dort sich nur Füchse Gute Nacht sagten. Hammerfest (7500 E.) hat durchaus mehr zu bieten. Mitternachtssonne vom 17. Mai bis 28. Juli, eisfreier Hafen, Flugplatz für Twin-Otters, Campingplatz oberhalb der Stadt am See Storvannet, 7 Hütten, geöffnet vom 20. Juni bis 20. August. Hotel nahe beim Zentrum (eigentlich ist ja in Hammerfest alles nahe bei allem), Preis Einzelzimmer mit Dusche 250 nkr (1984). Kfz-, Flugzeug- und Bootsvermietung, Möglichkeit zum Mitfahren auf Fischerbooten (2–3 Tage), Bustouren, Tourenkombinationen Boot-Bus, Fotofahrt zu 12 Fischerdörfern (4–6 Stunden), Spaziergänge zum Baumbestand (»nördlichster Wald der Welt!«) beim See Jansvatn, und zum Berg Salen (Panorama).

In der Stadt »The Royal and Ancient Society of Polar Bears« (Rathaus), eine charmante Art, den Besuchern Geld aus der Tasche zu locken: Rudiment eines Museums mit einigen interessanten Exponaten. Hier kann man sich dem geldsammeln-

Stadtwappen von Hammerfest; in der nördlichsten Stadt Europas geht die Sonne vom 18. November bis 23. Januar nicht auf und vom 13. Mai bis 29. Juli nicht unter

den Club mit dem feinen Namen anschließen, der Einmalbeitrag und der – wenn gewünscht – für die Mitgliedsurkunde sind nicht höher als der Preis für ein Dutzendsouvenir. Das Geld soll für ein Hammerfestmuseum verwendet werden, das die Traditionen der Fischer- und Fängerstadt (1789) erhalten wird. – *Club* für Touristen, das bedeutet in Skandinavien: Sie sollen etwas Geld für einen – meist vernünftigen – Zweck geben und bekommen dafür ein passables Souvenir.

Kirche nach Art der für die ganze Landschaft typischen Fischtrockengestelle, keine Altartafel, Rückwand Glasmalerei (Jarder Lunde, 1962), auf dem Friedhof die hölzerne Kapelle.

Im Ort kleine katholische Kirche, die ebenfalls nach dem Krieg auf dem Platz der abgebrannten errichtet wurde. In der Wand ein Stein aus dem Petersgrab in Rom. Drinnen ein Holzkreuz, das ein Süddeutscher, Georg Wimmer aus Bad Kohlgrub, nach Kriegsende im Gefangenenlager Narvik geschnitzt hat. Ihm wurde gestattet, das Kreuz nach Hammerfest zu bringen, an dessen Einäscherung er nicht einmal beteiligt gewesen war. Er überreichte es dem Pfarrer als Sühnegabe und bat, es beim späteren Wiederaufbau in der Kirche anzubringen.

Spaziergang durch die Stadt bis zur Arktischen Säule zur Erinnerung an die Messungen zur Bestimmung der Erdrundung in den Jahren 1816–1852, die von Schweden und Russen unter Mitarbeit von Norwegern und Dänen ausgeführt wurde.

Nordkapfahrt ab Hammerfest: Mit einem schnellen Westamaran-Boot nach Gjesvär, einem kleinen Fischerdorf auf der Nordkapinsel Mageröy. Dort Busanschluß zum Kap. – Außerdem von Hammerfest aus zahlreiche Rundtouren. Dauer einige Stunden bis ganzer Tag.

Rückfahrt von Hammerfest zur 6 wieder auf der 94 nach Skaidi, von dort 2 Meilen bis Olderfjord.

Zum Nordkap auf der 95 Richtung Repvåg am Porsangerfjord entlang. Neue Straße, feste Decke, Breite etwa 5 m, hinter Nordmannset Tunnel von 3000 m Länge. Vor Repvåg Abbiegung nach Nordwesten, 1976 fertiggestellte Straße um den Minifjord Vedbotn herum bis zum nicht größeren Kåfjord. Fähre nach Honningsvåg (35 Min.).

Ab Honningsvåg (Farbt. 21) Kiesbelag, Wegbreite 3 m, Ausweichstellen, teils starke Steigungen. Die Straße durch diese wirklich schon arktisch anmutende Gegend ist während des Winters ganz oder teilweise gesperrt (Schranken). Gleich hinter Honningsvåg ein anderes Nordmannset, Motel und Sommerlager der Samen aus Karasjok, deren Tiere einige Wochen lang auf der Nordkap-Insel Mageröya weiden.

13 km vor dem Kap Abzweigung nach *Skarsvåg* (3 km), dem nördlichsten Fischerdorf der Welt. Bald dahinter (95) der Vestfjord-Berg, Blick durch den Tufjorden auf das Eismeer (Farbt. 24). Dann, 34 km nördlich von Honningsvåg, das *Nordkap* (Abb. 102): 15 nkr (1984) ›Eintritt‹, gleichzeitig Besuchsurkunde.

Das Kap-Plateau ist Naturschutzgebiet und soll soweit wie möglich in seiner ursprünglichen Form erhalten bleiben. Darum liegt dort auch das Geröll noch so, wie die abtauenden Gletscher es nach der Eiszeit zurückgelassen haben. Zentrum des

Besucherservice ist die kräftige, flache Nordkaphalle: Souvenirs, Café und Restaurant, Postschalter (Sonderstempel; wer Karten und Marken schon in Honningsvåg oder noch früher kauft, erspart sich das Anstehen). Denkmal Besuch Oscar II. (1873) und Büste von dem späteren französischen König Louis Philippe, der 1795 hier war (Kopie der ursprünglichen, die in den letzten Kriegsmonaten verschwand). Hier die nördlichste steingehauene französische Inschrift der Welt.

Soll man das Nordkap besuchen? Ja, doch. Es ist schon ein Erlebnis, wenn man auf des Ende unseres Kontinents hinunter und über das Eismeer hinwegblickt. Schönes Wetter und Mitternachtssonne sind dabei nicht einmal des Wesentliche. Eindrucksvoller kommt jedenfalls mir das Nordkap vor, wenn der Sturm aus der Arktis hineinpfeift, die Schaumkämme der Wogen auf das Steilufer zurollen und der Regen die Stirn entlangläuft. (Die 15 nkr sind kein Touristennepp. Sie gehen in die Vereinigung *Nordkapps Vel*, welche die Halle gebaut hat. Früher war hier eine im Hochsommer überfüllte Holzhütte.)

Rückfahrt auf der schon beschriebenen Strecke 95 bis zur 6 (Olderfjord). Von hier nach Kirkenes 42 Meilen, erste Etappe bis Lakselv 6 Meilen. Lakselv war der nördlichste Flugplatz, den die SAS anflog, jetzt abgelöst von Longyearbyen auf Svalbard (Spitzbergen). Lakselv hat Hotels, Wanderherberge und Campingplatz. 96 nach Karasjok und Karigasniemi (Finnland).

Die Landschaft ist karg und abweisend. Wäre die Straße nicht – und säße man nicht im Wagen –, dann könnte man schon das Gefühl bekommen, mit der Zeitmaschine von H. G. Wells einige tausend Jahre in die Vergangenheit gefahren zu sein.

Ab Lakselv Kiesbelag, Straßenbreite um 6 m. Am *Porsangerfjord* wohnten früher die Fischer- oder Meeressamen. Fischen und Jagen – von festen Wohnplätzen aus, nicht als Nomaden – ist die ursprüngliche Lebensform der Samen. Zum Wandern zwang sie erst das Rentier.

Heute wird überall am Porsangerfjord auch Finnisch gesprochen. Die Finnen siedelten sich im 18. Jahrhundert über die Grenzen des damaligen Großherzogtums Finnland hinaus in Nordschweden und -norwegen an. Mit dem für sie bezeichnenden Starrsinn – *sisu* heißt das auf finnisch – hielten sie an ihrer Sprache fest, betrachten sich aber als loyale Staatsbürger des Landes, in dem sie leben. Zumindest hier braucht man Separatismus nicht zu fürchten.

Nach 25 Meilen ab Olderfjord Rustefjelbma mit Gasthof, Wanderherberge und Campingplatz. Dann wendet die 6 nach Süden und geht 2,5 Meilen an der fjordartigen Mündung des Tana-Flusses entlang, der weiter südlich auf fast 200 Meilen die Grenze zwischen Norwegen und Finnland bildet (finn. Tenojoki).

In *Tana* startet die 890 (ab Luoftjok wieder Kies) nach Båtsfjord und Berlevåg (14 Meilen ab Tana). In beiden Orten Gasthöfe. Ziele für passionierte Angler, die sich wirklich ganz verkriechen wollen.

Die 6 wendet bei Skipagurra (Gasthof, Campingplatz mit Hütten, andere Hütten) nach Osten und teilt sich dahinter bei Varangerbotn (Herberge): 98 an der

Nordküste des Varangerfjords 14 Meilen bis Vardö; 6 bis Kirkenes auch 14 Meilen, ab Kirkenes 886 bis an die Grenze fast 6 Meilen oder 885 nach Süden 10 Meilen bis Nyrud (Tundra).

6/98 *Vardö*: Viele Bäche vom Norden münden in den Varangerfjord (Angeln). Mortenes mit Resten einer Steinzeitsiedlung, später samischer Opferplatz. In Finnes Campingplatz mit Hütten, in Laksebukt Campingplatz und Badestelle. Vadsö mit 100-nkr-Hotel, Museum und Landemast für die Luftschiffe von Roald Amundsen (1926) und Umberto Nobile (1928). 15 km weiter (Insel Store Ekkeröya) östlichste Wikingersiedlung Norwegens. Der Rest ist Landschaft – majestätisches Schweigen des Nordens. Dann Tunnel (4,5 m lichte Höhe) nach *Vardöya*. Der Ort *Vardö* hat 3800 Einwohner und wurde 1789 gegründet, also im selben Jahr wie Hammerfest. Kleine Festung *Vardöhus* (von Dänen erbaut, von Russen geplündert). Vardö ist Norwegens östlichste Stadt, zwei Gasthöfe mit Hotelstandard, Museum. Ein Ausflug zur Insel Hornöya (Vogelkolonie) bringt Sie an Norwegens östlichsten Punkt.

Nach 1 Meile ab Skipagurra wendet die 6 (von hier bis in jede Richtung Kies) nach Süden. Steinzeitsiedlung in Karlebotnhögda (3500 Jahre). In Vesterelv Campingplatz mit Hütten. Bei Gandvik samischer Opferplatz. Bis Kirkenes noch 9 Meilen. Campingplatz, Berg- und andere Hütten.

Kirkenes (5000 E.), Norwegens größtes Bergwerk (Eisen), sehr gutes Hallenbad, Hotel, Gasthof und Campingplatz mit Hütten. Angeln, rudern, wandern, Bootsfahrten an der Grenze zur Sowjetunion entlang. Mit dem Wagen auf der 886 zum Kobbholmfjorden, wo Oscar II. (wir sind ihm schon am Nordkap begegnet) Mitte des letzten Jahrhunderts eine Kapelle erbauen ließ, um die Glaubensscheide zwischen westländischem und ostländischem Christentum zu markieren.

Die 885 in die Tundra hinein nach Nyrud bin ich nicht gefahren – leider. Unterkunft auf halber Strecke in Skogfoss Turiststasjon. Zelten natürlich überall möglich. (Waren Sie dort? Erbitte Erfahrungsbericht – und sei es auch Stakkato.)

»Walrosse, die mit Hilfe ihrer Zähne auf Berge klettern.«

»Denn der Hering kommt in so gewaltigen Massen zur Küste, daß nicht nur die Netze der Fischenden reißen, sondern sogar eine zweiklingige Streitaxt oder Hellebarde stehen bleibt, wenn man sie mitten in den Fischschwarm steckt.«

Schweden

Rote Klippen unter heller Sonne: Die Westküste

Bevor die Schweden Rhodos, Malta, Ibiza und Gran Canaria entdeckt hatten, zog es sie im Sommer an die eigene Westküste. Der Streifen am Öresund, Kattegat und Skagerrak ist landschaftlich noch schöner als sein Hinterland, man kann im Brackwasser der Ostsee oder in den salzigen, gewöhnlich sanft heranrollenden Wogen der Nordsee baden, und auf abgerundeten Steinen kann man liegen und sich aalen, bis man von der Sonne auf das Tiefdunkelrot des Steins eingefärbt worden ist. Strömstad, kurz vor der norwegischen Grenze, hält mit 2200 Sonnenstunden zumindest den südschwedischen Rekord.

Die gängigsten Strecken über den Öresund sind Kopenhagen – Malmö und Helsingør – Helsingborg, weniger bekannt ist die Überfahrt von Kopenhagen nach Landskrona (75 Min.), das früher mal von den Dänen gegen die Schweden und dann wieder von den Schweden gegen die Dänen befestigt wurde. Die Zitadelle dieses charmanten Städtchens – heute 30000 Einwohner – mit ihren Bastionen, Wällen und Gräben ist ein ausgezeichnetes Beispiel für die holländische Art des Festungsbaus im 17. und 18. Jahrhundert. In den Jahren 1885–1895 lebte Selma Lagerlöf in Landskrona, war als Lehrerin tätig und schrieb hier an ›Gösta Berling‹. Der Baustil des Schulhauses heißt in Schweden *Landskrona-Barock*.

Bis in die Neuzeit hinein hatte Schweden nur ein sehr kleines Fenster zum Kattegat: Stadt und Festung Älvsborg, die später in Göteborg aufgingen. Unmittelbar südlich von Älvsborg begann Dänemark, unmittelbar nördlich davon die norwegische Reichshälfte Dänemarks. (Als die Dänen noch in der Lage waren, Kriege gegen die Schweden zu gewinnen, eroberten sie gern Älvsborg und ließen sich bei Friedensschluß für die

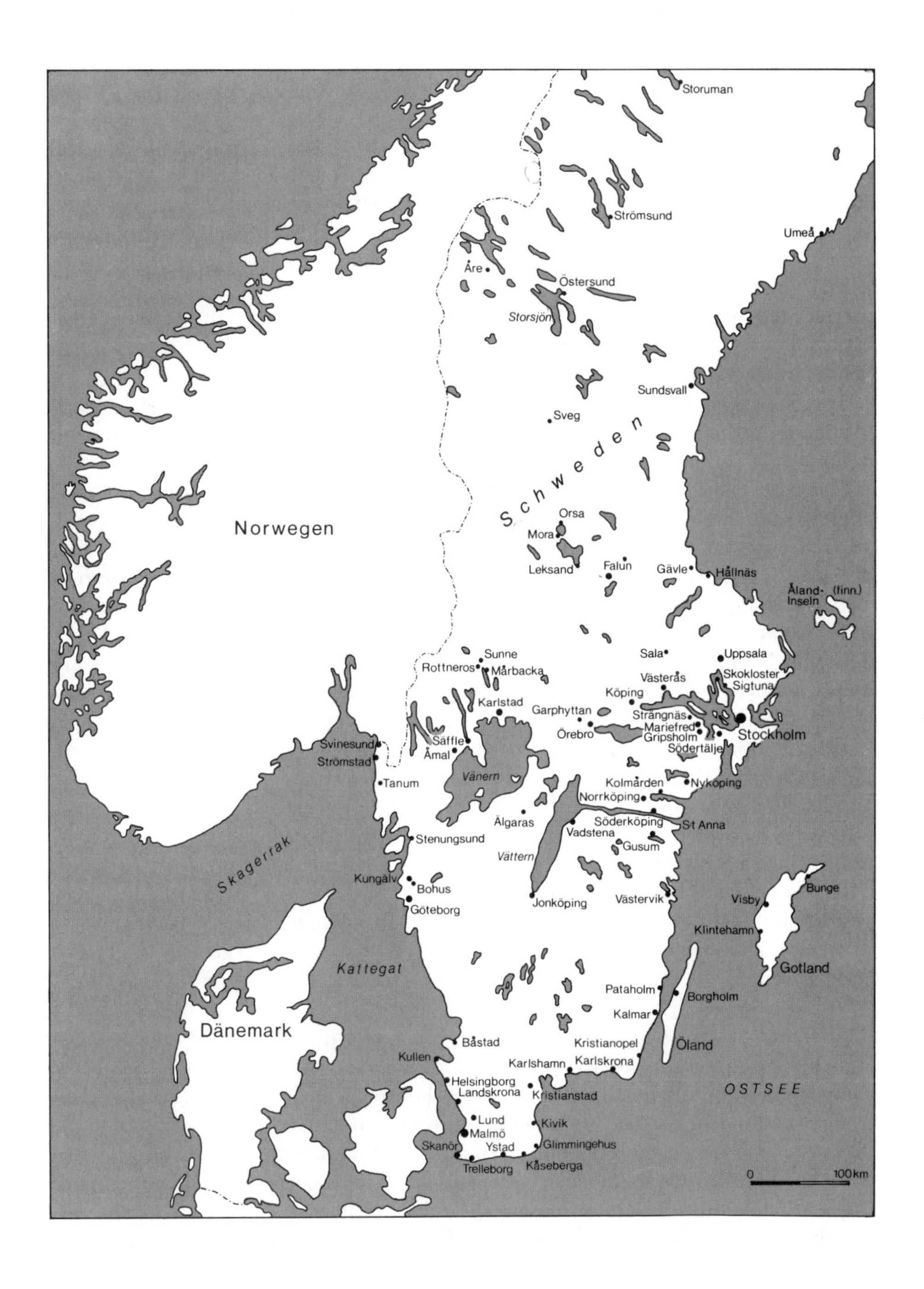

Storuman
Strömsund
Umeå
Åre
Östersund
Storsjön
Sundsvall
Sveg
Schweden
Orsa
Mora
Leksand
Falun
Gävle
Hållnäs
Åland-Inseln (finn.)
Norwegen
Sunne
Rottneros
Mårbacka
Sala
Uppsala
Västerås
Skokloster
Sigtuna
Köping
Karlstad
Garphyttan
Strängnäs
Mariefred
Gripsholm
Stockholm
Örebro
Södertälje
Säffle
Åmål
Svinesund
Strömstad
Tanum
Vänern
Kolmården
Nyköping
Norrköping
Älgaras
Söderköping
St Anna
Vadstena
Gusum
Stenungsund
Vättern
Skagerrak
Kungälv
Bohus
Göteborg
Jönköping
Västervik
Visby
Bunge
Klintehamn
Gotland
Kattegat
Pataholm
Borgholm
Kalmar
Dänemark
Båstad
Kristianopel
Öland
Kullen
Karlshamn
Karlskrona
Helsingborg
Landskrona
Kristianstad
OSTSEE
Lund
Kivik
Malmö
Skanör
Ystad
Glimmingehus
Trelleborg
Kåseberga
0
100 km

Rückgabe bezahlen, so beim Frieden zu Stettin (1570) 150000 und 1613 beim Frieden zu Knäred sogar eine runde Million Reichstaler.) Ganz Südschweden längs der Westküste und dann etwa bis zur Linie Halmstad – Kristianopel gehörte zu Dänemark.

Obgleich machtpolitisch schon längst Geschichte, ist die dänische Zeit nicht allein architektonisch, sondern auch in der Art des dortigen Menschenschlags, zu leben und leben zu lassen, spürbar. Vor einigen Sommern machte ich mit einem dänischen Bekannten einen Tagesausflug von Kopenhagen zur verträumten Insel Ven im Öresund, die bis ins 17. Jahrhundert hinein Hven hieß und dänisch war. Beim Mittagessen konnte ich mir die Bemerkung nicht verkneifen: »Sogar die Aushilfskellnerin mit ihrem arroganten Stockholmer Dialekt ist nett und freundlich«. Mein Gegenüber antwortete: »Ich hab dir doch gesagt, dies ist alter dänischer Kulturboden – so was steckt an«.

Die Schweden pflegten ihre Eroberungen außer durch Festungsbau auch durch flankierende Maßnahmen abzusichern, von denen eine später sogar Machiavelli empfahl, während auf die andere nicht einmal der gerissene Florentiner jemals gekommen ist.

Zur Konsolidierung von Eroberungen empfahl Machiavelli, »an einem oder zwei Plätzen Kolonien anzulegen, die gleichsam wie Fesseln in diesem Land wirken. Man muß entweder dies tun oder eine starke Besatzung dort halten. Kolonien verursachen wenig Kosten ...« Die Schwedenkönige siedelten Untertanen aus dem Altreich in Finnland an den Küsten an, nachdem sie im 13. Jahrhundert dort Fuß zu fassen begannen. Sie taten im 17. Jahrhundert dasselbe in Estland und auf den vorgelagerten Inseln Ösel und Dagö. Diese Siedler gehörten nicht zur Oberschicht, sie waren Fischer und Bauern wie ihre finnischen und estnischen Nachbarn (aber aus ihnen gingen – was schon durch den Vorteil der Sprache bedingt war – mehr Pfarrer, Offiziere und Verwaltungsbeamte hervor). Die schwedischsprachigen Fischer auf Ösel und Dagö bildeten eigene Dorfgemeinschaften, bis sie 1940 und 1944 nach Schweden evakuiert wurden.

Methode zwei ist machiavellistischer als selbst Machiavelli sie hätte erdenken können: Die Schweden gründeten Schulen und Universitäten, wie 1632 in der heute estländischen Stadt Tartu die Universität Dorpat, 1640 im heute finnischen Turku die *Åbo Akademi* und 1668 in der heute schwedischen Stadt Lund. Hätten nicht die Dänen – übereilt und zu spät – 1811 in Oslo die Universitas Regia Fredericiana errichtet, so hätten wohl die Schweden nach 1814 dafür gesorgt, daß die Norweger eine Universität bekommen.

In Schonen zeigten sich die Wirkungen »gleichsam wie Fesseln« der schwedischen Anschlußpolitik schon im Krieg 1675–1679. Während die Schweden in der Mark Brandenburg angriffen, fielen die Dänen in Schonen ein und erwarteten, eine Bevölkerung vorzufinden, die sich nach dem Leben unter dänischer Krone sehnte und die Schweden mit siedendem Pech und Dreschflegeln vertreiben würde. Die Dänen irrten sich. Die Bevölkerung stand ihnen bestenfalls gleichgültig gegenüber, und gemeinsame Sache machten mit den Invasoren nur die Schnapphähne, abenteuernde Partisanengruppen, zwar dänisch, aber sozial dunkler Herkunft und mit dunklen Motiven.

Offenbar ist es aber den ehemaligen Dänen gelungen, schwedische Sitten und schwedisches Brauchtum von innen her auszuhöhlen: Eine Aushilfskellnerin aus Stockholm, weit fern in der Provinz, wo sie ausländische Gäste bedienen muß, und die dabei freundlich ist...

Ven ist von Landskrona aus in 20 Min. zu erreichen. Hier steht auf einer Landspitze die mittelalterliche Kirche von *Sankt Ibb,* und die Ruinen von *Uranienborg* erinnern an die Zeit, als der jähzornige königlich-dänische Hofastronom Tycho Brahe (Abb. 36) hier drei Jahrzehnte lang gewohnt hatte, bis Christian IV. ihn planmäßig zu schikanieren begann. 1597 gab Brahe auf. Er verließ Schloß Uranienborg, nach Arthur Koestler »eine Kreuzung zwischen Palazzo Vecchio und Kreml«, schraubte alle Instrumente ab und zog – von seinem Hofzwerg Jeppe begleitet – nach Prag.

Von Schloß und Observatorium ist wenig geblieben. Ven ist als Ziel gut, wenn man einen ruhigen Ausflug machen will – auf eine noch nicht einmal 8 qkm große Insel, deren 500 Einwohner im engen Kreis einer Bauern- und Fischergesellschaft leben, wie vorgestern und vorvorgestern, gleichsam als gäbe es den Öresund nicht oder als sei er zumindest nicht die meistbefahrene Wasserstraße der Welt.

Malmö wurde erstmalig in einer Urkunde erwähnt, als Schwedenkönig Valdemar eine Koalition gegen Norwegen ausbrütete und darum 1260 die dänische Prinzessin Sofia heiratete. Bald machen sich auch hier die Hanseaten breit und bauen sich mit *St. Petri* eine Kirche hin wie die Marienkirche zu Haus in Lübeck. Nach dem Frieden zu Roskilde wird Malmö schwedisch und verliert damit seinen Kleiner-Bruder-Komplex gegenüber Kopenhagen. Im protestantisch-puritanischen Schweden bietet das dänisch angehauchte Malmö eine Hintertür für Lebensbejahung und Lebensfreude. Der Bibliothekar und Zeitschriftengründer *(Den svenska Mercurius)* Carl Christoffer Gjörwell (1731–1811) sagte von Malmö: »Hier ist mehr Leben als in den anderen schonischen Städten, und außerdem atmet Malmö das Fluidum einer ausländischen Stadt«.

Malmö (250 000 E.) ist heute nach Stockholm und Göteborg Schwedens drittgrößte Stadt. Ungeachtet des ›Fluidums‹ ist Malmö typisch schwedisch: übersichtlich gegliedert, ordentlich bis in die Nähe von Sterilität und unvergleichlich sauber, viel sauberer als das etwas schmuddlige Kopenhagen (und alle Städte südlich von ihm).

Wer über Norwegen zum Nordkap und von dort über Helsinki und die Ostsee zurück nach Haus will, sollte in Malmö zunächst nach Süden abbiegen und bis nach Skanör-Falsterbo hinunterfahren, wo vor 600 Jahren die Heringe bei ihren Zügen mit Schaufeln aus dem Wasser geholt werden konnten. Die Lübecker organisierten dann das Vermarkten dieses Reichtums, der eine wichtige Säule für die Aufwärtsentwicklung der Hanse wurde. An der Westküste der Landnase sollte man zumindest einmal in seinem Leben gebadet haben.

Die Kunde von der fischreichen Ansiedlung Skanör soll schon früh ans Mittelmeer gedrungen sein, wo für diesen Platz und sein Hinterland – von dessen Größe niemand eine Ahnung hatte – angeblich der Name *scandinavia* geprägt wurde (s. auch S. 373).

1,5 Meilen nordöstlich von Malmö an der 15 die Stadt *Lund* (60000 E.), Bischofssitz seit 1060. Als der Bischof kam, begann auch der Bau des Doms. Er wurde 1145 eingeweiht und ist das bedeutendste romanische Bauwerk Skandinaviens. Die astronomische Uhr spielt um 12 Uhr (so 13 Uhr) und 15 Uhr. Im kulturhistorischen Museum ein Modell von Lund im Mittelalter. Universitätsbibliothek mit 8000 Manuskripten. Die Studenten von Lund waren wohl die am wenigsten braven Europas. Bei ihnen vereinigte sich Anfang der 70er Jahre gesellschaftliche Wachheit schwedischer Prägung mit der Permissiveness Kopenhagener, Pariser und kalifornischer Lebensart.

Die 16 führt von Lund zurück auf die E 6. Nach einigen Kilometern Abzweigung Richtung Barsebäck, das zum Brennpunkt des Kampfes zwischen Gegnern und Befürwortern der Atomkraft geworden ist. Hier steht ein kommerzielles Kernkraftwerk, und es wird wahrscheinlich noch viel Ärger hervorrufen.

In den Informations-Büros erhält man Wissenswertes in jeder erbetenen Menge über die E 6 nach Norden und alle Orte, Städte und Landschaften links und rechts davon. Ich möchte nichts hinzufügen, aber auch eins nicht verschweigen: In dieses Stück Schweden zwischen Falsterbo und Svinesund bin ich verliebt – und darum vielleicht befangen. – Seht es euch selbst an, und dann bitte ich, den Befangenen zu verstehen.

In Schonen schonisch essen nicht vergessen. Die schonische *gästgiveri* gehört zum Erbe der dänischen Zeit, und ich möchte behaupten – mögliche Befangenheit eingeräumt –, daß der dänische *kro* gegenüber der gästgiveri ins Hintertreffen gekommen ist. Smörgåsbord, Heringsplatte, Aal so und so und so. Für den Rest der Reise kann man sich auf frugales Essen einstellen – wenn es unbedingt sein muß, dann kann man nach langem Darben in Stockholm, Rovaniemi und Helsinki wieder abwechslungsreich schmausen. – In Südschweden ruhig noch einmal ordentlich zulangen (für öfter als einmal wird das Geld kaum reichen).

Die schwedischen Preise werden Ihnen Anlaß geben, in tiefe Grübeleien zu verfallen und zu fragen, wie lange man von Würstchen leben kann, ohne Skorbut oder eine andere Mangelkrankheit zu bekommen. Auch werden Sie rätseln, wie denn die Schweden selbst da mithalten können.

Zunächst: Skandinaviern geht es auf ihrer Reise durch Westdeutschland so ähnlich. In Schweden zu *leben,* das ist – verglichen mit der Bundesrepublik – gar nicht so teuer (eine Ausnahme bilden die Steuern, für die man aber per saldo hohe Leistungen im öffentlichen Konsum und in der sozialen Sicherheit geliefert bekommt). Durch Schweden aber *reisen,* das geht ganz schön ins Geld.

Was mich bei meiner letzten ›großen‹ Reise, 1980, durch alle vier nordischen Länder überrascht hat, war die Tatsache, daß die Schweden die Preisentwicklung besser in den Griff bekommen haben als ihre Nachbarn. Im reichsten Land Europas findet man jetzt eine Angebotsskala, die stark abgestuft ist. Die Schweden haben überdies – Lob und Dank der Vernunft – auch ihre Arroganz etwas abgelegt. Sie betrachten den Reiseverkehr als einen Teil der devisenbringenden Wirtschaftszweige und legen, wie die Exportindustrie, auch billige Angebote vor.

Da hat man weitere Wahlmöglichkeiten oberhalb der Klasse ›heiße Würstchen und Campingplatz‹. Man ißt in Selbstbedienungs-Restaurants und übernachtet in Privatzimmern oder Fremdenheimen. Das ist gewiß nicht elegant, aber doch akzeptabel.

Sprachschwierigkeiten? Da wird ein Essen für 25 skr angeboten, aber was zum Teufel ist *pytt i panna?* Fragen Sie! Ungeniert. Der Mann an der Speiseausgabe ist – wenn nicht gar ein schwedisch verheirateter Deutscher – oft ein Ausländer von weiter südlich, der schon ein paar Gastarbeiterjahre in Deutschland hinter sich hat. Das Mädchen am Büffet wird Sie verstehen, wenn Sie auf sich deuten und sagen *tysk* (wahrscheinlich hat sie es Ihnen schon längst angesehen, in dieser Branche entwickelt man Geschick für so was), und sie wird jemanden aus der Küche holen, der Ihnen helfen kann.

Machen Sie sich nichts daraus, ein wenig hilflos zu wirken. Die Leute, mit denen Sie zu tun haben, sind oft in Südeuropa zu Gast und dort genauso hilflos gewesen, die sind ferienerfahren und haben Verständnis für Ihre Situation.

Ach so: pytt i panna ist etwas Ähnliches wie Bauernfrühstück (in Dänemark heißt es *biksemad).* Das Fett könnte manchmal frischer sein. Oder gehen Sie – halten zu Gnaden – in eine Pizzeria. Nicht so gut wie auf Sizilien, aber in den Preisen vergleichbar denen in Deutschland.

Unterwegs in Skandinavien habe ich viele Deutschsprachige getroffen, die der Meinung waren, man müßte sich so anpassen, daß man sie überhaupt nicht als Deutsche, Österreicher oder Schweizer erkennen kann. Zumindest in Skandinavien ist es nicht notwendig, sich mit Gewalt international zu geben. Die Angehörigen der skandinavischen Völker zeigen selbst gern Flagge. Man kann das schon zu Hause in Mitteleuropa bei den Durchreisenden bemerken: So etwa jeder zweite Wagen hat irgendwo auf der Karosserie als Abziehbild ein Landesfähnchen.

Die Skandinavier sind gern gute Dänen, Finnen, Isländer, Norweger oder Schweden. Andere müssen es in Skandinavien nicht anders halten.

Das Flaggezeigen hat auch einen ganz realen Vorteil für Sie selbst. Geschultes Personal hat feste Vorstellungen von den spezifischen Wünschen der Gäste aus den einzelnen Ländern. So bekommt man schneller das angeboten und vorgelegt, was man gern haben oder wissen möchte.

Auf der Sonnenstraße nach Norden

Wenn Sie mehr suchen als eine rote Klippe zum Aalen im Badezeug, kann Ihnen die folgende Streckenbeschreibung ein wenig helfen.

Vor Helsingborg von der E 6 über Ramlösa Brunn auf die 22 an die Küste zurück. Ramlösa ist ein Wort, das man sich merken sollte. Es ist zwar eigentlich nur ein Markenname, aber in ganz Schweden auch ein Synonym für Selter. Mit *en Ramlösa* kann auch der Kraftfahrer seinen Sommerdurst löschen.

Bald nördlich von Helsingborg das Schloß *Sofiero* (Sophienruh), wo der Vorgänger und Großvater des heutigen Königs, Gustaf VI. Adolf, jahrzehntelang jeden Sommer verbracht hat. Menschlicher Respekt vor dem alten Monarchen war es, der zu dem Brauch führte, daß die Regierung unter dem Sozialdemokraten Tage Erlander zum *konselj,* den Kabinettstagungen unter Vorsitz des Königs, von Stockholm nach Sofiero kam. Wenn die Staatsgeschäfte beendet waren, dann streifte *Hans Majestet* das Jackett ab, ein Signal für alle Minister und ihren Chef. Plaudernd gingen sie in Hemdsärmeln und mit Hosenträgern durch die weitläufigen Parkanlagen, und *Kungen* (der König) zeigte voller Stolz seine neuesten Rhododendronkreuzungen (er hatte es auf mehr als 500 gebracht). – Dieses Verhältnis enger Sympathie zwischen einem Monarchen und den wichtigsten Repräsentanten einer Partei, deren Programm Abschaffung der Monarchie fordert, ist ohne Beispiel und wird ohne Beispiel bleiben.

Von hier ab ist jeder Ort auch ein Ferienort – zum Wohlfühlen und ohne mondänen Badebetrieb. Die 22 führt zum *Naturreservat Kullen* (der Hügel) (Abb. 108). Kullen ist etwa 100 m hoch, das Ufer davor ist von der Brandung ausgewaschen und zu Geröll zerrissen worden. Man kann in das Reservat hineinfahren und auch den Leuchtturm (weiteste Sichtbarkeit in ganz Skandinavien) von innen ansehen. Das kostet einige Kronen, lohnt aber, wenn man sich ein paar Stunden Zeit für einen längeren Spaziergang nimmt.

Aktivferien für die ganze Familie, mit Turnen und Reiten? Gutshof Hemmeslöv (Unterkunft in den früheren Gesindehäusern) bei *Båstad.* Noch dichter bei Båstad liegt die harmonische Parkanlage von *Norrviken,* kein Mini-Versailles, kein nordisches Versailles, sondern ganz einfach Norrviken.

Göteborg gehört zu jenen Städten, die mehrmals angelegt und verlegt wurden, bis sie schließlich ihre richtige Bestimmung und Entwicklungsmöglichkeit fanden. An seinem heutigen Platz ist es eine Gründung von Gustav II. Adolf im Jahr 1621. Der Magistrat sollte laut Privilegienbrief aus »vier Schweden, drei Holländern, drei Deutschen und zwei Schotten« bestehen. Göteborg wurde schnell die zweitgrößte Stadt des mächtigen Königreichs, und es hat diese Stellung gehalten, obgleich es längst nicht mehr der einzige Ausschlupf Schwedens zu den westlichen Meeren ist. Mit einer halben Million hat es heute nahezu eine gleich große Einwohnerzahl wie die finnische Hauptstadt Helsinki.

Statt einer Stadtbeschreibung sei hier eine Göteborger-Beschreibung geliefert. Die Göteborger sind spontan freundlicher und weniger knochentrocken sachlich als die Stockholmer, sie haben – wie die Århusianer in Dänemark, die Einwohner von Århus – eine distanzierte Einstellung gegenüber der Hauptstadt, blicken weniger nach Nordost als nach Südwest. Wenn es in London regnet – so geht die Sage im Schwedenlande –, dann spannen die Göteborger ihre Schirme auf.

Allein, der Blick über das Kattegat und die Nordsee ist nicht nur statisch. Früh haben die Göteborger offenbar im geliebten England gesehen, was für fürchterliche Narben und Schwären die Industrialisierung im Stadtbild hinterlassen kann. Göteborg ist eine

Felszeichnung von Tanum, Gott Thor und Odin-Wotan

hochindustrialisierte Stadt. Aber man merkt es nicht, wenn man da ist. Fast möchte man der Statistik mißtrauen.

Eine Eigenschaft haben die Göteborger mit den Finnen gemeinsam. Das mag überraschend klingen, aber es ist ja auch nur eine rein äußerliche: Finnen und Göteborger bewegen sich gehend mit vorgebeugtem Oberkörper. Verursacht ist das bei den Finnen während der schneefreien Zeit vom Gefühl, immer noch auf Skiern zu stehen. Die Göteborger hingegen müssen sich das ganze Jahr lang – vor allem im Frühjahr und besonders im Herbst – gegen den steifen Wind stemmen, der vom Atlantik herüber, von der Nordsee und vom Kattegat in ihre schmucke Stadt hineinbläst.

Kungälv hat mit den Resten der Festung *Kungens Hatt* eine der sinnfälligsten Erinnerungen an die Zeit, als Dänemark–Norwegen und Schweden–Finnland einander bis aufs Messer bekämpften (Abb. 105). Die Türmchen sind heute in die moderne Bebauung freundlich-harmlos eingebettet. In unmittelbarer Nähe hübsche Hotels mit Swimmingpool. Auf der Weiterfahrt ein kurzer Abstecher auf der 160 nach *Stenungsund.* Hier die beiden Brücken hinüber nach *Tjörn,* deren eine aus dem Anfang der achtziger Jahre stammt. Die Brücken sind eine gelungene Kombination von Ästhetik und Zweckmäßigkeit. Und die Aussicht ...! Hinfahren, selbst ansehen!

Und dann – dicht an der E 6 – die jahrtausendealte Wohnstätte von *Tanum.* Die dortigen Felszeichnungen sind nur, weil leicht fotografierbar, ein Teil der Erinnerun-

Felszeichnung von Tanum (Backa/Brastad), Wagen mit Kultrad

gen an die Vorzeit. Sie sind 3000 Jahre alt und die vielfältigsten in ganz Schweden (Abb. 109). Aber hier gibt es auch Runensteine und Grabkammern, Felsengräber und Grabgänge. Wenn Sie auf Ihrer Reise durch Skandinavien den Spuren der Vorzeit folgen wollen, dann setzen Sie für Tanum und Umgebung mindestens einen halben Tag an. Hier haben Sie ein Konzentrat in der Natur, wie man es sonst nur in Museen findet.

Der Rest bis zur schwedisch-norwegischen Grenze bei Svinesund ist Badeort, Badeort, Badeort, mit dem behäbig angelegten, aber jung pulsierenden *Strömstad* als – wenn auch nicht geografischem – Mittelpunkt.

Von Strömstad kann man leicht einen Tag zum größten schwedischen See, *Vänern*, fahren, der tief ist und ein Wasservolumen hat, das in Finnland (!) nur Neid erwecken kann (5546 qkm, bis 100 m tief). Ihr Ziel sollte *Karlstad* sein, wo 1905 eine Konferenz stattfand, die nicht einen Krieg beendete, sondern einen Frieden stabilisierte – endgültig in Skandinavien. Und von Karlstad ist es nicht weit zu Nils Holgerssons Mutter.

Die Germanen und ihr Weltuntergang

Aber zuvor noch etwas über die Wikinger, deren Runensteine in Tanum stehen. Sie haben eine Mythologie ganz eigener Art, verschieden von der samischen und von der finnischen. In den Sagen der Finnen und der Samen schlagen die Menschen auch einander tot – aber sie haben allemal einen Grund. Das gegenseitige Sichumbringen, es ist nicht Selbstzweck, zum Heldentum hochstilisiert. Die Vorstellung vom Töten als ›l'art pour l'art‹, sie ist den Germanen – und auch den mohammedanischen Arabern? – vorbehalten.

Kämpfend sterben, darin sahen die Römer wenigstens noch eine soziale Aufgabe: Es ist süß und ehrenvoll, für's Vaterland ... Der germanische Recke, er kämpfte nicht so sehr für das Gemeinwesen, sondern zuerst einmal in eigener Sache. Wer Todesmut oder gar Todesverachtung zeigte und im Kampf fiel, der bekam ein Freiticket zum Eintritt in die Große Halle. Dort werden Getränke serviert.

Odin ist es, um den die Einherier in Walhalla versammelt sind und mit dem sie trinken. »Da leben sie freudevoll jeden Tag. Am Morgen gehen sie bewaffnet auf den Kampfplatz und kämpfen. Wenn es aber auf die Frühstückszeit zugeht, erheben sich die Gefallenen wieder, und alle setzen sich versöhnt zum Mahl.«

(Harald Hveberg, ›Von Göttern und Riesen‹, erschienen in Zusammenarbeit mit dem Büro für kulturelle Auslandsbeziehungen des norwegischen Außenministeriums.)

Wili, We und Odin – die drei größten der zwölf Asen – sind Söhne von Bör, dessen Vater Bur ist. Bur, der Urmensch, wurde von der Urkuh Audhumbla befreit, die das salzige Gestein um ihn herum ableckte. Von Audhumblas Milch nährte sich der Urriese Ymir. Hier haben wir die Aufteilung nach Guten und Bösen, die wohl allen Mythologien eigen ist. Die germanische Würze besteht darin, daß die Guten als erste eine böse Tat begehen: Die Asen töten Ymir und schaffen aus ihm Erde, Himmel und Meer. In Ymirs Blut ertrinken alle seine Nachkommen bis auf zwei.

Die Menschen, der Mann Ask und die Frau Umbli, werden von den Asen aus einer Esche und einer Ulme geschaffen, herausgerissen aus der Erde, entwurzelt also im Augenblick der Menschwerdung.

Die zutiefst pessimistische Grundhaltung der Germanen symbolisiert sich in der Weltesche Yggdrasil. An ihren Wurzeln nagen Nidhögger und andere Drachen, an ihrem Laub fressen vier Hirsche, und an einer Seite fault der Stamm. Grün bleibt die Esche nur, solange die drei heiligen Jungfrauen sie mit Wasser aus dem Urdbrunnen begießen, an dem die Asen täglich Thing halten.

In den Gestalten der drei Nornen und ihrer vielen Schwestern symbolisiert sich die germanische Vorstellung von Prädestination, vom Vorherbestimmtsein des Schicksals. Bei jeder Geburt ist eine Norne zugegen, und sie gibt dem Menschen ein Schicksal auf dem Lebensweg mit, dem er nicht entrinnen kann. Selbst die Asen vermögen es nicht zu ändern. Diese Religion kennt den Begriff der Gnade nicht. Der Mensch ist so unentrinnbar an sein Schicksal gekettet wie in der Vorstellungswelt des orthodoxen Islam.

Diese Welt versinkt eines Tages in der Götterdämmerung, im *ragnarök,* dem Endgeschehen der Mächte: »Dann kommen drei Jahre voll harter Kriege über die ganze Welt. Bosheit und Gewalt regieren, ein Bruder tötet den anderen um Gewinn, und der Sohn schont nicht den eigenen Vater, auch der Vater nicht den eigenen Sohn. Es ist Beilzeit und Schwertzeit, Windzeit und Wolfzeit, ehe die Welt untergeht.«

(Harald Hveberg)

»Da zittert Yggdrasil, es saust klagend in dem alten Baum, und Entsetzen erfüllt alle im Himmel und auf Erden.« Der Himmel reißt auf, und aus Muspelheim, der bösen Feuerwelt im Süden, kommt Surt an der Spitze der Muspelsöhne. Im letzten Kampf tötet Thor die Midgardschlange und fällt dann selbst – von ihrem Atem vergiftet – zu Boden, der Fenriswolf verschlingt Odin, dann aber reißt Odins Sohn Widar dem Wolf das Maul in Stücke.

»Surt schleudert Feuer über die Erde und verbrennt alle Welten. Alles geht unter. Die Erde sinkt ins Meer. Es zischt von Flammen und Rauch, und Dampf wallt auf. Alles wird schwarz. Aber die Hitze schlägt hoch zum Himmel empor.«

Im ersten Gedicht der Versedda (Codex Regius), der *Voluspa,* sagt die Seherin Volva, was für eine Welt auf den ragnarök folgen wird. Widar und sein Halbbruder Wali haben den Weltenbrand überstanden. Überstanden haben ihn auch zwei Menschen, die sich versteckt hatten. »Von ihnen stammen neue Menschengeschlechter, die auf der neuen Erde wohnen sollen. Da gibt es keine Sorge, keine Not und keine Bosheit, sondern nur Freude und Unschuld.«

»Da kommt der Hohe / zur Herrschaft, / der Starke von oben, / der allem gebietet.«

Man sagt über die Voluspa, sie sei bereits vom Christentum beeinflußt, obwohl sie mündlich ja aus vorchristlicher Zeit überliefert sein muß. Ob christliches Gedankengut in der Voluspa steckt und wieviel, wird sich wohl kaum jemals mit Sicherheit bestimmen lassen. Vielleicht konnten sogar die Germanen sich eine Welt vorstellen, in der es »nur Freude und Unschuld« gibt.

Zum Vänern und nach Värmland

Wo die Straße nach Strömstad von der E 6 Richtung Westen abzweigt, beginnt Richtung Osten die 164, die ins *Dalsland* hineinführt und nach 12 Meilen Fahrt durch eine kontrastreiche Landschaft mit Hügeln und Tälern, Wäldern und Seen in der Stadt *Åmål* am *Vänersee* endet. Auf der 45 sind es von hier bis zum nicht viel größeren *Säffle* (12 000 E.) 2 Meilen und von dort bis Karlstad 6 Meilen. Die 45 geht streckenweise am Vänern entlang. Unterwegs hübsche Rast- und Campingplätze.

Karlstad (55 000 E.) ist die bedeutendste Stadt am Vänersee. Es erhielt seinen Namen nicht von einem der vielen Karl-Könige, sondern 1584 von Herzog Karl, der aus dem uralten Thing- und Marktort *Thingsvalla* eine Stadt machte. Der vernichtende Brand, der uns in der Geschichte der früher fast nur aus Holz gebauten skandinavischen Städte nahezu regelmäßig begegnet, wütete in Karlstad 1865. Nur wenige Gebäude überstanden ihn. So der Dom (1731), der die Form eines griechischen Kreuzes hat. Am interessantesten ist wohl das damalige Gymnasium (1759). Sein Architekt ist Freiherr Carl Hårleman (1700–1753), der in Frankreich und Italien den Durchbruch des Rokokostils miterlebt hatte. Das schlichte Gymnasium zeigt wenig Rokoko, wohl aber den für Hårleman typischen Turm mit Spitze. Turm und Spitze erinnern an ihn auch auf dem Dom zu Västerås, den er restauriert hat. Bezeichnend für die Anklänge ans Rokoko ist das Schloß Svartsjö (1739). Hårleman wurde 1741 als Nachfolger von C. G. Tessin *Överintendent* der Bauarbeiten am Stockholmer Schloß.

In Karlstad berieten 1904/05 die Norweger und Schweden über die Auflösung der Reichsunion. Die Schwierigkeiten zwischen den beiden Reichsteilen hatten damit begonnen, daß die Norweger eigene Auslandsvertretungen einrichten wollten. Als der schwedische König sich dagegen sperrte, begannen die Norweger um die Jahrhundertwende, ihre militärische Macht zu verstärken. Sie verbesserten die Küstenverteidigung und modernisierten die verfallenden Befestigungen entlang der Grenze nach Schweden!

Nachdem die Norweger in einer Volksabstimmung (s. S. 112) klar ihre Forderung nach ungeteilter Selbständigkeit dokumentiert hatten, fanden die Schlußverhandlungen in Karlstad statt. Das Friedensmonument (Ivar Johnsson) wurde 1955 zum 50. Jahrestag enthüllt. Es setzt einen endgültigen Schlußstein hinter die Phase der Geschichte, in der die Skandinavier sich gegenseitig angriffen und gegeneinander gut verteidigten.

Nach Norden führt aus Karlstad die 61 hinaus, über die man auf die 234 nach *Sunne* gelangt (7 Meilen). Von dort fährt man auf das Ostufer der *Frykenseen* zu und dreht nach

Süden bei. Etwa 1 Meile ist es bis zum Gut *Mårbacka,* wo *Selma Lagerlöf* (1858) geboren und aufgewachsen ist und dessen Namen ihre Erinnerungen tragen. Vieles, was sie dort geschildert hat, findet man noch heute auf Mårbacka wieder. Der Hof wurde nach Selma Lagerlöfs Tod 1940 von einer Stiftung übernommen. Die Dichterin (Nobelpreis 1909) hatte 1910 den Familienbesitz, der 1888 verkauft worden war, wiedererworben. Ihr Testament bestimmte, daß Mårbacka in seiner bestehenden Form erhalten bleiben soll.

Von Mårbacka kann man entweder auf der 234 oder auf Nebenstraßen den Anschluß nach Süden an die E 18 suchen, die dicht südlich von Oslo auf die E 6 trifft.

»Bei den alten Goten und Svearn ist es seit ewigen Zeiten üblich, Steine, wie in Ägypten Pyramiden, auf offenen Feldern oder in Berglandschaften dort aufzustellen, wo gewaltige Zusammenstöße ausgekämpft worden sind.«

Küsten und Inseln an der Ostsee

Die Strecke von Südschonen – genau genommen ist an Schonen ja alles Süden – bis nach Stockholm könnte gut *Holgerssonlinie* heißen, denn etwa sie entlang flog Nils auf dem Gänserich Martin zusammen mit den Wildgänsen der Akka von Kebnekajse bis zur *Stadt auf dem Wasser* und dann weiter nach Norden.

Durch Schonen sind eigentlich alle Straßen interessant, aber am reizvollsten sind die, die fast ständig am Wasser entlang führen. Die E 6 ist bis zur Abzweigung nach Skanör-Falsterbo Autobahn, danach breite, gut ausgebaute Reichsstraße. Wer den Spuren Karls XII. folgen will, biegt einige Kilometer vor Trelleborg nach Südwesten Richtung Stavstens udde, wo der König – schon an die Eroberung von Oslo und Trondheim denkend – 1715 an Land stieg.

Nach *Trelleborg* Fähren von Travemünde und Saßnitz. In der Stadt (25000 E., gegründet im 13. Jahrhundert) haben sich um die Kirche herum die Häuser im altschonischen Stil erhalten. Auf der Strecke nach Ystad passiert man den Bade- und Fischerort Smygehamn und bald danach bei Smygehuk Schwedens südlichsten Punkt. Etwa eine Meile weiter Abbekås. Von hier landeinwärts geht es nach Skivarp, in dessen Nähe Vemmenhög liegt. Hier wollte der Bauernjunge Nils den Martin am Hals festhalten, wobei er für den Augenblick vergaß, daß ein Wichtelmännchen ihn kurz zuvor minimisiert hatte.

Baltische Backsteingotik und Fachwerkhäuser bietet *Ystad* (15000 E.), das einen guterhaltenen mittelalterlichen Stadtkern hat wie nur wenige schwedische Städte. Die Marienkirche repräsentiert in ihrer Ausschmückung den Bürgerwohlstand des 16. und 17. Jahrhunderts. Die Franziskanerkirche St. Petri (1267) wurde zu ihrem 700jährigen Jubiläum restauriert und neu geweiht. In Ystad trifft man vor allem am Wochenende viele dänische Wagen: Kopenhagener, die ihr Sommerhaus auf Bornholm haben. Die kürzeste Verbindung dorthin geht über Ystad.

Schiffsetzung *Kåseberga* (15 km südlich Ystad): s. S. 369 sowie Abb. 110, 111.

Auf der 10 bis Borrby bleiben. Zum Baden nach Süden, zur Festung Glimmingehus nach Norden. *Glimmingehus* ist die einzige mittelalterliche Burg Skandinaviens, die in ursprünglicher Form erhalten ist (Restaurant, Wanderherberge). Adam von Düren, der auch an den Domen von Lund und Linköping gearbeitet hat, leitete die Bauarbeiten (ab 1499). Die Burg ist dreistöckig (26 m), ihre Mauern sind 2 m dick. Sie wurde später als Getreidespeicher benutzt und nicht – wie einige andere Schlösser und Burgen – als königliche Schnapsbrennerei.

Simrishamn (6000 E.) gibt stärker als andere südschwedische Städte das Gefühl, noch in Dänemark zu sein. An der Straße von hier nach Norden Fischerdörfer und Badeorte. In Södra Mellby Abfahrt nach Osten zum *Stenshuvud* (Steinkopf), der aus 124 m Höhe steil zum Meer abfällt (Parkplatz und Rast zu Fuß).

Dann folgt *Kivik* ebenfalls an der Ostküste. Es besitzt zwei Sehenswürdigkeiten, und zweimal im Jahr wird dort gefeiert. Das *Königsgrab*, mitten in schonischer Natur, ist ein mächtiger Steinsarg aus der Älteren Bronzezeit mit einer runenartigen Inschrift aus der Zeit von 1400 v. Chr. Als Zentrum des ostschonischen Obstbaugebiets erlebt Kivik jedes Jahr im Juni eine intensive Baumblüte bis weit ins Umland hinein. Und im Juli ist *kiviksmarknad*, das zweite Fest und zugleich die zweite ›Sehenswürdigkeit‹. Wenn ein Schwede spontan auf das Wort ›Kivik‹ antworten soll, dann wird er kurz und bündig reagieren: ›*Svinkram!*‹ (Sauerei!)

Ausgerechnet in diesem idyllischen Ort entwickelt sich der Markt – bislang jedenfalls – jedes Jahr mehr und mehr zu einer Porno- und Sexschau mit einer Unzahl von

1 Kreidesteilufer Møns Klint auf der Insel Møn (Dänemark)

3–5 Kleinstädtisches Idyll: Aerø/Aerøsköbing; Svaneke/Bornholm (Dänemark)

◁ 2 Julsee am Himmelbjerg, Jütland (Dänemark)

6, 7 Bauernhöfe auf Själlands Odde/Seeland und auf Langeland (Dänemark)

8 Schloß Frederiksborg auf Seeland ist heute Dänemarks bedeutendstes Kulturmuseum (Dänemark)

9 Schloß Vallø gehört zu den stilreinsten Renaissancegebäuden (Dänemark)

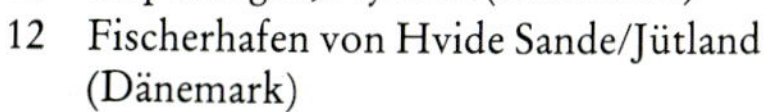

10 Kopenhagen, Nyhavn (Dänemark)

11 Im Hafen von Kerteminde/Fünen (Dänemark)

12 Fischerhafen von Hvide Sande/Jütland (Dänemark)

13 Am Lustrafjord, einem Nebenarm des Sognefjords (Norwegen) ▷

14 Im Hafen von Bergen (Norwegen)

15 Hestnes bei Egersund, Südküste (Norwegen)

16 Der Prekestolen am Lysefjord (Norwegen) ▷

17 Wasserfall Vöringfossen (Norwegen)

18 Auf dem Weg zum Briksdalsbreen-Gletscher (Norwegen) ▷

19 Lovra-Fjord bei Sand, nordöstlich von Stavanger (Norwegen)

20 Nordstraumen am Straumfjord (Norwegen)

21 Honningsvåg auf der Insel Mageröya – noch 35 km bis zum Nordkap (Norwegen)

22 Vogelinsel Bleiksöya vor der Insel Andöya, Vesterålen (Norwegen)

24 Tufjord auf der Nordkapinsel Mageröya (Norwegen) ▷

23 Hier kreuzt die Europastraße 6 den Polarkreis (Norwegen)

25 Stockholm, Riddarholm mit der Grabkirche der Könige – im Vordergrund rechts (Schweden)

27 Smögen, Bohuslän (Schweden) ▷

26 Kalmar, das Schloß aus dem 12. Jh., später im Renaissancestil umgebaut (Schweden)

MONICA

29 Mariefred am Mälarsee (Schweden)
◁ 28 Skärham bei Göteborg (Schweden)
30 Schloß Gripsholm, Mälarsee (Schweden)

31 Mittsommerhimmel über Bohuslän (Schweden)

33 Sädvajaure, Lappland (Schweden) ▷

32 Tännfoss, Jämtland (Schweden)

34 Pielinen-See, nordöstlich von Kuopio, Blick vom Koli (Finnland)

35 Porvoo, östlich von Helsinki (Finnland)

36 Saunahäuschen in Renko, südlich von Hämeenlinna (Finnland)

37 Die Festung Olavinlinna in Savonlinna (Finnland)

38 Blick vom Rukatunturi (Finnland) ▷

40 Lappensiedlung Palojärvi (Finnland)

◁ 39 Kuopio, Blick vom Puijo (Finnland)

41 Rentiergespanne in Enontekiö, Lappland (Finnland)

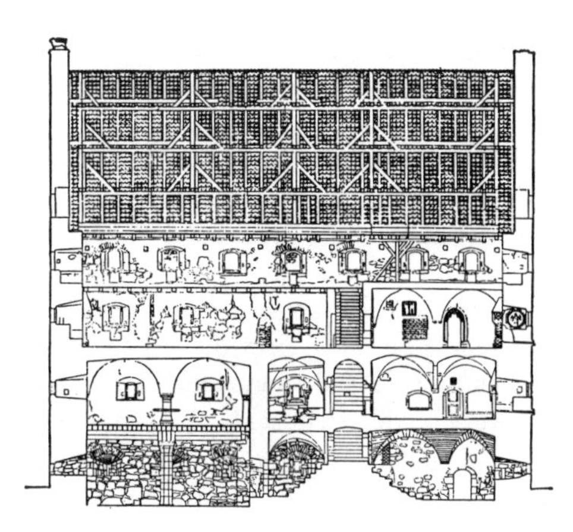

Glimmingehus/Schonen ist die besterhaltene mittelalterliche Festung Schwedens

live-shows, wo auch nichts ungezeigt bleibt. Es lohnt sich, denn die Einnahmen sind horrend. Und die Besucher sind keineswegs vorwiegend Deutsche, Japaner und Amerikaner, sondern Schweden. Unerklärlich, warum sie, die praktisch überall im Lande alles geboten bekommen, auch noch nach Kivik fahren müssen, um dort dasselbe noch einmal konzentriert zu bekommen. Auch in Schweden hat man anfangs geglaubt, die Sexwelle würde – läßt man ihr einmal ihren Lauf – ordentlich hochschwappen und dann abebben. Die Erfahrungen von Kivik (und nicht nur sie) sprechen dagegen. Sex in allen seinen Formen, die ein biederer Schwede svinkram nennt, hat einen festen Markt. Wo der Punkt der Übersättigung liegt, ist noch nicht abzusehen. Und der Reichstag will bis dahin nicht warten. Darum soll dem Kivik-Markt per Gesetz der Garaus gemacht werden.

Hinter Kivik die Abzweigung nach Vitaby zur Kirche (Vitaby k:a). Romanischer Stil, die Malereien sind aus dem 15. Jahrhundert, das Triumphkreuz ist das älteste in Schonen bewahrte (13. Jahrhundert).

Im Brösarp trifft die 10 auf die 20. Nach einer Meile auf die 110 Richtung Åhus abbiegen. Die Strecke ist drei Meilen lang und trifft östlich von *Kristianstad* auf die 15.

Nein, der Name beginnt nicht zufällig mit *Kristian,* auch diese Stadt geht auf eine Initiative von Christian IV. zurück, auch sie hat die für Christian typische Straßenführung. 1614 begann das Bauen, 1628 wurde die Dreifaltigkeitskirche fertig. Die Pläne und ein Teil der Einrichtung (holländischer Renaissancestil) tragen die Handschrift von Hans van Steenwinkel d.J. (1587–1639), der zusammen mit seinem Bruder Lorentz (1585–1619) an vielen Bauten Christians beteiligt war. Am markantesten sind der Drachenschwanzturm und die Mansarden, mit denen sie auf Wunsch des Königs das Börsengebäude (Abb. 28) in Kopenhagen nachträglich belebten.

Hinter Kristianstad, bei Fjälkinge zum *Schloß Bäckaskog* abbiegen. Hier stand ursprünglich ein Mönchskloster. Beim Bau setzten die Mönche für die Bewohner der Umgebung eine Ablaßnorm von 40 Tagen fest: Bewilligt bekam die 40 Tage, wer eine bestimmte Menge Material lieferte oder eine bestimmte Anzahl Arbeitsstunden für das Gott wohlgefällige Werk leistete.

Als ihnen das Kirchenvermögen zugefallen war, ließen die Könige einige Klöster in Schlösser umbauen. Im Bäckaskog war Karl XV. gern während der Sommermonate. Die Anlagen sind größtenteils offen für Besucher, einmalig im Norden ist der Garten von Pflanzen, die in der Bibel erwähnt sind. Einige Zimmer im Schloß werden an Gäste vermietet.

Kurz vor Sölvesborg ist Schonen zu Ende, und es geht ›nahtlos‹ in *Blekinge* über, den Garten Schwedens, eine kleine Landschaft mit 1200 Seen. Das Informations-Büro in *Sölvesborg* (7000 E.) kann alle Auskünfte geben und Sie Ihren Wünschen entsprechend einweisen. Man steht schließlich vor der Frage, ob man nicht – wie die beiden Ameisen von Ringelnatz bei Altona – weise auf den ›letzten Teil‹ der Reise verzichten soll. Lachse kann man Anfang April bis in den September hinein angeln, vor allem am Fluß Mörrumsån, wo die schwedischen Könige gern mit ihren Staatsgästen hinfahren. Nichtangler können sich Fahrräder mieten – die flache, bewaldete Provinz ist für diese Form des Trimm-Dich vorzüglich geeignet.

Für die Dänenkönige war Blekinge ein strategischer Blinddarm, der sich bei Angriffen schwer halten ließ. Erst als sie das Gebiet an Schweden verloren hatten, wurden zwei größere Orte zu Städten entwickelt. Darum beginnen ihre Namen mit *Karl: Karlshamn* und *Karlskrona.*

Im Frühjahr 1658 kam Karl X. Gustaf in den Hafenort Bodekull und entschied, daß hier ein befestigter Kriegshafen angelegt werden soll. Mit der Durchführung des Projekts Karlshamn beauftragte er einen der bemerkenswertesten Köpfe jener Zeit, den bürgerlich geborenen, späteren Grafen *Eric Dahlbergh.* Dahlbergh hatte gerade zwei Monate vorher seinem König zu einem entscheidenden militärischen Erfolg verholfen: Nachdem die Dänen zur Rückeroberung Schonens angetreten waren, hatte Karl sich von seinem brandenburgischen Gegner gelöst und war in Eilmärschen durch Norddeutschland nach Jütland gezogen. Jetzt stand er auf der Insel Fünen und vor einem Problem: Würde er es wagen können, auf dem Eis über den Großen Belt zu marschieren? Nur wenn er schnell an Kopenhagen herankam, hatte er eine Möglichkeit, die Dänen zum Abbrechen ihres Vormarschs nach Osten zu zwingen. Eric Dahlbergh wurde beauftragt, das Eis zu untersuchen. Er meinte: ›Es hält‹. Und es hielt.

Eric Dahlbergh wurde 1687 Generalmajor, 1692 Generalfeldzeugmeister, 1693 Königlicher Rat, Graf und Generalgouverneur in Bremen-Verden, zu Weihnachten auch noch Feldmarschall und 1696 Generalgouverneur in Livland. 1700 verteidigte er Riga erfolgreich gegen die Russen, und 1703 starb er.

Dahlbergh hat zwei bemerkenswerte Dokumente hinterlassen: Hunderte von Zeichnungen und Plänen von Festungen, Gebäuden und Städten in ganz Schweden, aus denen er das Werk ›Suecia antiqua et hodierna‹ (etwa: Das alte und das neue Schweden) zusammenstellen wollte. Eine originelle Kostbarkeit bewahrt das Nationalmuseum in Stockholm auf, ein Notizbuch aus kleinen Elfenbeinplättchen. Auf diesen konnte

Dahlbergh nicht nur gut zeichnen, sondern das Gezeichnete schnell mit dem Finger wieder ausradieren. Die Notizen und Zeichnungen dieses Elfenbeinbüchleins – das durch irgendeinen Zufall erhalten blieb – betreffen gerade die Umwandlung von Bodekull in Karlshamn.

Karl X. verstarb 1660, und aus seinen großen Plänen für den neuen Hafen wurde nichts. Die Tüftler, Planer und Verbesserer der Krone hatten sich für einen Platz weiter östlich entschieden, weil er durch einen Schärengürtel besser geschützt war. Sie meinten, dort würde man sich gegen die Dänen gut verteidigen und sie noch besser angreifen können. 1680 wurde Karlskrona gegründet, benannt nach Karl XI. Da es sich ja um ein militärisches Projekt handelte, war genug Geld da, und es dauerte nicht lange, bis Karlskrona für einige Jahrzehnte Schwedens zweitgrößte Stadt wurde.

So bekam Dahlbergh 1680 wieder etwas zu planen und zu bauen. Zwischenein zeichnete er das Entstehende, damit er Kupferstichvorlagen für sein Suecia-Werk hatte. Sogar Humor war dem Militär nicht fremd, denn auf einer Zeichnung hat er sich selbst verewigt – wie er am Rande einer Klippe liegend die Stadt am gegenüberliegenden Ufer skizziert.

Johannishus in Karlskrona, spätes 18. Jh.

Karlskrona ist eine der interessantesten und freundlichsten Städte Schwedens. Ein Tag lohnt. Johannishus (1772, C. F. Adelcrantz) besichtigen. Besuchen Sie auch Rosenbom, »früher Oberbootsmann auf dem Linienschiff *Dristigheten,* nach beendigtem Kriegsdienst Kirchenwächter bei der Admiralskirche, schließlich in Holz geschnitten und als Armenbüchse auf dem Kirchhof aufgestellt«. Die Armenbüchsen oder Armenmänner sind Holzfiguren bis zu halber Menschengröße, die man in ganz Skandinavien vor Kirchen und an Friedhofseingängen trifft. Meist in der Gegend der Fontanelle haben sie einen Schlitz zum Geldeinstecken (und den Schlüssel zu ihnen hat der Pfarrer).

Karlskrona – Kalmar fast 9 Meilen. Nach 3 Meilen Richtung Osten noch ein Abstecher in die Dänenzeit: *Kristianopel,* die Antwort Christians IV. auf die schwedische Festung Kalmar. Nach dem endgültigen Sieg der Schweden wurde Kristianopel militärisch wertlos. Die Schweden begnügten sich mit dem Abbauen der Kanonen, die Befestigungswerke sind größtenteils erhalten. In der Grausteinkirche (1618), auch sie typisch Christian, der reich verzierte Königssessel, den kein Christian nach 1660 mehr benutzt hat.

Die nächste Abzweigung von der 15 geht zum Ort Brömsebro, wo die streitenden Nachbarn 1645 einen Frieden schlossen, wobei sie während des Unterzeichnens schon an den nächsten Waffengang gedacht haben werden.

Jetzt beginnt Småland. Kurz vor Kalmar geht die 25/31 Richtung Nybro ab. Sie führt in das Gebiet der Glashütten.

Kalmar (40000 E. im eigentlichen Stadtgebiet) mit dem hübschesten Schloß der Vasa-Zeit (Farbt. 26), später als Getreidelager und Schnapsbrennerei benutzt, heute zu besichtigen – König Eriks Gemach hat die schönste Renaissance-Einrichtung in ganz Nordeuropa. (Das mit der Schnapsbrennerei war nicht so pietätlos, wie es klingt. Die Krone war knapp mit Geld, verbot das Eigenbedarfsbrennen und machte Herstellung und Verkauf zum Monopol. Da war es notwendig, schnell Brennereien zu schaffen, damit der Bedarf des Volkes an scharfen Getränken und der des Königs an Geld befriedigt werden konnte. Es lag nahe, sie in den alten Kästen einzurichten, die ja als Burgen nicht mehr benötigt wurden.)

Zur Kalmarer Union von 1397 s. S. 65, 335. Auch Kalmar lohnt einen ganzen Tag. (Ja, natürlich: Wenn man alle Tage und Übernachtungen und Abstecher zusammenrechnet, die ich Ihnen ausdrücklich empfehle, dann sind Sie noch im Herbstregen unterwegs. Ich mache nur die Vorschläge, was Sie dann heraussuchen, ist Ihre Sache.)

Und dann ist da noch die Insel Öland, die Carl von Linné – während seiner öländischen Reise im Kriegsjahr 1741 der Spionage für Rußland verdächtigt – mit dem Satz charakterisierte: »Völlig anders als die übrigen schwedischen Provinzen«. Seit 1972 hat Öland eine Brückenverbindung nach Kalmar, mit 6070 m die längste Brücke Europas. Wenigstens einmal sollte man hin und zurück fahren (Abb. 112).

Öland (130 km lang) ist flach und besitzt noch zahlreiche Windmühlen. Es ist nur als Weide geeignet, wo der Kalkfels sofort unter einer dünnen Schicht Flugsand beginnt, fruchtbar aber dort, wo Moränenboden lagert. Bereits in der Vorzeit besiedelt, Festungsanlagen bezeugen, daß man sich schon damals vor Feinden schützen mußte. Hauptort ist *Borgholm* mit der Schloßruine (Renaissance), südlich davon wird Schloß *Solliden* noch heute gern vom jüngsten Bernadotte-König besucht.

Wieviele Tage soll man für Öland empfehlen, wieviele veranschlagen? Möglichst drei, Ornithologen vier (Südspitze). Von der Brücke nach Norden, bald hinter Glömminge, die *Arche Noah*, eine 27 m lange Schiffsetzung, bei der auch Mast und Ruderbänke durch Steine markiert sind. Grabfeld von Gettlinge ... und tausend andere Dinge.

Gotland (s. a. S. 363), die Nachbarinsel, ist Heimat jener Goten, die zunächst ihre Wohnsitze an die Weichselmündung verlegten (während die Göten in Götland blieben, zu Haus, wie alle sogenannten Nordgermanen). Das war schon vor Beginn der eigentlichen Völkerwanderung (375), die 568 damit endete, daß die Langobarden sich in Italien niederließen und den Italienern die Kunst des Käsemachens beibrachten.

Die Insel Gotland

Die Insel ist seit der Steinzeit bewohnt. Wie in den Gewässern der nicht weit entfernten Ålandinseln wurden auch hier Robben gejagt. Aus der Wikingerzeit gibt es zahlreiche Münzenfunde. Sie sind über die ganze Insel verteilt, weswegen man vermutet, daß es auch auf Gotland keine ›lebenslänglichen Wikinger‹ gab, sondern die Besatzungen größtenteils aus Bauernsöhnen bestanden, die einige Jahre zur See fuhren.

Die besterhaltenen Baudenkmäler findet man in *Visby*, das Valdemar Atterdag tributpflichtig war. 1394 nisteten sich hier Albrecht von Mecklenburg und die Vitalienbrüder (Seeräuber) ein, 1398 kam der Deutsche Ritterorden. Die Ordensritter gaben Visby und ganz Gotland der Unions-Königin Margarethe, später verloren die Schweden es wieder an die Dänen. Endgültig schwedisch wurde es erst 1645 durch den vorhin erwähnten Friedensschluß von Brömsebro.

Die Ringmauer um Visby herum ist etwa 3500 m lang, und ihresgleichen gibt es in ganz Nordeuropa nicht, sie hat 44 Türme. Sehr viele Besucher werden auch von den Kirchenruinen der Stadt angezogen (St. Katharina, Heiligengeistkirche). In der Ruine der ehemaligen Klosterkirche St. Nikolai wird jeden Sommer das Schauspiel ›Petrus de Dacia‹ aufgeführt.

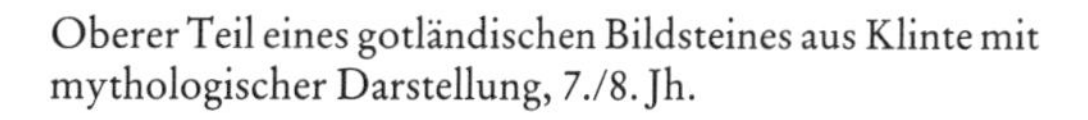

Oberer Teil eines gotländischen Bildsteines aus Klinte mit mythologischer Darstellung, 7./8. Jh.

Gotland ist auf einer großen Nordlandreise kaum noch zusätzlich zu schaffen. Fährstrecke 4–4,5 Stunden vom Festland, ganzjährig ab Nynäshamn und Oskarshamn, im Sommer auch von Västervik und Grankullavik (Öland). Aufenthaltsdauer mindestens drei Tage. Früher fuhr man immer von Öland aus. Schubert: »*An bestimmten Tagen geht eine Postjacht von Bödahamn auf Öland nach Klintehamn auf Gottland, zwei Meilen südlich von Wisby, und umgekehrt; der Seeweg beträgt elf Seemeilen. Die Insel ist sehr fruchtbar; mehr als ein Fünftel ist urbarer Acker, ein sehr günstiges Verhältnis, welches in Schweden selten ist; jährlich können 6 bis 14000 Tonnen ausgeführt werden, wenn kein Branntwein gebrannt wird. Der Hopfen von Gottland ist berühmt. Der Kartoffelbau hat auf Gottland sehr zugenommen; vor 30 Jahren waren Kartoffeln nur wenig bekannt ...*«

Der Gotland-Hafen liegt auf Öland nicht mehr bei Böda an der Ostseite, sondern ganz im Norden, Grankullavik, geschützt von *Ölands norra udde.* Zielhafen auf Gotland (die Gotländer sprechen den Namen mit kurzem o, wie Schubert ihn geschrieben hat) ist Visby. Bedient wird die Linie von einer Autofähre, im Sommer täglich.

Auf dem Festland geht unsere Reise weiter in Richtung Norden. Jetzt liegt eine Reihe weniger interessanter Meilen voraus, und man kann den Schnitt etwas steigern. Bei Kåremo, mehr als 3 Meilen nördlich von Kalmar, auf der Nebenstraße nach Pataholm abbiegen. Bald nach Pataholm eines der größten aus Holz erbauten Schlösser Schwedens. Schloß Pataholm wurde schon 1312 erwähnt, gehörte zeitweise den Vasas und wurde im Rokoko neu aufgebaut.

Stoff zu einer Unterhaltung über Kunst gibt ein Halt am Nordrand von Påskallavik, wo die Ausstellung des Bildhauers Arvid Kjellström zu sehen ist: »... geradezu unwahrscheinlich häßliche Werke in Stein, Metall, Gips und Zement. Seine teils abstrakten, teils sehr realistischen Skulpturen zeugen von einer Vielseitigkeit, die ihresgleichen sucht.«

Oskarshamn (18000 E.) war ursprünglich der Hafen des kleinen Ortes Döderhult (heute 3 km westlich der Stadt) und wurde erst 1865 eine Stadt mit eigenem Namen. Hier lebte, schaffte und starb Axel Robert Petersson (1868–1925), der seinen Namen nicht offiziell änderte, aber von allen nach seinem Geburtsort *der Döderhulter* genannt wurde. Axel P. galt als etwas spinnert, er hockte in seinem kleinen Atelier und schnitzte aus ganz gewöhnlichem Feuerholz Figuren. Spät erst – für ihn selbst zu spät – wurde der Wert seiner Arbeiten erkannt. In Oskarshamn zwei Ausstellungen, in Döderhult bei der Kirche ein Denkmal für ihn.

Oskarshamn wird vermutlich künftig aus einem besonderen Grund in schwedischen Geschichtsbüchern erwähnt werden: Nördlich der Stadt, hinter Stensjö, entstand Schwedens erstes kommerzielles Atomkraftwerk. Damals gingen die 60er Jahre zuende, für die Beamten und Ingenieure noch Zeiten des himmlischen Friedens, als ja alles brav geglaubt wurde, was die Obrigkeit über die Ungefährlichkeit von Kernkraftwerken behauptete. Das Werk Oskarshamn (1971) konnte darum – als letztes in Schweden – ohne ›Gewhyle‹ entstehen.

In *Västervik* (22 000 E.) Gertrudenkirche aus dem 15. Jahrhundert in barockem Stil mit Wand- und Deckenmalereien. Altarausschmückung von dem in Hamburg ausgebildeten Burchardt Brecht (1651–1738), der mit dreiundzwanzig Jahren nach Schweden kam; er arbeitete häufig nach Zeichnungen von Nicodemus Tessin d. J. Er schnitzte das Königsgestühl in der Storkyrkan (Stockholm) und im Dom zu Uppsala. Am Südost-Ende von Västervik das Freizeitgebiet Lysingsbadet (Hütten, Campingplatz, Badestrand, Boote in die Schären).

Auf der Strecke nach Norden viele Feriendörfer, Hütten, Campingplätze und Angelmöglichkeiten. Ideal ist das Gebiet der St. Anne-Schären (S:t Anna skärgård): bei Gusum von der 15 nach Nordosten.

Söderköping (5000 E.) war Badeort und Hafen; es verlor wirtschaftlich an Bedeutung, als Norrköpings (90 000 E.) Verbindung mit Motala schiffbar ausgebaut wurde. Direkt an den Durchgangsstraßen liegt das Freizeitgebiet Himmelstalund mit einem 50-m-Bassin (geheizt). Vor Norrköpings Museum das *Prisma,* die größte Glasskulptur Europas (von Vicke Lindstrand). *Norrköping* (köping = Marktort, Marktflecken) ist nicht haargenau das, was der Reisende auf einem Nordlandurlaub zu finden wünscht, bietet aber mit seinem vielseitigen Serviceangebot gute Möglichkeiten für einen ein- oder mehrtägigen Zwischenaufenthalt.

Wer dem Nachwuchs im Fond etwas ganz Besonderes bieten will, fährt hinter Norrköping am Nordufer der Bucht Bråviken entlang zum Tierpark *Kolmården.* Hier am Bråviken lag früher ein fürchterlich finsteres Gebiet, wo muskelbepackte Männer in Steinbrüchen arbeiteten. Vor etwa zwanzig Jahren begann auf dem Gelände der Gemeinde Kolmården der größte Tierpark Nordeuropas zu entstehen. Das Steppen- und Wüstengebiet für Tiger, Giraffen und andere dort heimische Tiere soll sogar das größte in Europa sein (siehe auch S. 369 f.).

Der Tierpark folgt dem Wildbahn-Prinzip. Durch Teile kann man mit dem eigenen Wagen oder im Bus fahren, dabei fotografieren oder filmen. (Am Wochenende Invasion aus Stockholm, das nur 17 Meilen entfernt liegt.) Am Bråviken Unterkünfte jeder Art.

Wer planmäßig Kirchen, alte Profanbauten und Museen besichtigen möchte, der soll sich auf jeden Fall in *Nyköping* und *Södertälje* umsehen. Hinter Södertälje die Ausfahrt Sturehov. Da liegt dicht an der Ausfahrt die Botvidkirche. Sie stammt aus dem 12. Jahrhundert. Hier ruhen die Überreste von Botvid dem Heiligen, der in England getauft wurde, in seiner Heimat Södermanland das Christentum verbreitete und 1120 von einem Sklaven erschlagen wurde, den Botvid freigekauft hatte. Der Bruder des Heiligen ließ die Botvidkyrka erbauen.

An der Stadtgrenze (Ausfahrt) auf der Backbordseite der Stockholmer Vorort Skärholmen, aufgeführt um das Jahr 1970, mit dichterer Bebauung als andere Vororte. Aber ehe das Thema ›Stadtplanung in Stockholm‹ an die Reihe kommt, noch eine Kurzinformation: Der ebenfalls künstliche hochgezogene Stadtteil Midsommarkransen (Mittsommerkranz) hat seinen Namen nach einem Krug, der früher dort stand.

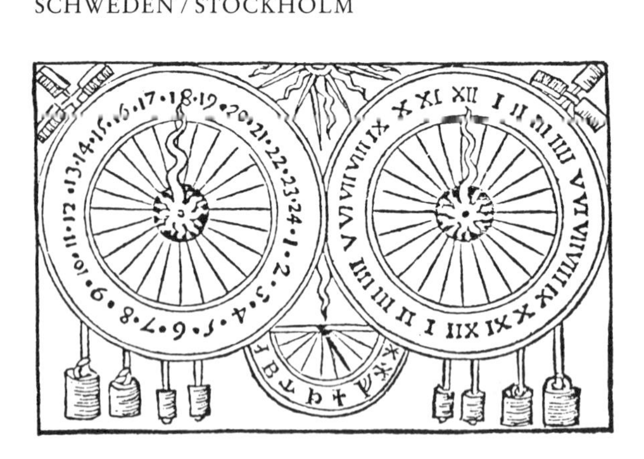

»Man muß jedoch zugeben, daß, infolge der Unwissenheit früherer Zeiten und der Einfalt vergangener Jahrhunderte, die Kunst des Aufteilens von Tagen und Stunden (wie auch der Gebrauch von Weckern), welche andere Völker anwenden, die Völker des Nordens sehr spät erreicht hat.«

Stockholm – Lichtseiten und Planungsprobleme einer Großstadt

Im Laufe der Jahre habe ich von Nichtschweden oft gehört, Stockholm sei die sauberste Millionenstadt der Welt. Selbst habe ich dann diese Behauptung anderen gegenüber aufgestellt, und niemand hat sie – bislang – bestritten. In Stockholm lebende Ausländer behaupten, Stockholm sei sauber, ordentlich und durchgeplant bis zur Langeweile. Die Hauptstädter sind mit ihrer Umwelt ganz zufrieden, meinen aber, sie könnte noch besser sein, oder sprechen sogar die Befürchtung aus, daß in ihr bereits unter der Oberfläche Probleme heranwachsen – gleichsam ein New York mit Zeitzünder.

Um die Sauberkeit war es früher nicht so gut bestellt. Doctor Schubert preist die schöne Lage und erwähnt die *»frischen und reichen Quellen, die man in den meisten Theilen der Stadt trifft«*. Dann aber fährt er fort:

»Dennoch ist die Mortalität größer, wenn auch nicht viel größer, als in anderen Hauptstädten; ... Als eine Hauptursache jener Mortalität hat man die stinkenden Ausdünstungen genannt, welche aus mehreren, durch eingeworfenen Unrath sich immer mehr in Moräste verwandelnden Gewässern ... aufsteigen und die Luft verpesten ...«

Auf wenigen Seiten möchte ich drei Aspekte von Stockholm darzustellen versuchen: seine Geschichte, sein altes und neues Zentrum sowie ausschließlich seine Planungsprobleme mit einigen Irrtümern, die man bei Ihnen zu Haus zu begehen vermutlich gerade im Begriff steht.

Geschichte

Die erste Stadt Schwedens war *Birka* auf Björkön (Birkeninsel) im Mälarsee, ein Stück westlich der Stelle, wo Stockholm jetzt liegt. Es wurde um 800 angelegt und entwickelte sich schnell. Bis hier kam aus Bremen der Mönch Ansgar in den Jahren 830 und 853.

Ihm gelang es zumindest vorübergehend, die Wikinger davon zu überzeugen, daß auf seinen einen Gott mehr Verlaß ist als auf die vielen Asen, die sich täglich an der Weltesche *Yggdrasil* versammelten. Von der damaligen Bedeutung Birkas zeugen 2500 Grabhügel auf der kleinen Insel.

Später wurde *Sigtuna* Hauptstadt. Es liegt eine Unzahl Inseln nördlich von Birka und war damals mit flachgehenden Schiffen gut zu erreichen. Als die Deutschen rings um die Ostsee Geschäfte zu machen begannen, wurden die Schiffe bauchiger und bekamen mehr Tiefgang. Sigtuna konnte von ihnen nicht angelaufen werden, und Visby auf Gotland wurde Handelszentrum im Norden.

Stockholm entwickelte sich aus einer Befestigung und dem durch sie bedingten Aktivitätszustrom. Die Menschenanhäufung zog Handel an, und die Schiffe kamen bis zu jener Stelle, wo die starke Strömung aus den Seen des Hinterlandes auf ihrem Weg in die Ostsee an der engen Stelle *Strömmen* die schweren Handelsschiffe stoppte. Erwähnt ist Stockholm erstmalig 1252, ein Handelsplatz war es mit Sicherheit schon um 1280, als die *Äppeltyskar* (Äpfeldeutsche, Kaufleute, die außer Konsumgütern und Waffen auch Obst importierten) sich in großer Zahl niedergelassen hatten. Stockholm hatte damals auf der kleinen Insel Platz, die zwischen beiden Teilen des Strömmen liegt. Aus dem Kastell jener Zeit ist das Schloß entstanden.

Die Äppeltyskar machten sich in Stockholm ähnlich unbeliebt wie in Bergen und schoben sich in alle Schlüsselstellungen. Nach 1471 wurden sie aus der Verwaltung herausgedrängt und waren damit diskriminiert, denn immerhin zählten sich 2000 der 6000 Einwohner jener Zeit zu den Deutschen. Dann begann ihre Abwanderung, 1520 war nur jeder fünfte Bürger Deutscher. An das – für unsere Vorväter – Goldene Zeitalter erinnert die Tyska kyrkan, die auch heute noch eine deutschsprachige Gemeinde betreut.

1529 wurde das Land nördlich und südlich der zu klein gewordenen Stadtinsel eingemeindet. Auf der Insel durfte man nur noch Häuser aus Stein bauen. Wirtschaftlich wurde Stockholm während der Großmachtzeit dadurch auf die Beine gestellt, daß alle Städte zu beiden Seiten des Bottnischen Meerbusens nur nach Stockholm verschiffen, also nicht direkt exportieren durften. (So wurde der von finnischen Köhlern hergestellte Teer, die erste Qualitätsware der östlichen Reichshälfte, auf den Werften der europäischen Seefahrernationen als *Stockholm-Teer* bekannt und half, den guten Ruf schwedischer Waren mitzubegründen.)

Auf den Werften Stockholms entstanden die schwedische Kriegsflotte, die Schwedens Großmachtstellung mitbegründete und konsolidierte, wie auch die Handelsflotte, die von dieser Großmachtstellung profitierte. Das ›überliefertste‹ schwedische Kriegsschiff – die Vasa (Abb. 129) – wurde bereits bei seinem ersten Auslaufen 1628 von einer Bö erfaßt und zum Kentern gebracht.

Die Verlegung der Flotte nach Karlskrona gegen Ende des 17. Jahrhunderts hatte einen speziellen Grund. Stockholm war regelmäßig im Frühjahr länger von Eis eingeschlossen als die anderen Machtzentren der Ostsee (St. Petersburg und das

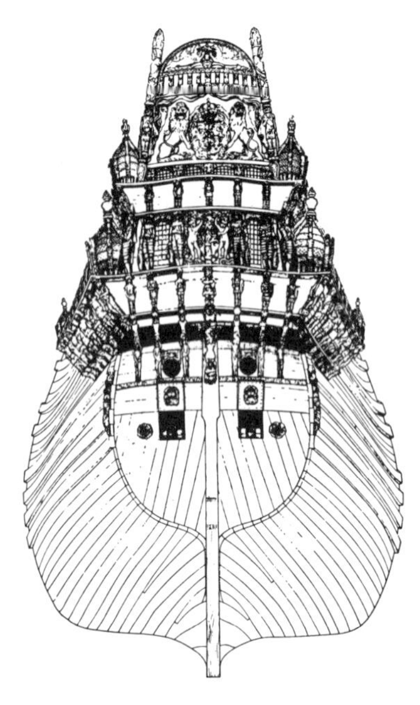

Das berühmteste schwedische Kriegsschiff – die ›Vasa‹ – ist reich mit Skulpturen geschmückt.
Ansicht des Hecks (Rekonstruktionszeichnung: G. Olofsson)

Russische Reich agierten ja damals noch nicht auf dem europäischen Kriegstheater). Während die dänischen Admirale und die bestückten Koggen der Hanseaten schon in See stechen und Schweden im Süden gut angreifen konnten, wartete in Stockholm der schwedische König mit seinem Stab sehnsüchtig auf den ersten Frühjahrssturm und das Eistreiben. Dieses Handikap fiel mit dem Umzug nach Karlskrona weg.

Großbrände – trotz Mauerzwang – 1697, 1723, 1751 und 1759. Von 60000 Stockholmern starben 1710 durch die Pest 20000.

Seit Mitte des 18. Jahrhunderts gab es keine dramatischen Tiefpunkte mehr. Der Verlust Finnlands 1809 führte nur zu einer Zeit der Stagnation. Dann stieg die Bevölkerungszahl an, von 76000 (1820) auf 300000 (1900), 580000 (1940) auf rund 750000 (1950). Diese Zahl ist jetzt etwa konstant, aber um das eigentliche Stockholm – um *die Stadt zwischen den Zöllen* – hat sich ein Kranz von Vorstädten und Vororten mit einer Million Einwohnern gebildet.

Der Stadtkern der Könige und Bürger

»Für Fremde erhält Stockholms reizende Lage dadurch ein sehr vermehrtes Interesse, daß es so gefällige und gastfreie Menschen zu Einwohnern hat. Auch an Kunstschätzen ist Stockholm nicht arm, wenngleich es hierin sich mit Dresden nicht messen kann.«

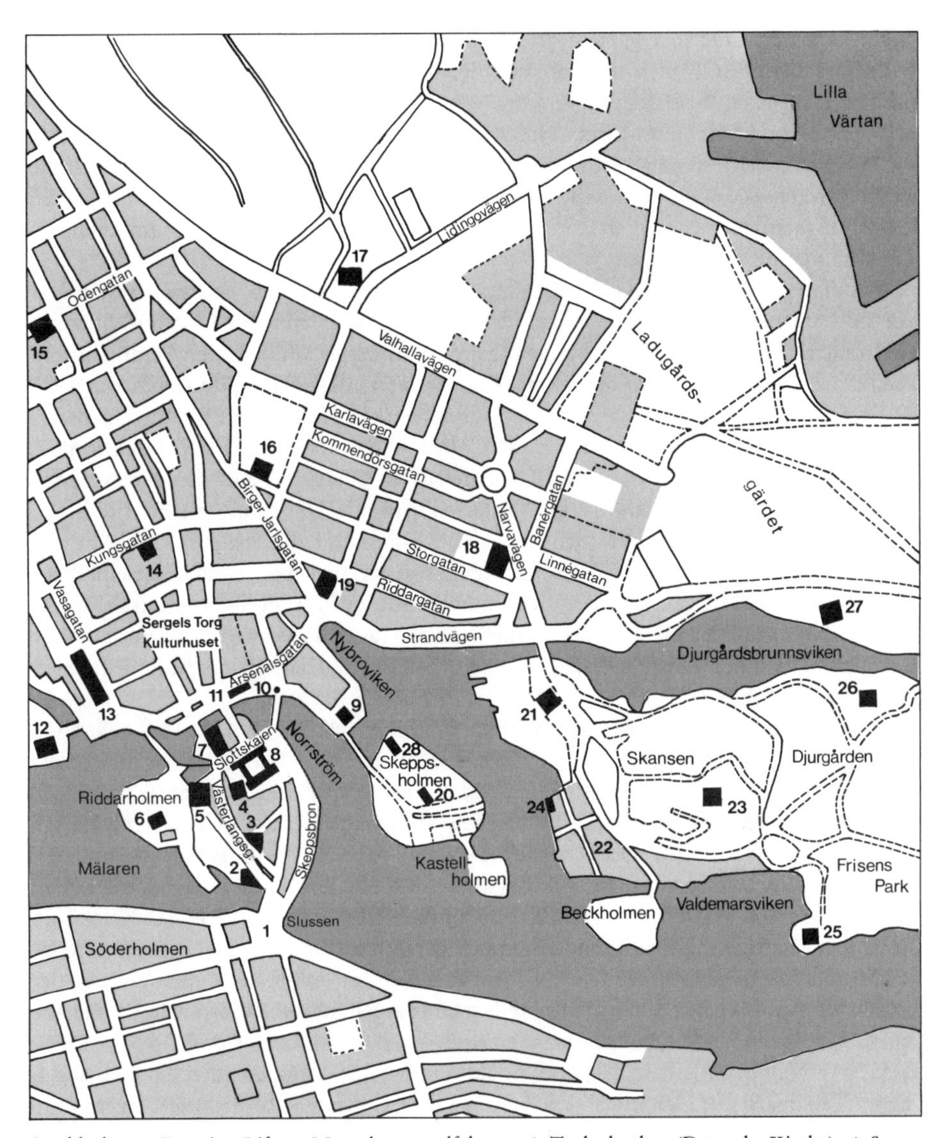

Stockholm 1 Katarina-Lift 2 Motorbootrundfahrten 3 Tyska kyrkan (Deutsche Kirche) 4 Storkyrkan (Große Kirche) 5 Ritterhaus 6 Riddarholmkyrkan 7 Reichstag 8 Königliches Schloß 9 Nationalmuseum 10 Stadtbesichtigungsfahrten 11 Königliche Oper 12 Stadthaus 13 Hauptbahnhof 14 Konzerthalle 15 Stadtbibliothek 16 Königliche Bibliothek 17 Stadion 18 Historisches Museum 19 Königliches Theater (›Dramaten‹) 20 Moderna Museet 21 Nordisches Museum 22 Gröna Lunds Tivoli 23 Freilichtmuseum Skansen 24 Museum ›Vasa‹ 25 Waldemarsudde 26 Königsschloß Rosendal 27 Seefahrtmuseum 28 Ostasiatisches Museum

Da muß ich – mit aller geziemenden Ehrfurcht – Friedrich Wilhelm von Schubert widersprechen, beeile mich aber hinzuzufügen, daß er beileibe nicht unscharf oder gar nachlässig in seinen Beobachtungen war. Nein, es sind die Zeitläufte. Dresden ist ärmer geworden – und Stockholms Einwohner auf bestimmte Art auch.

Die Stadt Stockholm aber ist bestimmt nicht arm an Kunstschätzen. Sie spiegelt die stetig gewachsene Tradition von 700 Jahren wider und überdies einen modernen Gestaltungswillen, der freilich dort unsicher und tastend ist, wo die Kommerzialisierung ihn nicht klar kanalisiert.

Was man vom alten und neuen Stadtkern unbedingt sehen muß, ist zwar baulich sehr gut durchlüftet, liegt aber doch auf dem engen Raum weniger Quadratkilometer zusammen. Beginnen Sie den Spaziergang vormittags südlich der Stadtinsel am Freiluftfahrstuhl *Katarinahissen.* Dieses Gebilde von eiffelscher Häßlichkeit war 1935 bei seiner 2. Einweihung ein bestauntes Wunderwerk der Technik. Es hatte damals, als die Stockholmer ihre Füße noch zum Gehen benutzten, eine klare Funktion als Menschenbagger im Verkehr zwischen der flachen Stadtinsel und den ansteigenden Felsen der Insel Södermalm. Vom Katarinahissen in die Stadt hinein führt der Rundumverkehr über *Slussen* (Schleuse). Hier lag früher die Schleuse (und Sperre), durch die hindurch Segelschiffe in das Seengebiet westlich von Stockholm einfahren (oder an der Einfahrt gehindert werden) konnten: die aufwärtstreibende Spirale für die Entwicklung seit 1252. Die Straßenverkehrsanlage (auch 1935) wurde als vorbildliche Lösung von den deutschen Architekten in der Zeit des Wiederaufbaus Anfang der 50er Jahre bestaunt.

Über Slussen zur Stadtinsel mit Altstadt (Farbt. 25, Abb. 124, 125, 127, 128, 132). Nach links zum Kornhamnstorget (Kornhafenplatz) und durch *Stora* oder *Lilla Nygatan* (Große/Kleine Neugasse) zum *Riddarhustorget* (Ritterhausplatz). Stadtpläne (in jeder Bankfiliale zu bekommen) haben gewöhnlich in einer Ecke einen vergrößerten Ausschnitt der Altstadt. Dort ist zu erkennen, wie die Österlånggatan und die Västerlånggatan, die am Järntorget zusammentreffen, die Gräben hinter dem Wall bildeten, der das Kastell – später Burg, dann Schloß – schützte. Als das Reich sich ausgedehnt hatte und Stockholm kaum noch gefährdet war, verließen die Adligen das Stadtgebiet mit seinen stinkenden Ausdünstungen und siedelten sich in den Vierteln der beiden Straßen Nygata an, die in ihrer teils rechteckigen, teils quadratischen Form nach einem klar durchdachten Plan entstanden sind.

Als der Wall geschleift wurde und Stockholm wuchs, drängten auch die Plebejer in diesen Teil der Stadt. Der Adel – wieder mit Übelriechendem konfrontiert – verkaufte oder vermietete. Später zog auch die Plebs weg, die ganze Altstadt mit ihren schon längst unkomfortabel gewordenen Häusern drohte, ein typisches Hafenviertel zu werden. – Und das direkt am Schloß!

Die Entwicklung wurde in den 50er Jahren gestoppt und in den 60ern gewendet. Unmengen von Geld verschwanden in der Sanierung dieser Altstadt, aber es hat sich gelohnt. Mehr und mehr Häuser bekommen modernen Wohnkomfort, das gesamte innere Netz wurde in Fußgängerstraßen umgewandelt. Hier findet man einladende Restaurants unter und über der Erde (oder beides zugleich), Jazzkneipen, Konditoreien, Selbstbedienungsgaststätten und Boutiquen oder andere – weniger exklusive, aber dafür mehr langlebige – Geschäfte, die für einen bestimmten Sektor des gehobenen Bedarfs gute Qualitätsware anbieten.

Auf dem Riddarhustorget ein Denkmal von Gustaf Vasa, im Riddarhuset die Wappen aller schwedischen Adelsgeschlechter. Beim Hinauskommen ein Blick auf das Denkmal für Axel Oxenstierna, Reichskanzler unter und Reichsverweser nach Gustaf II. Adolf. (»Bet Kindlein, bet/ morgen kommt der Schwed,/ morgen kommt der Ochsenstern,/ der wird die Kinder beten lehrn«, deutsches Wiegenlied aus dem Dreißigjährigen Krieg, als schwedisch-finnische Kavalleristen bis in die Nähe von Wien berserkerten.)

Mit dem Rücken zum Riddarhuset nach rechts: Riddarholm, als Insel nicht mehr erkennbar, über die Straße hinweg, rechts das Reichsarchiv, links die frühere Kirche *Riddarholmskyrka* (Abb. 130), Grabstätte der meisten schwedischen Könige. Hier ist auch Oxenstiernas Arbeitgeber begraben, Gustaf II. Adolf, der als Glaubenskrieger getarnt nackte Großmachtpolitik betrieb – also genau dasselbe tat wie seine erlauchten Alliierten und Gegner –, bis er im November 1632 bei Lützen fiel.

Vom Holm (kleine Insel) der Ritter führt eine Brücke zum Festland und eine weitere zur Insel *Kungsholmen* mit dem – man kann es gar nicht verfehlen – Stadshuset (Rathaus). Architekt Ragnar Östberg, 1923 fertiggestellt, innere Eleganz der äußeren kongruent.

Zurück zunächst dieselbe Brücke, dann aber am Mälarstrand entlang (links die kalte Schulter des Hauptbahnhofs) unter dem Gewirr häßlicher Betonpfeiler hindurch immer auf der Nordseite des Strömmen entlang bis zur Brücke Riksbron, über die hinüber. Rechts Reichsbank (die älteste der Welt), links die Rückseite des restaurierten Reichstags. Die halb überdachte Straße heißt Riksgatan (Reichsgasse) und geht in den Stallbrinken (Stallgang) über, der nach wenigen Trabschritten auf den kleinen Mynttorget (Münzeplatz) mündet. Rechts Kanslihuset (Kanzleihaus, ein schwedisch-bescheidener Begriff für das, was in Bonn Bundeskanzleramt heißt). Dann Aufgang zum Schloß.

Der Bau, der hier stand, hieß zu Gustaf Vasas Zeiten *Tre Kronor* (Drei Kronen, Ausdruck des früheren schwedischen Anspruchs auf Vorherrschaft über die drei nordischen Königreiche Schweden, Norwegen und Dänemark – den in anderer alphabetischer Reihenfolge ja auch die Dänen stellten –, heute Name für die schwedische Eishockey-Nationalmannschaft). Tre Kronor brannte 1697 ab, wie fast die ganze Stadt. Danach entstand das Schloß in seiner heutigen Form, entworfen von dem jüngeren Nicodemus Tessin (1654–1728).

Sein Vater (1615–1681) stammte aus einer pommerschen Familie und kam 1640 nach Schweden. Zunächst war späte Renaissance sein Stil, dann tat er sich in Europa um und ging zum Barock, danach auf italienischen Hochbarock über (Dom in Kalmar), später schon mit klassizistischen Anklängen (Drottningholms Slott; liegt außerhalb dieses Spaziergangs, aber mit Auto leicht zu erreichen; s. S. 360).

Der Sohn folgte – das gab es früher – den Intentionen des Vaters. Er studierte in Deutschland, Italien und Frankreich, wurde nach dem Tod seines Vaters *Slottsarkitekt* und mit der Inneneinrichtung von Drottningholms Slott (Schloß auf der Königinnen-Insel) (Abb. 126) beauftragt. Sofort nach dem Brand von Tre Kronor entwarf er Zeichnungen für einen prächtigen Neubau. Die waren eindeutig überdimensioniert – wenn man sie mit Amalienborg in Kopenhagen vergleicht (ganz zu schweigen von dem Schloß in Oslo). Nicodemus der Jüngere indes plante nicht für irgendeinen europäischen Duodezkönig, sondern für den zwölften Karl, den Imperator Rex von Schweden, das sich unter Gustaf II. Adolf und Axel Oxenstierna zum Rang einer Großmacht durchgekämpft hatte. Der regierende König versprach ein militärisches Genie, eine nordische Reinkarnation Alexanders des Großen zu werden.

Parallel zu den Siegen von Carolus XII. geraten dem jüngeren Nicodemus Tessin seine Schloßzeichnungen immer größer. Sie gehen per Kurier nach Rußland, wo der auf Schlachtensiege fixierte – und politisch unbedarfte – Karl XII. hier oder da etwas ändert, im übrigen aber seine Allerhöchste Huld ausdrückt.

Im November des Jahres 1700 siegt Karl bei Narwa über einen ominösen, baumlangen Russen, der sich Zar Peter I. nennt. Im Dezember 1707 überschreitet er mit einer großen Armee die Weichsel, Richtung Moskau. Der Baumlange macht ›verbrannte Erde‹, und im September 1708 dreht Karl nach einem unentschiedenen Kampf gegen 10000 Kalmüken von Smolensk (sein Tempo war langsamer als das seiner kühnen Nachfolger) nach Süden, zur Kornkammer Ukraine ab. Im Frühjahr 1709, er ist gerade 27 Jahre alt geworden, erlebt er bei Poltawa eine (fast hätte er sie, schwer verwundet und arg verfolgt, nicht *über*lebt) vernichtende Niederlage.

Einige Jahre Exil im Osmanischen Reich, dann zurück nach Schweden. Jetzt will er es den Dänen zeigen. 1718 wird er beim Vormarsch auf Oslo erschossen (S. 112). Für die Geschichte bleibt er Karl XII.; der Gegner seines Lebens, der Baumlange, dessen Maß im Dom von Roskilde (S. 50) markiert ist, wird Peter der Große genannt. (»Mißlingen ist das Urteil der Geschichte.« So sagte der finnische Philosoph und Staatsmann J. V. Snellman – 1806–1881.)

Das Schloß wurde 1754 fertig. Der Großmacht-König, für den es gedacht war, lebte nicht mehr, das Reich befand sich gegenüber dem Osten in einer ununterbrochenen Defensive. 1742 ging Finnland verloren, und die Schweden bekamen im nächsten Jahr von Zarin Elisabeth den größten Teil nur deswegen zurück, weil sie Wohlverhalten zeigten.

Was von den schwedischen Großmachtträumen blieb, aber niemals Sitz des Herrschers einer Großmacht war, liegt jetzt vor Ihnen: das tessinsche Schloß in Stockholm.

Vom Schloß wieder in Richtung Stadt über die Norrbro. Auf dem Weg über die Brücke links die Vorderfront des behäbigen Reichstags, wo 1972 die erste Umweltschutzkonferenz der Vereinten Nationen stattfand. (»Wir haben nur eine Welt!« Am Ende der Brücke links das Palais des Erbfürsten, rechts die Nationaloper. Das Palais ist Sitz des Außenministeriums. Dann nach rechts in die Fredsgatan, links an der Fredsgatan die Jacobskirche, dahinter der Kungsträdgården, ein Forum-Park, wo im Sommer jeden Abend irgendeine Veranstaltung ist (kommunal, also Eintritt frei).

Kungsträdgården hoch, dann links, dann rechts zu den Hochhäusern von Hötorget, an die sich das Konzerthaus anschließt, wo die Nobelpreise (außer dem Friedenspreis) übergeben werden.

Fredsgatan weiter: Sie geht in die Arsenalsgatan über, die bis zum Nybroplan führt (*Dramaten*, Dramen-Theater), dann den Strandvägen entlang. Rechts Brücke zum Park-Stadtteil Djurgården (Vergnügungspark Gröna Lund und Freilichtmuseum Skansen, Abb. 134), dann rechts Nobelpark. Am Dreiweg rechts halten (Strandvägen), an der amerikanischen Botschaft vorbei, bis zur Skarpögatan, die nach links einbiegen. Nach etwa 100 m die Botschaft der Bundesrepublik, die im April 1975 einen blutigen Überfall deutscher Guerilleros erlebte.

Während dieser gefährlichen Stunden half die benachbarte norwegische Botschaft, wo ihre Mitarbeiter überhaupt nur helfen konnten.

Zweifel an den vielen Plänen

Spontanes Entgegenkommen, spontane Gastfreundschaft, wie Schubert sie angetroffen hat, wird man heute in Schweden zumindest nicht auf Anhieb finden – ebenso wenig wie durch eingeworfenen Unrat sich immer mehr in Moräste verwandelnde Gewässer. Das ordentliche Schweden ist ein nüchternes Land, mit nüchternen Menschen, die einen Hang zu esoterischer Nabelschau haben.

Diese Einstellung bestimmt ihr Verhalten gegenüber der engeren und weiteren Umwelt. Seitdem der brave Soldat Ike als Präsident der Vereinigten Staaten Schweden als Beispiel für eine Gesellschaft im Zerfall genannt hat, seitdem ihnen im Ausland immer wieder der baldige Bankrott und Zusammenbruch prophezeit wird, seitdem immer mehr Gastarbeiter ins Land strömen, fällt den Schweden zum Thema Ausländer nichts mehr ein. Zustimmung ist ihnen nicht weniger gleichgültig geworden als harte Kritik. Sie sehen ihre Hauptaufgabe darin, Schweden noch ordentlicher zu machen, als es schon ist, und werden selbst dabei immer nüchterner – darin liegt die Verarmung seit Schuberts Zeiten.

Schwedische Planung gilt noch immer als vorbildlich, und die einzigen, die tiefe Zweifel an diesem Prädikat haben, sind gegenwärtig die Schweden selbst. Daß man die Entwicklung nur durch überlegte Planung im Griff behalten kann, daran zweifeln sie nicht, wohl aber fragen sie sich, ob etwa in der Städteplanung der von ihnen eingeschlagene Weg tatsächlich der richtige ist. Ihr – und nicht nur ihr – größtes Problem ist gegenwärtig das Automobil samt ihrer – und nicht nur ihrer – Lust, den einmal angeschafften Wagen auch auszunutzen.

Die ›Volksmotorisierung‹ war die Voraussetzung für das Entstehen der ersten Vorstädte. Dann kam der Hang zum Wohnen in der Natur. Schneller und mehr mußte gebaut werden. Was entstand, war zwar – nach Meinung der Verantwortlichen – organisch geplant, aber organisch gewachsen war es nicht, konnte es ja auch nicht sein.

Stockholm versuchte das unvermeidliche Gedrängel der Blechkisten durch drei Maßnahmen erträglich zu halten: Verbreiterung der Hauptstraßen und Bau von Stadtautobahnen; Ausbau und Verbesserung des öffentlichen Verkehrs auf den Straßen; Bau und Ausbau der *Tunnelbana* (U-Bahn), die jetzt ein Netz von 103 km (94 Stationen) umfaßt. Das anvisierte Ziel indes wurde nicht erreicht.

Die Einfahrten in das Stadtgebiet ›zwischen den Zöllen‹ wurden 1950 (normaler Verkehrstag, 7–20 Uhr) von 100000 Kfz passiert, 1971 von 380000, wobei die Zahl der Pkw erheblich stärker zunahm (50000 : 340000). Trotz Abwanderung und ›Kontorisierung‹ ist die Innenstadt Schwedens dichtestbevölkertes Wohngebiet, mit 270000 Menschen (davon 62000 Pensionäre, also 67 Jahre und älter). An den lärmgeplagtesten Hauptstraßen liegen 33 km Häuserfront, hinter deren zeitweise scheppernden Scheiben 90000 Menschen wohnen. Das Stockholmer Planungsamt befürchtet, hier wird sich ein *Lärmslum* entwickeln, weil die Mieten hinter dem allgemeinen Niveau zurückbleiben und Bewohner anziehen werden, die höhere Mieten nicht zahlen wollen oder können.

In dieser Bevölkerungsgruppe ist der Prozentsatz derjenigen ein wenig höher, die aus ihrer Underdog-Situation heraus irgendwann einmal den Durchbruch nach vorn anreißen. Dazu gehören auch Totschlag und Selbst-Mord.

Ursächlich für die nur in wenigen Nachtstunden unterbrochene, fünfmal pro Woche auftauchende Autokarawane ist natürlich die Tatsache, daß die wichtigsten kommerziellen Umsatz- und andere Servicezentren in der Innenstadt und oft sogar innen in der Innenstadt liegen. An dieser Wegmarke der Gedankenkette kann man sagen, daß die kapitalistische Wirtschaftsform die ganze Misere verschuldet. Gegenfrage: Wäre es angemessen, beispielsweise die Beschwerdestelle des Wohnungsamts in einen nördlichen oder südlichen Vorort zu verlegen und dadurch die Bewohner der südlichen – oder nördlichen – Vororte zu benachteiligen? Vor Geografie und Geometrie versagen Ideologien – linke wie rechte.

Zwischen Zentrum und Vororten gibt es eine unerfreuliche Balance – die Planer sind nicht froh darüber: Das Traurige drinnen wird vom Traurigen draußen aufgewogen.

Südlich von Stockholm passierten Sie die Ausfahrt zum Vorort Skärholmen. Hier entschlossen die Planer sich unter dem Zwang der Wohnungsnachfrage zu einer dichteren Bebauung. Die Studenten des Pädagogischen Instituts der Universität Stockholm haben in diesem Vorort eine Untersuchung durchgeführt. Mit deprimierendem Ergebnis.

In diesem Kleinteil eines wirtschaftlich hochaktiven Landes, einer wirtschaftlich noch höher aktiven Metropolisregion haben die Planer es geschafft, Übernachtungsplätze für 4000 Pkw zu schaffen, aber – obgleich die im Export hart konkurrierende Industrie auch kinderabhängige Frauen braucht – nur 135 Plätze in Tagesheimen für 1700 Kleinkinder.

103 BOHUSLÄN (Westküste), 144 Sommertage mit 2200 Sonnenstunden

104 SCHONEN (Südküste) erinnert in vielem mehr an Dänemark als an Schweden

105 Festung BOHUS (E 6, nördl. Göteborg), mehr als 300 Jahre lang umkämpft von Schweden, Norwegern und Dänen

106 Die Kirche in DALBY (Schonen, südöstlich von Lund), begonnen um 1060, ist die älteste erhaltene Steinkirche Nordeuropas

107 Freundliche Städte – ruhiges Leben, beides findet man an der Westküste zwischen Skanör und Svinesund

108 Naturschutzgebiet KULLEN, nördlich von Helsingborg

109 TANUM (Westküste, südlich Strömstad) hat die bemerkenswertesten Felszeichnungen Skandinaviens

110 KÅSEBERGA (östlich von Ystad), der Moränenrücken mit ›Urbans Grab‹

111 KÅSEBERGA ›Urbans Grab‹ (oder die ›Steine von Ale‹) ist eine 67 m lange Schiffsetzung

112 Die neue Brücke nach Öland ist die längste Europas

113 Der ›Hammerstein‹ steht vor dem Freilichtmuseum von BUNGE auf Gotland

114 Drevs Gamla Kirche (Kronobergslän), 12. Jh., Blick vom Altar zum Eingang

115 Die Sigurdritzung (E 3, östl. Strängnäs) ist um das Jahr 1000 entstanden

117 Am UNDEN (zwischen Vänern und Vättern) beginnt die Landschaft mittelschwedische Züge zu zeigen ▷

116 Der Runenstein bei Sparlösa (südl. Lidköping) zeigt Runen aus vier Epochen

118 Schloß VADSTENA (Ansicht von Nordwesten) wurde von Gustaf Vasa als Festung erbaut

119 VADSTENA Birgitta-Klosterkirche, Ende 14. Jh., Schiff mit Sarkophag des Herzogs Magnus

120 Die Kirche von ALGAVÅS

121 Madonnenfigur in der Klosterkirche VADSTENA

122 Der GÖTA-KANAL (Göteborg – Ostsee) wurde 1832 fertig und hat heute vorwiegend touristische Bedeutung

123 »Das Schloß, aus roten Ziegeln erbaut, stand leuchtend da, seine runden Kuppeln knallten in den blauen Himmel...« GRIPSHOLM, auf einer Insel im Mälarsee gelegen

124, 125 STOCKHOLM Blick auf Riddarholm und über die Altstadt ›Gamla Stan‹

126 SCHLOSS DROTTNINGHOLM (gegr. 1662) bei Stockholm

127, 128 STOCKHOLM In ›Gamla Stan‹

129 STOCKHOLM Die ›Vasa‹ – 1628 gesunken, 1961 geborgen (Bild), hat jetzt ein Museum nach Maß

130 STOCKHOLM Die Kirche auf Riddarholm (Ritterinsel) bewahrt die Traditionen der Großmachtzeit

131 STOCKHOLM Vasa-Denkmal von Carl Milles im Nordischen Museum

132 STOCKHOLM Storkyrkan (›Große Kirche‹)

133 STOCKHOLM Storkyrkan, die lebensgroße Georgsgruppe von Bernt Notke

134 STOCKHOLM Freilichtmuseum Skansen; diese Malereien aus Hälsingland ähneln den Kürbismalereien der Dalarna sehr stark

135 Sommerliches Urlaubsidyll

136 Im äußeren Schärengürtel von Stockholm

137 Kirche von HÅLLNÄS

138 ALT-UPPSALA mit den Königshügeln aus dem 6. Jh.

139 UPPSALA Die Gunillaglocke, 1588 gegossen, erklingt seit 1759 täglich um 6 Uhr morgens und 9 Uhr abends mit 151 Schlägen

140 KIRUNA vor 70 Jahren; das vierte Kind der Söderbergs kam hier zur Welt und wurde auf den Namen ›Kiruna‹ getauft

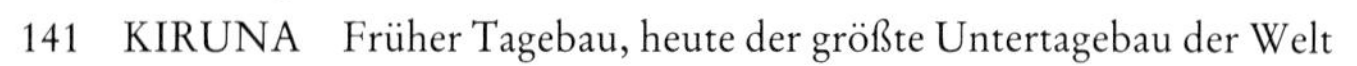

141 KIRUNA Früher Tagebau, heute der größte Untertagebau der Welt

142 Schwedisch-Lappland, eine Motorboottour auf dem ›Wasserfallweg‹ (150 km) führt auch am ›Großen Fall‹ vorbei

143, 144 Rentiere in Schwedisch-Lappland

Das ist ein ›Kunstfehler‹ der kommunalen Planer und muß nicht vorstadtimmanent sein. Schlimmer ist, daß von den Befragten fast die Hälfte (47 %) sich wünschte, aus den Hochhäusern bald wieder herauszukommen. Von den Reihenhaus- und Eigenheimbewohnern jedoch nur 6,8 Prozent. Der Schluß drängt sich auf: keine Hochhäuser mehr, nur noch Reihen- und Parzellenhäuser. Was wäre das Ergebnis? Ein schwedisches Los Angeles, wo die Familie oder andere Wohngemeinschaft ohne Pkw und möglichst auch Zweitwagen überhaupt nicht mehr existieren kann, weil die Abstände einfach zu groß sind.

Schweden – wo es im Gegensatz zu den sozialistischen Ländern keine Zwangsplanung gibt, sondern nur eine bedarfsorientierte Planung – hat die Verkehrsprobleme bislang auch nicht durch Verbesserung des öffentlichen Nahverkehrs lösen können. Busse und Tunnelbana in Stockholm geben dem Mitbürger nicht genug Alternativen, Bequemlichkeit und Bewegungsfreiheit, um ihn dahin zu bringen, daß er freiwillig auch bei Fahrten zum Zentrum auf seinen eigenen Wagen verzichten möchte.

Natürlich kann man dies alles als Na-und-Probleme wegwischen. (»Das haben wir auch bei uns.«) Aber das schafft keine Schwierigkeiten ab. Was die Schweden mit ihrer Planung nicht erreicht haben, die lange Zeit als avantgardistisch galt – und außerhalb Schwedens gemeinhin auch noch gilt –, wie wollen wir das schaffen, die unter ungünstigeren Voraussetzungen und zu einem bedeutend späteren Zeitpunkt aus den Startlöchern kamen?

Wenn Sie von Stockholm aus nach Norden vorstoßen, sind Sie schon nach zwei Tagesetappen in der Nordregion, deren Problem nicht Über- sondern Unterbesiedlung ist. Vielleicht fällt Ihnen unterwegs nach Norden zum Großstadtproblem mehr ein als den Schweden zu den Ausländern. Wenn wir nicht auf dieses Problem reflexhaft reagieren wollen, durch Zuzugsverbote (Sowjetunion) oder Festnageln der Menschen auf dem Land (Volksrepublik China), wenn wir unser Recht auf Beweglichkeit und Lebensgestaltung mit dem eigenen oder gemieteten Wagen bewahren wollen, wenn wir das Entstehen von Lärmslums und Schlafstadtgettos noch vor dem Dunkel der nicht geplanten Mitternacht verhindern wollen, dann sollte uns bald etwas einfallen: eine Universallösung oder besser noch ein Bündel langsam eskalierender Maßnahmen.

Wer bringt (wieder Politikerjargon) den ersten Denkansatz?

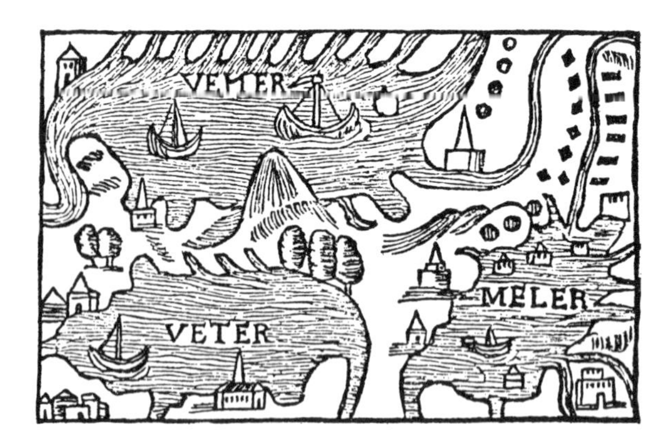

»Im Norden findet man viele bemerkenswerte Seen, die durch ihre Größe und ihre Lage Erstaunen hervorrufen.«

Durch Svealand und zu Birgitta

Die ursprünglichen Großlandschaften Schwedens sind *Götaland* im Süden, in der Mitte die kräftige Taille *Svealand*, und oben, jenseits der Dalar, fängt *Norrland* an. Dieses Kapitel bringt von Stockholm ausgehend eine Rundfahrt durch das östliche Svealand, an den Seen Mälaren und Hjälmaren entlang. Ein Abstecher an den Vätternsee führt Sie nach Vadstena, zur hl. Birgitta.

Die E 3 / E 4 geht südlich aus Stockholm heraus, und südlich von Södertälje zweigt die E 3 ziemlich genau nach Westen ab. Bei Nykvarn zwischen Autobahn und alter Reichsstraße die Kirche Turinge, wo Eric Dahlbergh (s. S. 194) begraben liegt. Wie von einem Mann seiner Zeichnungs- und Gestaltungskraft nicht anders zu erwarten, hat er seinen Grabchor selbst entworfen. In der Kirche ein Runenstein.

Etwa am Ende des Autobahnstücks Abzweigung Richtung Mariefred (Farbt. 29). *Mariefred ist eine klitzekleine Stadt am Mälarsee. Es war eine stille und friedliche Natur, Baum und Wiese, Feld und Wald – niemand aber hätte von diesem Ort Notiz genommen, wenn hier nicht eines der ältesten Schlösser Schwedens wäre: das Schloß Gripsholm. Es war ein strahlend heller Tag. Das Schloß, aus roten Ziegeln erbaut, stand leuchtend da, – seine runden Kuppeln knallten in den blauen Himmel – dieses Bauwerk war dick, seigneural, eine bedächtige Festung. Bengtsson winkte dem Führer ab, Führer war er selber. Und wir gingen in das Schloß. Viele schöne Gemälde hingen da. Mir sagten sie nichts. Ich kann nicht sehen. Es gibt Augenmenschen und Ohrenmenschen, ich kann nur hören.* – Stimmt, es ist nicht Schubert, der sich hier so unbekümmert selbst als Malereibanause bezeichnet. Es ist Kurt Tucholsky. Er wohnte hier im Sommer 1929 und ist auf dem Kirchhof Mariefred begraben.

Das Burg-Schloß (Farbt. 30, Abb. 123), auf dessen Hof alte Feldschlangen und noch ältere Runensteine stehen, enthält die Porträtsammlung des Staates, rund 2500 Gemälde.

Und weil *Svea Rike* mehr Porträts besitzt als das Schloß Gripsholm Platz hat, mußte man bei 1809 einen Grenzstrich ziehen: Alle nach diesem Jahr Abkonterfeiten, die kein königliches Blut in ihren Adern haben, hängen in der Volkshochschule Mariefred.

Das Schloß hat seinen Namen von Statthalter Bo Jonsson Grip, der hier 1377–1383 als erster eine Burg bauen ließ. Die heutige Form geht auf Gustaf Vasa zurück, deren symmetrischer Grundriß jedoch von Karl IX. geändert wurde.

Im Sommer bei Sonnenwetter herrlich: Mit dem Dampfer ›Mariefred‹ von Stockholm nach Mariefred fahren.

Strängnäs (12000 E.) ist einer der ältesten Bischofssitze Schwedens. Im Dom (13. Jh.) auf dem Kirchberg ist Karl IX. mit seinen Angehörigen begraben. Nördlich der Straße auf der Strecke Läggesta (Mariefred) – Strängnäs – Härad Vorzeitfunde, interessante Flora, Kirchen und Herrenhöfe, Bade- und Campingplätze und Wanderherbergen. (Kirche Härad nicht versäumen.)

Die mittelalterliche Kirche Jäder wurde auf Kosten von Axel Oxenstierna durch Nicodemus Tessin d. Ä. (S. 205) im 17. Jahrhundert umgebaut, der tessinsche Renaissancestil ist unverkennbar. Der Altar stammt aus der Storkyrka in Stockholm. Jäder ist die Beisetzungskirche der Oxenstiernas, Axel liegt unter dem Hochaltar.

Spätestens im Informations-Büro Strängnäs einen Prospekt (deutsch) über die ›Sigurdsritzung‹ (Abb. 115) bei *Sundbyholm* besorgen. Die Sigurdsrunen sind nicht einem aufgestellten Stein eingeritzt, sondern in einen Felsenrücken von nahezu 5 m Länge. (Von Jäder Richtung Schloß Sundbyholm – dort Camping, Baden, kurzer Spaziergang zu der Ritzung, deren Runenband um Zeichnungen herum geschlungen ist.)

Eskilstuna hat den Beinamen ›Stadt der Arbeit‹, und man liegt völlig richtig, wenn man einen Deutschen dahinter wittert. Reinhold Rademacher ließ sich von Karl X. Gustaf 1654 mit Privilegien aus Livland hierherlocken und verwandelte Eskilstuna in ein schwedisches Solingen. Rademachers sechs Schmieden sind als Holzhäuser erhalten und fertigen jetzt Kunstgewerbe. Qualmende Schlote gibt es in Eskilstuna nicht mehr.

In einer Beziehung sind die Schweden mir unheimlich: Wenn sie etwas überhaupt Lösbares anpacken, dann wird gewöhnlich etwas Vernünftiges, Funktionierendes draus, sauber, staub- und bakterienfrei. So ist es wohl kein Wunder, daß der Beitrag dieses Landes zur europäischen Küche sich in der rostfreien Spüle erschöpft.

Von Eskilstuna auf der 214, die später wieder an dem See Hjälmaren entlang führt, dann auf der 52 an Kumla (Gefängnis für schwere Fälle) vorbei bis zur E 3. Nach Norden Richtung Örebro, nach Süden Richtung Vadstena: zunächst einige Kilometer E 3, dann auf der 50 (Richtung Askersund) an die Nordspitze des Vättern, am See entlang bis Motala und *Vadstena.* Entfernung ab Ausfahrt Autobahn 9 Meilen.

Birgitta wurde 1302 bei Uppsala geboren, ihr Vater war der Rechtswahrer Birger. Mit 14 verheirateten ihre Eltern sie. Ihrem Mann Ulf Gudmarsson gebar sie acht Kinder, und 1341 unternahmen beide eine Wallfahrt zum Grab des hl. Jakobus in Santiago de Compostela. Nach der Rückkehr willigte sie in den Wunsch von Ulf ein, der sich ins Kloster Alvastra zurückziehen wollte. Sie selbst nahm eine Wohnstatt in der Nähe. Ulf starb 1344.

Ihre Visionen hatten schon in den Mädchenjahren begonnen, auf typisch skandinavische Art: nicht Verzückungen oder Ekstasen, sondern ruhiges Lauschen auf die Stimme Christi. So bekam sie den Auftrag zur Gründung eines Klosters nahe bei Alvastra bis in alle Einzelheiten, bis hin zum Ordensgewand: grau, mit schwarzem Kopfschleier, auf dem die *Birgittakrone* den Abschluß bildet. Diese bestand aus drei weißen, oben gekreuzten Leinenstreifen mit fünf roten Flecken (die Wunden Christi).

Die Anweisungen für die Kirche: 15 Joche mit drei gleichhohen Schiffen, flacher Chorabschluß, kein Turm und der Altar statt – wie damals üblich – im Osten, hier im Westen.

So wurde die Klosterkirche gebaut und 1430 geweiht (Abb. 119, 121). Birgitta war schon 1373 gestorben. Etwa 1346 war sie an den Hof von König Magnus gekommen, hatte sich aber schnell unbeliebt gemacht, weil sie ihre Offenbarungen auch dann frei verkündete, wenn die in den Ohren des höchsten Repräsentanten der weltlichen Obrigkeit Schwedens nicht gar so schmeichelhaft klangen. 1349 ging Birgitta nach Rom. Sie bewegte Papst Urban V., der im französischen Avignon residierte, nach Rom zurückzukehren, und Urban folgte ihrer Aufforderung. Aber bald zog es ihn wieder nach Avignon, obwohl Birgitta ihm den Tod voraussagte, falls er Rom verlassen sollte. Er verließ Rom und starb bald in Avignon.

Diese Frau ist das geistliche Pendant zur Königin Margareta (Kalmarer Union), und sie wirkte schon zu Lebzeiten so weit nach Mittel- und Südeuropa hinein wie der in Trondheim beigesetzte Norweger Olav erst nach seinem Tode. Das erste Buch mit ihren Offenbarungen erschien 1492 in Lübeck.

Vadstena war ein co-ed Kloster, für Nonnen und Mönche. Das Gebäude für die Mönche ist baulich stark verändert, aber im Klostergarten wachsen dieselben Pflanzen wie vor 500 Jahren. Das Nonnenkloster (Kapitelsaal und Schlafsaal, Reliquiensaal) ist ursprünglicher erhalten. Vadstena hat außerdem ein Schloß (Abb. 118), wo Gustaf Vasa (S. 336, Abb. 131) 1552 heiratete. Das Rathaus (16. Jh.) ist das älteste Schwedens, erweitert nach niederländischen und Danziger Vorbildern. Das Kloster ist neugegründet und soll ein ökumenisches Zentrum werden. Bei ihrer Arbeit in Skandinavien, das im 16. Jahrhundert fast schmerzlos – aber für Rom schmerzvoll – an die neue Lehre verlorenging, betont die katholische Kirche fast stets den ökumenischen Gedanken sehr stark.

Jeder sollte nach Vadstena fahren, der auf seiner Skandinavienreise einen tiefen Eindruck von der Vergangenheit dieses Teils von Europa bekommen will. Unterkunft spätestens bei der Einreise im ersten Informations-Büro bestellen.

Zurück auf die E 3: *Örebro* (80000 E.) wurde 1265 gegründet und ist heute Schwedens achtgrößte Stadt. Wie in Dänemark trafen sich auch in Schweden die Stände zur legislativen Arbeit als *Reichstag* mal in dieser, mal in jener Stadt. In Örebro wurde 1617 die erste schwedische Reichstagssatzung verabschiedet und 1810 der Franzosengeneral Jean Baptiste Bernadotte zum Thronfolger gewählt. Der jüngste dieser Dynastie ist Carl XVI. Gustaf, der auf sein Repräsentationsamt intensiv vorbereitet wurde.

Außer alten Bauten der Vasa-Zeit und dem Freilichtmuseum Waldköping hat Örebro das schickste und beliebteste Freibad ganz Mittelschwedens. Westlich von Örebro der kleine Nationalpark Garphyttan, in dem man auch ohne Rucksack und Gummistiefel Wanderungen unternehmen kann.

Auf der E 3 / E 18, zunächst am Hjälmaren entlang, nach *Arboga* (13000 E.), wo 1435 der erste Reichstag zusammentrat. Arboga ist die Stadt von Engelbrekt Engelbrektsson, dessen Familie aus Deutschland stammte und sich im Bergbaugebiet von Bergslagen angesiedelt hatte. Er kämpfte gegen jedes Überhandnehmen der Königsmacht und für »das uralte Recht des schwedischen Volkes, sich selbst zu besteuern«.

Absolutismus im kontinentalen Sinn hat es in Schweden nie gegeben. Die Vertreter der Kirche waren nach der Reformation gewöhnlich fügsam, das Spiel um die Macht war innenpolitisch eins mit drei Bällen: König, Adel und Volk. Die meisten Könige zogen es vor, sich gegen die Ansprüche des Adels – der Forderungen meist im Zusammenhang mit bevorstehenden Kriegszügen stellte – beim Volk abzusichern. Schon im Mittelalter ritten neu gewählte Könige durch das östliche Svealand, um sich huldigen zu lassen oder – genauer gesagt – Kontakt mit den Untertanen zu bekommen (analog den Handschüttelreisen heutiger USA-Präsidenten). Ein Teil dieser *Eriksgatan* ist die Strecke nördlich der beiden Kernseen von Svealand, die jetzt als E 3 / E 18 auf den Karten verzeichnet ist.

Köping (20000 E.) übertrifft alle anderen Städte und Marktorte an Wortkargheit, indem es sich einfach *köping* (tschööping) nennt, Marktflecken. Ohne Ny-, und Norr-, ohne Söder-, ohne was. Die Apotheke in Köping wurde 1776 von dem aus Stralsund eingewanderten *Chemisten* Carl Wilhelm Scheele (1742–1786) gekauft, der den Sauerstoff und die Bedeutung des Oxydierens entdeckte. An chemischen Verbindungen kreiste er neben der Milchsäure, der Weinsäure, der Harnsäure und der Zitronensäure auch das Glyzerin ein. Von ihm führt ein gerader Weg über die Innovation zu dem in St. Petersburg aufgewachsenen Alfred Nobel (1833–1896), der 1864 die *Nitroglycerin-ab* gründete und es auf 85 Patente brachte. Ein Jahr vor seinem Tod bestimmte er testamentarisch die Gründung von *Nobelstiftelsen,* die jährlich auch einen Preis an den verleiht, der am meisten oder besten »für die Verbrüderung der Völker und das Abschaffen oder Verkleinern stehender Heere sowie für das Bilden und Verbreiten von Friedenskongressen« getan hat.

Västerås (110000 E.), Dom vom Beginn des 13. Jahrhunderts, dreischiffiger gotischer Hallenbau in Ziegel, später auf fünf Schiffe erweitert und mit einem Turm geschmückt, von Nicodemus Tessin d. J. (S. 214) 1693–1694 umgebaut. Der Reichstag von Västerås legte mit dem *Västerås recess* den Grundstein für die Reformation und gab so Gustaf Vasa die Möglichkeit, durch Enteignung von Kirchengut dem erbärmlichen Zustand der Staatsfinanzen abzuhelfen.

Skokloster bei Sigtuna, ehemaliges Zisterzienserkloster, Mitte des 17. Jh. von Tessin d. Ä. und Vallée umgebaut

Västerås ist das Zentrum von ASEA, einem Unternehmen der Elektroindustrie, das sich trotz der schmalen Basis eines Inlandmarkts von acht Millionen Menschen in der Weltspitze hält. ASEA, STAB (Svenska Tändsticks AB, der Streichholzkonzern von Ivar Kreuger), SKF (Svenska Kugellagerfabriken), SAAB und VOLVO, sie sind hochmoderne Multis, die sich aus bescheidener Anfangssituation in die Spitzenklasse hochgearbeitet haben.

Passieren wir *Enköping*, wo das Original ›Enköpingsdoktorn‹ lebte, Stadtphysikus 1867–1886. Ernst Westerlund diagnostizierte und behandelte Neurosen.

Vor Bålsta nach Norden zum *Schloß Skokloster*. Das mittelalterliche Zisterzienserkloster wurde nach der Reformation abgerissen, nur die Kirche ist erhalten. Herman Wrangel erhielt 1611 das Klostergut. Herman ist der Vater von Carl Gustaf. Man trifft ja die Wrangels, die sich schon am Ende des Mittelalters in Estland hochgemausert haben, überall dort in Europa, wo man nicht vor dem *wr* ... dégôutiert zurückschaudert, wie vor dem gotischen Stil (also außerhalb des romanischen Sprach- und Kulturbereichs). Carl Gustaf übernahm im Dreißigjährigen Krieg das schwedische Heer, nachdem Gustaf II. Adolf bei Lützen gefallen war (S. 205). Er zeichnete sich nicht als Marschall Vorwärts aus, aber gerade darum rettete er die schwedischen Chancen, auch noch beim Westfälischen Frieden ein wichtiges Wörtchen mitzureden. Ohne seine geschickte Strategie wäre der schwedische Großmachtanspruch schon lange vor Karl XII. nicht mehr zu halten gewesen. Für Historiker mag es ein Gedankenschmaus sein, sich auszumalen, wie wohl eine Bataille zwischen ihm und dem österreichischen Feldmarschall Daun, dem Zauderer, geendet hätte (vermutlich durch Wegsterben der Soldaten infolge Vergreisung).

C. G. Wrangel beendete seine Laufbahn als Reichsmarschall. Seine ansehnliche private Kriegsbeute (Altäre für die Kirche, Silberhumpen für die Familie) erlaubte es dem verdienten Militär, Skokloster aufzubauen. Die an Aschaffenburg erinnernden Zeichnungen (De la Vallée) wurden von Nicodemus Tessin d. Ä. korrigiert: Ziegelbarock, viereckig, in jeder Ecke ein achteckiger Turm.

Seit dem 19. Jahrhundert bemühten die Besitzer (von Essen) sich, das Schloß als Erinnerung an die schwedische Großmachtzeit zu bewahren. Aber es ging wie in England: die Steuern! 1967 übernahm der Staat Skokloster.

Die konservierenden Anstrengungen der Wrangels und von Essens haben in der Waffenkammer, mit dem Königssaal und anderen Sammlungen dafür gesorgt, daß Skokloster jetzt eins der vielseitigsten und interessantesten Museen schwedischer Geschichte ist.

Ab Skokloster: zurück nach Stockholm, hinüber nach Sigtuna oder weiter nach Uppsala (S. 240).

Gewiß ist auch dieses Kapitel sehr gerafft und weit davon entfernt, erschöpfend zu sein. Es bringt aber hoffentlich zumindest einen Einblick in die Kultur- und Kunstgeschichte Schwedens. Wie sie sich in Svealand – dem Herzland Skandinaviens – heute dem Interessierten offenbart.

»Diese Völker wissen nichts von Profitsucht und plagen sich nicht damit ab, Kniffe beim Handel auszudenken.«

Nach Norrland: im Landesinneren von Stockholm bis Kiruna

Dieses Kapitel folgt einer Straße und ihren Abzweigungen bis Kiruna und wieder aus Schweden hinaus. Die Route führt durch das Landesinnere, sie passiert die Landschaft Dalarna und den See Storsjön, durch das weite Bergland des Nordens und geht in das Grubengebiet hinein. Am Ende sind die Straßen und die Bahnlinie zusammengefaßt, die Nordschweden mit Norwegen und Finnland verbinden.

Die E 4 geht als Autobahn (Höchstgeschwindigkeit 110 km/h) aus Stockholm heraus nach Uppsala. Im Weichbild links die Hochhäuser von Solna, rechts Abfahrt zum Haga-Park (Haga Norra) mit dem Pavillon Gustafs III., einem der merkwürdigsten Könige Schwedens. Er war eine Mischung von Tatmensch und Träumer. Sein Hauptinteresse galt der Außenpolitik, wobei er sich in Pläne verstieg, die weit über Schwedens Potential hinausgingen. Im innenpolitischen Machtspiel versuchte er, die Stellung des Königshauses gegenüber dem Reichstag zu festigen, wobei er vor staatsstreichartigen Aktionen nicht zurückscheute. Er schaffte die Folter ab, humanisierte die Kriminalgesetzgebung, milderte den Zunftzwang und ließ 1781 auch andere Glaubensbekenntnisse neben der Staatskirche zu. Unter seiner Regierungszeit (1771–1792) begann die Abschaffung der Pressezensur.

Er wollte die Macht Schwedens auf Kosten von Dänemark oder Rußland erweitern und ist der letzte schwedische König, der eine Seeschlacht gewann (1790 gegen Rußland bei Ruotsinsalmi vor der südfinnischen Hafenstadt Kotka). Nach einem Status quo-Frieden mit Rußland plante er, die europäischen Herrscherhäuser zu mobilisieren und an der Spitze dieser Allianz einen Kreuzzug gegen die französischen Königsmörder zu unternehmen. Ein Attentat in der von ihm gegründeten Königlichen Oper am 16. März verhinderte diese Pläne. Wenige Tage später starb er.

In seiner Regierungszeit entwickelte sich der *gustavianische Stil*, der sich mit seiner Betonung gerader und einfacher Grundformen an den Stil Louis XVI. anlehnte. Der Pavillon von Haga war als Teil einer Gesamtanlage gedacht, die niemals fertig wurde. In seiner Architektur wie auch in seiner Einrichtung ist der Pavillon ein exemplarischer Repräsentant des Stils, der in Schweden das Rokoko ablöste.

Der heute regierende König, dem die Stockholmer Nachmittagspresse gern das Etikett eines Playboys aufkleben möchte, machte sein Abitur in der Internatschule Sigtunaskolan. *Sigtuna* (4000 E.), Zentrum des mittelschwedischen *Svealand* und als Handelsplatz Vorgänger von Stockholm, ist eine reizende Kleinstadt. Man soll es besuchen, wenn man 2–3 Stunden übrig hat und ohne Zeitdruck in die geruhsame Atmosphäre eintauchen kann.

Uppsala (110000 E.) wirkt noch nüchterner als Stockholm, geradezu abweisend. Hier liegt die älteste Universität Skandinaviens (1477), hier wirkte Carl von Linné, und hier – im Dom – ist er beigesetzt. Der immer wieder nach Schadensfeuern im Stil seiner Zeit aufgebaute Dom erhielt seine heutige gotische Form am Ende des 19. Jahrhunderts. Er ist genauso lang, wie seine Türme hoch sind (119 m). Auch zu den Königshügeln von Alt-Uppsala (G:la Uppsala 10 Min. Auto) hinausfahren (Abb. 138). Unter dem Boden des kleinen Doms wurden Baureste gefunden, die vermutlich vom früheren Heidentempel stammen.

Der Löwe im Stadtwappen von Uppsala ist das Wappentier der Folkungerdynastie, die mehrere schwedische Könige stellte. Alt-Uppsala war bis zum Ende des 13. Jh. Residenzstadt der schwedischen Könige, seit 1164 Erzbistum

Durch die Reformation – genauer noch durch den Bruch mit Rom – wurde Schweden gerade dem katholischen Kulturkreis Europas stärker als jemals zuvor in den Gesichtskreis gedrängt. Zu verdanken haben die Schweden das den beiden Brüdern Magnus, den letzten katholischen Erzbischöfen von Uppsala.

Johannes Magnus (1488–1544) wurde 1523 zum Erzbischof gewählt und kam anfangs gut mit Gustaf Vasa aus. Dessen Liebäugeln mit der Reformation (1527, Reichstag zu Västerås) aber führte zu einem Zerwürfnis zwischen den beiden Repräsentanten weltlicher und geistlicher Obrigkeit. Johannes Magnus fuhr zur Berichterstattung nach Rom, wo er bis zum Ende seines Lebens fast ununterbrochen wohnte. Er schrieb das Buch ›Historia de omnibus gothorum sveonumque regibus‹ (Geschichte aller Könige der Göten und Svear). Das Buch ist ein buntes Gemisch von Stoff aus exakten wie auch aus unzuverlässigen Quellen und der Fabulierkunst des Autors. Für ihn sind die Göten mit den Goten identisch, und es glückt ihm, die Vorgeschichte der Schweden bis zur Sintflut zurückzuverfolgen.

Nach seinem Tod – er ist in der Peterskirche begraben – wird Bruder *Olaus Magnus* (1490–1557), schon im vatikanischen Exil, Erzbischof von Uppsala, das er nie wiedersehen sollte. Olaus gab das Werk von Johannes heraus. Sein eigener Beitrag zur Geschichtsschreibung ist die vielbändige ›Historia de gentibus septentrionalibus‹ (Geschichte der nordischen Völker). Es ist erstaunlich, was Olaus, in Rom praktisch von allen Quellen abgeschnitten, aus seiner Erinnerung über die Völker Nordeuropas niedergeschrieben hat. Natürlich findet man auch hier viel Fabelstoff. Da aber Olaus sich sehr exakt ausdrückt, sogar wenn er von Walfischen schreibt, die sich mit den Zähnen zu den Gletschern Norwegens hochziehen, denkt man beim Lesen manchmal fasziniert: »Warum sollte es eigentlich nicht wahr sein?«

Schwierigkeiten hatte der Erzbischof im römischen Exil mit dem Holzschneider. Dieser war weit entfernt von Skandinavien geboren und aufgewachsen. Viele Holzschnitte sind ihm gut gelungen, wie aber ein Ski genau aussieht, hat Olaus ihm niemals richtig klarmachen können. Auch haben seine Nordmänner die Angewohnheit, die Eingänge zu ihren südlich-runden Zelten offenzulassen – was natürlich im winterkalten Norden eine unverantwortliche Energieverschwendung gewesen wäre.

Das Buch von Johannes erschien 1554 (schwed. Übersetzung 1620), das Werk von Olaus im Jahr 1555; an der schwedischen Übersetzung wurde zwischen 1910 und 1950 mit Unterbrechungen gearbeitet.

Von Uppsala geht die 72 nach *Sala* (11000 E.), der Stadt mit den Silbergruben, in die man bis zur Tiefe von 40 m einsteigen kann. Von Sala führt die 70 nach *Falun* (30000 E.), Schwedens ältester Bergbaustadt, deren Kupferreichtum die finanzielle Grundlage des schwedischen Kampfs um die Großmacht war. Die Kupfergruben (bereits vor 1000 Jahren genutzt) sind ein Stück europäischer Kulturgeschichte, an einem Rundgang durch den wiederhergestellten Teil des alten Grubennetzes unbedingt teilnehmen.

Falun gehört bereits zur Landschaft *Dalarna,* deren Landwirtschaft niemals sonderlich ergiebig war. Die Menschen der Dalar (Täler) krallten sich in ihrem Boden fast buchstäblich fest und entwickelten einen Charakter, dessen Mischung von Starrsinn und Gastfreundschaft sich bis in die neueste Zeit hinein nicht verändert hat. Für die Landschaft um den *Siljan-See* so viele Tage veranschlagen wie für Uppsala Stunden. Informationen kann man schon in Deutschland leicht einholen, in ganz Schweden natürlich in allen Informations-Büros. Das Angebot umfaßt sämtliche Preisklassen und jede denkbare Freizeitaktivität.

Die Dalarmenschen haben sogar einen eigenen Malstil entwickelt, die Kürbismalerei, deren Ursprünge mehr als 400 Jahre zurückgehen. Sie begann mit Blumenbildern auf der bescheidenen Einrichtung, aus der sich die Rosenmalerei entwickelte, die vom Ende des 18. Jahrhunderts ab in Figurenmalerei überging. Blumen und Pflanzen wurden jetzt stilisiert, sie fielen alle ein wenig kürbisartig aus. Das war gewollt, denn für die frommen und bibelfesten Menschen der Dalar war der Kürbis Symbol des Lebens und des Todes zugleich. Er spendete Jonas Schatten, und Gott ließ ihn verdorren. So steht es im Alten Testament, so wurde es den Menschen der Dalar erzählt, und das konnten sie in der Bildbibel sehen. (Die erste Gesamtübersetzung erschien 1541, die zweite – *Gustav-Adolfs-Bibel* – 1618, mit Illustrationen, die um 1580 in Norddeutschland hergestellt worden waren.)

Das Besondere – und Originelle – an der Dalar-Malerei ist die Komposition: Einfältig stellten die Maler Motive aus der Bibel in die Landschaft der Dalar, und die biblischen Personen, sie tragen die Trachten jener Zeit, die man auch heute noch – und nicht etwa den Touristen zum Augenschmaus – am Sonntag zum Kirchgang anzieht. Über Landschaft, Häuser und Personen hinweg geht gewöhnlich ein Spruchband in Fraktur, das dargestellte Zitat aus der Bibel.

Und jedes Jahr Ende Juli werden diese Figuren lebendig – in *Leksand,* am Südende des Siljan, wenn die Freilichtbühne des *Himlaspelet* bringt, ›Das Spiel über den Weg, der zum Himmel führt‹. Für diese Aufführungen gilt dasselbe wie für das Freilichttheater Pyynikki bei Tampere in Finnland: Auch wenn man kein Wort versteht, Zusehen und Zuhören sind doch ein Gewinn.

Im Haus *Hjortnäsgården* (im Informationsbüro fragen) bei Leksand das größte Zinnfigurenmuseum nördlich von Wien, das größte private auf der ganzen Welt. Der Schöpfer ist kein pensionierter Militär, sondern ein Mann, der sich die kindliche Freude an den bunt herausgeputzten Figuren sein ganzes Leben hindurch bewahrt hat. Zu den Arrangements des Museums gehören auch Darstellungen aus dem Alltag der Samen, bei denen Sachkenner geholfen haben.

Und noch ein Unbedingt: Der Ort *Mora* zwischen Siljan und Orsasjön. Hier begann der Aufstieg der Dynastie Vasa. Gustaf, Sohn des Reichsrats Erik Vasa, wurde 1518 nach Dänemark gebracht, als die Schweden mit Christian dem Guten (auf schwedisch heißt er Kristian Tyrann) Frieden schließen mußten. Gustaf floh nach Lübeck und betrat 1520 in der Nähe von Skanör-Falsterbo wieder nördlichen Boden, der damals ja

Dänemark gehörte. Er schlug sich bis Stockholm durch. Dort, in der Altstadt, ließ Christian Anfang November 80–100 vornehme Schweden wegen ›offenbarer Ketzerei‹ hinrichten, darunter Erik Vasa. Gustaf beschloß, die Bauern im Norden zu mobilisieren, und tauchte bald danach in den Dalar auf. Im Dezember stand er vor der Kirche von Mora und predigte den Aufstand. Vergebens – wie ihm schien. Schließlich wollte er es in Norwegen versuchen, gerade als die Volksmeinung – von ihm unbemerkt – umzuschlagen begann. Zwei junge Skiläufer wurden hinter ihm hergeschickt. Dicht vor der Grenze, bei Sälen, holten sie ihn ein und zurück. (Seit 1922 wird auf dieser Strecke der internationale Skilauf *Vasaloppet* durchgeführt.) An der Spitze des Bauernheers eroberte Gustaf Vasa (1496–1560, erst Reichsverweser, ab 1523 König) Stockholm zurück. König Gustaf und sein ganzes Königreich waren schwer verschuldet, unter anderem bei den Pfeffersäcken in Lübeck. Diese Schwierigkeiten meisterte er, nachdem der Reichstag zu Västerås 1527 der Einführung des ev. Glaubens zustimmte und die Reduktion – die Beschlagnahme des Eigentums der kath. Kirche – verfügte.

1860 wurde in Mora *Anders Zorn* geboren, der einzige schwedische Maler, den man auch weit außerhalb seines Heimatlandes kennt. Sein Weg war das genaue Gegenteil von dem des norwegischen Bildhauers Gustav Vigeland: Zorn ging nach Amerika, wo er flottweg Reiche und Prominente porträtierte. Dabei wurde er – ›Pfui Teufel!‹ – selber reich. Dann fuhr er nach Europa zurück. In Paris lernte er Max Liebermann kennen, mit dem er besser auskam, als Emil Nolde es vermochte. Schließlich zog es ihn in sein Heimatland und seinen Heimatort, wo er zu Tiefe und Reife als Künstler gedieh.

Vom Siljan zum *Storsjön* (Der große See, gespr. S-turschön) führt die 81, zunächst aus Mora hinaus nach *Orsa* (5000 E.). Bibliothek mit einem Bildarchiv, das 1860 beginnt und 7000 Fotos – nein, hier muß es heißen: Photographien – enthält. Nördlich von Orsa beginnt das Gebiet der Finnendörfer. Zwischen 1580 und etwa 1640 holten die Könige Untertanen aus der östlichen Reichshälfte in die Moränengebiete, die auf der Besteuerungskarte weiße Flecken waren, weil sich hier keine schwedischen Bauern niederlassen wollten. Die Finnen waren härtere Lebensbedingungen gewöhnt. Sie machten das Land nach der mühsamen *kaski*-Methode urbar: Der Wald wurde abgebrannt und die Fläche solange bebaut, wie der mit Asche gedüngte Boden produktiv war. Dann – nach 3, 4 oder 5 Jahren – legte der finnische Einödbauer die nächsten Brände an.

Geografische Bezeichnungen, die so unaussprechbar sind wie Pilkalampinoppi (Berg), fremdartig wie Noppikoski (nachdem man endlich gelernt hat, daß *fors* in Schweden Wasserfall bedeutet, kann man ja jetzt das finnische *koski* lernen, man braucht es später in Finnland ohnehin), oder gar pleonastisch doppeltgemoppelt wie Tunturiberget – denn *tunturi* bedeutet auf finnisch nichts anderes als Berg (mit kahlem Scheitel).

Gegenüber dem See Fågelsjö nach rechts Straße zum Nationalpark *Hamra* (27 ha), das eigenartigste Urwaldgebiet südlich von Norrland. Seit einem Waldbrand Ende des 17. Jhs. machen sich hier Kiefern und Fichten gegenseitig Licht und Nahrung streitig.

Sveg hat eine größere Freizeitanlage mit Swimmingpool und einen Campingplatz. Die 81 geht von Sveg über Ytterhogdal und Överhögdal, wo 1910 ein mittelalterlicher Bildteppich gefunden wurde, der jetzt im Museum in Östersund ist. Er stammt aus dem 11. Jahrhundert, und man hat die Darstellungen bislang nicht klar deuten können. Ankunft des Bekehrers, Hochzeit Vornehmer oder heidnische Sagenmotive: *Överhögdalstapeten* gehört zu den schönsten Gegenständen des ohnehin gut ausgestatteten Jämtland-Museums in Östersund.

Hinter Överhögdal beginnen die Landschaften *Härjedalen-Jämtland* mit einer festverwurzelten Kultur von Bauern, die ihre Familienentwicklung bis ins 14. Jahrhundert zurück verfolgen können. Härjedalen und Jämtland waren von 1570–1645 Teile von Dänemark-Norwegen. Hier macht ab und zu eine separatistische Bewegung von sich reden, die für Härjedalen-Jämtland Autonomie verlangt. Sie ist aber wohl kaum ernster zu nehmen als die antischwedische in Schonen und die antidänische auf Bornholm.

Bald hinter Lockne (Kirche von 1797, gebaut und eingerichtet von zwei Künstlern namens Edler) trifft die 81 auf die E 75. Fast unmittelbar nach dem Einbiegen links der südlichste Ausläufer des Storsjön und der Ort Brunflo mit dem Kalksteinbruch Gusta. *Gustamarmor* wurde in Stockholm für das Rathaus und das Konzerthaus verwendet. Der Glockenturm der Kirche war ursprünglich ein Festungsturm.

Nördlich von *Östersund* (30 000 E.), geografischer Mittelpunkt Schwedens (!), findet man von der bäuerlich-schwedischen Kulturüberlieferung außer Kirchen nur sehr wenig. Über Östersund nach Trondheim im Westen verlief die Pilgerstraße *S:t-Olavsvägen* zum Nidarosdom in Trondheim. Hornsberg auf der Insel Frösön (im Storsjön) war Zentralort der Landschaft, ehe 1786 Östersund gegründet wurde. Hier lebten Menschen schon in vorgeschichtlicher Zeit, und der Name rührt wohl vom Fruchtbarkeitsgott Frö (oder Frej) her, dem Bruder von Fröja (Freja), die ebenfalls für Fruchtbarkeit und Liebe zuständig war (was ja wohl damals – zumindest für die Frauen – keinen Unterschied bedeutete).

Wer Interesse an Vorzeit, Bauernkultur und schöner Landschaft hat, bleibt 1–3 Tage in oder bei Östersund. Dicht am Jämtland-Museum liegt das Freilichtmuseum Jämtli mit einem Bebauungsquerschnitt durch die Jahrhunderte. Im Restaurant preiswertes Essen.

Die kürzeste Strecke Östersund – Gällivare ist 72 (nach Kiruna 83) Meilen lang. Hinter dem Storsjön beginnt wieder das Meilenfressen, um das man auf keiner Nordlandreise herumkommt. Nach Karesuando sind es von Gällivare aus 20 (von Kiruna 18) Meilen und von Karesuando über Kautokeino zum Nordkap noch einmal 45.

Von Östersund an der Küste entlang nach Süden erst bis Sundsvall (19 Meilen), dann nach Stockholm (40); nach Norden über Sollefteå und Örnsköldsvik (26), Örnsköldsvik – Haparanda (40 Meilen), finnische Grenze; Haparanda – Kirkenes 78 Meilen, Haparanda – Nordkap 80. Nach Trondheim Richtung Westen bis Åre 10 Meilen, zum Fjällhotel Storlien etwa 6, dann 10 bis Trondheim (Kiruna – Narvik s. S. 352).

Die Pilgerstraße wurde natürlich auch von Soldaten benutzt. Karls XII. letzter Angriff, der Vormarsch auf Oslo, sollte im Norden durch die Einnahme Trondheims abgesichert werden. Die Armee von 4000 Mann unter Armfelt kommt bis zur Nidaros-Stadt, entschließt sich aber auf die Nachricht vom Tod Karls XII. zum Rückmarsch durch das Gebirge. Ihr Marsch führte mitten in einen sehr strengen Winter hinein. Dauernd angegriffen von Partisanengruppen warfen die Soldaten zunächst die Teile der auseinandermontierten Geschütze, die Munition und endlich auch ihre eigenen Waffen weg. Die wenigen Hütten an den Ostabhängen der Berge waren bald von erschöpften Überlebenden so dicht besetzt, daß Nachdrängende vor der Schwelle erfroren.

Viele der etwa 1000 Durchgekommenen blieben in Jämtland. Einer, ein Holzschnitzer, machte sich an die Restaurierung der alten Kirche von Åre. Als er die Olavfigur erneuerte, erhielt sie als Kopfschmuck keine Krone, sondern den Dreispitz, den Karl XII. stets getragen hat.

Von Östersund nach Strömsund auf der 88 etwa 10 Meilen. Die Straße ist gut ausgebaut und wenig befahren, verleitet also leicht zum Überschreiten der Geschwindigkeitsbegrenzung. In *Strömsund* Hotel, Wanderherberge und zwei Campingplätze. Weiter auf der 343 nach *Storuman* am gleichnamigen See, über Dorotea und Vilhelmina (nach Vornamen einer Königin getauft, 1799). Vilhelmina hat ein *Kirchdorf.* Diese Gruppe einfacher Holzhäuser entstand als Folge der dünnen Besiedlung und großen Abstände. Zur weit entfernten Kirche konnten die Bauern nur einige Male im Jahr kommen, an wichtigen Feiertagen. Sie blieben möglichst ein paar Tage länger, um Ein- und Verkäufe zu tätigen. Die Kirche gab ihnen Grund und Boden zur Pacht, und sie durften dort Häuser hochzimmern.

Strömsund – Vilhelmina 13, Vilhelmina – Storuman 7 Meilen. Hotel, Wanderherberge, Campingplatz am See. Von hier nach Mo i Rana (Norwegen, S. 152) die bis in Grenznähe gut ausgebaute 361, ab Grenze Umbukta die 77, gut ausgebaut bis in die Nähe von Mo, dann schlechter. Storuman – Mo 24 Meilen auf der schwedischen Seite Wander- und Angelgebiet mit Tärnaby (ab Storuman 12 Meilen) als Drehscheibe.

Die 343 geht nach Arvidsjaur (15 Meilen) und Jokkmokk (16), von dort die 97 nach Gällivare (11) und dann die 98 nach Kiruna (11). Abgesehen von 2 Meilen vor Arvidsjaur hat die Straße durchgehend festen Belag. In Sorsele Fremdenheim, Wanderherberge und drei Campingplätze.

Zwischen Slagnäs und Arvidsjaur zwei hübsche Rastplätze am See *Storavan (van* oder *vatn* sind die ursprünglichen nordischen Bezeichnungen für Wasser/Gewässer; in Norwegen findet man beide, in Island nur vatn). Die stets auf Rationalisierung und Durchorganisieren bedachten Schweden haben schon früh Großgemeinden geschaffen. So wurde Kiruna – der Fläche nach – zur größten Stadt der Welt, und die Gemeinde Arvidsjaur ist so groß wie ganz Schonen. Der Hauptort hat drei Hotels abgestufter Güteklassen und zwei Campingplätze. Samisches Kirchdorf besichtigen.

In Arvidsjaur kreuzt die 1975 eingeweihte Strecke Silberstraße von Skellefteå am Bottnischen Meerbusen nach Fauske und Bodö (S. 137). Entfernungen: Skellefteå –

Arvidsjaur 14 Meilen, nach Arjeplog 9, zum norwegischen Grenzort Graddis 18, von dort (bald E6) nach Fauske etwa 7 Meilen. Entlang der ganzen Strecke gute Unterkünfte: Feriendörfer, Fremdenheime, Berghotels.

Abstecher zum Silbermuseum in *Arjeplog,* dessen Sammlungen auf die Initiative eines Mannes zurückgehen: Dr. Einar Wallquist. Der ›Arzt der Lappenmark‹ kam 1922 nach Arjeplog und hat vierzig Jahre lang seine Patienten betreut. Den Samen waren zu jener Zeit Begriffe wie Gebührenordnung und Honorar fremd. Wenn der Doktor mal wieder jemanden kuriert hatte, dann zeigten sie ihm ihre Dankbarkeit, machten sie Geschenke. So sammelte sich bei Einar Wallquist manch ein Schmuckstück aus Lappensilber (S. 134f.), das die Samen Jahrhunderte hindurch bewahrt hatten.

Als der skilaufende Doktor erleben mußte, wie sich von Südwesten her die Drachen der Zivilisation – Bulldozer und Schneepflüge – in sein Betreuungsgebiet hineinfraßen, begann er bewußt, Gegenstände der Samenkultur zu sammeln. Sie sind der Grundstock für das Museum, das auch eine Vorzeit-Abteilung und eine andere aus der Zeit der schwedischen Neusiedler hat, die vor 300–200 Jahren kamen, sich hier niederließen und den Samen das Land streitig machten.

Von Arvidsjaur nach Norden durch *Kåbdalis.* Station für stratosphärische Messungen und zum Untersuchen des Nordlicht-Phänomens, über dessen Ursachen es voneinander abweichende Theorien gibt. – Polarkreisübergang hinter Själlarim (kurz vor Jokkmokk).

Jokkmokk: Kirche von 1753, abgebrannt 1972, vollständig restauriert, 1975 neu eingeweiht; Volkshochschule für Samen; Kirchenfest und Markt im Februar; Polarcirkelns fiskecamp (Hüttendorf für Freizeitangler) zwischen dem Polarkreis und dem Ort; Museum, Grundstock auch hier eine private Sammlung, 1200 Exponate samischen Ursprungs; im Museum Informationsbüro. Feriendörfer, Ferien- und Berghütten, markierte Wanderwege und nördlich von Kvikkjokk (13 Meilen W von Jokkmokk der *Nationalpark Sarek* – nur für harte Bergfüchse).

An der 97 Jokkmokk – Gällivare in Harsprånget eins der größten Kraftwerke Schwedens (Besichtigung Falltunnel möglich).

Hinter Porjus Abzweigung in nordwestlicher Richtung die Straße zum Kraftwerk, zunächst durch Luspebryggan (steinzeitliche Wohnstätten), dann am Nordufer des Stora Lulevatten entlang zur Touristenhütte und Freizeitanlage von Vietas. Die Straße führt zum Nationalpark und Wasserfall *Stora Sjöfallet* (Abb. 142), der im Juli und August ungezähmt ist.

Rechts der 97 Richtung Gällivare der *Nationalpark Muddus,* Wald- und Moorgebiet. Ab Ende Juli Zutritt auch zum Vogelschutzbezirk von Muddusjaur-Muddusluobbal. Auf einem Teil der Strecke Porjus – Gällivare grenzt der Muddus-Park direkt an die Straße, man kann ihn hier wenigstens zu einem Spaziergang betreten.

Dicht vor Gällivare rechts die kurze Straße zur Freizeitanlage Dundret. Der zentrale Servicepunkt ist das langgestreckte Gebäude Björnfällan (Bärenfalle), erbaut aus Trockenföhre. Man mußte finnische Zimmerleute heranholen, weil schwedischen diese seltene Holzart (mehrere 100 Jahre alt, ausgetrocknete Kiefer) nicht mehr vertraut ist. Gutes Essen, Sauna, nett eingerichtet, so der Raum des kleinen Swimming-pools mit Kamin.

Komplett (und ausgezeichnet) eingerichtete Ferienhütten mit je vier Betten, Preisermäßigungen bei Aufenthalt ab 3 Tage.

Drei interessante Kirchen in *Gällivare*. Für die Alte Holzkirche wurde in ganz Schweden gesammelt (Ein-Öre-Kirche). Die Neue Kirche hat statt der Altartafel einen modernen Gobelin. Das frühere Altarbild hing zunächst in der Alten Kirche, wurde in die neue überführt und wirkte dort zu klein. Daraufhin entschied sich die Gemeinde, oben ein Stück anzusetzen. Die moderne Allerheiligenkirche (1944) ist ein Geschenk des staatlichen Grubenunternehmens LKAB. Sie mußte später verlegt werden, weil unter ihr eine abbaufähige Erzader entlanglief. Die neue Weihe erfolgte 1974. Christus mit den Aposteln und das Triumphkruzifix sind Arbeiten zweier Norweger. Die drei Chorfenster zeigen auch Szenen aus dem Alltag der Lappenmark sowie die drei Erwecker Högström, Læstadius und Raatamaa.

In der Umgebung zahlreiche Möglichkeiten, ein paar oder viele Urlaubstage ›nordkalottisch‹ zu verbringen. Das Informationsbüro gibt alle Auskünfte.

Kiruna liegt an einer Stelle, die zu Zeiten des Friedrich Wilhelm von Schubert – und noch drei Geistlichengenerationen nach ihm – eitel Bergwelt war (Abb. 140, 141). Vor der Jahrhundertwende beschloß der Reichstag, die Erzvorkommen des Luossavaara und des Kirunavaara abzubauen (*vaara* = Berg mit Bäumen). Das Unternehmen Luossavaara-Kirunavaara-Aktiebolag (LKAB) gehörte anfangs der Grängesberg, einem privaten Bergbauunternehmen. 1907 kaufte der Staat sich zur Hälfte ein, und 1957 übernahm er weitere 45 Prozent. Seit 1900, der Ankunft des Managers und feinsinnigen Patriarchen Hjalmar Lundbohm, sind Millionen Tonnen Erz abgebaut worden, und immer noch verfügt die LKAB über das größte bekannte Erzvorkommen Europas. Man schätzt, daß es bis über Anno 2100 hinaus ergiebig sein wird. Der Abtransport erfolgt vorwiegend über den eisfreien norwegischen Hafen Narvik und über Luleå am Bottnischen Meerbusen.

Zumindest alle anderen Gemeinden Schwedens übertrifft Kiruna immer noch an Fläche: 28 000 Einwohner verfügen über 20 000 qkm, das ist Schonen plus Blekinge plus Halland an der Küste des Kattegat.

An einer Grubenbesichtigung in Kiruna soll man auch teilnehmen, wenn man die in Falun mitgemacht hat. Falun zeigt Bergbaugeschichte, Kiruna zeigt Abbaupraxis.

Die Stadt verwendet einen erheblichen Teil ihrer Steuereinnahmen, um Kiruna – das ja nach unseren Begriffen wirklich am Ende der Welt liegt – wohnlich zu machen. Die Kirche geht auf Lundbohm zurück, das ebenfalls interessante Rathaus ist neueren Datums.

Viele werden nach Kiruna fahren, »um dagewesen zu sein«. Wer schon da ist, der soll auch nach *Jukkasjärvi* (2 Meilen) fahren, ein Kirch- und Marktplatz, der früher für die

Samen sehr wichtig war, weil er ihren Nachholbedarf befriedigte: Als die im Frühjahr hinter den Rentieren hier mit Kind und Kegel auf Wanderschaft zogen, stand unterwegs – simpel gesagt – das Leben nicht still. Alte starben, Junge verliebten sich, Ehepaare bekamen Kinder. Und kein Herr Pastor in der Nähe. Auf der Rückwanderung wurde alles in Jukkasjärvi nachgeholt: Die während des Sommers auf den norwegischen Fjells vorübergehend vergraben gewesenen Toten kamen in Jukkasjärvi endlich in geweihte Erde. Kinder wurden getauft, Ehen geschlossen, wobei der Pastor diskret übersah, daß die Verliebten schon bei der Frühjahrswanderung Vorschuß auf den Tag der Trauung genommen hatten. – Das alles dauerte Tage. Händler aus dem Süden tauchten auf, die Samen verkauften und bekamen Geld in die Hand. Gleich den Indianern hatten – und haben – sie eine Schwäche für Feuerwasser. High life in einem Flußtal, wo sich sonst die Wölfe Gute Nacht sagten.

Gegen dieses tugendlose Leben zog Lars Levi Læstadius (1800–1861) zu Feld. Er predigte wider die Unzucht und scheute auch nicht vor harten Worten über seine geistlichen Kollegen zurück, die an Markttagen – wie es auf schwedisch heißt: – durch die Finger sahen. Er rüttelte die Leute wach, und seine Erweckungsbewegung fand schnell viele Anhänger. In späteren Jahren wurde der Bekehrer bekehrt: Lars Levi fand die Liebe des jungen Samenmädchens Maria und wurde – ja, er wurde wirklich – tolerant. Sein Schüler Johan Raatama nahm das Panier des Meisters auf. Den Læstadianismus gibt es heute noch. Læstadianer rauchen nicht, trinken, tanzen, musizieren nicht, haben das Radio nur, um Gottes Wort zu hören, und kein Fernsehen.

Die Kirche Jukkasjärvi hat ein dreiteiliges Altargemälde (1958), es ist bewußt im naiven Stil gehalten.

Und jetzt wieder in Kurzform: Von Kiruna Personenzüge mit Autobeförderung nach Narvik (seit Herbst 1984 Straßenverbindung, s. ›Erzstraße‹ S. 352). Man kann sich in der Touristenstation Abisko (Beginn des langen Wanderpfads Kungsleden) oder im Sporthotel Lapplandia, direkt an der Grenze (Bergwanderungen nach Norwegen möglich) einquartieren.

Mit dem Auto auf jeden Fall 5 Meilen zurück auf der 98 bis Svappavaara (jüngstes Bergwerk der LKAB). Auf der 395 bis Vittangi 3 Meilen, dann 396 bis Karesuvando (finn. Kaaresuanto) 11 Meilen, durchweg gute Straße. Von dort E 78 nach Kilpisjärvi wesentlich schlechter (10 Meilen). Kilpisjärvi – Skibotn 5 Meilen. Ein Tag bis zur E 6 Richtung Nordkap.

Von Kaaresuvanto (19 Meilen ab Kiruna) über Enontekiö und das Hochplateau Finnmarkvidden bis Alta (E 6) in Norwegen 29 Meilen ab Kaaresuvanto. Auch in einem Tag möglich, aber Aufenthalt im Samenort Kautokeino lohnt.

Kürzester Weg nach dem südlichen Teil von Finnisch-Lappland: Kiruna – Vittangi 8 Meilen, Vittangi – Pajala (hier war Læstadius Pfarrer) 11 Meilen, Pajala – Pello 5,5 Meilen, Pello – Rovaniemi 10 Meilen. Auch dafür reicht ein Tag.

Das über die Schweden und ihr Land. Sie haben etwas Imponierendes daraus gemacht. Oder nicht?

»Das Futter dieses Tieres besteht aus dem weißen Moos auf den Bergen, vor allem im Winter, da das Moos, wie auch der Boden sonst, von Schnee bedeckt ist.«

Woher die Völker kamen

Samen, Wikinger und Finnen

Drei ethnisch unterschiedliche Gruppen bevölkern den skandinavischen Raum: *Samen, Germanen* und *Finnen.* Wer von ihnen wann angekommen ist, läßt sich mit Sicherheit nicht datieren. Das Übergewicht erhielten auf jeden Fall die aggressiven germanischen Stämme, deren bedeutsamster Zeitraum die Wikingerzeit (etwa 800–1050) war. Samische Besiedlung ist von der Eisenzeit (300–800) nachweisbar, Knochengegenstände (Kjelmöy bei Kirkenes) aus der Hand von Menschen, die vermutlich Rentiernomaden waren. Die heutige Samenkultur geht auf die spätheidnische Zeit dieses Volkes zurück, also auf die Jahrhunderte von 1000 bis 1300.

Die Samen, Herkunft und Lebensweise

Die Volksstämme der Samen umfassen heute höchstens 40000 Menschen. Davon leben 20000 in Norwegen, 10000 in Schweden, etwa 5000 in Finnland und rund 2000 in der Sowjetunion. Die Aufschlüsselung hat gegenüber der zuerst genannten Zahl ein Defizit von 3000 Menschen. Dies liegt ganz einfach daran, daß man nicht genau sagen kann, wer denn nun eigentlich Same ist. Soll man von der sogenannten *Muttersprache* ausgehen oder von der Sprache, die zu Haus in der Familie gesprochen wird, oder von der Sprache, die der Befragte am häufigsten benutzt? Der Begriff *Same* ist etwa genauso unübersichtlich wie das Wort *Europäer.* Es gibt keine völkisch und sprachlich uniforme Samenbevölkerung, es gibt auch keine völlig homogene samische Kultur. Die sprachlichen Unterschiede sind bei diesen 40000 Menschen derart groß, daß sie es im extremen

Fall schwer haben, einander zu verstehen, wenn jeder seine eigene Sprache spricht, die mehr ist als ein Dialekt.

Einige Vorgeschichtler behaupten sogar, die Samen gehören zu den Urbevölkerungen Europas. Diese These beispielsweise stützt sich in erster Linie auf eine Felszeichnung in der Dordogne, die allem Anschein nach ein Rentier darstellt. Man schließt aus dieser einen Zeichnung, daß die Samen schon in grauester Vorzeit eine Lebens-Symbiose mit dem Rentier eingegangen sind, daß sie sich von angriffslustigen Stämmen immer weiter in den Norden haben abdrängen lassen, zunächst nach Skandinavien und dann sogar bis zur Nordkalotte. Das ist kühne Spekulation. Als ziemlich sicher kann jedenfalls folgendes gelten: Die Samen haben zu Beginn unserer Zeitrechnung in großen Teilen Skandinaviens gelebt, haben damals Wild, darunter Rentiere, gejagt und wurden von den Germanen sowie später auch den Finnen immer weiter in unwirtliche Gegenden, in die unwirtlichsten unseres Kontinents, abgedrängt.

Man weiß wenig darüber, wie die Götter aussahen, die sie verehrten. Mehr weiß man jedoch über ihre damalige Lebensweise. Wir verbinden heute das Leben der Samen vorwiegend mit der Rentierzucht. Dieser Erwerbszweig indes ist relativ jung. Die Samen waren ursprünglich Jäger und Fischer. Die Rentiere, die sie jagten, wurden von ihnen zuweilen auch eingefangen und gezähmt. Aus dieser Zähmung entwickelte sich die Rentierhaltung. Das Ren ist heute noch ein im Grunde genommen nur halbzahmes Tier. Man kann es nicht in Gehegen halten, es folgt nach wie vor seinem Wandertrieb, und der Same muß seinem Ren folgen, wenn er den Überblick über seinen Besitz behalten will. Im Herbst und Winter, wenn der Nachwuchs sich noch an das Muttertier hält, werden die Tiere zu Rentierscheidungen zusammengetrieben. Dabei wird jedes einzelne Jungtier gefangen; es erhält eine Ohrmarke, und die meisten Männchen werden dabei zugleich kastriert. Während der Scheidung sortiert der Züchter außerdem die Tiere aus, die er zum Schlachten verkaufen möchte.

Ursprünglich lebten die Samen in Dorfgemeinschaften, wobei in den warmen Monaten das Dorfgebiet sich über mehrere hundert Quadratkilometer erstrecken konnte, von denen jede Familie ein bestimmtes Stück für sich zugeteilt bekam. Hier wurden die Tiere gehalten und Wintervorräte eingesammelt. Nach dem Frosteinbruch im Oktober zog die ganze Gemeinschaft in das Kerndorf um, in das feste *talvsit* (Winterdorf). Es lag gewöhnlich auf Heideboden, weil hier die Rentiere leicht an die Flechte herankommen, die während des Winters praktisch ihre einzige Nahrung darstellt (in Mitteleuropa ist diese Flechte unter dem Namen *Islandmoos* als Schmuck für Kränze bekannt).

In den Winterdörfern ließen die Missionare die ersten Kirchen für die Samen anlegen. Eine typische *Lappenkirche* dieser Art ist die in *Jokkomok* (Schweden), während die von *Jukkasjärvi* bei Kiruna eher eine ›Kirche am Weg‹ war.

Früher zogen die Züchtergemeinschaften gemeinsam – also mit Sack und Pack und Kind und Kegel – vom Frühjahr bis zum Herbst hinter dem Rentier her. Sie wohnten unterwegs in Zelten. An Etappen wurden Torfhaussiedlungen gebaut. Als Sommertourist auf der Nordkalotte sieht man in der Regel diese Torfkonstruktionen als erste feste Samenbauten. Bitte keine vorschnellen Rückschlüsse auf das kulturelle Niveau der Samen ziehen! Was man vor sich hat, sind nur Durchgangsquartiere.

Das Selbstbewußtsein der Samen

Vom Standpunkt der nachdrängenden Germanen und Finnen waren die etwas dunkelhäutigen, säbelbeinigen Lappen überflüssig und im Grunde genommen ein Ärgernis. Da sie aber nicht direkt störten und sich gewöhnlich nicht zur Wehr setzten, wenn man sie weiter abdrängte oder ihnen etwas wegnahm, sahen die Weißen nie eine Notwendigkeit, die Samen systematisch umzubringen. Außerdem waren sie manchmal auch recht nützlich. Man konnte bei ihnen unterkommen, wenn man strandete oder von schlechtem Wetter überrascht wurde, und mit der Zeit entwickelte sich auch ein gewinnbringender Handel.

Die Weißen verfolgten die Samen nicht, sondern verachteten sie, fügten ihnen – wie zunächst auch den Nachkommen der Sklaven und den überlebenden Indianern in Nordamerika – die größte Schmach zu, die man einem anderen Menschen zufügen kann: ihn ganz einfach ignorieren. Diese Gegensatzsituation ist der Hintergrund des Kulturkampfes auf der Nordkalotte, angereichert natürlich durch sprachliche, ethnische und vor allem wirtschaftliche Gegensätze. Die Samen wollen vor allem als gleichwertige Menschen anerkannt werden.

Dieser friedliche Kulturkampf begann erst dann, als die erfolgreichen Norweger, Schweden und Finnen ihre Länder zu liberalen Wohlfahrtsstaaten ausbauten. Man war prinzipiell bereit, auch die samische Minderheit in die Solidarität des Gemeinwesens aufzunehmen, wobei man anfangs vom Gedanken ausging: »Wenn sie sich verhalten wie wir, werden sie auch genauso gut behandelt wie alle anderen«. Dabei ließ man anfangs den Samen dieselbe patriarchalische Bevormundung angedeihen, die den Naturkindern in den afrikanischen Schutzgebieten von sogenannten guten Kolonialherren zuteil wurde.

In den leichter überschaubaren nordischen Verhältnissen wurden die Gefahren schneller evident (Gefahren, mit denen sich junge afrikanische Staaten trotz des Abzugs der Europäer heute auseinandersetzen müssen): Die zur Anpassung Aufgeforderten liefen zur europäischen Zivilisation über und gaben ihre eigene Kultur voreilig auf. So etwa zeichnete sich die Situation in den 20er Jahren ab.

Die ungewisse Zukunft

Erst nach 1945 kam der Übergang von der bloßen Lappenbetreuung zur Erhaltung der Samenkultur, zur Zusammenarbeit zwischen selbstbewußt gebliebenen Teilen der Samenbevölkerung und den Beauftragten der Gemeinwesen, der Staaten. Ziel war und ist die Stärkung des natürlichen Stolzes auf den Eigenwert bei der samischen Bevölkerung; alle anderen Maßnahmen, wie Verbesserung des Bildungswesens, Förderung der Sprachen, Anheben des Einkommens, sind im Grunde genommen nur ›flankierend‹.

Natürlich kam es den Samen dabei zu Bewußtsein, daß sie früher einmal die ganze nördliche Hälfte Skandinaviens besessen haben und in den äußersten Norden von den Vorfahren genau der Menschen abgedrängt worden sind, die heute der samischen Bevölkerung neues Selbstgefühl einimpfen und die samische Kultur erhalten wollen. Da reagierten viele natürlich mit der Aufforderung: »Gebt uns zurück, was uns genommen wurde, damit wir im eigenen Gebiet nach eigener Art leben können, dann erledigen sich für uns alle Probleme von selbst«.

Das ist ebenso zweifelhaft, wie es undurchführbar ist. Die Undurchführbarkeit braucht hier wohl nicht belegt zu werden, sie ist ja durch die Beispiele USA, Kanada, Australien – und nicht zuletzt auch durch den sowjetisch-chinesischen Grenzstreit – hinlänglich bekannt.

Zu den Zweifeln: Mit halb Skandinavien als Besitz wären die Samen die reichste Völkergruppe Europas. Aus dem Gedanken könnten sie zwar Selbstbewußtsein schöpfen, kaum aber könnten sie der Verlockung widerstehen, nach Art Reicher zu leben – und das wäre definitiv das Ende der Samenkultur. Auch für solche Entwicklungen gibt es gegenwärtig auf der Erde – etwa in Arabien – Beispiele genug.

Das Schielen nach dem Wohlstand nagt heute schon am Bestand der Samenkultur, deren Grundlage ja gerade das karge Leben, das Umherstreifen in der Natur ist. Man kann im hohen Norden – wenigstens in einigen Gebieten – die Natur vor dem Menschen schützen, nicht aber den Menschen vor sich selbst. Man kann ihm nicht fabrikgefertigte Kleidung, Konserven und Motorschlitten verweigern und sogar im Wohnzimmer das Fernsehgerät mit der Begründung abschalten: »Auf diese Annehmlichkeiten mußt du verzichten, weil es deine Aufgabe ist, die Samenkultur zu bewahren.« Dann müßte man in letzter Konsequenz auch die Kirchen wieder abreißen.

So wird wohl nur eine Möglichkeit bleiben: Den Samen beim Übergang in einen neuen Entwicklungsabschnitt Unterstützung geben, damit sie ihren eigenen Weg in die Zukunft finden, einen Weg ohne Abbruch, der das Gestern mit dem Morgen verknüpft.

Die Wikinger und die Wissenschaft

Einer der ersten geschichtsnotorischen Ausbeuter der Samen war der Wikinger *Otta av Hålöyg,* der in England am Hofe Alfreds des Großen von seiner Fahrt bis ans Weiße Meer und davon erzählte, daß er einer der reichsten und mächtigsten Männer des Nordens sei. 600 Rentiere nannte er sein eigen, und das verwunderte die Zuhörer nur wenig, weil Häuptling Otta zu berichten wußte: »Die größten Einnahmen, die wir im Norden haben, sind die Steuern von den *Lappen.*«

Alfreds Krieger mögen sich insgeheim gefragt haben, ob Otta nicht reichlich aufschnitt. Denn wenn es da oben so sagenhaft viel zu holen gab, dann war nicht verständlich, warum dänische und norwegische Wikinger auf die große Insel der Angeln und Sachsen nachdrängten und Alfred zwangen, sich dauernd mit ihnen herumzuschlagen.

Alfred war nicht der einzige, der Sorgen mit den Wikingern hatte, und in anderer Form haben Sorgen mit ihnen noch heute die Historiker: Es will nicht gelingen, die Männer mit den Drachenschiffen richtig einzuordnen. Zwar gibt es Quellen genug über sie, aber die sind fast durchweg »von der Parteien Haß und Gunst verzerrt«, und so »schwankt ihr Charakterbild in der Geschichte«. Die objektivste Sicht drückte nach heute vorherrschender Meinung Prof. Sture Bolin 1939 in der schwedischen Universitätsstadt Lund aus. Nach seiner Meinung hat die Wikingerzeit »in der Geschichte des Nordens weder wirtschaftliche noch politische Parallelen. Die wirtschaftlichen und politischen Entwicklungen jener Zeit sind eng miteinander verzahnt und können nicht voneinander getrennt werden: Die Wikinger, die der abendländischen Welt Schrecken einjagten, kamen aus einem Land, wo orientalisches Silber gängig war. – Dies ist mithin der Hintergrund der Wikingerzüge nach Westen, die in großangelegten Unternehmungen und Eroberungen kulminierten, nicht aber die Lebensbedingungen eines verarmten nordischen Gemeinwesens, das durch Überbevölkerung bis zum Zerreißen gespannt war.«

Händler, Krieger, Seefahrer

Nach Osten hin trieben die Wikinger vorwiegend Handel, nach Westen hin führten sie vorwiegend mit den Einnahmen aus dem Osthandel finanzierte Kriege, die aber durch Plünderungen nach Möglichkeit rentabel gemacht wurden. Mit der Plünderung des Klosters Lindisfarne an der englischen Ostküste im Jahre 793 begann die Zeit ihrer Expansionen, und 250 Jahre später endete sie.

Bis dahin waren viele Klöster leergeplündert, viele Klosterbrüder totgeschlagen worden. Die Mönche haben sich auf ihre Art an den Wikingern gerächt. Sie zeichneten emsig auf, was sie an kriegerischen Aktionen, Plünderungen, Verheerungen und Grausamkeiten selbst miterlebt hatten oder was ihnen zugetragen wurde. Von diesen Chronisten kann man wirklich nicht viel Objektivität erwarten. Was in Skandinavien über die Wikinger geschrieben wurde, stammt erst aus der Zeit von *Snorre Sturlason* (1179–1241), der die *Edda*, die Sage von Olav dem Heiligen und die Königssagen der Heimskringla niederschrieb (s. a. unter ›Kleines Skandinavien-Alphabet‹ S. 367). Mit der Bereitschaft zur Quellenkritik, die ihn auszeichnet, sagte er selbst, daß die überlieferten Skaldengesänge sich hauptsächlich mit den Heldentaten und Schlachten der Häuptlinge befassen. Das Pro der Hofpoeten stand dem Contra der arg molestierten Geistlichen gegenüber.

Als wertneutraler gelten arabische Quellen. Araber und Wikinger traten sich als Händler gegenüber. Nachdem die Araber den Mittelmeerhandel organisiert hatten, waren sie potente Partner für jeden, der Güter aus dem Norden brachte. Wer kam, waren die Wikinger, die im Raum der Ost- und Nordsee dasselbe vollbracht hatten wie die Araber rund ums Mittelmeer.

Ibn Fadlans Erlebnisse an der Ätil

Eine orientalische Wikingerschilderung findet sich in der ›Risala‹ des *Ibn Fadlan.* Al Muctadir, der Kalif von Bagdad, schickte 921 eine Karawane nach Bulgar am Mittellauf der Wolga, Sitz des Khans der Bulgaren. Hier begegnete Ibn Fadlan 922 den *Rus.* Er preist ihr Aussehen: »Ich habe niemals vorher Menschen mit einem so perfekten Körperbau gesehen. Sie sind wie Dattelpalmen, blond und rötlich.« Doch ihm grauste vor den Sitten dieser Männer, die »vom Nagel bis zum Hals von grüner Baumfarbe bedeckt und mit Figuren und ähnlichem tätowiert« sind: »Sie sind das schmutzigste Volk, das Allah geschaffen hat. Sie schämen sich nicht, ihre Bedürfnisse zu verrichten. Sie waschen sich nicht nach dem Beischlaf, und sie waschen nicht die Hände nach dem Essen. Sie sind dumm wie Esel. Sie kommen aus ihrem Heimatland an und vertäuen ihre Schiffe an der Ätil (Wolga), die ein großer Fluß ist. Am Flußufer bauen sie große Holzhäuser. In jedem Haus halten sich etwa zehn bis zwanzig Personen auf. Jeder hat eine Holzpritsche, auf der er sitzt. Sie haben hübsche Sklavinnen dabei, mit denen sie die Handelsmänner locken. Wenn einer von ihnen Beischlaf mit seiner Sklavin hat, sieht sein Kamerad zu. Manchmal macht es dann einer dem anderen nach, bis alle mit demselben beschäftigt sind. Vielleicht kommt ein Kaufmann, um irgendeine Sklavin zu kaufen. Aber wenn er in das Haus eintritt, sieht er seinen Gastgeber bei einem Liebesakt mit der Sklavin, und der macht erst Schluß damit, wenn er seine Absichten erreicht hat.«

Ibn Fadlan hat noch eine Reihe anderer Unappetitlichkeiten zu berichten, bringt aber alles mit sachlicher Diktion vor, minuziös geschildert. Er gilt als wichtige Quelle – wenn aus keinem anderen Grunde, dann deswegen, weil über die Ostlandfahrer unter den Wikingern wenig vorliegt. Darum soll der eben gebrachte Auszug als Beleg auch für die Schwierigkeiten dienen, mit denen die Wissenschaft sich auseinandersetzen muß. Weniger kritische Köpfe suchen sich aus dem vorliegenden Material gern das heraus, was jeweils mit Markterfolg rechnen kann, und behaupten, »so und nicht anders waren die Wikinger«. Man sollte sich also darauf einstellen, daß noch auf lange Zeit hinaus ständig neue Bücher über diese Zeit erscheinen und immer wieder andere Bewertungen geben werden. Nostalgie oder Pornografie – man kann immer die Kleidung der Wikinger darüber ziehen, nach Ibn Fadlans Bericht »nicht *Qurtaqs* (Rock) und nicht Kaftan, sondern eine Kleidung, die man über den halben Körper wirft und die eine Hand freiläßt«.

Die Finnen kamen von irgendwo

Aus ihrem – in diesem Fall kleinen – skandinavischen Landdreieck drangen die Wikinger bis nach Miklagård (Konstantinopel) und an die levantinische Küste vor, sie

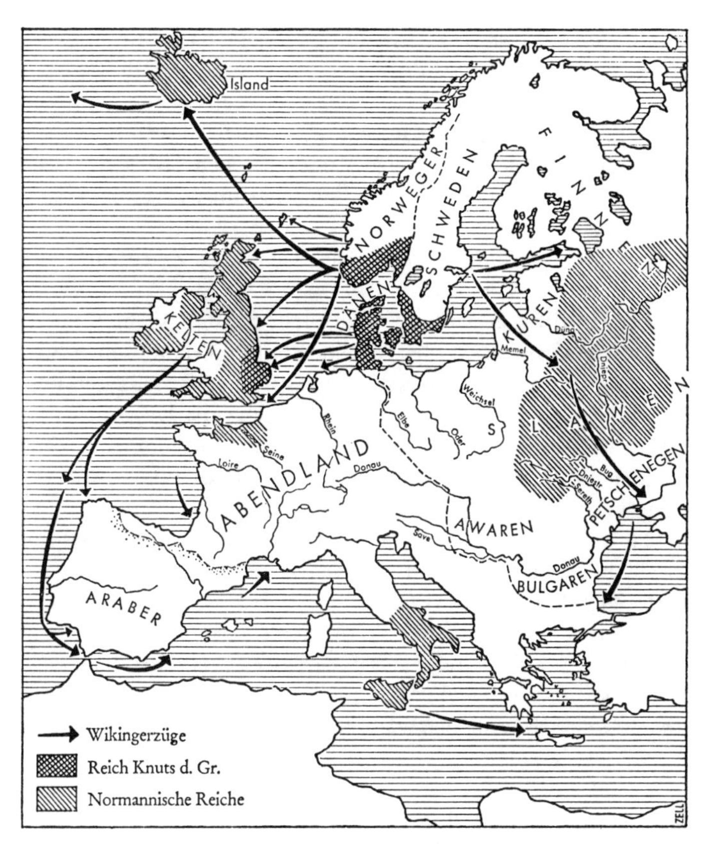

Auf ihren Eroberungszügen im frühen Mittelalter erreichten die Normannen (Wikinger) England (um 850), Island (um 860), Grönland (um 980, Erik der Rote) und Nordamerika (um 1000, Leif Eriksson). Im 9. Jh. erschienen sie in Irland und der Normandie, erreichten den Mittelrhein und das Rhônetal, im 11./12. Jh. gründeten sie ihre Reiche in Sizilien und Apulien. Auf ihren Zügen zum Schwarzen Meer und nach Byzanz errichteten sie Herrschaften in Nowgorod und Kiew (zwischen 800–1000) und drangen über die Wolga bis zum Kaspischen Meer vor.

ließen sich auf den Orkneys, den Shetlands, an der schottischen Küste, auf der Insel Man, auf Irland, den Färöern, Island und Grönland nieder, sogar in Nordamerika (Markland), wo sie sich (L'Anse-aux-Meadows auf Neufundland, damals Vinland) aber nur einige Jahrzehnte halten konnten und dann nach Grönland zurückkehrten.

Keine eigentlichen Wikingersiedlungen sind in dem heutigen Finnland nachweisbar, abgesehen von den Ålands. Gab es dort für die Wikinger nichts zu holen? Oder nichts anderes zu holen als blutige Köpfe? Zu jener Zeit waren die Finnen auf ihrer langen Wanderung vom Osten her schon über die Karelische Landenge und den engen Meerbusen hinweg nach Finnland vorgedrungen. Das Land war besiedelt, von Menschen, die, »gereizt, leicht heftig werden«.

Woher die Finnen kamen, ist noch immer ungeklärt, und geklärt wird es wohl auch niemals werden. Sie haben ihren Weg nicht mit Grabkammern und nicht einmal mit ein paar Runensteinen gesäumt. Man vermutet als Ur-Raum eine Gegend an der südlichen Wolga, von wo sie während des ersten Jahrtausends alle aufgebrochen sind: in die

Tundra am Eismeer, bis nach Sibirien hinein, nach Mittel- und nach Nordeuropa. Die so entstandenen Völker bilden eine eigene Sprachfamilie abseits der indogermanischen, die finnisch-ugrische. Sie ist viel, viel kleiner und natürlich auch weniger stark gegliedert als die indogermanische. Finnisch ist die größte Sprache des einen, Ungarisch die größte des anderen Zweigs. Zum ugrischen Zweig gehören außer Ungarisch auch Wogulisch und Ostjakisch, zum finnischen die ostseefinnischen Sprachen Finnisch, das bis in Dialektnähe verwandte Karelisch, Estnisch und die Samensprachen sowie Tscheremissisch und Mordwinisch. Der dritte Zweig sind die permischen Sprachen Syrjänisch und Wotjakisch.

Die Mordwinier wohnen dem alten Siedlungsgebiet am nächsten, westlich von Kujbyschew an der Wolga, in einer kulturell autonomen Sowjetrepublik. Politisch autonom ist die Estnische SSR, die das Gebiet der früheren Republik Estland umfaßt. Souverän – aber das heute nur theoretisch – ist Ungarn. Alle anderen Völker dieser Sprachfamilie leben nicht einmal in einem autonomen Gebilde, ausgenommen die Finnen. Ihr Land ist eine demokratische Republik westlichen Zuschnitts, einer der skandinavischen Wohlstandsstaaten.

Das heutige Gebiet der Republik erhielt im Laufe der Jahrhunderte seine Grenzen durch die Machtausdehnung Schwedens nach Osten und Norden. Sie wurden nach den verlorenen Kriegen von 1939/40 und 1941–1944 zugunsten der Sowjetunion geändert, wobei etwa ein Zehntel des Territoriums verlorenging. Am schmerzhaftesten war für die Finnen der Verlust des Gebiets auf der Karelischen Landenge mit der Stadt Wiburg (finn. Viipuri, schwed. Wiborg, russ. Vyborg), die seit den Zeiten der Hanse kosmopolitisch geblieben war und heute deprimierend provinziell ist.

Eindrücke von Ausländern

Von den Grundzügen des finnischen Volkscharakters macht man sich schon in den nächsten Nachbarländern – den anderen skandinavischen – teilweise abenteuerlich falsche Vorstellungen. Die Finnen sind Opfer der Katastrophenpublizistik geworden und haben lange Zeit hindurch an diesem falschen Bild mitgebastelt. (Sie ließen sich ganz gern als kleines tapferes Volk bewundern, das im hohen Norden auf der Wacht gegen Osten steht.)

Wirklich breitgetreten wurden aus der jüngeren finnischen Geschichte die Versuche der Panslawisten in der Zeit vor der Jahrhundertwende, aus dem autonomen Großfürstentum eine russische Provinz zu machen, sowie die finnischen Leistungen während des Winterkrieges 1939/40. Politisch erhielt Finnland dadurch das Image eines Brückenkopfes abendländischer Kultur gegen den Ansturm aus Osten, persönlich erhielten die Finnen Klischees verpaßt wie *mutig, kämpferisch, kriegerisch.* Aus der Zeit vor den finnisch-russischen und finnisch-sowjetischen Auseinandersetzungen liegt ein Charakterbild vor, dem leichter beizufallen ist. Friedrich Wilhelm von Schubert:

»Die Finnen sind ein tapferes, fröhliches, abgehärtetes und kräftiges Volk, wenngleich man sie, nicht zu Unrecht, auch des Phlegmas beschuldigt; auch will man einen Zug Melancholie im Charakter des Finnen bemerken. Ich habe in ihnen überall ein redliches, gefälliges und im höchsten Grade gastfreies Volk gefunden, welches durch strenge Arbeitsamkeit und Mäßigkeit, bei wenigen Bedürfnissen, glücklich ist; ... Gereizt sollen die Finnen leicht heftig werden.«

»Rang- und Titelsucht ist leider unter den finnischen Honoratioren jetzt sehr verbreitet.«

»Die Finnen sind von starkem Körperbau, vollem, länglichem Gesicht, mittlerer Statur; und hübsch nicht selten die Männer wie die Weiber.«

Ausländer, die längere Zeit in Finnland gelebt haben, erwähnen häufig, wie ehrlich die Finnen sind. Die Finnen hingegen bemerken manchmal mit Bedauern in der Stimme, daß ihre Landsleute nicht mehr als so ehrlich wie früher gelten können. Aus eigenem Erleben kann ich nur sagen, daß es fast unmöglich ist, etwa eine Kamera zu verlieren, wenn sie mit Adresse und Telefonnummer gezeichnet ist. Wo auf der Skala aber soll man folgendes Erlebnis einordnen – noch ehrlich, schon unehrlich?

Ich verlor mitten in Helsinki meine Börse mit 200 Fmk Bargeld, zwei Scheckformularen und mehreren Kreditkarten. Zwei Tage später rief man von einem Kaufhaus an: »Wir haben hier einen Brief bekommen, und da sind von Ihnen drin: ...« Alles hatte er zurückgeschickt, außer dem Portemonnaie und dem Bargeld.

Auf einer Finnlandreise heute würde Schubert feststellen, daß es bei den Finnen mit der Arbeitsamkeit und Mäßigkeit nachgelassen hat, die Titelsucht hingegen nicht mehr nur unter den Honoratioren verbreitet ist. Man brüstet sich heute allerdings weniger mit dem eigenen Rang und Namen, sondern damit, daß man diesen oder jenen Prominenten kennt.

Was schließlich das Aussehen angeht, so muß ich mich wieder – wie auf der Sonnenstraße zwischen Helsingborg und Svinesund – als befangen bezeichnen. Aber Sie planen ja ohnehin eine Finnlandreise, und dann können Sie sich über »die Männer wie die Weiber« selbst ein Urteil bilden.

»So beten sie die Sonne an, die ihnen während des ganzen Sommers leuchtet, bringen ihr Dankopfer dar, weil sie ihnen Licht gegen das Dunkel schenkt, welches sie solange geplagt hat, und Wärme gegen die unermeßliche Kälte.«

Finnland

Viele Wege führen nach Roi: Von Norwegen und Schweden nach Finnisch-Lappland

Zwischen Norwegen und Finnland gibt es folgende Grenzübergänge (von West nach Ost): *Kilpisjärvi,* in Norwegen E 78 vom Lyngenfjord bei Skibotn; *Kivilompolo,* in Norwegen die 93 ab Alta am Altafjord; *Karigasniemi,* in Norwegen die 96 ab Lakselv am Porsangerfjord; *Nuorgam,* in Norwegen die 6/895 ab Tana am Tanafjord; *Näätämö,* in Norwegen eine Nebenstraße, die etwa 4 Meilen westlich Kirkenes von der 6 abzweigt.

Grenzübergänge zwischen Schweden und Finnland (von Nord nach Süd): *Karesuvanto,* in Schweden die 396 und 98 (Anreise von Kiruna und Gällivare); *Muonio,* hat auf der schwedischen Seite keinen Zubringer, sondern ist Verbindung zwischen den beiden parallel verlaufenden Straßen durch das Flußtal des Tornio (schwed. Torne); *Kolari,* auf der schwedischen Seite von der Torne-Straße oder von Kiruna und Gällivare via Pajala; *Pello,* ebenfalls Verbindung der Parallelstraßen; *Aavasaksa,* auf der schwedischen Seite ab Gällivare 98, ab Överkalix 391; *Tornio,* auf der schwedischen Seite E 4 nach Stockholm.

Man wird seinen Grenzübergang hauptsächlich danach wählen, wie weit man überhaupt nach Norden vorstoßen möchte, und erst in zweiter Linie danach, was einen auf der Strecke erwartet. Hier folgt jetzt eine Übersicht über die wichtigsten Strecken und ihren Verlauf in Finnisch-Lappland.

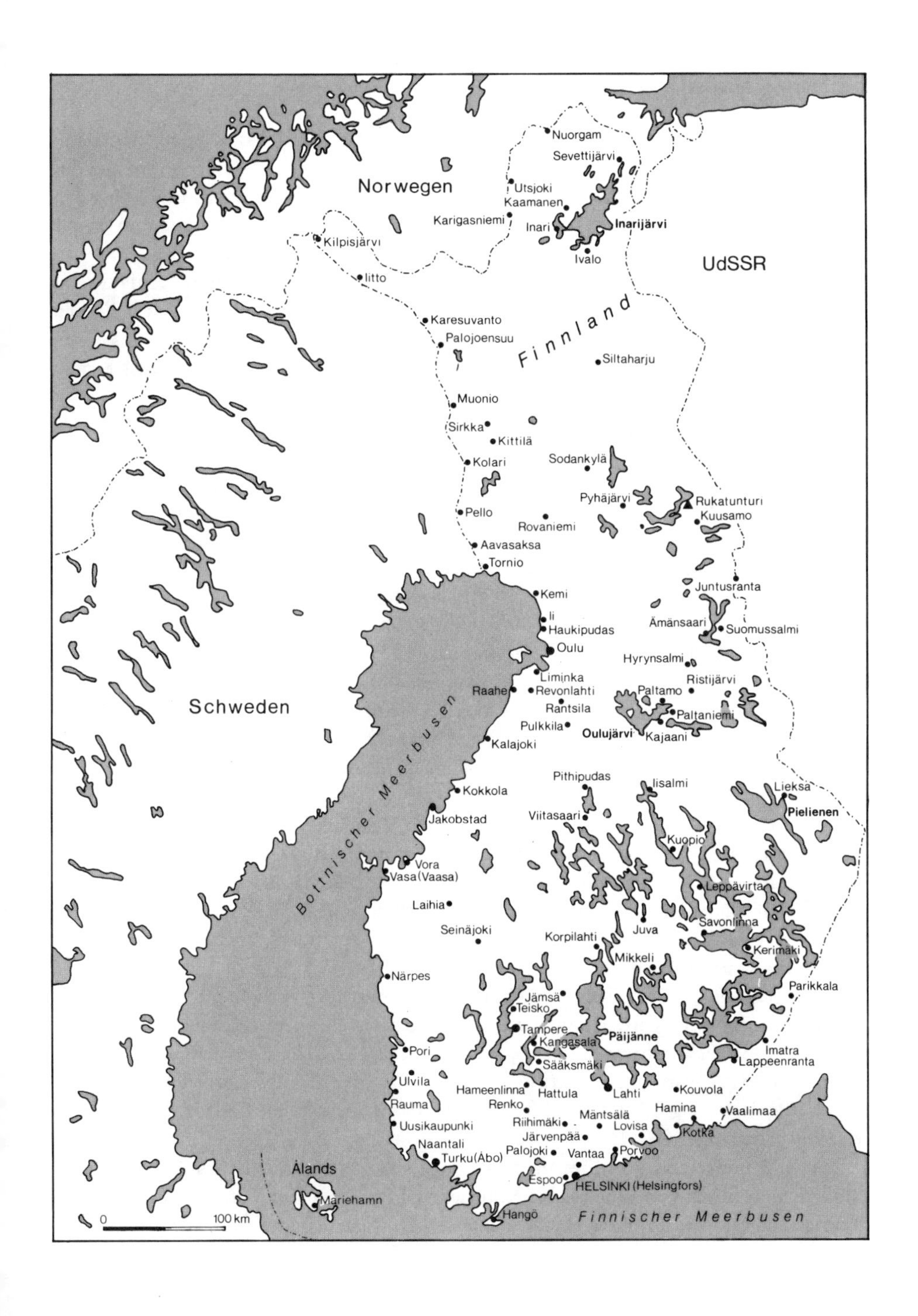

Nuorgam
Sevettijärvi
Norwegen
Utsjoki
Kaamanen
Karigasniemi
Inari
Inarijärvi
Ivalo
Kilpisjärvi
UdSSR
Iitto
Karesuvanto
Finnland
Palojoensuu
Siltaharju
Muonio
Sirkka
Kittilä
Kolari
Sodankylä
Pyhäjärvi
Rukatunturi
Kuusamo
Pello
Rovaniemi
Aavasaksa
Tornio
Juntusranta
Kemi
Ii
Haukipudas
Ämänsaari
Suomussalmi
Oulu
Hyrynsalmi
Liminka
Ristijärvi
Raahe
Revonlahti
Paltamo
Schweden
Rantsila
Paltaniemi
Pulkkila
Oulujärvi
Kajaani
Kalajoki
Bottnischer Meerbusen
Pithipudas
Iisalmi
Lieksa
Kokkola
Pielienen
Jakobstad
Viitasaari
Kuopio
Vora
Vasa (Vaasa)
Leppävirta
Laihia
Savonlinna
Seinäjoki
Korpilahti
Juva
Kerimäki
Mikkeli
Närpes
Parikkala
Jämsä
Teisko
Tampere
Päijänne
Kangasala
Imatra
Pori
Lappeenranta
Sääksmäki
Ulvila
Hameenlinna
Hattula
Lahti
Kouvola
Rauma
Renko
Hamina
Vaalimaa
Mäntsälä
Riihimäki
Lovisa
Uusikaupunki
Kotka
Järvenpää
Naantali
Palojoki
Vantaa
Porvoo
Turku (Åbo)
Ålands
Espoo
HELSINKI (Helsingfors)
Mariehamn
0
100 km
Hangö
Finnischer Meerbusen

Skibotn – Kilpisjärvi – Rovaniemi

Diese Straße ist gut ausgebaut und führt zunächst durch das Tal Skibotndal, steigt dann aber zur Grenze hin an. Das ganze Gebiet von Kilpisjärvi ist – nicht nur auf der finnischen Seite – touristisch gut erschlossen. Der Ort ist also als Zentralpunkt für den geeignet, der sich gern für längere Zeit einquartiert und dann von seinem Standort aus ins Land und die Landschaft hineinfährt oder -wandert.

Als Ort ist *Kilpisjärvi* unbedeutend, aber alt. Hier legten schon Anfang des 16. Jahrhunderts die Kaufleute aus Tornio einen Halt ein, wenn sie zu dem beliebten Markt nach Skibotn unterwegs waren. Es zog die Norweger nicht zuletzt deswegen nach Skibotn, weil hier die Polizeiaufsicht nicht so streng war wie in Alta, wo man schon wegen Ruhestörung eingesperrt wurde, wenn man sang.

Der Grenzort Kilpisjärvi konnte natürlich auch mit dem Interesse der Generale rechnen. Die Russen hatten hier während des Ersten Weltkriegs einen Stützpunkt. Im Juni 1916 sprengten finnische Aktivisten 60 t Munition in die Luft. Im Zweiten Weltkrieg befestigte die Gebirgsarmee diesen Punkt, und Feldgraue buddelten Unterstände auch auf dem Saana (1029), der zu heidnischen Zeiten bei den Samen als heilig galt. An die Ereignisse des Ersten Weltkriegs erinnert ein Gedenkstein, an die im nächsten Stellungen für Fliegerabwehr- und andere Geschütze.

In Kilpisjärvi gibt es außer dem Touristenhotel und der Wanderherberge auch andere einfache Unterkünfte und einen Campingplatz. 15 km von Kilpisjärvi entfernt liegt das Dreiländereck Finnland – Schweden – Norwegen. Man erreicht es, indem man zunächst mit dem Motorboot in die Westecke des Sees *Kilpisjärvi* fährt und von dort eine Fußwanderung (4 km Waldpfad) zum kleinen See *Kuokimajärvi* macht. Der Punkt ist durch einen großen Betonklotz gekennzeichnet, der nicht weit vom Ufer entfernt im Wasser liegt.

Vor den Grenzänderungen 1944 erstreckte Finnland sich mit einer schmalen Landzunge zwischen Norwegen und der Sowjetunion bis nach Petsamo am Eismeer. Man betrachtete damals Finnland als eine Mädchengestalt, deren Kopf die Gegend vom Inarisee nach Norden war, deren Arme bei Petsamo und bei Kilpisjärvi endeten. Die politische Landkarte hat sich inzwischen erheblich verändert, aber die Gegend von Kilpisjärvi heißt noch immer ›das Handgelenk‹.

Dieses Handgelenk ist eines der schönsten Wander- und Freizeitgebiete Finnlands; in seinem äußersten Norden liegen die höchsten der weich geschwungenen lappländischen Berge: *Halditsohkka* (1327 m), *Ridnitsohkka* (1316 m), *Kovddoskaisi* (1242 m), *Ruvdnaoaivi* (1239 m) und *Kiedditsohkka* (1205 m). Im See Kilpisjärvi ist sogar Angeln ohne Angelschein gestattet. Wir werden in dieses Gebiet im Verlauf des nächsten Kapitels zurückkehren.

Die E 78 heißt jetzt auf ihrer ganzen Länge so, wie ursprünglich nur das etwa 20 Meilen lange Stück von Muonio bis Kilpisjärvi: ›Straße der vier Winde‹. Einen tieferen Sinn hat diese Bezeichnung gerade hier nicht, man könnte jede Straße auf der

Nordkalotte so nennen. Der Begriff selbst hat seinen Ursprung in der vierzipfligen Samenmütze, die alle denkbaren Windrichtungen zeigt.

Die Straße führt zunächst am Unteren Kilpisjärvi entlang. Kurz vor dem Berg Muotkatakavaara (710m) mit der höchstgelegenen finnischen Straßenstrecke (569m) wieder einmal eine Erinnerung an den Krieg: ein 1967 aufgestellter Gedenkstein an der Stelle, wo finnische Geschütze während des sogenannten Lappland-Feldzugs 1944/45 gegen die abziehende Gebirgsarmee im April 1945 die letzten Schüsse abgefeuert haben.

Gegenüber vom höchsten Streckenpunkt auf der schwedischen Seite des Flusses eine Wanderherberge, zu deren Besuch die Grenze überquert werden darf. Man kann von hier aus einen Spaziergang nach *Kummavuopio* zu Schwedens nördlichstem Wohnhaus machen, das 7 Fremdenbetten hat. Auf der finnischen Seite Unterkunft und Essen in der Hütte des Finnischen Arbeitersportverbandes Peeran Maja am Peeravaara (929m).

Bei Iitto zwischen der Straße und der Grenze ein Sumpf mit einem tundrischen Phänomen: Torfhügel von 2–4 m Höhe und Breiten bis zu 20 m, die entstanden sind, weil der Frost hier niemals aus dem Boden herausgeht (Naturschutz beachten).

In der Gegend von Kelottijärvi endet die offene Kalottenlandschaft, die ersten Kiefern tauchen auf. Einige Kilometer südlich von Kelottijärvi verläuft die Nordgrenze der Kiefer. Bald danach *Markkina,* ein Marktort der Samen, wo früher die erste Kirche dieser Gegend gestanden hat. Sie wurde 1661 auf Initiative dreier samischer Brüder gebaut. Die holten sich Baumstämme quer über den Fluß von der schwedischen Seite, wo eine Kirche abgebrochen wurde. Als Markkina Ende des 19. Jahrhunderts die alte Kirche nicht mehr brauchte, mußten die Stämme auf eine neue Flößerreise gehen, diesmal flußabwärts bis Palojoensuu, wo die Kirche neu erstand.

Vor *Karesuvanto* die letzten tundrischen Torfhügel. Dann der Ort selbst, der nach vielen Tagen Wildnis die Türen zur Zivilisation öffnet: Man kann wieder in Geschäfte gehen und einkaufen. Karesuvanto bietet abgestufte Übernachtungsmöglichkeiten.

Etwa 4 Meilen weiter der Ort *Palojoensuu.* Von hier geht die 958 über Enontekiö zur Grenzübergangsstelle *Kivilompolo.* (Auf dieser Strecke von Alta nach Finnisch-Lappland kommt man durch *Kautokeino,* die ›Hauptstadt der Samen‹.) Über Zelten und Wandern in Enontekiö und Umgebung siehe Seite 269.

Von Palojoensuu bis Muonio sind es noch reichlich 4 Meilen. Etwa auf der halben Strecke, bei *Ketkäsuvanto,* die Fichten- oder Tannengrenze. Eine Meile weiter geht es über den kleinen See Utkujärvi hinweg, der Sandstrand hat. Hier gibt es außer einem Campingplatz auch Privatunterkunft.

Der nächste Ort ist *Muonio,* in dessen Nähe die Freizeitgebiete des Olostunturi und des Pallastunturi liegen. Auch zu ihnen mehr im nächsten Kapitel. Die E 78 geht von Muonio weiter nach Süden und erreicht nach 28 Meilen Tornio am Nordrand des Bottnischen Meerbusens. Nördlich von Aavasaksa passiert auf dieser Straße den Polarkreis. Der Berg bei Aavasaksa gehört zu den wenigen, wo man die Mitternachtssonne zumindest in der Johannisnacht auch südlich des Polarkreises sehen kann. Von Tornio führt die E 4 bis zum Marktplatz von Helsinki, wo sie endet.

Diese Beschreibung bringt die Strecke von *Muonio* über *Sirkka* und *Kittilä* nach *Rovaniemi* (16 Meilen), von der man in Sirkka nach Nordosten die 956 und 955 nach Inari am Inarisee nehmen kann. Streckenweise sind die 956/955 einspurig und haben schlechten Belag. Sie führen an mehreren Stellen vorbei, die für Rentierscheidungen benutzt werden, die Gesamtlänge beträgt etwa 18 Meilen.

Die Strecke von Muonio nach Kittilä ist über 8 Meilen lang. Da die Verkehrsdichte auf den oft schnurgerade durch die Landschaft führenden finnischen Straßen gering ist, kommt man in Finnisch-Lappland gewöhnlich flott vorwärts. Unterwegs, in Sirkka, Hotel und Campingplatz. Kittilä ist von Sirkka nur 2 Meilen entfernt. Auch hier leben Rentierzüchter. Wer nach Finnland fährt, um mehr von dem Petersburg-Berliner Architekten Carl Ludwig Engel zu erfahren und zu sehen, der sollte die Kirche in *Kittilä* besuchen. Sie ist ein Werk Engels und wurde 1831 fertig. Sie dürfte Engels nördlichstes Gebäude sein.

Von Kittilä geht die Festbelagstraße 953 nach Sodankylä (fast 9 Meilen). *Sodankylä* liegt an der 4, die auch aus Rovaniemi kommt und am Inarisee vorbei ins nördlichste Finnland führt. Sie ist am Ende dieses Kapitels beschrieben. Von Kittilä aus nach Süden führt die 79. Sie geht fast die ganze Zeit am Fluß Ounasjoki entlang, was die Reizvolle noch reizvoller macht. Man hat zahlreiche Möglichkeiten zum Angeln, aber kaum zum Übernachten. Ab Meltaus führt die Straße zu beiden Seiten des Flusses entlang – Eilige wählen das Westufer – und direkt nach Rovaniemi hinein.

Vom Fluß der Lachse zum See der Fische: Lakselv – Inari

Die norwegische 96 von Lakselv nach Karigasniemi in Finnland hat nur auf den ersten zwei Meilen eine feste Decke. Sie führt durch *Karasjok*, dem Ort mit der weltgrößten Bücherei zu Samenthemen. Vom Tanaelv (finn. Tenojoki) ab beginnt die finnische 4. Sie präsentiert sich gleich an der Grenze mit einem Wander- und Freizeitzentrum, das allerdings nicht so umfangreich ist wie in Kilpisjärvi. Dicht an der Grenze liegt eine Touristenhütte, außerdem gibt es mehrere Campingplätze. *Karigasniemi* ist ein guter Platz für wenig erfahrene und trainierte Wanderer. Von der Straße bis zum geteilten See Luomusjärvi sind es etwa 5 km; ein großer Rundgang bis zur Wildmarkhütte hinter dem Berg Luomusvaara, dann zurück über den Ailigas und zur Touristenhütte Ailigas an der Straße dehnt sich über 15 km, die ganze Zeit durch ein Terrain, mit dem man keine große Mühe hat. Die Samen sagen, hier habe Gott mit der Schöpfung (luomus) begonnen, darum sei ihm bei unverbrauchten Kräften alles so gut gelungen. (Aber Sie denken doch daran: Mit Straßenschuhen oder gar Sandalen soll man nicht in die Berglandschaft hinein laufen.) Längere Wanderstrecke im nächsten Kapitel.

Nördlich der 4 liegen einige Rentierscheidungsplätze, Dörfer aber gibt es dort nicht, und auch entlang der 4 sieht man nur wenige Häuser. Zahlreich sind hier wieder die Angelmöglichkeiten, Unterkunft findet man etwa 4 Meilen östlich von Karigasniemi im

Feriendorf *Muotkan Ruotku,* das Hütten für 2–5 Personen hat. Bald nach dem Feriendorf an der Nordseite der Straße der See Aksujärvi mit zwei Häusern in Straßennähe. Nach einigen weiteren Kilometern ein kleinerer See mit zwei Häusern, der Karhujärvi (Bärensee) mit einem hübschen Rastplatz. Dann ist es Schluß mit der Bebauung, bis Kaamanen kein Haus mehr!

Die Straße von Kaamanen nach Inari führt auf rund zwei Meilen fast dauernd am Wasser entlang, oft sogar auf langgestreckten Landrücken aus den Zeiten der Eisschmelze zwischen zwei Seen hindurch, nach *Inari* (samisch Ânar) am fischreichen See *Inarijärvi,* dessen Größe in einzelnen Nachschlagewerken zwischen 1000 qkm und 1500 qkm schwankt.

Vom Eismeer bis zum Fehlersee, Nordnorwegen – Rovaniemi

Wer von der Varanger-Halbinsel oder aus Kirkenes kommt, muß sich spätestens beim Ort Tana entscheiden, ob er zum Angeln am Tana-Fluß bleiben oder aber möglichst schnell nach Süden weiter will. Angler nehmen besser die norwegische 92 am Nordufer, Durchreisende nach Süden die 895, deren Nummer an der Zollstation Nuorgam auf der finnischen Seite zu 970 wechselt.

Die Strecke Nuorgam – Utsjoki ist nicht ganz 5 Meilen lang und naturschön. Wandern südlich Nuorgam siehe Seite 254. Nicht weit vor Utsjoki liegt *Laiti,* mit der nördlichsten Wanderherberge Finnlands, ein historisches Holzgebäude. Wer unterwegs Lust aufs Angeln bekommen hat, kann sich in Utsjoki mit Gerät und Angelscheinen versehen und dann weiter am Ufer des Tenojoki in Richtung Karigasniemi entlangfahren. Die Genehmigung kostet pro Tag (1985) etwa 18 DM, der Lachs ist um Mittsommer herum am häufigsten, wenn er aus dem Eismeer kommt.

Utsjoki ist die finnische Gemeinde mit der dichtesten Samenbesiedlung (1100 E.). Das ausgedehnte Gebiet umfaßt Finnlands nördlichste Gemeinde. Für diesen Superlativ müssen die Bewohner nicht wenig bezahlen. Wie die finnische Statistikzentrale 1975 ermittelte, hat Utsjoki die höchsten Lebenshaltungskosten. Betroffen sind davon nicht die Touristen, sondern die Einheimischen, die lange Wege praktisch überall hin haben: Gemeindebüro, Krankenversicherung, Arzt, Alkoholmonopol.

Die 970 führt ab Utsjoki nach Süden mehrere Meilen am Fluß Utsjoki entlang. Die Freizeitmöglichkeiten sind auf dieser Strecke praktisch unbegrenzt, natürlich in dem Rahmen, den die Nordkalotte auch sonst bietet: Angeln, Rudern, Wandern, Zelten und Campen, Privatunterkünfte und Hütten. In der Hütte der vier Winde, nördlich von Kaamanen kann man im eigenen Schlafsack pennen und selbst kochen. Die 970 hört in *Kaamanen* auf. Dann beginnt das vorhin bereits erwähnte, reizvolle Stück der 4.

Südlich von Kaamanen führt eine sehr einfache Straße nach Nordosten. Sie passiert nach 10 Meilen das Dorf *Sevettijärvi,* wo sich 1944 die orthodoxen Skoltsamen aus der Gegend von Petsamo angesiedelt haben. Tševetjavri ist allerdings nicht das, was wir uns unter einer ›typischen Samensiedlung‹ vorstellen. Ferien- und Anglerhütten.

Hinweis: Diese Straße ist ein Teil der Verbindung von Kirkenes nach Inari, die am Anfang des Kapitels als letzte von Norwegen nach Finnland erwähnt wurde. Sie zweigt auf der norwegischen Seite etwa 4 Meilen westlich von Kirkenes bei Neiden von der 6 ab und erreicht nach 1 Meile die Grenze bei Näätämö. Von dort bis Sevettijärvi 3 Meilen. Die Straße ist eng und anstrengend für Mensch und Material.

Die 4 von Kaamanen nach Süden passiert kurz vor Inari das Feriendorf *Lapponia:* Ausgangspunkt für Fahrten und Wanderungen während eines längeren Aufenthaltes.

Der Ort *Inari* ist mit einer Internatsschule für Erwachsenenbildung ein kulturelles Zentrum der finnischen Samenbevölkerung. Die Gemeinde Inari umfaßt ein Gebiet von mehr als 15 000 qkm, auf dem nur 7600 Menschen (2200 Samen) wohnen. Im Ort Campingplatz, Hotel und andere Unterkünfte. Sehenswert ist das *Samenmuseum.* Etwa 7 km von der Internatsschule entfernt die alte Wildmarkkirche *Pielppajärvi* (1752–1760). Sie wurde während des 19. Jahrhunderts nicht benutzt, jetzt findet jedes Jahr zum Johannisfest ein Gottesdienst statt.

Nur auf Karten mit großem Maßstab hat der *Inarisee* klare Uferlinien, in Wirklichkeit läßt sich nicht genau sagen, was noch zu ihm gehört und was nicht mehr. Ähnlich ist es mit den Inseln, von denen manche eigentlich nur aus dem Wasser ragende Steine sind. Darum entzieht sich der Inarijärvi dem Zugriff der Geografen und Statistiker.

Drei Stunden braucht man für eine Motorbootfahrt zu dem großen Opferplatz *Ukonkivi* (Stein des Alten, des Gottes), der steil aus dem Wasserspiegel herausragt.

Von Inari aus sind es 4 Meilen auf der 4 bis *Ivalo,* dem Ort mit Finnlands nördlichstem Finnair-Flugplatz. Ivalo liegt an der Mündung des Flusses Ivalojoki in die Ausläufer des Inarisees. Hier haben die ersten Finnen sich schon 1758 niedergelassen. Die heutige Kirche ist 1966 fertiggeworden. Unterkünfte jeder Art im Ort und in der Umgebung. Man wird Ihnen Ausflüge in die Goldwäscherbezirke am Ivalojoki empfehlen. Das lohnt sich, wenn man ohnehin lange Wildmarkwanderungen unternehmen will, aber auf Goldfunde soll man nicht hoffen (das tun vergebens seit Jahren professionelle Goldwäscher, die dort unter primitivsten Bedingungen leben).

Von Ivalo führt die 968 nach Osten zum Übergang von *Raja-Jooseppi* an der sowjetischen Grenze (bis Murmansk etwa 26 Meilen). Er ist nur für Skandinavier geöffnet, zumindest 1985 wird man ihn noch nicht für andere Ausländer freigeben.

Die 4 von Ivalo nach Süden führt durch ein touristisch gut erschlossenes Gebiet mit Wanderzentren, Sportzentren, Campingplätzen und sogar Hotels.

Im früheren Goldwäschergebiet bei *Tankavaara* schafft man eine Art Traditionszentrum für die langsam Legende werdende Periode der Goldwäscherei, deren Höhepunkte schon bis hundert Jahre zurückliegen. Hier kann man sich an einem Goldwäscherwettbewerb beteiligen, der ein harmloses Touristenvergnügen ist, aber Ausbeute garantiert. Die Teilnehmergebühr liegt nicht höher als der Preis für typische Touristensouvenirs in den Geschäften von Helsinki, Rovaniemi und anderen Städten. Souvenirs, die weit weniger Erinnerungswert haben, als ein paar Blättchen Gold, die man selbst in Tankavaara aus dem Sand gewaschen hat.

16 Meilen südlich von Ivalo liegt *Sodankylä* (12 500 qkm, 11 500 Einwohner – davon etwa 300 Samen). Hier machten die Finnen schon in der zweiten Hälfte des 17. Jahrhunderts den Samen ihr Land streitig. Die Holzkirche (Abb. 169, 170) stammt aus dem Jahre 1689, die Steinkirche wurde 1859 fertig. In Sodankylä liegt eine Grenzjägereinheit, zu deren Sportanlagen auch ein Hallenbad gehört. Dort dürfen abends, wenn die Grenzer sich genügend leibesertüchtigt haben, auch gewöhnliche Menschen baden.

Fünf Kilometer südlich von Sodankylä liegt ›Finnlands größtes Ohr‹, ein Observatorium von 32 m Durchmesser, das alles belauscht, was im Weltraum vor sich geht.

Sodankylä – Rovaniemi 13 Meilen auf der 4. Die Freizeitgebiete östlich der Strecke werden im nächsten Kapitel vorgestellt. Dieser Abschnitt der 4 ist für den Lappland-Fan bedeutungsvoll. Kommt man vom Norden, so hat man das Gefühl, wieder in die Zivilisation hineinzugleiten; wer aber vom Süden kommt, der gleitet aus ihr heraus.

Am Ort und See *Vikajärvi* (Fehlersee) trifft vom Osten her die 80 auf die 4. Vor Rovaniemi die Werkstatt von *Elsa Montell-Saanio.* Die Künstlerin hat sich mit ihren Ryen (finn. ryijy, schwed. rya) international einen Namen geschaffen. Man kann ihrer Kunst und Kunstfertigkeit im Teppichentwerfen und -knüpfen die Bewunderung ohnehin nicht versagen, darum wage ich eine kleine Ergänzung zum Geheimnis ihres Erfolgs zu liefern: Es ist der Standortvorteil. Wenn die Republik Finnland hohen Besuch bekommt, dann ist ein Abstecher zum Polarkreis (mit Finnair so schnell zu machen) gewöhnlich Teil des Programms. Da fügt sich ein Kunsterlebnis gut in die Nordkalottenexotik ein, und Elsa Montell-Saanios Atelier bietet sich dafür an.

Nicht viele Künstler haben als ›Kundenschlepper‹ die Protokollabteilung ihres Außenministeriums.

Roi

Das Wort sieht sich so französisch an, ist aber original finnisch, gesprochen ›reu‹. Es hat sich als Abkürzung für *Rovaniemi* eingebürgert, die Stadt, die sich ›Tor nach Lappland‹ oder auch ›Hauptstadt Lapplands‹ nennt. Als vermutlich einzige finnische Stadt hat sie eine Straße nach einem Mitbürger schon zu dessen Lebzeiten benannt: Die Aallonkatu bekam ihren Namen von dem 1976 verstorbenen Architekten *Alvar Aalto* (aallon ist der Genitiv von aalto, das auch Welle bedeutet).

Roi war früher als Gelenk zwischen der Wirtschaft Lapplands und der im übrigen Finnland wichtig, darum wurde es zum Knotenpunkt vieler Wege vom Süden und Norden. So erhielt es eine strategische Bedeutung, die es bestimmt niemals gewollt hatte. 1941 richteten sich hier Stäbe der Gebirgsarmee ein, die nach dem finnisch-sowjetischen Waffenstillstand im September 1944 mit dem Einpacken und Aktenverbrennen begannen. Die Bevölkerung wurde evakuiert.

Eines Tages im Oktober explodierte ein Güterwagen mit Munition, und wenige Stunden später stand die ganze Stadt in Flammen. Das war ihr wohl – wie Hammerfest und Kirkenes – ohnehin zugedacht, aber eigentlich erst später. Am Endresultat änderte sich nichts. Als die Gebirgsarmee abzog, standen nur noch die gemauerten Schornsteine.

Die Finnen bauten Roi wieder auf. Mit der Planung wurde Alvar Aalto betraut, der damals schon einige beachtliche Bauten hochgezogen hatte, aber von seinem heutigen Weltruhm noch weit entfernt war. Er wählte als Grundriß der Straßenführung ein Rentiergeweih, was für das von Flußläufen zerschnittene Stadtareal gut paßte. So entstand Roi neu.

Noch entwickelt Rovaniemi sich weiter, auf Kontinentaleuropäer macht es einen halbfertigen Eindruck. Den Straßenverkehr dagegen kann man eher als überreif bezeichnen. Sein geradezu lawinenartiges Anwachsen in der Wohlstandsära hatte Aalto kurz nach Kriegsende nicht voraussehen können. Das macht den großen Architekten eigentlich nur menschlicher.

Imponierend ist in Roi – außer dem gut geölten Vergnügungsleben – der Bildungswille. Er kulminiert in dem Kulturzentrum, das Alvar Aalto geschaffen hat. Unbedingt ansehen.

In Roi ist viel sehens- und viel erlebenswert. Es lohnt sich schon, Prospekte vor der Abreise zu besorgen und durchzulesen. Wenn Sie Zeit genug haben: für Roi zwei Tage ansetzen. Keine Stadt der ganzen Nordkalotte ist auf ihre Funktion als Gelenk und Vermittler derart klar zugeschnitten wie Rovaniemi.

Dabei werden Sie die Polarkreishütte besuchen. Fahren Sie aber auch hinaus nach Norvajärvi – es sind nicht einmal zwei Meilen. Dort steht die Grabkirche für deutsche Soldaten, die während der letzten Kriegsmonate in Finnisch-Lappland gestorben sind. Nur mit Hilfe der Bevölkerung war es möglich, sie alle aufzufinden. Die Finnen haben mitgeholfen.

»Über die wechselnden Formen des Schnees.«

Wandern und Zelten in Finnisch-Lappland

Es liegt auf der Hand, daß dieses kurze Kapitel keine allgemeine Anleitung zum Wandern enthalten kann. Eine gute Vorbereitung ist das Buch ›Wandern unter der Mitternachtssonne‹ von Wulf Alex (Busse, Herford 1982). Die unterschiedliche Geografie der Länder bedingt, daß auch die Bedingungen für das Wandern in Finnisch-Lappland anders sind als in Nordwest-Schweden und vor allem in Norwegen. Im Komfort haben die Schweden es wieder einmal am weitesten gebracht; die lange Strecke Kungsleden ist ausgezeichnet durchorganisiert. Was in Finnisch-Lappland das Wandern so reizvoll macht: Vieles ist noch ein wenig in der Pionierperiode, manche Wildmarkhütten sehen so aus, als ob sie schon die Pelzjäger vergangener Jahrhunderte aufgestellt hätten und sie seitdem auch kaum repariert worden sind. Man muß improvisieren, manchmal frei nach Schnauze handeln, und hat doch gleichzeitig das Gefühl, in einer freundlichen Landschaft ein willkommener Wanderer zu sein.

Schließlich noch eine Warnung an Ungeübte: Wenn die Landschaft, vielleicht gerade der Wald, Sie bei einer Rast vom Wagen fort und immer näher zu sich lockt, werden Sie vorsichtig, drehen Sie rechtzeitig um! Ohne Erfahrung, Karte und eventuell auch Kompaß kann man sich schon nach einer halben Stunde völlig verlaufen haben.

Das Jedermannrecht

Dieses Recht hat sich ungeschrieben aus dem Mittelalter erhalten. Es bedeutet, daß Grund und Boden für den Gemeingebrauch zur Verfügung stehen, jeder also grundsätzlich das Recht hat, sich überall frei zu bewegen, Übernachten eingeschlossen. Der

Benutzer ist aber gehalten, Schäden zu vermeiden und den Besitzer nicht zu belästigen. (Beispiele: Man darf sein Zelt nicht in einem Kornfeld, auf einem Hof oder Pfad vom Hof zur Ufersauna aufschlagen, wohl aber auf einer eingezäunten Weide, wenn Vieh dadurch nicht gestört oder erschreckt wird.) Das Aufenthaltsrecht ist auf rund 24 Stunden begrenzt.

Es ist klar, daß dieses Recht dem Begünstigten auch Verpflichtungen auferlegt. Im aktuellen Beispiel: Wenn man auf der Weide gezeltet hat, so soll man nach dem Abbauen vom Boden sorgfältig Gegenstände wegräumen, die dem Vieh schaden könnten. Einige Vorschriften begrenzen das Jedermannsrecht; anfragen vermeidet Ärger.

Die Wildmarkstuben

»In allen Richtungen von Enare aus findet man, mehrere Tagesreisen, keine Menschenwohnung, nur Hütten, die zur Bequemlichkeit des Voigts und der Kaufleute auf ihren Reisen erbaut sind; sie sind oben offen, und gewähren daher nur einigen Schutz gegen den Wind, nicht gegen die Kälte.« – Nein, dies war nicht Wulf Alex 1982, sondern Friedrich Wilhelm von Schubert 1823. (Enare ist der schwedische Name für Inari.) Während der jüngsten Jahrzehnte hat der Finnische Fremdenverkehrsverband in Zusammenarbeit mit der Forstverwaltung *Wildmarkhütten* gebaut und Telefonverbindungen anlegen lassen. Die älteren Hütten sind heute zwar oben geschlossen, haben aber wenig Einrichtung und im Grunde noch denselben Zweck wie vor 150 Jahren: Sie sollen dem Reisenden Schutz geben. Die Benutzung ist frei. Man soll sie so verlassen, daß der Nächste, wenn er müde hineintaumelt, sofort ein Feuer machen kann. Jeder trägt sich mit seinem Woher und Wohin ins Gästebuch ein, damit bei erforderlichen Suchaktionen die Patrouillen einen Anhalt haben.

Die neueren Hütten sind entweder teilweise oder ganz gebührenpflichtig, sie enthalten alle Ausrüstung außer Bettwäsche. Die Aufenthaltsdauer ist auf zwei Tage begrenzt. Die Übernachtungsgebühr (1984) beträgt in verschließbaren Hütten oder Hüttenteilen pro Nacht und Benutzer 15 (Familien 10) Fmk pro Kopf. Auch hier: genaue Eintragungen ins Hüttenbuch, ordentlich verlassen.

Im Handgelenk

Am beliebtesten ist die Strecke Kilpisjärvi – Halti, beste Wanderzeit 10. Juli bis Ende August. Sie führt vom Touristenzentrum Kilpisjärvi zu den fünf hohen Zungenbrecher-Bergen, die im vorigen Kapitel aufgezählt wurden, und ist hin und zurück etwa 120 km lang. Alle Prospekte betonen, daß es verboten ist, die Grenze nach Norwegen zu überschreiten. Das ist eine typische Schikane für die, welche gehorsam genug sind, sich daran zu halten, und so gehorsam sind Finnen in der Regel nicht.

Die Route führt an den Hängen des *Saana* (1029 m) entlang. Das schwierigste Stück sind die sehr steinigen Ufer des Flusses Piertejoki. Besonders hübsch sind die Schlucht *Pihtšos* und der Wasserfall *Pihtšosköngäs* (17 m hoch, am eindrucksvollsten Juli und August). Die Ufer des Pihtšosjavri sind ein gutes Zeltgelände. Wer den *Halti* besteigen will, läßt seine Ausrüstung in der Hütte Pihtšosjavri. Als Halti-Bezwinger hat man Anspruch auf ein Ärmelzeichen, das man im Campingzentrum Kilpisjärvi bekommt, wenn man die Nummer des Gästebuchs auf dem Halti-Gipfel nennen kann.

Hetta – Pallas

Länge in einer Richtung 60 km, teilweise markiert, führt durch den Nationalpark *Pallas-Ounastunturi*, einer zusammenhängenden Kette von rund einem Dutzend Bergen. Das Terrain ist leicht zu forcieren. Man kann die Wanderung am Touristenhotel *Pallastunturi* im Süden oder im Kirchdorf *Hetta* (bei Enontekiö) im Norden beginnen. *Enontekiö* erreicht man von Alta – Kautokeino in Norwegen oder über die E 78 von Kilpisjärvi, wenn man in Palojoensuu auf die 958 abbiegt. Diese Wanderung ist praktisch, wenn die Autobesatzung sich teilt: Während die Wanderer von der Straße bei Hetta über den Fluß Ounasjärvi übersetzen, fahren die anderen zurück zur E 78 bis Muonio, biegen dort auf die 79 ab und steuern dann über die 9583 das Touristenhotel Pallastunturi an. (Wer von Pallas losmarschiert, bitte beachten: am Endpunkt bei Hetta zwischen 23 und 07 Uhr keine Boottransporte über den See. – Lesen Sie bitte auch die Anweisungen, die für den Aufenthalt im Nationalpark gelten.)

Der Höhepunkt dieser Strecke ist wohl die Wanderung über das ausgedehnte Plateau, über das der *Marastojoki* fließt, der ständig neue Bäche in sich aufnimmt.

Karigasniemi – Utsjoki

90–100 km lang, nicht markiert, auf der geradesten Strecke drei Wildmarkhütten. Unterwegs häufig Blicke auf die schneebedeckten norwegischen Berge. Bald hinter Karigasniemi an den Osthängen des Ailigas (622 m) Vogelkolonien. Sehr anstrengend.

Karigasniemi – Nationalpark Kevo

Etwas weniger anstrengend als die eben genannte, nur 60 km lang und markiert, keine Wildmarkhütten. Beginnt an der 970, Hütte Kenestupa. Der größte Teil der Route geht durch den Nationalpark *Kevo* (Vorschriften beachten) mit seiner langgestreckten Schlucht.

Gleich westlich der 970 klettert der Pfad steil hoch, später beim Fluß Kevojoki senkt er sich ebenso schroff. Dann beginnt die Wanderung durch das teilweise schluchtartige

Flußtal. Unterwegs muß man über den Fluß und 5 km weiter wieder auf die ursprüngliche Seite waten, weil die Ufer unwegsam steil sind. Bei *Fiellugeädgeskaidi* die steilsten Schluchtwände. Das kleine Flüßchen *Fiellokeädggejohka* hat kurz vor seiner Einmündung in den Kevo einen zweiteiligen Wasserfall mit 26 m Gesamtfallhöhe. Hier liegt ein Zeltplatz, in dessen Nähe auch Laubbäume wachsen. Kurz vor dem Erreichen der 4 geht der Pfad über den Bergrücken, der den See Luomusjärvi teilt.

Von Nuorgam nach Süden

Im Gebiet östlich der 970, zwischen der norwegischen Grenze und dem Inarisee, gibt es fünf Wanderstrecken, die allesamt hohe Leistungsanforderungen stellen. Von Nuorgam aus gehen zwei, eine zur eben erwähnten Hütte Kenestupa an der 970, die andere zum Skoltendorf Sevettijärvi. Nuorgam – Kenestupa ist 65–70 km lang und nicht markiert. Unterwegs wenige Hütten. Beste Wanderzeit Juli und August. Nuorgam – Sevettijärvi ist markiert und 80–90 km lang. Hier kann man öfter auf eine Hütte treffen. Beste Wanderzeit wie oben.

Von der 4 nach Luosto und Pyhätunturi

55 km lang, markiert, Wanderzeit Mitte Juni bis Mitte September, leicht, auch für Anfänger geeignet, Wildmarkhütten.

Beginnt an der 4, nördlich von Torvinen, 108 km ab Rovaniemi. Die Strecke geht zuerst zur Wildmarkhütte Luosto und dann über die steinbedeckte Ebene von Yli-Luosto. Zum *Luosto* (514) geht ein Lift, denn Luosto ist ein Wintersportzentrum (Hotel). Auf der Weiterwanderung kommt man über den Huttutunturi und am flachen See (Sandstrand) Huttujärvi vorbei.

Der *Pyhätunturi* ist ein etwa acht Kilometer langer Rücken, dessen Südseite steil ansteigt und schwer zugänglich ist (s. Abb. 175). Vom Norden dagegen kommt man leicht auf den *Laakakero*, der steinig und kahl ist wie der benachbarte *Sarvikero*. Zwischen dem Sarvikero und dem *Noitatunturi* (Hexenberg, 540 m) liegt eine Schlucht, an der man entlangkommt. Vom Hexenberg führt auf der Südseite der Schlangenpfad an der kleinen Schlucht vorbei zum klaren Eichhörnchenteich.

Zwischen den Bergen *Ukonhattu* (450 m) und *Kultakero* (490 m) liegen zwei Schluchten. Eine hat den Namen *Pyhäkuru*, Heilige Schlucht. Der *Heilige Berg* (Pyhätunturi) am Heiligen See (Pyhäjärvi) war einer jener vielen Plätze, an denen die Samen ihre Götter verehrten. Nach der Überlieferung sollen hier die ersten Bekehrungen zum Christentum erfolgt sein. Darauf deuten auch die Namen Pyhäkasteenlampi (Weiher der Heiligen Taufe) und Pyhäkasteenputous (Wasserfall der Heiligen Taufe) hin. – Die Wanderung endet vor der Touristenhütte.

Von Pallastunturi gehen Autobusse nach Sodankylä – also an die 4 – und nach Kemijärvi (5/80) im Süden. Man kann Pallas auch mit dem Wagen erreichen (etwas nördlich vom Anfangspunkt der Wanderstrecke Straße nach Luosto nehmen). Wer keine Termine woanders vereinbart hat und sich Zeit nimmt, Pyhätunturi kennenzulernen, der wird sich vermutlich für einige Tage Aufenthalt entscheiden.

Die Bärenrunde bei Kuusamo

70 km lang, markiert, kann um 20–25 km verlängert werden. Wanderzeit Juni – September, ausreichend mit Hütten bestückt, geeignet auch für Ungeübte. Beginn und Ende an Straßen (5 und 950). Das Hotel Ruka hat sehr freundliches Personal, das gern mit Ratschlägen und Auskünften hilft.

Nach orthodoxen Vorstellungen gehört das Gebiet von *Kuusamo* gar nicht zu Lappland, aber gerade hier liegt eine Wanderroute, die als lappländisch gilt. Die Route *Karhunkierros* (Bärenrunde) hat während der letzten Jahre an Bekanntheit und Beliebtheit bedeutend gewonnen. Das mag teilweise an dem Lappland-wirksamen Namen liegen, an der leichten Zugänglichkeit und nicht zuletzt wohl an der wundervollen Landschaft. In den Flüssen sind die Stromschnellen zahlreich.

Für Ungeübte hat diese Strecke überdies die Annehmlichkeit, daß man sie auch unterwegs abbrechen kann, weil man sich nie sehr weit von der Zivilisation entfernt. Von Juuma hat man sogar Busverbindung zur Hauptstraße.

Für einen ewigen Städter können natürlich auch die ›leichten‹ Wanderstrecken schwer sein. Die Vorbereitung auf das Wandern in Lappland muß mit dem Trimm-dich im Stadtpark beginnen.
Ende an Straßen (5 und 950). Das Hotel Ruka hat sehr freundliches Personal, das gern mit Ratschlägen und Auskünften hilft.

Seen ohne Zahl und Horizont: Von Rovaniemi durch Ostfinnland zur Seenplatte

Diese Strecke bietet den Schuß Romantik, mit dem man auf dem Kontinent Skandinavien und vor allem Finnland so gern serviert haben möchte. Sie führt durch eine Landschaft, die ihren Charakter auf dem Weg vom Norden zum Süden stark wechselt, die auch eine Grenzlandschaft ist, auf deren beiden Seiten Menschen derselben Herkunft sich voneinander fort entwickelt haben.

Man verläßt Rovaniemi – wahrscheinlich mit der festen Absicht, bald wiederzukommen – auf der 81 nach Südosten Richtung Kuusamo (20 Meilen). Die Straße geht zunächst am Nordufer des *Kemijoki* entlang, der mit 512 km Finnlands längster Fluß ist. In Vanttauskoski wechselt die Straße auf das Südufer über, und nach noch einmal etwa 2 Meilen biegt der Kemijoki nach Norden ab. In der Biegung liegt am anderen

Ufer das Kraftwerk Pirttikoski. Unterwegs trifft man auf hübsch gelegene Park- und Rastplätze. An einigen Stellen, so zwischen Perä-Posio und Ahola im See Posionjärvi, kann man angeln. Längere Aufenthalte einzuplanen lohnt jedoch nicht.

Das Gebiet von Kuusamo ist ein Hochplateau, der Wasserspiegel seiner Seen liegt etwa 250 m über NN. Was diese Lage für das Wetter bedeutet, weiß von Schubert zu berichten: *»Der Sommer ist sehr heiß, oft so heiß, daß man keine Kleidung dulden kann; doch wird es auch an heißen Tagen plötzlich kalt.«*

Kuusamo ist eine Landschaft für Wanderungen (Bärenrunde), Angeltouren, Stromschnellenfahrten, Rudern, Segeln und Motorboottouren. Im Herbst kommt die Zeit des Beerenpflückens und Pilzesammelns.

Von Kuusamo nach Süden geht die 5, bis Ämmänsaari sind es etwa 14 Meilen. Auch diese Strecke ist abwechslungsreich, weil sie immer wieder auf Gewässer trifft. Ein Abstecher ist südlich von *Piispajärvi* lohnend. Man nimmt die 916 nach *Juntusranta*, die durch eine Wildmark- und Grenzlandschaft führt (hin und zurück 5 Meilen).

Grenze: Finnland hat im Westen die friedlichsten Grenzen der Welt, im Osten aber im Anschluß an etwa 10 Meilen mit Norwegen, hat es fast 130 Meilen schweigende Grenze. Zwischen Finnland und der Sowjetunion besteht ein Grenzabkommen, worin die Nachbarn sich verpflichtet haben, Grenzverletzungen und Provokationen zu verhindern. Wie alle anderen vertraglichen Verpflichtungen, so nehmen die Finnen auch diese sehr ernst. Sie kennen überdies ihre russischen Vertragspartner aus Erfahrung gut und wissen, wie leicht man auf der östlichen Seite auch Kleinigkeiten als versuchte Grenzverletzung oder Akt der Provokation auslegt. Reich an Land wie die Finnen sind, haben sie die Grenze auf ziemlich sichere Art abgeriegelt: Ein Streifen von etwa 1 km Breite ist von Norden bis Süden Sperrgebiet, den man nur mit Sondergenehmigung betreten darf. Im Grenzstreifen Ansässige haben einen Dauerausweis, andere finnische Staatsbürger können eine befristete Genehmigung bekommen, für Ausländer ist es praktisch völlig unmöglich.

Und wenn man die finnische Grenzwacht überlisten will, dann muß man Indianerblut haben oder selbst bei der Grenzwacht ausgebildet sein. Man bekommt viel Ärger, wenn man die überall deutlich – auch in manchmal etwas exotischem Deutsch – angegebenen Vorschriften nicht beachtet.

In Kylämäki, nahe bei Suomussalmi, haben die Finnen im Winterkrieg (1939/40) eine der verlustreichsten Abwehrschlachten durchgestanden. Unterstände und Schützengräben aus Finnlands härtestem Winter seit Ausrufung der Republik 1917 sind noch erhalten.

Nach *Suomussalmi* (s. a. Abb. 164) geht von der 5 die 915 ab. Die 5 führt nach *Ämmänsaari* (Feriendorf, Campingplatz, Restaurant). Neben der Straße von Ämmänsaari nach Suomussalmi ein Gedenkstein an der Kreuzung, wo der sowjetische Vormarsch am 9. Dezember 1939 gestoppt wurde.

Wer die Finnen erleben will, deren Vorväter dieses Land unter den Pflug genommen, die eine Bauernkultur entwickelt haben, wie es ihresgleichen in Westeuropa sonst nicht gibt, der wählt südlich von Ämmänsaari zunächst mit der 913 ein Band von Nebenstraßen, das ›Weg der Runen und Grenzmarken‹ heißt (in Ämmänsaari nach deutschsprachigen Prospekten fragen). Um die Grenzmarken so hoch im Norden wurde vor dem Zweiten Weltkrieg selten gekämpft. Vor der Technisierung militärischer Operationen – bevor Mars sich hinter das Lenkrad schwang – wäre es völlig unsinnig gewesen, in dieser Gegend abseits aller Brennpunkte Truppen einzusetzen. Sie hätten sich eher an den Schwierigkeiten des Geländes aufgerieben als gegenseitig im Kampf.

Darum hatte der Begriff Grenzmark hier oben früher eine eher befruchtende Bedeutung. Hier trafen die Kreuzritter ohne Schwert aufeinander, die katholischen Missionare vom Westen, die orthodoxen aus dem Süden, und so entstand eine Glaubensgrenze schon vor der politischen, aber diese ergab sich aus jener. Nicht wie in Mitteleuropa nach der Reformation »Der Herrscher bestimmt den Glauben« (cuius regio eius religio), sondern »Der Glaube bestimmt, wem die Herrschaft zufällt«.

In einem Gebiet, das ein gutes Stück westlich der heutigen finnischen Ostgrenze anfängt, bis an den Onega-See und ans Weiße Meer wohnte derselbe Menschenschlag; die Ostfinnen, die Karelier. Durch das Land der *Karelier* wurde im 16. und 17. Jahrhundert eine Grenze gezogen, die zwar nicht genau der Glaubensgrenze folgte, aber doch einigermaßen klar zwischen Lutheranern und Orthodoxen trennte. Nur einige zehntausend orthodoxe Christen verblieben im schwedisch-finnischen Gebiet, auf der Ostseite dagegen lebten keine evangelischen Christen. Ethnisch und sprachlich war die Grenze ein Unding.

Nun trat etwas ein, was man ›Island-Phänomen‹ nennen könnte. Die orthodoxen Karelier in Rußland blieben isolierter als die lutheranischen Karelier und Westfinnen im schwedischen Königreich, das für Einflüsse aus dem Westen weit offen war. Mit der Übersetzung des Neuen Testaments durch den Lutherschüler Michael Agricola hatten die Finnen zwar eine Schriftsprache bekommen, aber Amtssprache war Finnisch im östlichen Großherzogtum des schwedischen Reiches nicht. Unter der Vorherrschaft der schwedischen Sprache bekamen die Finnen einen kulturellen Minderwertigkeitskomplex. Erst als sie den Reichtum der eigenen Sprache und Bauernkultur wiederentdeckten – hinter der Ostgrenze wiederentdeckten –, befruchtete das isländisch isolierte Karelien das zur Staatsbildung erwachende Finnentum neu.

Inzwischen waren seit der Grenzziehung von 1617 zweihundert Jahre vergangen, Finnland ein autonomes Großfürstentum des Zaren geworden (1809). Der schwedischsprachige Arzt *Elias Lönnrot* (Abb. 147) (finnischsprachige Ärzte gab es damals in Finnland kaum) begann sich für die kulturelle Überlieferung der Finnen zu interessieren, und er wußte nur zu gut, daß er im zivilisierten Westen Finnlands wenig davon finden würde. So reiste er nach Osten, und die ersten Runensänger fand er etwas westlich der heutigen Grenze.

Stacheldraht und Wachtürme existierten zwischen dem Großfürstentum und dem Zarenreich nicht. Lönnrot bereiste auch die Gebiete hinter der Grenze und sammelte dort Strofen der Götter- und Heldendichtung *Kalevala*.

Kurzum: Die Runen waren nur noch Bruchstücke, sie ergaben keinen durchgehenden Ablauf. Der rote Faden riß immer wieder ab. Dann ging Lönnrot mit dem Einfühlungsvermögen seiner Erfahrung an die große Aufgabe, setzte gesammelte Runen anders zusammen, als er sie gehört hatte, dichtete fehlende Zwischenstücke hinzu. So entstand das Gesamtwerk, eine ergänzte Volksdichtung, die Europa aufhorchen ließ.

Das nahm den Finnen ihren Minderwertigkeitskomplex. Eine finnisch-nationale Bewegung begann, sie faszinierte auch die zivilisationsmüde Oberklasse: Die größten Eiferer für das Finnentum entstammten der schwedischsprachigen Bevölkerung. 1863 erreichte der Philosoph und Staatsmann *J. V. Snellman,* daß Finnisch neben Schwedisch Amtssprache wurde. (Schon vorher war auch Russisch Amtssprache geworden, aber das hatte nur für die Verwaltungsspitze Bedeutung, außer im traditionell vielsprachigen Wiburg kam man mit Russisch nirgendwo sehr weit.)

Dieser Exkurs soll ein wenigstens oberflächliches Relief für die Fahrt auf der Straße der Runen und Grenzmarken geben. Besuchen Sie auch das Freilichtmuseum in *Lieksa* und *Ilomantsi* mit seiner orthodoxen Kirche.

Die 5 geht über Hyrynsalmi nach Kajaani. In *Hyrynsalmi* steht die einzige klassizistische Kirche (1786) Ostfinnlands, mit einem Glockenturm von C. L. Engel (1840). Sie wurde 1962 umfassend renoviert.

In *Ristijärvi* (Kreuzsee) eine Kreuzkirche (1809) von dem schwedischen Architekten G. af Sillen.

In *Kajaani* (20000 E.) (Abb. 163) hat Elias Lönnrot von 1833–1854 gewohnt und an dem Kalevala gearbeitet. Die freundliche Stadt entstand, nachdem Karl IX. hier 1604 eine kleine Burg anlegen ließ. Stadtrechte erhielt Kajaani erst 1651 von Per Brahe, der Finnland durchorganisierte. Die Burg wurde 1716 von den Russen geschleift, ihre bescheidenen im Aufriß wie eine Kreuzkirche wirkenden Reste im Fluß Kajaanijoki erinnern als einziges an das – für finnische Verhältnisse – ehrwürdige Alter dieser Stadt. Später kam dann C. L. Engel und baute ein kleines, hölzernes Rathaus (1831). Die orthodoxe Kirche wurde 1959 fertig.

Nur wenige Kilometer sind es von Kajaani zum Ufer des *Oulunjärvi,* wo *Paltaniemi* liegt. Von den hohen Ufern aus hat man einen herrlichen Blick über den Oulunjärvi. Die Holzkirche (1726) von *Paltamo* hat Wandmalereien von Mikael Toppelius, die wichtige Szenen aus dem Alten und Neuen Testament zeigen. In der Gemeinde Paltamo kam der Dichter *Eino Leino* (1878–1926) zur Welt. Leinos Poesie ist häufig vertont worden.

Die 10 Meilen von Kajaani nach Iisalmi sind landschaftlich weniger interessant. Vor *Iisalmi* die Stelle, wo am 27. Oktober 1808 die Schlacht von Koljonvirta stattfand. Die schwedisch-finnische Armee (nicht mehr als 1200 Mann) hielt gegen einen fünffach stärkeren Gegner stand. Fürst Dolgoukin, der die russischen Einheiten führte, fiel im Kampf. Das Denkmal für ihn an dieser Stelle wurde 1848 von seiner Familie errichtet.

Daß die Armeen in diesem Krieg sich so weit im Inland herumschlugen, hatte seine Ursache in der russischen Strategie. Die Russen rollten – im Süden anfangend – das

Land auf wie einen Teppich. So war der Gegner die ganze Zeit über auf dem Rückzug in Abwehrkämpfe verstrickt, und der Erfolg von Koljonvirta blieb einmalig, er konnte am Kriegsausgang nichts mehr ändern.

Vor dem Übertritt ins schwedische ›Altreich‹ löste Oberbefehlshaber von Döbeln die ›wertvollen Reste‹ der finnischen Einheiten auf. Seine Abschiedsworte – nach rund 500 Jahren der Reichseinheit – spiegeln das Pathos jener Zeit wider:

»Wenn ihr in eure Heimatdörfer zurückkommt, so gebt den Dank des schwedischen Volkes an eure Nation weiter. Wisset, daß obgleich ihr zurückkehrt mit abgerissener Kleidung, mit durchgeschossenen oder verstümmelten Gliedern, so führt ihr doch den wertvollen Schmuck einer rechtschaffenen Kriegerseele mit euch ... Wir werden euch von Generation zu Generation segnen – werden euch hochachten.«

Damit endete die Zeit, in der das Land unter den schwedischen Königen etwa pro Generation einen Krieg hatte mitmachen müssen. Den nächsten, 1918, führten die Finnen in eigener Sache.

Bei Iisalmi wurde als Sohn des Pfarrers Theodor Brofelt der finnische Dichter *Juhani Aho* (1861–1921) geboren. Aho hat Romane über die Zeit des Durchbruchs zur Industrialisierung geschrieben. Die verschiedenen Nachnamen haben folgenden Grund: Im Überschwang der Finnen-Begeisterung, der Fennomanie, die auf Lönnrots Kalevala-Arbeit folgte, trennten sich viele im Lande von ihrem schwedischen Nachnamen und legten sich einen finnischen zu. Dabei kam es zu Namensspaltungen innerhalb derselben Familie. Während zum Beispiel J. V. Snellman sein Herz weiterhin unter dem Mantel seines schwedischen Namens für das Finnentum schlagen ließ, nahmen andere Teile der Familie den finnischen Nachnamen Virkkunen an. Bei einem großen Familientreffen wimmeln die Snellmans und die Virkkunens durcheinander, wobei die Sprache heute mehr eine Frage des Praktischen als des Prinzips ist. Nach wie vor kann man seinen Namen auch in Finnland ziemlich leicht wechseln, aber die Zeit der ›Massenübertritte‹ ist längst vorbei, sie kulminierten Anfang der 30er Jahre.

Als kleiner Rückblick die Namen einer Seite aus einem finnischen *Who is who:* Koskikallio (bis 1906 Forsberg), Koskiluoma (bis 1927 Sirenius), Koskimaa (bis 1927 Dahlström) und dann dreimal Koskimies (bis 1931/1918/1926 Forsman).

Die Strecke Iisalmi – Kuopio ist abwechslungsreich, weil sie durch ein Gebiet mit verschiedenartigen Gewässern führt. Jetzt kommt man an den Rand des großen ostfinnischen *Saimaa-Seengebiets,* dessen Urlaubs- und Erholungsmöglichkeiten bislang nur in sehr geringem Umfang ausgenutzt worden sind. Es umfaßt ungefähr ein Drittel von Finnland ohne Lappland, und man kann sagen, daß es spiegelverkehrt zum Inarisee ist: Während dort oben bei der Schöpfung Land über das Wasser gestreut wurde, ist hier Wasser in den Falten des Bodens zusammengeflossen.

Zurückgeblieben ist das Wasser natürlich nach der Eiszeit, und hier besteht eine gewisse Ähnlichkeit mit dem Fjord-Phänomen: Am Rand – also am Rand von Finnland – war die Eisdecke dünner, der Druck geringer, die Landhebung schneller. So konnte das Schmelzwasser aus dem Inland nicht mehr ins Meer abfließen.

Sehr viel Wasser hat die letzte Eiszeit in Finnland allerdings nicht zurückgelassen. Reichtum an Seen ist nicht unbedingt dasselbe wie Reichtum an Wasser. Die finnischen sind sehr flach, und sie alle zusammen enthalten nicht mehr Wasser als das Tiefbecken des Vänersees in Südwestschweden.

Klein ist nicht nur das finnische Gesamtreservoir, sondern auch der Umsatz darin. Finnland, von der skandinavischen Gebirgskette gegen den Atlantik geschützt, ist ein sehr niederschlagsarmes Land. Auch der Schneefall im Winter ist nicht sehr erheblich, tiefer Schnee legt sich in Lappland und Mittelfinnland nur deswegen über den Boden, weil die Frostperiode nicht unterbrochen wird. Von der Schneeanhäufung des Winters zehren Landwirtschaft und Wasserkraftversorgung bis weit in den Hochsommer hinein. Für die Landwirtschaft ist es ein großer Nachteil – manchmal eine halbe Katastrophe –, wenn im Spätherbst viel Schnee fällt, bevor der Boden gefroren ist. Dann versickert im Frühjahr das Schmelzwasser in der aufnahmefähigen Erde, und wenn man an die Bestellung gehen kann, beginnt die Ackerkrume bereits auszutrocknen.

Im Winter und im Sommer hat Finnland vorwiegend Kontinentalklima, sobald sich über der eurasischen Landmasse kräftige Hochs herausbilden können. An ihnen prallen alle Witterungswidrigkeiten, die – beispielsweise – den mitteleuropäischen Sommer für Tage oder Wochen regnerisch machen, einfach ab. Die nur für wenige Stunden oder im Norden gar überhaupt nicht verschwindende Sonne erwärmt die flachen Seen und die Luft, und es wird *»oft so heiß, daß man keine Kleidung dulden kann«*.

Dies sind die Regeln für die Großwetterlage. Das Winterwetter der letzten Jahre wich in Süd- und Mittelfinnland stark davon ab, verregnet war auch der Sommer 1981 – als Ausnahme von den im allgemeinen ziemlich stabilen Hoch-Zeiten.

Wie die Landschaft um *Kuopio* herum aussieht, zeigt die vordere Umschlagseite dieses Buches (Farbt. 39, Abb. 165). Die Stadt wurde zweimal gegründet. Den ersten Versuch machte Per Brahe, aber Kuopio entwickelte sich weniger gut als Kajaani. Erst nach der Neugründung (1782) unter Gustaf III. blühte es auf, und es ist heute in jeder Hinsicht – nicht zuletzt kulturell – mit 70000 Einwohnern das Zentrum von Ostfinnland. Wählen wir von vielen Aspekten drei: Snellman, Kalakukko und Kirchenmuseum.

J. V. Snellman (1806–1881) verfügte über eine Eigenschaft, die man bei Philosophen selten findet: Er konnte lesbare Zeitungen machen. Und er betrachtete das Verbreiten von Zeitungen als flankierende Maßnahmen der Bildungspolitik. Eine der beiden Zeitschriften, die er in Kuopio herausgab, wandte sich an den bildungsbedürftigen Bauernstand: *Maamiehen Ystävä* (Landsmanns Freund) erschien von 1844 ab.

Der *Kalakukko* ist eine Sache, die man bei einem Finnlandbesuch mindestens einmal probieren muß, zumal diese Speise hanseatischen Ursprungs sein soll. Außen ist es ein knuspriger Brotlaib, dessen Kruste wie eine Konservendose den Inhalt schützt, der aus Fleisch- und Fischstückchen besteht. Versuchen Sie Kalakukko auf jeden Fall.

Einmalig zumindest in Westeuropa ist das *Orthodoxe Kirchenmuseum,* das 1957 eröffnet wurde. Es zeigt Gegenstände aus den ehemaligen Klöstern Walamo und Konevitsa (beide im Ladogasee) und Petsamo, sowie aus Ladoga-Karelischen Kirchspielen, darunter Wiburg (Viipuri), Sortavala und Käkisalmi. Mit dem Museum betritt man eine völlig andere Welt, für uns fremdartig und darum gerade geheimnisvoll-anziehend.

Am stärksten vertreten sind mit je etwa 300 Exponaten Ikonen und Kirchentextilien. In der großen Halle eine Christusikone aus der Hauptkirche der Gemeinde Käkisalmi, die bis 1500 Dom war. Im Konevitsa-Raum der Katafalk von St. Arseni, dem Gründer von Konevitsa. Der Katafalk ist ein sehr eindrucksvolles Beispiel russischer Silberschmiedearbeit. Unter den Textilien befindet sich eine Katafalkdecke aus Silber- und Metallfäden, mit einer Abbildung von St. Arseni. Diese hat Iwan der Schreckliche 1551 dem Kloster Konevitsa geschenkt. Auch das Kloster Petsamo, gegründet 1532 von St. Triphon, dem Apostel der Skolten, hat einen eigenen Raum. Hier hängt ein Gemälde über das Martyrium der Mönche nach der Zerstörung des Klosters Weihnachten 1589.

Die 5 führt von Kuopio aus nach Süden mitten in das Saimaa-Seenlabyrinth hinein. In *Leppävirta* eine Grausteinkirche (1846) von C. L. Engel. Wer mit Landschaftseindrükken noch nicht überfüttert ist, nimmt im Kirchdorf den Blick vom Hügel Kauppalanmäki über den See Unnukka wahr. Bei Juva biegt die 5 nach Südwesten, Richtung Mikkeli ab. Die 14 geht von Juva nach Osten, biegt dann nach Süden ab und erreicht nahe der sowjetischen Grenze die 6. Der Rest dieses Kapitels bringt erst Mikkeli, dann die Strecke über Savonlinna bis zur 6 und schließlich auf der 6 nach Südwesten bis Lappeenranta, mit den Verbindungen zur Küste des Finnischen Meerbusens und nach Vaalimaa, dem Grenzort zur Sowjetunion (Leningrad).

Mikkeli (29000 E.) liegt in der Landschaft, die schon vor mehr als tausend Jahren von den Finnen in Besitz genommen wurde. Das ist durch Gräberfunde auf dem Stadtgebiet (Visulahti) nachgewiesen. Direkt in der Stadt liegt das älteste Gebäude Ostfinnlands, die Steinsakristei (Kivisakasti), deren unterer Teil aus dem Jahr 1320 stammt (oberer 1896 restauriert).

Bei ihrem letzten Angriffskrieg gegen Rußland lieferte die schwedisch-finnische Armee nahe Porrassalmi Mitte Juni 1789 noch einmal eine erfolgreiche Abwehrschlacht. Sie und die Seeschlacht bei Ruotsinsalmi vor Kotka führten dazu, daß nicht schon Gustaf III. in diesem Krieg gegen Katharina II. ganz Finnland verlor. Im Verlauf der Feldzüge entwickelte sich bei den meist aus Finnland stammenden Offizieren die Vorstellung, daß Finnland in Gefahr schwebt, zwischen dem schwedischen und dem russischen Mühlstein zermahlen zu werden. Diese nationalen ›Verschwörer‹ nahmen direkte Verbindung mit Petersburg auf. Das von 113 Offizieren unterzeichnete Anjala-Dokument (August 1788) ist der Beginn des finnischen Unabhängigkeitsstrebens, das über die Autonomie von 1809 zur selbständigen Republik 1917 führte.

Nach der Unabhängigkeitserklärung wurde Mikkeli wieder Schauplatz finnischer Geschichte. Der General und spätere Marschall C. G. Mannerheim hatte hier gegen

Ende des Bürgerkriegs 1918, im Winterkrieg 1939/40 und im sogenannten Fortsetzungskrieg 1941/1944 sein Hauptquartier. Darum führt die Stadt jetzt das Freiheitskreuz und den Marschallstab in ihrem Wappen.

Savonlinna liegt 6,5 Meilen östlich von Juva. Im Sund Kyrönsalmi ließ 1475 der Kommandant von Wiburg, Erik Axelsson Tott, auf einer Insel den Bau einer Burg beginnen. Sie erhielt den Namen des norwegischen Heiligen Olav – *Olofsborg* (finn. *Olavinlinna*) (Farbt. 37, Abb. 154, 156). Da an diesem strategisch wichtigen Punkt mehrere Handelsstraßen zusammenliefen, siedelten sich im Schutz der Burg bald hanseatische Kaufleute, Händler aus Axelssons Heimat Dänemark, Balten und Handwerker aus ganz Schweden-Finnland an. Froh wurden sie und ihre Nachkommen nicht. 1639 erhielt Savonlinna Stadtrechte, aber Zerstörungen durch Kriege ließen es niemals groß werden. 1639 hatte es 300 Einwohner, 1812 nur 275. Zwischen 1742 und 1812 gehörte Savonlinna zu Rußland, wurde dann aber wieder mit dem neugeschaffenen Großfürstentum vereinigt – wie auch Wiburg, Hamina, Kotka und die Gebiete am Nordufer des Ladogasees mit Käkisalmi.

Savonlinna (30000 E.) ist heute eine Ferienstadt wie nur wenige in Finnland. Dominiert wird es optisch und auch kulturell von der ursprünglich kleinen Burg, an der Generationen schwedischer und russischer Kriegsherren Erweiterungen und Verstärkungen durchgeführt haben. Auf ihrem Hof finden jeden Sommer die Savonlinna-Opernfestspiele statt, eines der einprägsamsten Ereignisse der Finland Festivals (s. S. 365).

Bei Anttola, unweit östlich von Savonlinna, biegt von der 14 die 71 nach *Kerimäki* (11 km) ab. Das kleine Dorf hat die größte Holzkirche (1847) der Welt, mit Platz für 3400 Menschen. In der Periode nach Engel und vor dem ›Ausbruch‹ des Jugendstils waren die finnischen Kirchenbauer arm an Ideen, und so machte A. F. Granstedt Anleihen tief im Süden: Die Kirche hat unverkennbar byzantinische Anklänge.

Die 14 ab Savonlinna passiert eine der naturschönsten Stellen Finnlands, den langgestreckten Höhenrücken von *Punkaharju*, der durch einen Schmelzstrom unter dem Eis entstanden ist (alte Straßenführung wählen).

Der erste größere Ort an der 6 auf dem Weg nach Südwesten ist *Parikkala.* Die Holzkirche mit dem kuppelartigen Turm (Carlo Bassi, 1817, restauriert 1971) kann 1800 Menschen aufnehmen. Parikkala hält einen Rekord, den man kaum vermutet: Die Genossenschaftsmeierei (über hundert Beschäftigte) ist die größte Emmentaler-Fabrik Europas. Und noch ein Rekord: Finnlands größte Quelle, der Lähdenlampi (über 100 m lang und 40 m breit).

Finnischer ist der Rekord, den *Imatra* (40000 E.) hält: Enso-Gutzeit hat hier die größten Holzveredlungswerke Europas. Die Tradition der Stadt wird vom Valtionhotelli (Staatshotel) verkörpert, das früher vom Petersburger Adel besucht wurde. Am Hotel vorbei fließt der Vuoksi, dessen Stromschnellen jetzt nur am Sonntag schäumen, wenn das Kraftwerk Imatran Voima seine Schleusen öffnet.

Lappeenranta (55000 E.) ist der südlichste Ausgangspunkt – und wohl auch der günstigste – für Ferien im Saimaa-Gebiet. Jede Hilfe und ein vielseitiges Angebot an

Ferienhäusern durch Saimaatours (Raatimiehenkatu 15, Tel. 953–17722). Als Grenzstadt hat Lappeenranta schwedische und russische (1742–1812) Garnisonen gehabt. Die orthodoxe Kirche (1785) in Lappeenranta ist Finnlands älteste, die heutige Stadtkirche wurde ursprünglich als russische Garnisonskirche erbaut. Die Festungswälle der Stadt entstanden nach Plänen von General Suworow, der die Westgrenze gegenüber Schweden-Finnland befestigte. In Lappeenranta ließ er sie nach dem System des Franzosen Vauban sternförmig anlegen.

Auch Lappeenranta wurde von Per Brahe gegründet (1649). Es hieß anfangs auf schwedisch *Lappstrand,* und der heutige Name ist eine direkte Übersetzung ins Finnische. Die Stadt liegt am Lappenwasser, einem Platz, wo die Händler mit den Samen Geschäfte machten. Als Siegel erhielt die Stadt am Rand der Wildmarken einen halbnackten Mann mit Keule, den ›Wilden Mann‹. Paradoxerweise ist er kein Finne oder Same, sondern er stammt aus dem Harz, wo er nach den Vorstellungen der Bergleute die Wälder durchstreifte. Die Poeten der Hoftheater machten dann einen Dummen August aus ihm, auf dem Weg über Stockholm kam er nach Finnland, um hier eine neue Metamorfose zu erleben: Aus dem von Höflingen belachten Tölpel wurde wieder ein respektabler Wilder.

In Lappeenranta beginnt der Saimaa-Kanal, der durch sowjetisches Gebiet läuft und bei dem heutigen Vyborg (Wiburg) in den Finnischen Meerbusen mündet. Kurzausflüge bis zur Grenze sind möglich, aber für Schiffsreisen auf dem Kanal nach Vyborg und durch offenes Wasser an Kronstadt vorbei nach Leningrad braucht man ein Visum.

Die 6 geht nach Westen weiter bis Kouvola und biegt dann nach Südwesten ab. Östlich von Porvoo vereinigt sie sich mit der 7.

Von der Strecke Lappeenranta – Kouvola biegt bei Taavetti die 61 nach Süden ab. Sie erreicht bei Hamina die 7. Diese Straße führt von Hamina nach Osten zum Grenzort *Vaalima.* Vaalima ist der einzige Grenzübergang zwischen Finnland und der Sowjetunion, den Kfz aus anderen Ländern benutzen dürfen.

Städte und Strecken am Nordufer des Finnischen Meerbusens siehe nächste Seiten.

»... und es ist ein hübscher Anblick, hier die Lachse zu sehen, die gleich Kriegern in schimmernden Waffenwams mitten in der Sonnenhitze vom Meer den Strom herauf wandern, besonders wenn sie in großen Mengen aufeinander folgen ...«

Von Nord nach Süd am Bottenmeer

Dieses Kapitel bringt die Verbindungen von Rovaniemi nach Südfinnland, wobei der Schwerpunkt auf der Küstenstraße liegt, die 2 Meilen südlich von Oulu anfängt und nach Turku geht. Die kürzere Verbindung ist die E 4, die von Oulu praktisch gerade nach Süden bis Helsinki führt, und sie zeigt auf der 35 Meilen langen Strecke Oulu – Jyväskylä kaum etwas anderes als Landschaft – viel Wald, in dem die Bäume verschwinden.

Die 4 geht von Rovaniemi bis zum Bottnischen Meerbusen ständig am Fluß *Kemijoki* entlang. Auf 11 Meilen passiert man mehrere Kraftwerke, an deren Seite in Stromrichtung Baumrutschen am Werk die Stämme vorbeileiten, die auf dem Kemijoki nach Süden geflößt werden. Am Kraftwerk von Valajaskoski, bald südlich von Roi, ein Campingplatz.

Nordwestlich von *Kemi* (30000 E.) mündet die *Schlagader Nordfinnlands* in den Bottnischen Meerbusen. Kemi ist eine Stadt der Industrie, hauptsächlich der Holzveredlung. Skandinavische Industriestädte und -orte sind im allgemeinen sehr sauber und rauchfrei. Das gilt auch für Kemi: Es ist für eine Übernachtung – selbst auf dem Campingplatz – gut geeignet.

Die 4 aus Roi trifft neben der Mündung des Kemijoki auf die E 4. Sie führt in Richtung Westen zur Grenzstadt *Tornio* und nach Haparanda in Schweden. (In Tornio eine der ältesten und schönsten Holzkirchen Finnlands – 1686. Chor und Betstuhl von Nils Fluur, einem Zimmermann aus Tornio, der elf Jahre lang in der Kirche gearbeitet hat.)

In Ostrichtung geht die E 4 durch Kemi. Sie schwenkt dann nach Süden ein und bleibt bis Oulu in Küstennähe. Etwa 4 Meilen nördlich von Oulu passiert man den Ort *Ii* am Fluß Ii (etwas landeinwärts der Ort Yli-Ii, was Ober-Ii bedeutet). In Ii wurde

145 HELSINKI Blick auf Hafen und Dom

146 HELSINKI Der Dom (C.L. Engel) bildet den Kern der Empire-Stadt

147 HELSINKI Runensammler Elias Lönnrot mit Kalevala-Figuren

148 HELSINKI Interieur der Uspenski-Kathedrale

149 Jeden Wintersonntag bohren Tausende von Hobbyanglern Löcher in das Eis der Ostsee

151 Auf dem Markt in Hamina

◁ 150 Durch die südfinnische Landschaft Häme

152 TURKU Im Zentrum der südwestfinnischen Hafenstadt

153 An die Blütezeit der Åland-Inseln erinnern zahlreiche Steinkirchen. Interieur aus KUMLINGE

154 Der Däne Axel Tott, Schloßhauptmann von Wiburg, befahl 1475 den Bau der Burg OLAVINLINNA (bei Savonlinna)

155 Im Dom zu PORVOO bestätigte Alexander I. den Finnen 1809 ihre Autonomie

156 In der Burg OLAVINLINNA finden jeden Sommer die Opernaufführungen von Savonlinna statt

157 HATTULA (bei Hämeenlinna) Gewölbe in der früheren Wallfahrtskirche (um 1250)

158 HATTULA St. Georg und der Drache

159 HATTULA St. Christophorus, Kanzelsockel

160 HATTULA Sakristei, Westwand, Stammbaum Christi

161 In der Kirche (14. Jh.) von ISOKYRÖ

162 Die Kirche in KIIMINKI entstand 1759/60 und repräsentiert die damalige Kirchenarchitektur auf der schwedisch-finnischen Nordkalotte

163 Die Gemeinde des heutigen KAJAANI erhielt 1651 Stadtrechte, Kirche von 1656

164 Straße bei Suomussalmi

165 KUOPIO Blick vom Puijo ▷

166 Am Fluß Antijoki: Holzbündel werden über die Rutsche geleitet

167 LEMMENJOKI (Lappland) Einer der Goldwäscher-Veteranen

168 HÄRKÄKOSKI (Lappland) Schutzhütte für Wildmarkwanderer

169, 170 Hölzerne Lappenkirche SODANKYLÄ, Details

171 Flöße bei Kuopio. Der finnische Export besteht fast zur Hälfte aus Erzeugnissen der Holzveredelung

172 Der Sokosti (718 m) ist der höchste Berg von Saariselkä

173 Rentierherden in Finnisch-Lappland

174 Rentierscheidung in Finnisch-Lappland

175 Blick vom Berg Pyhätunturi nach Norden ▷

176 Wochenende in Saariselkä – die Sauna wird schon warm

1859 die erste Dampfsäge in Betrieb genommen, womit für Finnland das Zeitalter begann, das Juhani Aho in seinen Romanen so plastisch geschildert hat. Die Kirche von Ii wurde 1950 fertig, sie ist also nicht mittelalterlich, sondern nachempfunden.

Unbedingt sehenswert ist die Kreuzkirche (1762) von *Haukipudas* mit ihren Wandmalereien (30 Gruppen) von Mikael Toppelius. Wie auch in Paltamo (s. S. 282) hat Toppelius Szenen aus dem Alten und Neuen Testament gemalt. Er war in dieser Kirche sechs Jahre tätig und ließ sich den Lohn in kleinen Raten auszahlen, eine Art Pension, die er auch dann noch bekam, als die Arbeit längst fertig war. – Mitte des vorigen Jahrhunderts wurden zusätzliche Fenster in die Wände gestemmt, wodurch die Handwerker sechs Bilder irreparabel zerstörten.

Oulu (90000 E.) fiel vor etwa 15 Jahren in der Rangliste finnischer Städte von Platz 5 auf 7 zurück: Anfang 1972 erhielt Finnland zwei neue Städte, *Espoo* (westlich von Helsinki) und *Vantaa* (nordöstlich). Beide entstanden durch Zusammenschlüsse von Randgemeinden und hatten schon beim Entstehen über 100000 Einwohner. Oulu wurde 1605 von Karl IX. gegründet und erhielt 1610 Stadtrechte. Sein Kern war eine Befestigung auf Linnansaari (Burginsel) mitten in der Mündung des Oulunjoki. Im 19. Jahrhundert gehörte Oulu im Teerhandel zu den wichtigsten Exporthäfen der Welt, 1865 war mit 76000 Tonnen das Spitzenjahr. Die Stadt brannte 1625, 1655, 1705, 1822, 1854 (Angriff im Krimkrieg), 1882 und 1901. Nach dem Brand von 1822 hat C. L. Engel einen neuen Grundriß für Oulu entworfen. Mit dem Ende der Windjammerzeit fiel Oulu wirtschaftlich zurück. Erst um die Jahrhundertwende, als die Eisenbahn Oulu erreicht hatte, kam die Stadt in den Boom der Industrialisierung hinein. Seit 1958 hat es eine Universität, womit seine zentrale Bedeutung im nordfinnischen Raum auch kulturell unterstrichen wurde. Bischofssitz ist Oulu schon seit mehr als hundert Jahren. Zwischen 1770 und 1776 erhielt Oulu eine Steinkirche, die beim Brand 1882 zusammenstürzte. Sie wurde so wieder aufgebaut, wie C. L. Engel 1830–1832 die Renovierung durchgeführt hatte.

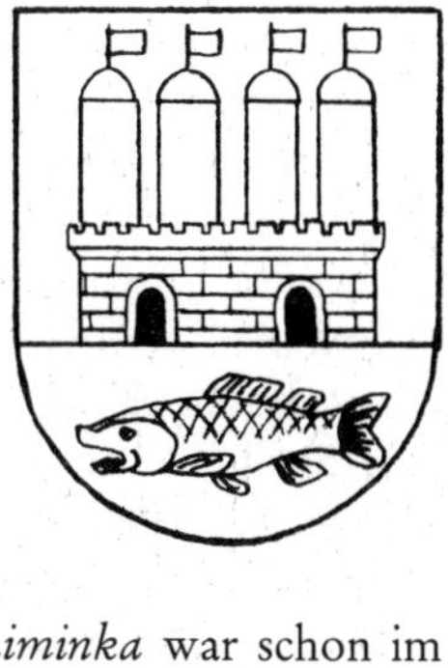

Das Wappen von Oulu zeigt die mittelalterliche Festung, 1610 erhielt die Ansiedlung Stadtrechte

Bei Liminka, südlich Oulu, zweigt die 8 von der E 4 ab. *Liminka* war schon im 16. Jahrhundert ein großer Ort mit einer bedeutenden Kirche. In den Kriegen am Ende jenes Jahrhunderts brannte es mit wenigen Jahren Abstand zweimal. Die jetzige Empirekirche (1826) ist von A. F. Granstedt.

In der Kirche (1775) von *Revonlahti,* dem nächsten Ort, eine vierteilige Atartafel von Mikael Toppelius.

Durch diese Landstriche marschierte im Frühjahr 1808 die schwedisch-finnische Armee auf ihrem Rückzug. In einem kleinen Ort nordöstlich von Raahe, der nächsten Stadt, wurde im November 1808 ein Vorfriede geschlossen, dem im Herbst 1809 der Friede zu Hamina folgte.

Raahe hat auf Schwedisch den Namen *Brahestad,* nach dem Gründer (1649) Per Brahe, dessen Spuren wir hier nicht zum letztenmal begegnen. Kirche (1912) mit einer Altartafel (1926) des bekannten finnischen Malers *Eero Järnefelt,* Schwager von Jean Sibelius. Das Museum von Raahe ist Finnlands ältestes, mit vielen Kuriositäten, mitgebracht von Seeleuten. Nahe der Stadt *Rautaruukki* das größte Eisenwerk Nordeuropas. Das Erz kommt teilweise aus den nordschwedischen Gruben. Südlich von Raahe der Ort *Saloinen,* in dessen Kirche (1932) Gegenstände früherer Kirchen aufbewahrt werden, darunter Heiligenbilder und -schreine aus dem 15. Jahrhundert.

Bei Yppäri fand im November 1808 eine Woche vor dem endgültigen Waffenstillstand das letzte Gefecht in Finnland statt. In Kalajoki ist Wilhelm von Schwerin begraben, einer der Haudegen dieses Krieges. Südlich von Kalajoki nach ein paar Kilometern die Ferien- und Freizeitanlage (Fremdenheim für Behinderte) von *Aurinkohiekat* (Sonnensand), mit jeder Unterkunftsmöglichkeit. Die Flugsanddüne ist 80 ha groß, bewegt sich aber langsamer als dänische, weil hier nicht der Wind konstant aus einer Richtung bläst. Mit nur 400 mm Niederschlag pro Jahr gehört *Kalajoki* zu den trockensten Gegenden Finnlands.

In der Holzkirche (1768) von *Lohtaja* wieder eine – ebenfalls vierteilige – Altartafel von M. Toppelius. Südlich von Lohtaja verläuft die Grenze zwischen der finnischen und der schwedischen Sprachgruppe, die in diesem statischen Bauern- und Fischergebiet jahrhundertelang klar festlag. Sie ist jetzt in Bewegung gekommen. Bei voranschreitender Industrialisierung wird sie gewöhnlich nicht einmal zurückgedrängt, sondern sie fällt ganz einfach in sich zusammen: Die Fabriken können ihren Bedarf an Facharbeitern, Technikern und Ingenieuren naturgemäß nicht aus dem kleinen Reservoir der Umgebung befriedigen, finnischsprachige Arbeitskräfte strömen ein, und im Zeitraum zwischen zwei Volkszählungen (1. Januar jedes neuen Jahrzehnts) ändern sich die Mehrheitsverhältnisse zuungunsten der Schwedischsprachigen.

Kokkola war noch vor zwei Generationen als kleines Landstädtchen überwiegend schwedischsprachig. Heute (25 000 E.) beträgt der Anteil Schwedischsprachiger 15 %. Die Stadt hieß ursprünglich Gamla Karleby und wurde 1620 von Gustaf II. Adolf gegründet. Alle Städtegründungen an der Ostküste des Meerbusens hatten das Ziel, Finnland enger an das schwedische Reich anzuschließen.

Kokkola hat eine Erinnerung an den Krimkrieg, die auf der ganzen Welt einmalig ist: ein erbeutetes englisches Kriegsschiff. 1854 segelte eine englisch-französische Flotteneinheit die Küste des Großfürstentums entlang und drohte den Städten mit Beschießung für den Fall, daß die Holz- und Teervorräte nicht verbrannt würden. Die Bürger von Gamla Karleby sahen nicht viel Sinn im Verbrennen, hatten sie doch ihre Schuppen voll mit Gütern, die schon an Engländer verkauft waren und gleich nach Kriegsende verschifft werden sollten. Der englische Parlamentär kündigte Beschießung an, seine Barkasse drehte bei, die weiße Flagge wurde eingezogen und ... rums! lief das Boot auf eine Klippe auf. Der Offizier und seine acht Matrosen sind auf dem Marienfriedhof begraben. Es war Prinzip der Großmacht England, bei Friedensschlüssen Schiffe zurückzufordern, die der Gegner erbeutet hatte. Diese Barkasse wurde wohl vergessen, sie blieb in Kokkola.

Hübsch ist von Kokkola ab der kleine Umweg über die Inselstraße nach Jakobstad, die ›Neunbrückenstraße‹. In *Larsmo* und an anderen Plätzen Feriendörfer, Einzelhütten, Bade- und Angelmöglichkeiten.

Jakobstad (finn. Pietarsaari) hat 20000 Einwohner, davon etwa die Hälfte schwedischsprachig. Jakobstad wurde von Ebba Brahe gegründet, der älteren Schwester von Per Brahe und erhielt seinen Namen nach ihrem Ehemann Jakob De la Gardie.

Die *Brahes* sind ein skandinavisch-europäisches Adelsgeschlecht, dessen schwedische Linie sich bis 1440 zurückverfolgen läßt, als der ehemalige Page und Freibauer Magnus Laurensson in die dänische Familie Brahe einheiratete, deren prominentester Repräsentant *Tycho Brahe* ist. *Per Brahe* der Ältere wurde 1561 Graf, und die Familie rückte 1625 an die Spitze aller schwedischen Grafengeschlechter. Der jüngere *Per* ist ein Enkel des ersten Grafen. 1637–1641 und 1648–1651 war er Generalgouverneur von Finnland, außer den schon erwähnten und noch weiteren Städten gründete er 1640 in Turku (Åbo) die erste Universität auf finnischem Boden. Er war der größte Grundbesitzer des ganzen Reiches, und so nimmt es wohl nicht wunder, daß er zu den Ultrakonservativen gehörte.

Ebba Brahe (1596–1674) wurde mit siebzehn Jahren die Geliebte von Gustaf II. Adolf. Die offiziell nicht existente Allianz währte zwei Jahre und endete 1615. (Der Briefwechsel zwischen Ebba und Gustaf erschien 1915 als Buch.) 1618 heiratete Ebba Brahe Reichsmarschall Jakob De la Gardie.

Pers Bruder Nils war einer der besten Offiziere von Gustaf Adolf. Er wurde bei Lützen (1632), als der König fiel, verwundet und starb kurz danach an Wundbrand.

Der letzte Erwähnenswerte unter den schwedischen Brahes (die dänischen starben 1768 aus) war *Magnus Brahe* (1790–1844), der unter dem ersten Bernadotte Karriere machte. Er wurde 1834 Reichsmarschall und galt – zu Recht oder Unrecht – als heimlicher König. Mit dem Tod des Obersten Kammerherrn Graf Magnus Brahe endete 1930 auch diese Familie. – Eingeheiratet hatte bei den Brahes ein Wrangel, dem das Schloß Skokloster (s. S. 238) gehörte.

Jakobstad hat als eigenen großen Sohn den Lehrer und Dichter *J. L. Runeberg* (1804–1877). Sein Vater war Kapitän, Johan Ludvig wurde Altsprachler, er ging 1828 nach Helsinki und 1837 als Griechischlehrer an die Schule in der südfinnischen Kleinstadt Borgå. Er wurde 1857 mit vollem Gehalt vom Schuldienst befreit und war bis zu seinem Lebensende sozusagen Finnlands Staatspoet.

Auch weit im Ausland bekannt ist sein Epos ›Fänrik Ståls sägner‹ (deutsch ›Fähnrich Stahl‹), eine nationalromantische Verherrlichung des Feldzugs von 1808. Sie beginnt mit den Strofen ›Unser Land‹, der heutigen finnischen Nationalhymne. Seine Kriegsdarstellung ist das genaue Gegenteil von dem, was Remarque geliefert hat. Man muß den Philologen in das Relief seiner Periode stellen: aufgewachsen in einer Landschaft voller Erinnerungen an den Krieg, hineinwachsend in eine Periode finnischen Nationalbewußtseins, Zeitgenosse von Lönnrot und Snellman, beschwingt vom Heranwachsen Helsinkis zu einer Hauptstadt, wo C. L. Engel gerade die Nikolaijkirche, das Regierungspalais und die Universität baute.

Eine der Figuren aus Fänrik Stål ist Lotta Svärd, als Marketenderin und Helferin idealisiert. Ihren Namen gaben sich im Krieg von 1918 die Helferinnen der finnischen Weißen Armee. Die Lottas waren frontnah auch im Winterkrieg und im Fortsetzungskrieg dabei, ihre Organisation mußte 1944 auf sowjetische Forderung hin aufgelöst werden. 1924 wurde in Schweden eine Lotta-Organisation gebildet, die noch besteht. – Auch hierin symbolisiert sich die enge Wechselbeziehung zwischen den beiden skandinavischen Nachbarländern.

Vaasa (50000 E.) hat Fährverbindungen über den Bottnischen Meerbusen mit Umeå, Sundsvall und Örnsköldsvik. In Korsholm, damals am Meer gelegen, entstand im 15. Jahrhundert eine Festung, und Karl IX. machte 1606 aus der Ansiedlung eine Stadt. Sie brannte 1852 bis auf zwei Gebäude ab. Da Vaasa im Laufe der Jahrhunderte durch die Landhebung an der Bottenküste immer weiter vom Meer abgeschnitten worden war, wurde es beim Wiederaufbau nach Westen verlegt. Die Ruinen von Alt-Vaasa sind eindrucksvoll.

Vaasa ist mit der jüngeren finnischen Geschichte verknüpft. Hinter der Unabhängigkeitserklärung vom 6. Dezember 1917 stand keineswegs das ganze Volk geschlossen. Ein Teil der Arbeiterschaft wollte keine bürgerliche, sondern eine Räterepublik. Dieser breite linke Flügel der Sozialdemokraten bildete eine Gegenregierung und bewaffnete Rote Garden. Die legale Regierung mußte aus Helsinki fliehen (der neuernannte Reichsverweser P. E. Svinhufvud über Estland auf einem Eisbrecher) und etablierte sich in Vaasa. Hierhin kam auch der ehemalige Zarengeneral Mannerheim, der den Auftrag erhielt, Streitkräfte aufzustellen. Die Weiße Armee war ohne Führungskader und daher dem Gegner unterlegen, der sich auf die Hilfe der russischen Truppen stützen konnte, die Soldatenräte gebildet hatten.

In den ersten Wochen stand es schlecht für Mannerheim und Svinhufvud. Ende Februar landete in Vaasa Hilfe: die Soldaten des 27. königlich-preußischen Jägerbataillons, finnische Aktivisten, die nach 1914 das Land verlassen und in Schleswig-Holstein als ›Pfadfinder‹ militärische Ausbildung bekommen hatten, etwa 1800 Mann. Nun konnte Mannerheim eine Befehlskette bis zum Schützengraben aufbauen, und damit begann der Vormarsch der Weißen. An die Ereignisse von 1918 erinnern das Jägerdenkmal am Hafen von Vaasa und das Freiheitskreuz im Wappen der Stadt.

Nicht ganz 4 Meilen östlich von Vaasa liegt der vorwiegend schwedischsprachige Ort *Vörå.* In einem Schilderhäuschen an der Kirche steht ein Armenmann, wie der alte Enbom in Karlskrona (s. S. 195). Er ist einer von 118 Sammlern für die Armen, die vor finnischen Kirchen ihre Hand ausstrecken oder durch ihren Gesichtsausdruck um milde Gaben bitten. Man trifft die meisten von ihnen in den schwedischsprachigen Gegenden Finnlands, hier öfter als in Schweden selbst.

Das Geldsammeln war ja schon bei den katholischen Pfarrern üblich und gipfelte in der Perversion des Ablaßunwesens. Nach der Reformation wurden die Sammelbüchsen abgeschafft, »bis die Umtriebe damit aufgehört haben«. Sie kehrten Mitte des 17. Jahrhunderts, geschmückt mit biblischen Motiven, in die Kirchen zurück. Im 18. Jahrhundert tauchen die ersten demütigen Sammelmänner auf, bei denen – bedenkt man die Armut jener Zeit – der Identitätsfaktor groß war: »Solch ein armes Schwein könnte nach ein paar Jahren auch ich sein.«

In Finnland wird während des 19. Jahrhunderts zunehmend öfter der Invalide, meist mit einem dünnen Stock-Bein, aufgestellt. Zwar ordentlich gekleidet, aber ein Holzkamerad jener Männer, die 1808 und 1809 »mit durchschossenen oder verstümmelten Gliedern« nach Haus gekommen waren – die wenigen relativ Glücklichen, die den Wundbrand überstanden hatten. (Hier gibt es eine Verbindung zu den dänischen Orten an der jütländischen Westküste, wo Wasserminen aus den beiden Weltkriegen als Sammelbüchsen für Hinterbliebene von Seeleuten aufgestellt sind.)

Schon 2 Meilen östlich von Vaasa beginnt der rein finnische Sprachraum. Dort liegt der Ort *Laihia,* wo die Schotten Finnlands wohnen. 1975 leitete der Zentralverband der finnischen Industrie eine Sparaktion ein, die auf anderen Sektoren ähnliche Kostenersparnisse bringen sollte wie nach der Ölpreiskrise auf dem der Energie. Man wählte den Namen ›Operation Laihia‹ und fragte beim Bürgermeister an, ob die Gemeinde etwas gegen die Verwendung ihres Namens hätte. Antwort: »Im Prinzip nicht, vorausgesetzt, es entstehen uns dadurch keine Kosten.«

Noch weiter östlich liegt der Bahnknotenpunkt Seinäjoki, dessen modernes Zentrum ein Werk von Alvar Aalto ist. Diese Gegend ist das Ostfriesland Finnlands. Wer aus Seinäjoki ist, gibt das entweder mit einem verzeihungheischenden Lächeln oder mit betontem Stolz zu. Und wenn ein Finne von einem anderen sagt: »Der ist aus Hinter-Seinäjoki«, so bedeutet das etwa: »Hat noch nie die Vorderseite des Mondes gesehen«.

Südlich von Vaasa liegt an der 8 *Närpes.* Hier werden in Glas- und Kunststofftreibhäusern die meisten – und auch die größten – Gurken und Tomaten Finnlands gezüchtet. Steinkirche aus dem 15. Jahrhundert, zur Kreuzkirche umgebaut 1771. Kirchendorf mit fast 150 kleinen Holzhäusern.

Pori (80 000 E.) ist eine der wichtigsten finnischen Hafenstädte. Wie Vaasa mußte es der Landhebung folgen und wurde, als es 1852 wieder einmal abgebrannt war, an seinen heutigen, vermutlich endgültigen Platz verlegt. Auf dem neuen Friedhof das Juselius-Mausoleum aus dem 19. Jahrhundert, ein Tempel, den der Kaufmann F. A. Juselius für seine jung gestorbene Tochter Sigrid anlegen ließ. Auch er wurde hier begraben. Es ist ein Denkmal nicht allein der Liebe. Es ist auch ein Manifest der Mittelmeer-Nostalgie, die früher nur in der Oberschicht ausgeprägt war, die heute Jahr für Jahr Hunderttausende von Finnen auf den Schwingen erschwinglicher Gesellschaftsreisen nach Süden zieht.

Pori und Umgebung haben viele Urlaubsmöglichkeiten. Die Landzunge von *Yyteri* (Rantasipi-Hotel) geht mit weißem Sandstrand weit in den Bottnischen Meerbusen hinein. Unterkünfte jeder Art und Preisklasse. (Straße nach Tampere s. S. 299.)

Rauma (26 000 E.) ist die viertälteste Stadt Finnlands, eine Stadt der Seefahrer, wo ein Dialekt gesprochen wird, vor dem alle anderen Finnen erzittern. Er hat Worte aus der Frühzeit bewahrt, hat seine eigene Grammatik, ist mit verballhorntem Deutsch, Schwedisch und Englisch gespickt. Hier lag im 14. Jahrhundert ein Franziskanerkloster, aus dieser Zeit stammen die Ruinen der damaligen Dreifaltigkeitskirche. Die Kirche zum Heiligen Kreuz ist aus dem 15. Jahrhundert und beeindruckt mit ihren Deckenmalereien. Alt-Rauma ist ein Stadtteil mit kleinen Holzhäusern, eins der ›sieben Wunder Finnlands‹. Wie Tondern in Dänemark hat Rauma eine Tradition als Stadt der Spitzenklöppelei. Sie geht zurück auf die Zeit im vorigen Jahrhundert, als Raumas Segelschiffsflotte zu den größten der Ostsee gehörte. Viele dieser Schiffe liefen holländische Häfen an. Dort lernten die finnischen Seeleute das Klöppeln kennen und entdeckten, daß es ein guter Zeitvertreib sein kann, wenn im Frühwinter das Schiff vom Eis überrascht wird und die Mannschaft für Wochen isoliert bleibt.

Das Handwerk wird auch unter Amateuren gepflegt, man kann an der Volkshochschule Kurse in Spitzenklöppeln belegen. Weder museal also noch der Touristen wegen aufgezogen, mithin eine klare Antwort auf die Frage: Was wäre ein hübsches Reiseandenken?

Uusikaupunki (Neustadt) naht, und der erfahrene Westküstenreisende überlegt nur noch: Wer von denen im 17. Jahrhundert? Um es nicht unnötig spannend zu machen: Es war Gustaf Adolf, der *defensor fidei,* der Glaubensstreiter. 1617, im Jahr vor dem großen Knall in Mitteleuropa, der zwei Generationen fast vernichtet und mehr Generationen gezeichnet hat. Am gemeinsten waren im Deißigjährigen Krieg die schwedischen Aggressoren (»morgen kommt der Ochsenstern«), die auf dem Kontinent entsetzlich wüteten (siehe Simplicius Simplicissimus).

Nach den überzogenen Abenteuern von Karl XII., nach seinem Tod in Fredrikshald schlossen die Schweden und Russen 1721 in Uusikaupunki einen Friedensvertrag: Die Schweden verloren Estland, Livland, Ingermanland, Wiburg und die Gebiete am Nordufer des Ladogasees. Damit begann die Ausdehnung Rußlands nach Westen, die zwischen 1917 und 1944 – kurzfristig – unterbrochen wurde.

Åbo (å = Fluß, bo = wohnen, wie im Norwegischen vär), heute mit 160 000 Einwohnern Finnlands drittgrößte Stadt, war die Fußfeste der schwedischen Eindringlinge, die nach 1150 von ihrem ersten Kreuzzug (was denn sonst?) ab, ganz Finnland

Turku, das Schloß (erste Erwähnung 1308) liegt westlich des Stadtzentrums an der Mündung des Aurajoki; die heutige Form stammt aus dem 17. Jh.

unterwarfen und von dieser Basis aus zum großen Sprung nach Osten ansetzten. Ganz ohne jede Wertung gesagt: Als die Schweden glaubten, sie hätten ihre Hand am Drücker der Macht, haben sie nicht anders gehandelt als später Napoleon, Wilhelm II. und Hitler. Wie Stalin und – auf einer mehr politischen, aber ebenso eindringlichen Linie – Stalins Nachfolger. Die Bäume der Schweden, der Franzosen, der Deutschen sind nicht in den Himmel gewachsen ...

Turku (Abb. 152) heißt die Stadt jetzt, der alte Name Åbo geistert aber noch durch Kreuzworträtsel: finn. Hafenstadt mit drei Buchstaben.

Turku ist erst in den letzten Jahren aufgewacht. Es wurde nach 1809 durch die Veränderung der Machtverhältnisse in seinem Lebensnerv getroffen und erholte sich bis in die 60er Jahre unseres Jahrhunderts hinein davon nicht. Jetzt entwickelt es wieder eine eigene Persönlichkeit.

Turku war bis 1809 der unbestrittene Schwerpunkt Finnlands. Dann verlagerte sich das Machtzentrum von Stockholm nach St. Petersburg. Der Zar war aus gutem Grund Åbo gegenüber mißtrauisch. Die Lage der Hauptstadt seines neuen Großfürstentums war nicht nur strategisch schlecht. Åbo/Turku mit seiner Brahe-Universität war völlig nach Westen, nach Schweden orientiert.

1819 beschloß der Zar und Großfürst, daß Helsinki Hauptstadt wird. Die wenig attraktive Kleinstadt bekam damit eine Rolle zugewiesen, die ihr um einige Nummern zu groß war. Ihr zum Glück – und noch immer Turku zum Schaden – brannte 1827 Turku ab; nur ein kleines Viertel blieb verschont. Woraufhin der Zar und Großfürst beschloß, auch Finnlands einzige Universität nach Helsinki zu verlegen.

Damals blutete Turku intellektuell aus. Und es blutet noch immer. Denn von hier ist der Sprung in das begeisternd reiche Schweden so leicht. Die aktiven der Jungen wandern ab. Das ist das Problem dieser Stadt heute und morgen.

Den Gästen bietet Turku einen Querschnitt durch die ganze finnisch-schwedische und schwedisch-finnische Geschichte. Die Schären vor der Stadt geben Ihnen alle Ferienmöglichkeiten, von denen Sie zuhaus mit dem Ziel Finnland geträumt haben.

Das Informationsbüro liegt günstig im Zentrum. Sehr viel Material bekommt man dort auch auf deutsch – wie ›Turku zu Fuß‹.

Von Turku gehen Schiffe über die Ålandinseln und auch direkt nach Schweden. Die Überfahrt dauert von abends bis morgens oder von morgens bis abends. Eine zweite Linie zu den Ålandinseln und nach Schweden, die Viking-Line, geht von *Naantali,* nordwestlich Turku, ab. Viking wendet sich bewußt an Reisende, denen ein niedriger Fahrpreis wichtiger ist als viel Komfort an Bord.

Der schwedische Reichsrat beschloß 1438, in Finnland nahe bei Åbo ein Birgittenkloster zu gründen, das den Namen ›Tal der Gnade‹ bekam. Aus dem schwedischen Nådendal wurde das finnische Naantali. Vom Kloster ist nur die Kirche übrig, die einen Teil der mittelalterlichen Klosterschätze bewahrt hat; ein aus Holz geschnitzter Christuskopf mit Dornenkrone gehört zum Wertvollsten.

Birgitta hatte schon zu Lebzeiten im Bistum Åbo bis herauf in seine nördlichen Gebiete (Kanonisationsakte: »... nahe den äußersten Außenposten der Christenheit...«) Anhänger, und mehrere Kirchen wurden nach ihr benannt. So war die Gründung des Klosters nur natürlich.

Infolge der Reformation bestand das Kloster nur etwa hundert Jahre lang. Seine Wirkungen gingen über diesen Zeitraum hinaus, denn die Bibelabschriften und Übersetzungen aus dem Lateinischen wurden noch lange im Bistum Åbo benutzt. Einer der bedeutendsten Übersetzer war der Mönch Jöns Budde aus dem schwedischsprachigen Gebiet am Bottnischen Meerbusen. Von seinen Arbeiten bewahrt das Kloster Vadstena in Schweden (s. S. 236) einige auf.

Dicht bei Naantali liegt Kultaranta, ein Granitbau im Jugendstil. Kultaranta ist die Sommerresidenz der finnischen Staatspräsidenten, auch Finnlands Mini-Versailles genannt. Die Parkanlagen sind nur freitags von 18–20 Uhr allgemein zugänglich.

Auf der E 4 nach Südfinnland

Wer an Kirchenmalerei interessiert ist, wird die Kirche in *Rantsila,* 4 Meilen südlich Liminka, besuchen. Chor und Kanzel wurden 1788 von Mikael Toppelius geschmückt, und diese Arbeiten gelten als seine besten.

Südlich Pulkkila an der E 4 im Dorf *Leskelä* der Mittelpunkt Finnlands mit dem größten Thermometer des Landes (Campingplatz, Ferienhütten). – In *Haapajärvi* wurde *K. J. Ståhlberg* (1865–1952), Vater der finnischen Verfassung und Staatspräsident, geboren. Der Campingplatz liegt dicht an dem Haus, wo er aufgewachsen ist. – Mit *Pihtipudas* erreicht man das geografische Mittelfinnland. Das erste mittelfinnische Urlaubszentrum auf dieser Strecke liegt in *Viitasaari.* Außer Sportzentren, Feriendörfern und Campingplätzen gibt es hier zwei Hotels der Rantasipi-Kette, die Aktivferien in der Natur fördert und bei mitteleuropäischen Kennern der finnischen Urlausbsszene einen guten Namen hat.

Jyväskylä (65000 E.) ist Mittelfinnlands Bildungszentrum, jeder zehnte Einwohner besucht ein fortbildendes Institut. Die finnischen Universitäten führen jetzt während der langen Sommerferien Kurse durch, und so ist Jyväskylä auch von Juni bis August eine Stadt voller junger Menschen. Die neueren Bauabschnitte der Universität sind größtenteils von Alvar Aalto gezeichnet; zu seinen frühen Werken gehören das Haus der Arbeiterschaft (1925) und das Stadthaus (1929), zu den neueren das Museum für Mittelfinnland (1961), das Polizeigebäude (1970) und – sic! – das Aalto-Museum (1973).

Von Jyväskylä geht ein Tragflügelboot nach Lahti, die Fahrt dauert etwa drei Stunden und gibt ein ›Finnland-Konzentrat‹. Geruhsamer, aber ebenso schön, ist eine Fahrt mit der ›Suomi‹, die von morgens bis abends dauert.

An der E 4 ist *Korpilahti* für seinen guten Touristenservice bekannt. Um den Ort herum gibt es auch Bauern, die Feriengäste aufnehmen. – In *Kaipola* bei Jämsä steht Europas größte Maschine für Zeitungsdruckpapier. Das ganze Gebiet nördlich von *Jyväskylä* am kleinen See *Vesijärvi* und am großen *Päijänne* ist ein fast durchgehender Ferienbezirk, der jeder Vorstellung von Finnlandurlaub gerecht wird.

Lahti ist für die Generation, die mit dem Dampfradio aufwuchs, wohl das erste Wort gewesen, das man von Finnland erfuhr: Kaum von links und rechts bedrängt steht der Name dieser Stadt im Langwellenbereich. Wer Sportfan ist und sich Übertragungen von den Skiwettkämpfen im März ansieht, der hat außerdem gelernt, daß man *Lach-ti* sagt und nicht *Laa-ti.*

Lahti (fast 100000 E.) ist eine junge Stadtgründung dieses Jahrhunderts (1905), denn entwickeln konnte das kleine alte Dorf sich erst, als die Verkehrsverhältnisse im Lande sich besserten. 1870 wurde die Eisenbahnlinie Helsinki – Petersburg eröffnet, 1871 wurde der Kanal zwischen Vesijärvi und Päijänne fertig und 1890 die Bahnstrecke nach Lovisa am Finnischen Meerbusen. Damit waren gute Voraussetzungen für Industriebetriebe gegeben, und in Lahti siedelte sich Möbelindustrie an. Asko, die in Mitteleuropa bekannteste finnische Möbelmarke, ist ein Unternehmen dieser Stadt. Später kamen auch andere Fabriken nach Lahti. Diese zweite Phase der Industrialisierung begann erst Anfang der 50er Jahre, als man bei Bau und Planung woanders gemachte Fehler bereits berücksichtigen konnte. Darum ist die Stadt sauber und freundlich.

Das Urlaubs- und Freizeitangebot ist sehr umfangreich, sowohl in der Stadt selbst als auch in der näheren Umgebung. Fragen Sie im Verkehrsbüro auch nach einem Prospekt über die Skulpturen und Denkmäler von Lahti, die fast an jeder Staßenkreuzung stehen.

Die restlichen etwa hundert Kilometer bis Helsinki sind wenig ergiebig. In *Mäntsälä* kann man sich zum Herrenhof *Frugård* (finn. Alikartano) durchfragen, der mit seiner italienischen Bauweise einzig in Finnland ist. Hier wurde 1823 *Adolf Erik Nordenskjöld* geboren, der von 1878–1880 mit der ›Vega‹ die Nordostpassage zu den Mündungen der sibirischen Flüsse Ob und Jenissej forcierte.

Etwas abseits der Straße liegt bei *Järvenpää* vor Helsinki das Landhaus *Ainola,* wo Sibelius wohnte. Sein Schwager Eero Järnefelt war als erster von der Schönheit dieses

Stückchens Erde überwältigt. Sibelius kaufte es und bat Lars Sonck (Dom Tampere, s. S. 316), aus Stämmen ein Haus für ihn, seine Frau Aino (Ainola = wo Aino wohnt) und seine drei Töchter zu bauen. Johan-Jean und Aino sind hier begraben.

In *Tuusula,* dem nächsten Ort, ist der finnische Nationaldichter *Aleksis Kivi* (s. S. 317) gestorben und begraben. Ein Denkmal für ihn steht vor dem Nationaltheater in Helsinki.

»Auch wohnen dort eigentümliche Menschen, nämlich die Wildmarkfinnen (die man richtiger Skifinnen hätte taufen sollen); diese ernähren sich nicht von Korn, sondern allein von Wildbret und Vögeln.«

Wo man vor Bäumen den Wald noch sieht

Dieses Kapitel ist um Helsinki herum gruppiert. Es bringt stark geraffte Beschreibungen der Strecke von Turku zur finnischen Hauptstadt und zweier Strecken, die von der E 4 und von der 8 nach Tampere gehen. Dann folgen Tampere und die 3 von dort über Hämeenlinna nach Helsinki. Am Ende ist Porvoo beschrieben, anschließend die Straße über Lovisa – Kotka – Hamina.

Die 1 nach Helsinki

Von der 1 etwa zwei Meilen östlich Turku Abfahrt nach Süden zum Ort *Sauvo,* der fast auf Sichtnähe an der Reichsstraße liegt. Die kleine Grausteinkirche (15. Jh.) gilt als eine der schönsten dieser Bauweise in ganz Finnland; in der Kirche Wappen verschiedener Adelsgeschlechter.

Das Motel Valtatie 1 (Swimming-pool) eignet sich für Aufenthalte von der Kaffeepause bis zur Erholungswoche. Zwei andere gute Stellen zum Anhalten sind *Lahnajärvi* (genau halbe Strecke) und *Hiidenvesi.* Etwa 5 Meilen vor Helsinki geht beim kleinen See Myllylampi (Restaurant, Baden) die 53 nach Südwesten ab. Von hier ist es weniger als eine Meile bis *Lohja,* dessen Kirche (14. Jh.) die drittgrößte aus dem Mittelalter ist. Ein größeres Triumphkruzifix als hier gibt es nirgendwo in Finnland. Die Gewölbe sind reich mit Malereien verziert. Den Umweg zur Kirche Lohja, die vor mehr als zehn Jahren renoviert wurde, darf man nicht versäumen.

Dicht vor Helsinki (Abfahrt Tapiola) eine Zufahrt zum Museum des Malers *Akseli Gallen-Kallela* (1865–1931), dessen Kalevala-Illustrationen bekannter sind als seine ausgezeichneten – und mit Erotik angereicherten – Werbeplakate.

Auf der 9 von der E 4 nach Tampere

Bei *Jämsä* (s. S. 297) zweigt die 9 nach Südwesten von der E 4 ab. Das zweite Drittel der insgesamt etwa 11 Meilen langen Strecke führt durch sehr schöne Natur. Am schönsten sind der Ort *Kangasala* und seine Umgebung.

Auf der 11 von Pori nach Tampere

Der interessanteste Ort an dieser ebenfalls 11 Meilen langen Strecke liegt unweit östlich Pori: *Ulvila.* Nördlich und östlich von hier lagen nach den ersten Kreuzzügen der schwedischen Könige die äußersten Außenposten des Christentums. Die kleine Steinkirche von Ulvila, mit Statuen der Heiligen Anna und des Heiligen Olav, stammt aus dem 14. Jahrhundert.

Der Fluß Kokemäenjoki, der parallel zur Straße dahinfließt, gehört zu den am stärksten verschmutzten Finnlands. Zumindest zwischen Ulvila und Pori ist er zum Baden nicht geeignet.

Tampere (gegr. 1779) ist mit rund 175 000 Einwohnern Finnlands zweitgrößte Stadt. Es nannte sich früher gern ›Finnlands Manchester‹. Das veränderte Umweltbewußtsein hat diesen Begriff negativ aufgeladen, und heute betont Tampere lieber die Tatsache, daß es die größte Binnenstadt Skandinaviens ist. Die Arbeiter von Tampere haben sich ein Denkmal gesetzt, wie man es nicht in jeder Industriestadt findet: Das TTT (Tampereen Työväen Teatteri, Theater der Arbeiterschaft von Tampere) gehört zu den bedeutendsten Bühnen Finnlands.

Ausgangspunkt für die Entwicklung der Stadt ist der Wasserfall Tammerkoski mit nur 18 m Gefälle. Hier entstand Mitte des vergangenen Jahrhunderts ein Kraftwerk. Der Tammerkoski verbindet die Seen Näsijärvi und Pyhäjärvi miteinander. Über diesen Wasserarm führt auch die Brücke Hämeensilta mit den vier Skulpturen *Jäger, Händler, Steuereinnehmer und Jungfrau Finnland.*

Der Kern dieser Stadt ist nicht ausgedehnt, man kann ihn zu Fuß während eines Vor- oder Nachmittags gut kennenlernen. Sehr russisch wirkt die *Orthodoxe Kirche,* ihr

Gegenstück ist die lutherische *Kaleva-Kirche* (1966) von Reima Pietilä, die nach dem Beton-Gleitgußverfahren hochgezogen wurde. Sie ist ein Musterbeispiel moderner finnischer Kirchenarchitektur.

Ein anderes Musterbeispiel ist der *Dom,* ein Repräsentant des Jugendstils, erbaut 1902–1907 nach Plänen von Lars Sonck. Er zählt zu den schönsten Skandinaviens. Innen ist er reich mit Fresken und anderen Malereien von Hugo Simberg und Magnus Enckell ausgeschmückt.

Tampere bekam 1960 eine Sozialwissenschaftliche Hochschule, die später zur Universität umgewandelt wurde. Die Stadt hat auch ein kleines (und sehr interessantes) Lenin-Museum, weswegen viele Bewohner die Uni gern als Lenin-Universität bezeichnen.

Am Hafen das Freizeitgebiet von *Särkänniemi.* Der sogenannte Vergnügungspark zählt nicht zu den besten Attraktionen von Tampere, sehr interessant aber sind das Aquarium und das Planetarium. Die einzelnen Becken der Aquariumanlage schaffen den Fischen ihre natürliche Umgebung, und im Planetarium (Kopfhörer für deutsch) kann man seine Kenntnisse über den Sternenhimmel gründlich auffrischen. Da Tampere Wert auf Superlative legt, hat es sich Finnlands größten Aussichtsturm hingebaut. Die Näsi-Nadel (Näsinneula) ist 168 m hoch.

Das Sommertheater von *Pyynikki* hat eine drehbare Zuschauertribüne und liegt mitten in einem Endmoränental. Hier spielt das TTT, und die Regisseure können es sich natürlich nicht verkneifen, die Möglichkeiten dieser Aufführungsart voll auszuspielen. Im ›Unbekannten Soldaten‹ (Väinö Linna) ließen sie einen Jagdbomber zum Tiefflug ansetzen, und in den ›Leuten von Hemsö‹ (August Strindberg) brachte ein Dampfer die Schauspieler bis in die Nähe der Bühne.

Von Tampere gehen zwei Schiffslinien aus, die Silberlinie und der Dichterweg. Die beiden Schiffe des Dichterwegs sind richtige Oldtimer, die Wasserbusse der Silberlinie sind modern. Mit der Dichterweg-Route erreicht man das Feriendorf *Taulaniemi-Teisko,* wo man zwei Stunden Zeit bis zum nächsten Schiff hat. Mit der Silberlinie dauert die Fahrt bis *Hämeenlinna* (3, Richtung Helsinki) acht Stunden. Weniger als fünf Stunden dauert die Fahrt bis zur Brücke von Vidennumero, wo man wieder mit der Autobesatzung zusammentreffen kann.

Tampere – Hämeenlinna – Helsinki

Die 3 geht als Autobahn aus der Stadt hinaus. In *Sääksmäki* eine der älteren Steinkirchen Finnlands (ca. 1450). Bald danach die Hängebrücke Sääksmäen Silta (Restaurant, Café, Sauna, Baden), die 205 m lang ist.

Auf der Weiterfahrt Verkehrszeichen Iittala beachten. Die weltbekannte Glasfabrik in dem kleinen Ort *Iittala* hat Führungen (und natürlich Verkauf) auch auf deutsch.

Später links Abzweigung nach *Parola.* Hier eins der kuriosesten Freilichtmuseen der Welt: Panzer und Panzerabwehrwaffen seit 1919. Die Finnen kauften sich ihre Panzer gewöhnlich da, wo sie besonders billig zu bekommen waren, deswegen hatten sie ein ganzes Sammelsurium von Typen. Im Zweiten Weltkrieg kamen deutsche Lieferungen und erbeutete sowjetische Panzer hinzu. Es wäre wirklich schade gewesen, wenn man das alles verschrottet hätte.

In der Nähe der Exerzierplatz Parola. Hier nahm Alexander II. im Jahre 1863 eine Musterung ab, und J. V. Snellman nutzte die Gelegenheit, ihn darauf hinzuweisen, daß Finnisch im Großfürstentum Finnland diskriminiert wird (siehe S. 282).

Von Parola nach Hattula durchfragen. Die Heilige-Kreuz-Kirche von *Hattula* gehört zu den ältesten Steinkirchen Finnlands (Abb. 157–160). Sie wurde Anfang des 14. Jahrhunderts etwa gleichzeitig mit der Burg in Hämeenlinna ausgeführt. Das Bauen war Sache von Baumeistern des Deutschen Ritterordens, die als Material nicht Grausteinfelsen verwandten, sondern Ziegel.

Die Kirche von Hattula war als Wallfahrtskirche weithin bekannt. Sie hat mehr Skulpturen als irgendeine andere Kirche in Finnland. Die Figur des heiligen Olav stammt aus Lübeck. Die Malereien in der Kirche haben sich so gut erhalten, weil sie in den Zeiten der Reinlehrigkeit übertüncht worden waren. (Deutschsprachige Hefte in der Kirche zu kaufen.)

Hämeenlinna (40000 E.) ist eine der Städtegründungen von Per Brahe, der hier 1639 fortsetzte, was Ende des 13. Jahrhunderts Schwedens damaliger Regent Birger Jarl begonnen hatte. Aus Birger Jarls kleiner Grausteinbefestigung entwickelte sich eine mächtige Burg norddeutscher Bauart, die einzige dieses Typs in ganz Skandinavien. Da Burgen und Schlösser in Finnland selten sind, wurde auch diese restauriert. Wie in Turku und Savonlinna hat man auch in Hämeenlinna versucht, dem alten Gebäude neue Funktionen zu geben (siehe auch S. 368 f.).

In Hämeenlinna ist Jean Sibelius geboren, Finnlands späterer Staatspräsident J. K. Paasikivi ist hier zur Schule gegangen. – Daß es in Hämeenlinna auch Bauten von Engel gibt (Provinzialverwaltung), bedarf wohl keiner Erwähnung.

Nahe der Stadt das elegante Hotel Aulanko, mit auch billigen Unterkünften. Der große Aulanko-Park wurde Ende des vorigen Jahrhunderts von einem geschäftstüchtigen Oberst geschaffen, der im Waffenhandel verdiente. Er ließ Teiche anlegen und künstliche Ruinen (Traum jedes Waffenhändlers?) bauen. Vom Aussichtsturm hat man einen herrlichen Blick über die umgebende Landschaft.

Hämeenlinna – Helsinki 10 Meilen. Die Straße führt an Städten und Ortschaften vorbei, weswegen man trotz starken Überlandverkehrs gut vorwärts kommt. Bei der Einfahrt nach *Riihimäki* beachten: In dem kleinen weißen Gebäude, wo in den 20er Jahren das Glaswerk Riihimäki startete, ist jetzt ein Glasmuseum untergebracht. Die Wiederherstellung des Gebäudes und die Einrichtung liegen – oder lagen – in den Händen des Formgebers Tapio Wirkkala, Mitglied der Finnischen Akademie.

Im Ort *Palojoki,* kurz vor Helsinki, ein Museum für den Dichter *Aleksis Kivi* (1834–1872), der hier aufwuchs. In Palojoki finden jährlich die Kivi-Festspiele statt. Wenn auch keine Flugzeuge über die Köpfe der Zuschauer hinweg schnurren und keine

Dampfer tuten, so sollte man sich durch die Sprachbarriere vom Besuch einer Aufführung nicht abhalten lassen. Finnen auf der Bühne agieren sehen, das ist schon ein Genuß für sich. Und noch mehr hat man natürlich von der Aufführung, wenn wenigstens einer von Ihnen vor der Reise die ›Heideschuster‹ oder die ›Sieben Brüder‹ gelesen hat.

Die Hauptstadt

Helsinki (Abb. 145–148) wuchert genauso in die Gegend hinein wie die meisten skandinavischen Großstädte. Und wie diese leidet es zugleich an Bevölkerungsschwund. Wie Kopenhagen, Oslo oder Stockholm ist Helsinki nur der Kern einer Stadtlandschaft. Von den beiden Nachbarn *Espoo* und *Vantaa* in ein Korsett gezwängt, kann Helsinki nicht weiterwachsen. Vor einigen Jahren, als die Stadt auf 550000 Einwohner gekommen war, hoffte man im Rathaus, um 1980 die 600000 überschreiten zu können. Wie es jetzt aussieht, wird man froh sein, wenn man 1988 nicht unter 400000 zurückgefallen ist. Das Auswandern in den Grüngürtel ist heute die größte Sorge der Stadt und ihrer Steuerzahler.

Der Besucher bewegt sich in allen drei Städten wie in einer Gesamtregion. Ihr Mittelpunkt ist die von Engel gebaute Empirestadt, mit der Statue Alexanders II. auf dem Senatsplatz zwischen dem Dom, der Universität, dem Regierungspalais und den Vierteln der Stadtverwaltung.

Hier vereinigt sich die Geschichte Finnlands mit der finnischen Gegenwart. Die Stadt – damals *Helsingfors* – wurde von *Gustav Vasa* 1550 gegründet und sollte dem schon starken und etablierten Hafen Reval an der Südküste des Meerbusens Konkurrenz machen. Gustaf Vasa hatte den Platz in Stockholm mit dem Finger auf der Karte ausgesucht und mußte sich bei einer späteren Ortsbesichtigung eingestehen, daß er einen Fehler gemacht hatte. Helsingfors wurde ein Stück nach Westen verlegt, dahin, wo es jetzt liegt.

Aber gegen Reval (heute Tallinn) kam es nicht an. Weil die Vereisungsperiode früher anfängt und später aufhört, blieb Helsinki eine unbedeutende Kleinstadt. Im 18. Jahrhundert wurde auf den Inseln direkt vor dem Hafen die Festung *Sveaborg* (finn.

Stadtwappen von Helsinki; die Krone erinnert an den Gründer, Gustaf I. Vasa, das Wikingerschiff steht für den Hafen

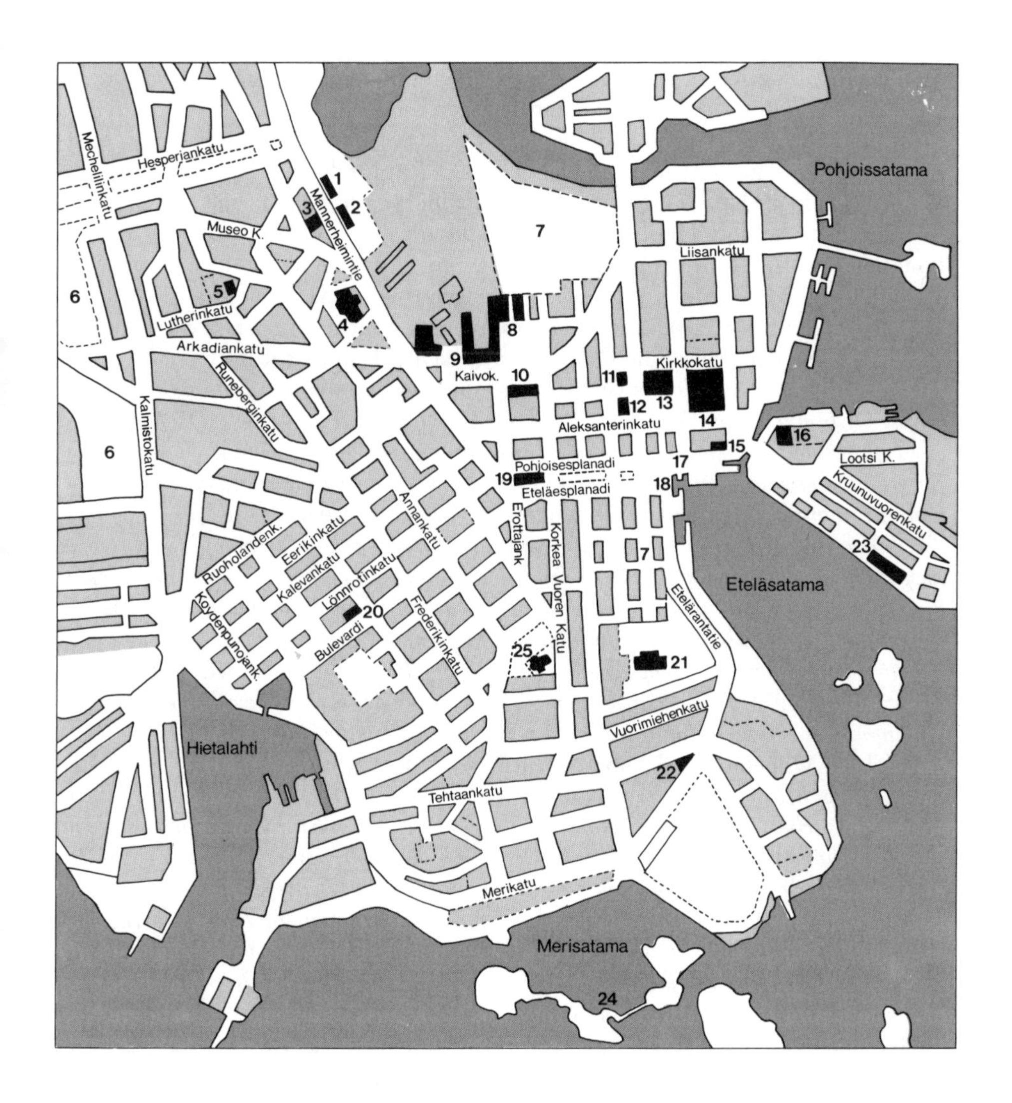

Helsinki 1 Finlandia-Halle 2 Stadtmuseum 3 National-Museum 4 Reichstagsgebäude 5 Kirche Taivallahti 6 Friedhöfe (evang., griech.-kath., mohammedanisch, jüdisch) 7 Botanischer Garten 8 National-Theater 9 Hauptbahnhof 10 Ateneum 11 Universitätsbibliothek 12 Universität 13 Dom 14 Regierungspalais 15 Präsidentenpalais 16 Uspenski-Kathedrale 17 Markt (Kauppatori) 18 Rundfahrtboote 19 Schwedisches Theater 20 Opernhaus 21 Sternwarte 22 Alte kath. Kirche 23 Anlegeplatz Finnjet 24 Alte Seefestung Suomenlinna 25 Johanniskirche

Suomenlinna) angelegt (s. S. 375). Sie war als Gegenfestung zu Kronstadt gedacht und als Basis der schwedischen Flotte für Angriffe gegen Rußland. Aber die Zeit der Offensiven ging für Schweden schon zu Ende, 1808 wurde Sveaborg von den Russen angegriffen und kapitulierte fast kampflos. Damit lag der Weg für die russische Armee frei. Sie konnte zum Marsch nach Norden antreten, der im Herbst südlich von Oulu endete.

Alexander I. machte Helsingfors zur Hauptstadt des Großfürstentums. Für diese Funktion war die klägliche Holzbudenstadt zu unbedeutend, und so schickte er den in Turku (Åbo) tätigen Berliner und Schinkel-Zeitgenossen nach Helsingfors. Ein Auftrag, von dem viele Architekten nicht einmal zu träumen wagen: Einer Stadt ein zukunftsweisendes Zentrum geben, und Geld spielte dabei überhaupt keine Rolle ...

»Die Kaserne ist ein schönes Gebäude von drei Stockwerken; im Innern herrscht die größte Ordnung und die Waffen sind aufs Geschmackvollste aufgestellt. Die Kaserne ist ein Teil der neuen Stadt, die in großer Ausdehnung und mit großem Aufwande unter Berathung des geschickten Ober-Architekten, Herrn Engel aus Berlin, dessen Gefälligkeit mir meinen Aufenthalt in Helsingfors verschönerte, erbauet wird; für sie ist zum Theil ein neues Terrain geschaffen worden, indem Felsen gesprengt und Tiefen ausgefüllt werden; ein Obelisk bezeichnet den Anfang der großen Straße, die durch jene mühsamen Arbeiten ihr Daseyn erhält; die öffentlichen Gebäude werden massiv aufgeführt; jeder Privatmann, der sich ein steinernes Haus erbaut, erhält, wenn er es begehrt, vom Staat dazu eine Anleihe. ... Das herrliche, nun vollendete Gebäude des Senats ward am 26. Sept. 1822, als dem Krönungstage des Kaisers, feierlich eingeweiht; ein Finnischer Schmied, Jacob Könni, verfertigte für dasselbe eine eiserne Uhr.«

Friedrich Wilhelm von Schubert schließt seine Beobachtungen in der wachsenden Stadt: *»Am heutigen Feiertag hatte ich häufig Gelegenheit, zu bemerken, wie in Helsingfors schon manche Russische Sitte Eingang gefunden hat. Namentlich ist solches mit den schönen, aber auch kostbaren Droschken der Fall, deren Gebrauch unter den Vornehmeren schon sehr allgemein ist. Auch konnte mir die Bemerkung nicht entgehen, welche große Zahl Russischer Orden den Finnischen Beamten zu Theil geworden ist. Alles ist auf großen Fuß eingerichtet; es herrscht großer Luxus und große Theuerung. Kurz, man erkennt in Helsingfors, wie es jetzt ist, viel eher die Hauptstadt Finnlands als in dem zahlreicher bevölkerten Åbo.«*

Helsinki war in der Tat nicht mehr zu bremsen und entwickelte sich zum Zentrum eines blühenden Landes. Finnland lebte weiter in der alten Staats- und Rechtsordnung der schwedischen Zeit, es hatte seine eigene Währung, seine eigene Handelsflotte und seinen eigenen Außenhandel. Gegenüber Rußland bestand eine Zollmauer, weil die russischen Industriellen Angst vor der finnischen Konkurrenz hatten.

Der Bruch in den Nachbarschaftsbeziehungen kam mit dem Panslawismus. Der Punkt ohne Wiederkehr war erreicht, als der junge finnische Beamte Eugen Schauman den russischen Generalgouverneur Nikolaj Iwanowitsch Bobrikoff am 16. Juni 1904 im »herrlichen Gebäude des Senats« erschoß. Die Finnen wollten endlich mündig werden. Allein hätten sie sich auf die Dauer gegen die Panslawisten nicht durchsetzen können, zum Vorteil für ihre Sache schlug im Oktober 1917 der Sturm auf den Winterpalast in Petrograd aus.

Alexander II. bekam ein Denkmal, weil er der finnischen Sprache ihr Recht verschafft und durch Einberufung des Ständetags 1863 die Möglichkeit zu einer durchgreifenden Erneuerung der finnischen Infrastruktur geschaffen hatte. Seit Ende des 19. Jahrhunderts steht er auf dem großen Platz in Helsinki und hat viel erlebt: Bobrikoff und Schauman, singende Aktivisten und säbelschwingende Kosaken, Arbeiter- und Soldatenräte, Mannerheims Weiße Garden und die Soldaten der deutschen Ostseedivision, die 1918 an der Eroberung von Helsinki teilnahmen, Militärparaden und Promotionszüge von der Engel-Universität zum Engel-Dom, Festansprachen und Trauerfeiern und zu jedem Jahresende eine Silvesterfeier.

Dem, der mehr über die Stadt wissen will, empfehle ich mit Vergnügen den kleinen Reiseführer ›Helsinki und Umgebung‹. Nur einen Nachtrag möchte ich noch leisten, der dort vergessen worden ist: Ja, Sie haben recht, die Opa-Versammlung vor dem Reichstag ist zum Kotzen häßlich. Das sagen die Finnen auch. Passiert ist alles so: Zuerst kam das Komitee für die Errichtung eines Denkmals zu Ehren des verstorbenen Präsidenten Ståhlberg und forderte für den Vater der Verfassung einen Platz direkt vor dem Reichstag. Das wurde bewilligt. Dann kam das Komitee ... Svinhufvud und forderte für den Reichsverweser und Verkünder der Unabhängigkeit einen gleichguten Ehrenplatz wie für Ståhlberg. Das wurde mit den größten Bedenken bewilligt. Dann kam der Bildhauer Kallio und wollte für seinen verstorbenen Vater, den Präsidenten Kyösti Kallio, ein Denkmal setzen. Da konnte man natürlich nicht nein sagen, aber man drängte ihn wenigstens in den Park am Reichstag ab.

Urho Kekkonen, der frühere Staatspräsident, hat schon erklärt, daß er ein Denkmal – denn es kommt bestimmt – auf einen Berg in Lappland haben will. Manch ein Ästhet wird ihn dafür insgeheim gesegnet haben.

Die 6/7 Helsinki–Porvoo ist 5 Meilen lang. Kurz vor Porvoo, in Richtung Meer, führt eine Straße zum Herrenhof *Haikon Kartano,* der schon vor 600 Jahren in Urkunden erwähnt wurde. In Kroksnäs, gegenüber dem Hof, hatte J. L. Runeberg ein Haus, wo er ab 1838 bis zu seiner Lähmung 31 Jahre später jeden Sommer verbracht hat. Nahe bei dem Hof lebte der Maler Albert Edelfelt (1854–1905). Von 1918–1921 wohnte die Familie des Großfürsten Kyrill Wladimirowitsch auf Haikon Kartano. Kyrill ernannte sich 1922 zum Familienältesten der Romanoffs und 1924 in Coburg zum Zaren von Rußland.

In den 60er Jahren übernahm ein Geschäftsmann den heruntergewirtschafteten Hof, ließ ihn restaurieren und machte daraus ein Luxushotel, das inzwischen um ein Kurbad erweitert ist. 1972 mietete der damalige Außenminister Walter Scheel das ganze Hotel für die erste Phase der Konferenz über Sicherheit und Zusammenarbeit in Europa – was ihm natürlich den Vorwurf der Verschwendung von Steuergeldern einbrachte.

Wenn man einige Tage wirklich ganz groß leben will – dann hier.

Am Eingang von Porvoo auf dem alten Friedhof liegen J. L. Runeberg und Eugen Schauman, der sich wenige Minuten nach dem Attentat das Leben nahm. Alt-Porvoo besteht aus kleinen Holzhäusern im Schatten von Dom und Rathaus. Es ist von der jüngeren Stadt eingeschlossen und wird wahrscheinlich – hoffentlich – bewahrt werden (Farbt. 35).

Porvoo (der schwedische Name Borg-å bedeutet Burg-Fluß) erhielt 1346 Stadtrechte, und die Burg, nach der es ursprünglich benannt wurde, ist schon längst geschleift. 1508 wurde es von den Dänen abgebrannt und in den Jahrhunderten darauf mehrfach von den Russen. Als 1721 Wiburg an Rußland verlorenging, wurden der Bischofssitz und die Gelehrtenschule von dort nach Porvoo verlegt.

Damit wurde die niedrige gotische Steinkirche (1418) zum Dom (Abb. 155). Hier eröffnete Alexander I. im März 1809 den Landtag, der ein Vertrag zwischen dem großen Zaren und dem kleinen Volk wurde. Vertreten durch die Stände gelobte das finnische Volk dem Zaren und Großfürsten die Treue, er wiederum bestätigte »die Religion und die Grundgesetze des Landes sowie die Privilegien und anderen Rechte, welche jedweder Stand im genannten Großfürstentum im besonderen und alle Stände gemeinsam, sowohl die oberen wie die unteren Stände, bis dahin genossen haben«.

So war – noch einmal Alexander I. – »das finnische Volk in den Kreis der Nationen erhoben«. Von jenem Tag im März 1809 bis zur Versammlung von fünfunddreißig Staatschefs im Juli 1975 zum Abschluß der Konferenz über Sicherheit und Zusammenarbeit in Europa führt ein Weg durch finnische Geschichte, der Höhen hat und Tiefen – auch Tiefen am Rande der Verzweiflung –, der aber stets gerade war. Diese gerade Aufrichtigkeit gilt auch für den finnischen Anteil an der Sicherheitskonferenz. Ob sie und die Nachfolgekonferenzen die Sicherheit in Europa vergrößern und die Zusammenarbeit verbessern werden, muß die künftige Entwicklung zeigen. Die finnische Mitarbeit als ehrlicher Makler kann auf jeden Fall nur positive Wertung finden.

Zurück auf die Straßen. Die Kleinstadt *Lovisa* (finn. Loviisa), in deren Nähe Finnlands erstes Atomkraftwerk entstand, erhielt 1752, einige Jahre nach der Gründung, ihren Namen von der damaligen schwedischen Königin Lovise Ulrike, einer Schwester von Friedrich dem Großen. Es ist eine freundliche Gartenstadt, in der auch Jean Sibelius einige Zeit gewohnt hat, als er die Kullervo-Sinfonie komponierte.

Im Meer vor Kotka liegt *Kaunissaari,* eine Ferieninsel mit Wald und Sandstrand, deren Fischer Gäste aufnehmen. Hier ist der Platz für einen ruhigen Urlaub am Meer.

Bei der Durchfahrt von Porvoo nach Osten sollte man sich wenigstens die Anglerhütte Langinkoski ansehen. Eine ›Hütte‹ für hohe Ansprüche, denn der finnische Senat ließ sie herrichten und schenkte sie Alexander II., der begeistert war.

Östlich von Karhula das Gut Anjala, wo 1788 die Verschwörung gegen Gustaf III. begann, die zwanzig Jahre und einen Winter später mit dem Landtag zu Porvoo ihre Bestätigung fand.

Hamina wurde mit dem Frieden von Uusikaupunki 1721, der die Katastrophe von Karl XII. besiegelte, Grenzstadt gegenüber Rußland und damit Festung. Die sternförmige Anlage ist auch im heutigen Stadtplan erkennbar. Ein tröstliches Ende nach Jahrhunderten der Leiden: Auf dem Marktplatz ein kleiner Turm (1790). Er, ehemaliger Flaggenturm des Festungskommandanten, ist heute Café und Büro des Fremdenverkehrsverbandes.

Hinweis für die, die weiter nach Osten fahren: Reisegesellschaften Richtung Sowjetunion pflegen in Hamina noch einmal ausgiebig zu speisen. Vergessen Sie das Wort ›Henkersmahlzeit‹ und glauben Sie auch nicht, daß die russische Küche schlecht ist. Nur: in der Sowjetunion sorgt Intourist für Ihre Mahlzeiten. Intourist läßt leider keine russischen Speisen servieren und auch keine richtig westeuropäischen, sondern etwas – häufig mit fetttriefenden Pommes frites –, was nach Ansicht der Mitarbeiter von Intourist die Westeuropäer gern essen mögen.

»Damit es bei der Rechtsprechung sicherer und ordentlicher zugehen konnte, wurden auf freien hochgelegenen Stellen im Wald geeignete Richtersitze erbaut, die auch heute noch sorgfältig beibehalten werden«

Wohin die Robbe den Wohlstand brachte: Die Ålandinseln

Das schwedisch-russische Ringen um die Vormacht im Ostseeraum hat eine geradezu komische Fußnote: Ganz im Westen der *Åland-Inseln,* im Dorf Eckerö steht ein riesiges Posthaltereigebäude, vielfach überdimensioniert und bestimmt niemals auch nur annähernd in seiner Gesamtkapazität ausgenutzt. Die Zeichnungen – und das ist unübersehbar – stammen von niemand geringerem als dem »geschickten Ober-Architekten, Herrn Engel aus Berlin«. Alexander I. hatte ihn beauftragt. Der Zar und Großfürst wollte an dieser Schweden nächstgelegenen Stelle dem schwedischen König, »meinem armen Cousin«, zeigen, wie flott man in Rußland baut.

Vorausgegangen war diesem Nadelstich ein Tauziehen um die Inseln. Schweden behauptete 1809, die Ålands gehören nicht zu Finnland und brauchten deshalb auch nicht an Rußland abgetreten zu werden. Diese Frage war im März 1809 – als Alexander schon vor dem eigentlichen Friedensschluß die Stände nach Porvoo einberufen hatte – noch offen, und darum waren die Åländer an der Huldigung des Zaren nicht beteiligt.

Während des Krieges hatten sich die *Ålänningar* ziemlich renitent gezeigt. Als im Sommer 1808 russische Truppen auf den Inseln erschienen, war zwar zunächst alles ruhig geblieben, aber im Winter kam es dann zur Kollision: Ein russischer Befehl erging, wonach die Ålänningar ihre Boote aus dem Eis heraussägen und der Besatzungsmacht übergeben sollten. Da erhoben sich die Fischer und Bauern ohne Unterschied – viele übten ohnehin beide Berufe aus –, vertrieben die Russen oder setzten sie gefangen. Leider war der Winter 1808/09 streng wie heute nur noch selten. So konnten die Russen über das Eis eine Armee von 17000 Mann in Marsch setzen, womit etwa drei russische Soldaten für die Bewachung jedes Ålännings zur Verfügung standen.

Die Inseln waren von Schweden niemals offiziell in Besitz genommen worden, sondern sie gehörten ganz einfach dazu. Sie liegen näher an Schweden als an Finnland, fügen sich aber organischer an Finnland an. Der Meerbusen zwischen Finnland und den Ålands ist mit Schären übersät, die Gewässer nach Schweden hinüber sind inselfrei, und das Åland-Meer war im Zeitalter der Segelschiffe vom Herbst bis zum Frühjahr ein gefürchtetes Sturmloch. Die Vereinigung der Inseln mit dem Herzogtum Finnland im Osten, die 1634 erfolgte, war also durchaus logisch.

So mußten die Schweden sich 1809 in Hamina vorhalten lassen, daß sie einen Teil Finnlands zu unterschlagen versuchen. Im endgültigen Vertragstext hieß es dann, daß Schweden »Finnland und die Ålands« abtritt. Kurz und gut: Die Ålänningar fühlten sich nicht mit den Finnen zusammen »als Volk in den Kreis der Nationen erhoben«, sondern schlicht annektiert.

Die Russen bauten auf der Hauptinsel *Festes Åland* eine Anlage, die zum Gibraltar des Nordens werden sollte. Ehe sie richtig fertig war, brach der Krimkrieg aus. Die französisch-englische Flotte schaffte mit Bomarsund, was ihr vor Sveaborg versagt blieb: Sie schoß die Festung zusammen, sprengte vom Rest das militärisch Wichtige. Im Frieden von Paris wurde 1856 bestimmt, daß die Ålands demilitarisiert zu bleiben haben.

Im Dezember 1917, als Finnland sich mit einem eigenen Kraftakt in den Kreis der Staaten erhob, wollten die Ålänningar nach 110 Jahren der Fremdherrschaft wieder schwedisch werden. Fast alle Bewohner der Inseln unterschrieben eine entsprechende Adresse an den schwedischen König.

Daraufhin brachte Finnland die Frage vor den Völkerbund, der im großen ganzen zugunsten des Klägers entschied. Die Inseln fielen an Finnland, das sich jedoch mit einigen Auflagen abfinden mußte: Die Ålands erhielten einen Autonomiestatus und blieben demilitarisiert.

Die Ålänningar fühlten sich durch einen wirklichkeitsfernen Schiedsspruch betrogen, und den meisten war es unmöglich, der Regierung in Helsinki und dem Staatspräsidenten gegenüber irgendwelche Loyalität zu empfinden. Die Einstellung ändert sich seit etwa zwanzig Jahren mehr und mehr. Dabei spielt der Reiseverkehr eine erhebliche und überraschend positive Rolle.

Als Ausland direkt vor der Türschwelle sind die Ålands ein beliebtes Ziel der Stockholmer, wenn sie für einen Tag oder ein ganzes Wochenende aus der Tretmühle der Arbeit herauswollen. Die Ålands hätten erheblich weniger schwedische Touristen, wenn ihre Insel zum Königreich gehören würde. Ein anderer – freilich spürbar geringerer – Teil der Touristen kommt aus dem ›Reich‹ (wie Finnland bei den Ålänningarn heißt). Die Insulaner haben inzwischen entdeckt, daß die Finnen ganz normale Menschen sind, mit denen man gut auskommen kann. Und wer als Finne einmal auf den Ålands gewesen ist, der versteht den an Partikularismus grenzenden Stolz der Inselbewohner auf ihren Mikrokosmos besser.

Der Fremdenverkehr ist heute ein wichtiger Gewerbezweig, aber die Ålänningar wollen ebenso wenig wie die Bornholmer aus ihrem Inselreich ein nordisches Mallorca machen. Alles ist etwas ruhig und gesetzt – außer an Wochenenden in der Hauptstadt *Mariehamn* (9000 von insgesamt 20000 E.), wenn im Hochsommer Stockholmer in Massen auftauchen. Der kontinuierliche Touristenverkehr verteilt sich auf das weit verzweigte Feste Åland und die Inseln ringsherum, auf die Touristenhotels und Pensionen, auf die Zelt- und Campingplätze. Auch aus Mitteleuropa kommen Urlauber Jahr für Jahr, um bei derselben Familie einen geruhsamen Urlaub zu verbringen.

Dieses Reich von Inseln – die kleinsten mitgerechnet sind es wohl 6500 – umfaßt ein Landareal von etwa 1500 qkm. Es wird jedes Jahr ein wenig größer, denn das Land hebt sich in jedem Jahrhundert um einen halben Meter. Vor 5000 Jahren ragten hier nur ein paar kleine Inseln aus dem Wasser. Eine davon ist jetzt mit 131 m der höchste Berg des Inselreiches, *Orrdalsklint* bei Långbergsöda im Nordosten der Hauptinsel. Hier sind die Wohnplätze während der Steinzeit immer wieder neu an die Küste verlegt worden. Die mit etwa 5000 Jahren ältesten liegen heute etwa 54 m ü. NN; dann ziehen sich die Funde durch das Rödmyradalen (Tal des roten Moors) in Richtung Küste, und die jüngsten liegen nur 30 m hoch.

Über die Klippen krochen die Robben, die beim Ende der Eiszeit aus dem Saimaa-Labyrinth herausgefunden hatten und in der damals entstehenden Ostsee Fische jagten. Sie waren es, die in der Steinzeit Jäger anlockten, und ihretwegen behielten die Ålands von damals ab bis in die Eisenzeit eine ortsfeste Bevölkerung, die schon in der Bronzezeit Ackerbau und Viehzucht trieb.

In der Eisenzeit erfolgte offenbar eine Klimaverschlechterung, aber um 500 nach der Zeitenwende kam eine neue Einwanderungswelle. Jetzt werden die Inseln auch Verkehrsknotenpunkt für den Osthandel der Waräger. Aus dieser Zeit wurden Haushaltsgegenstände aus gebranntem Lehm gefunden, welche die Rus auch in ihren Siedlungen an der Wolga hatten. Von den Ålands hatten später die Wikinger nach jeder Seite weite Strecken über offenes Meer; ein wichtiger Grund für das Anlaufen der Inseln war das Beschaffen – durch Kauf oder Jagd – von Robbenfleisch. Funde aus diesem Abschnitt der Geschichte gibt es in Borgboda, auch im Nordosten der Hauptinsel: Reste einer Wikingerburg, deren steinernes Fundament für die Holzwälle volle 3 m breit ist.

Es ist nur logisch, daß sich auf diesem am frühesten und darum am höchsten entwickelten Teil der Ålands Zeugen auch aus der nächsten Periode finden, aus der Zeit der Christianisierung. In *Saltvik* stand schon um das Jahr 1000 herum eine kleine Holzkirche. Als Hauptkirche der Ålands bekam sie den Namen der Jungfrau Maria, wie auch die zweischiffige Steinkirche, die Ende des 13. Jahrhunderts an derselben Stelle entstand. Sie hat ein prachtvolles Taufbecken aus gotländischem Kalkstein, wie es nur für Dome angefertigt wurde. Man nimmt dies als Zeichen dafür, daß der Propst auf den Ålands zugleich als Bischof fungierte. Die Inseln wurden erst Anfang des 14. Jahrhunderts dem Bistum Åbo unterstellt.

Der Platz vor der Kirche hat für die auf Selbstverwaltung bedachten Ålänningar dieselbe Bedeutung wie der Thingvellir für die Isländer: Nachweislich haben sich die Bewohner hier schon in der Vorzeit getroffen, um ihre Rechtsstreitigkeiten zu schlichten und Fragen von allgemeinem Belang zu regeln.

Nahe bei Mariehamn, auf Lemland, liegen die Ruine einer *Olavskirche* (St. Olof in Lemböte) und eine wiederhergestellte *Birgittenkirche* (St. Birgitta). Beide gehen auf das 12. Jahrhundert zurück, als die Ålands Etappenziel der dänischen Kriegs- und Handelsschiffe auf der Strecke Kopenhagen – Visby – Reval waren. Bei der Ruine von St. Olof wurden 270 Silbermünzen aus jener Zeit gefunden. Die andere Kirche war anfangs St. Nikolaus gewidmet, dem Heiligen der Seefahrer, aus dessen Legende noch Bilder im Chor erhalten sind.

Bei einer Fahrt über die Ålands trifft man ständig auf steingewordene Geschichte wie auch auf lebendige Gegenwart. Allein an Gräbern aus vorgeschichtlicher Zeit gibt es mehr als 10 000. Jede Kirche ist besichtigenswert. Kurz und gut: Die Åland-Inseln sind eine Schatztruhe nordischer Überlieferung.

Hinweise: Auf der Fahrt nach Saltvik passiert man *Schloß Kastelholm*, ursprünglich als Burg angelegt. Hier verlebte Gustaf II. Adolf seine Flitterwochen. In unmittelbarer Nähe das Freilichtmuseum Jan-Karlsgården, wo man in alten Scheuern übernachten kann. Nahe bei der Poststation in *Eckerö* ein kleines Postfahrermuseum; eine Erinnerung an die Zeit, als die Bauern von Eckerö postbeförderungspflichtig waren und bei jedem Wetter das Åland-Meer überqueren mußten. Boote dieses kleinen Typs wurden bis zur letzten Jahrhundertwende eingesetzt.

Mariehamn (hamn = Hafen) wurde erst 1861 gegründet, und Alexander gab ihm den Namen seiner Frau Maria Alexandrowna. Es nennt sich gern ›Stadt der tausend Linden‹ und verursacht auf den Ålandinseln denselben Landfluchteffekt wie Helsinki in Finnland, Stockholm in Schweden, Oslo in Norwegen und – am weitesten fortgeschritten – Kopenhagen in Dänemark. Etwa jeder zweite Ålänning wohnt jetzt in Mariehamn oder seiner unmittelbaren Umgebung.

Das kleine Mariehamn ist die Stadt der großen Reeder. Es liegt hinter Helsinki auf dem zweiten Platz, mit etwa einem Drittel der finnischen Gesamttonnage. Hier soll eine Geschichte von den Großvätern der heutigen Schiffseigner nicht verschwiegen werden: Jene schüttelten, als das Dampfschiff auftauchte, nur mitleidig den Kopf. Wie konnte man bloß auf die Idee kommen, die Tragfähigkeit der Schiffe zum Nachteil des Frachtraums mit schweren Maschinen zu belasten, und überdies noch mit der Energiekonserve Kohle, da doch auf allen sieben Weltmeeren Wind und Sturm bläst?

Die åländischen Reeder betrachteten die Dampfer als vorübergehende Mode und kauften große Windjammer überall dort, wo sie ausgemustert wurden. So sammelte sich während der 30er Jahre in Mariehamn die größte Segelschiff-Flotte der Welt. Sie fuhr auf der Weizenroute nach Australien und auf der Guanoroute nach Chile. Die jährlichen Geschwindigkeitsrekorde für Segelschiffe gingen in den 20er und 30er Jahren regelmäßig an Finnland, weil mit den finnischen Segelschiffen nur noch Seelenverkäufer auf diesen Strecken konkurrierten.

Das Symbol der Seefahrertradition des kleinen Inselreichs ist die Viermastbark ›Pommern‹ im Hafen von Mariehamn. Im Dezember 1975 erzählte der finnische Kap-Horn-Fahrer, Kapitän Ingmar Fredriksson, mir über die ›Pommern‹ und ihre Namensschwestern:

»Die ›Pommern‹ lief 1903 in Glasgow vom Stapel. Sie ist kein Schwesterschiff von ›Pamir‹ und ›Passat‹, das sieht jeder alte Fahrensmann auf den ersten Blick. Wohl aber gehörten alle derselben Reederei, die ihren Sitz, soweit ich mich erinnern kann, in Hamburg hatte. Ihre ganze Flotte fing mit P ... an, eine ›Preußen‹ und eine ›Parma‹ waren auch darunter. Die Reederei war überall als *Flying P-Line* bekannt. Auf jeder Fahrt mit diesen Seglern wurde einmal die Erde umrundet. Wir segelten auf der Weizenroute durch den Atlantik nach Süden, dann ums Kap der Guten Hoffnung durch den Südpazifik nach Australien und von dort am Kap Horn vorbei in den Atlantik und nordnordost nach Europa zurück. So lagen wir in der Regel am besten vor dem Wind, denn der kommt auf den südlichen Meeren von Westen – wegen der Erdumdrehung.«

»Das Gras ist grüner ...«

Friedrich Wilhelm von Schubert überquerte den Bottnischen Meerbusen von West nach Ost. Er sah Inseln, *»wo, ganz nach Nordschwedischer Weise, ein einzelnes Mädchen einer Herde von 50 bis 60 Kühen vorsteht«*, passierte Inseln, *»von welchen aus nicht selten Böte mit Bettlern die Mildthätigkeit der Reisenden in Anspruch nehmen«* und kam morgens zu den Inselgruppen, *»welche, nebst vielen anderen, die Ålands-Inseln bilden«*. Was er aufzeichnete, ist heute sozialer Sprengstoff: *»Mehrere derselben sind nackte unbewohnte Klippen; andere sind mit Laub- und Nadelwald bedeckt und bewohnt; doch im Ganzen ist der Åländische und der Finnische Skärgård nackter oder weniger anmuthig, als der Schwedische.«*

Lieber Professor, in der statischen Gesellschaft Eurer Zeit belegte Eure Beobachtung nur, daß die Menschen auf den Ålands und in Finnland ein schwereres Auskommen hatten, als die an der schwedischen Ostküste. Wie die Finnlandschweden sagen: »Das Gras ist grüner – auf der anderen Seite des Zauns.« Mit den Erfindungen, über die wir in der Kabine zwischen Hirtshals und Kristiansand sprachen, ist Bewegung in die Gemeinwesen gekommen. Darunter leidet heute von allen skandinavischen Ländern Finnland am meisten. Denn die Verhältnisse in dieser Republik, sie waren lange Zeit nicht so – wirtschaftlich – wie in Schweden. Das zieht aus der jungen und aktiven Bevölkerungsgruppe, nicht zuletzt der Ålands, hinüber auf die andere Seite des Zauns – wie auch Menschen von der ganzen Nordkalotte nach Süden.

Nicht nur, daß Eure heutigen finnischen Kollegen am Sonntag in Kirchen predigen, die nur dünn und fast nur von alten Leuten besucht sind. Das mag nach Eurer Meinung schon schlimm genug sein, aber es kommt noch viel schlimmer: Auf den Ålands, im Schärengürtel – Ihr nennt ihn mit dem schwedischen Wort Skärgård –, an den äußersten Außenposten des Christentums in Ost- und Nordfinnland, in Nordschweden und Nordnorwegen, veröden Höfe und ganze Dörfer. Die Deckelchen finden keine Pöttchen mehr; Ihr würdet sagen: »Die Jugend dieser redlichen, gefälligen und im höchsten Grade gastfreien Bevölkerung ist nicht mehr durch strenge Arbeitsamkeit und Mäßigkeit, bei geringen Bedürfnissen, glücklich.« Im Soziologen-Rotwelsch: »Da gerade die weibliche Landjugend auch bei geringem Ausbildungsstand leicht Arbeit in städtischem Milieu findet, verringert sich das Angebot an heiratsfähigen Frauen auf dem Land derart stark, daß umzugsunwillige Jungbauern und -fischer keinen Partner finden können und daher auf Reproduktion verzichten müssen, was im extremsten Fall die Entvölkerung innerhalb einer einzigen Generation vorstellbar erscheinen läßt.«

Wenn Ihr mir bis hier über die Schulter gesehen habt, so werdet Ihr Euch jetzt gewiß mit Grausen abwenden. Doch laßt es Euch nicht verdrießen. Gern würde ich gemeinsam mit Euch unseren Nachfolger begleiten, der so etwa um das Jahr Zweitausendeinhundert herum seine Augen weit öffnen, seine Ohren spitzen und eine Reise durch Europas Norden antreten wird.

Das Juwel in der Krone, die unser Planet trägt

Von Georgy Kublitsky

Ich sah Finnland erstmalig vor 25 Jahren. Die roséfarbenen Granitklippen traten überall bis an die Straße heran. Durch die Kiefern funkelten Seen – kühl, klar, geheimnisvoll. Manchmal schien mir, ich sei in meiner Heimat Sibirien, wo der Mensch inmitten der tiefen Taiga-Wälder Gast ist und nicht Hausherr.

Die endlos vielen Abstufungen verschiedener Kombinationen von Wasser, Wald und Fels fesselten mich wie mit Zauberbanden. »Du bist ein Stück Natur, vergiß das nicht«, das kam mir als Hauptthema der Landschaftssymphonie Finnland in den Sinn.

Und ich sehe da noch einen Tisch vor mir. Es war in einer schlaflosen, lichten Nacht, und wir machten einen Spaziergang in der Nähe des Hotels an der Straße. Ein Tisch stand auf dem Hof eines benachbarten Bauernhofes. Er war nicht aus Holz, nicht aus Metall und – Gott sei Dank – nicht aus Plastik. Er war aus Granit. Auf einer schweren, roh behauenen Säule ruhte eine rechteckige Tafel, die so blank poliert war, daß sich darin die Flammen des Nachthimmels spiegelten. Karge, von Findlingen umsäumte Felder umgaben das Anwesen. Hier ist jeder Bissen Brot Lohn zäher Arbeit. Um dem Granit seine so vollendete Ebenheit abzuringen, mußte ihm ein Landmann viele seiner arbeitsfreien Stunden, vielleicht Jahre, geopfert haben. Bei dieser Arbeit zeigte ihm sein Instinkt den Weg. Die Säule, die er in nahezu natürlichem Zustand beließ, erzeugt den notwendigen, treffenden Gegenpol.

In den heutigen Städten, in der Industrie Finnlands ist alles vorhanden, was dem Menschen seine gegenwärtige Zivilisation ermöglicht, mit all ihren positiven und negativen Seiten. Aber die Finnen, so scheint es, haben erfolgreicher als andere die unmittelbare Verbindung von Industrie und Umwelt und den Vorrang ihrer herrlichen nordischen Natur bewahrt.

Ich reiste im Juli 1975 durch mir zum Teil vertraute, zum Teil unbekannte Winkel Finnlands, in einer Atmosphäre freundlicher Mahnung und Behaglichkeit, die doch niemals aufdringlich erschien. Natürlich hatte die aufstrebende Industrie, die der Wirtschaft des Landes kräftige Antriebe verleiht, eine ganze Reihe neuer Schornsteine an den Gestaden der Seen aufgebaut und Asphaltbänder durch die Wälder gezogen. Die Straßen sind eine Lust für die Autotouristen, aber sie betrüben jene, die gerne einen bezaubernden Film über das Leben des Braunbären mit nach Hause gebracht hätten. Man warnte mich, daß ich in einem See nahe Tampere nur schwimmen könnte, wenn einmal sein Wasser gereinigt würde. Tatsächlich gibt es jedoch in der Umgebung der Stadt noch 180 Seen ohne diese Probleme. Dazu fiel mir natürlich eine Legende ein. Ein Engel trug Wasser in der riesengroßen Schöpfkelle des Großen Bären, stolperte über einen Stein und vergoß den ganzen Inhalt auf Finnland. Das Wasser floß über den Granit und sammelte sich in mehr als 60000 Seen. Und viele Leute glauben, daß es über 100000 Seen sind, wenn man die kleinen alle mitzählt.

Finnische Statistiken begeistern den Liebhaber des weiten Landes, der Ruhe und Einsamkeit. Auf einem Gebiet, größer als Großbritannien, leben nur etwa die Hälfte der Einwohner von London. Mir erzählte man, daß auf jeden Finnen fünf Hektar Wald kommen und einige hundert Meter Badestrand. Und die Eigentümer sind nicht geizig, wenn sie Gästen ihre Freigebigkeit erweisen.

Finnland wird manchmal das ›Sibirien Europas‹ genannt. Als Sibirier kann ich leicht bestätigen, daß Finnland mit seinen natürlichen Gegebenheiten wirklich in vielem dem gleicht, was das exotische aber unnahbare Sibirien immer anziehender für jene macht, die sich von der Banalität ›klassischer‹ Touristenreisen gelangweilt fühlen. Nur in Sibirien und Lappland begegnete ich wilden oder halbwilden Rentieren, die in der Stille der Sommernacht einen Berghang hinabstiegen, hin zum Ufer eines Stromes. Ich konnte mich einmal in den arktischen Regionen der sibirischen Tundra von meinem Geschick überzeugen, ein Lagerfeuer während des Regengusses anzuzünden, darauf einen im nahen See gefangenen Fisch zu kochen und schließlich einen Weg zu finden, wo gar keiner existierte. Nur in Lappland kann man ähnliche Gefühle empfinden, läßt man das ultramoderne Hotel für eine Weile hinter sich – das sichere, zuversichtliche Gefühl, nach den nassen Sümpfen ein warmes Bad vorfinden zu können. Aber in unserer Zeit der schlaffen Muskeln ist sogar die flüchtige Illusion eines Vagabundenlebens etwas.

Wir reden viel vom modernen Stadtbewohner, der eingeschlossen ist in Beton und Glas, und sich in riesigen Menschenmassen und dem Gewimmel der Autos bewegen muß. Die Großstadt bürdet ihm ihren unerbittlichen Rhythmus auf. Ein Mensch aber braucht die Fähigkeit, die Schönheit eines Waldes, der sich rauchblau am Horizont verliert, das Rufen eines Kuckucks und das Plätschern der Wellen in sich aufnehmen und den Duft von Kiefern und frischem Heu einatmen zu können! Und ich glaube, Finnland bietet diese Naturnähe – die auch für uns wichtig ist – mit der gesegneten Heimat unserer Vorfahren in reichlicher Fülle dar.

Der finnischen Natur fehlt es an Extremen (wenn wir die winterlichen Temperaturen einmal außer acht lassen). Ihre Schönheit ist ruhig und beruhigend.

Ich reiste insbesondere durch das Seengebiet, das mir vorher eigentlich unbekannt war: Savonlinna – Tampere – Kuopio. Diese Industriestädte haben das Äußere ihrer Stadtgrenzen so verändert und sie derart mit Grün getarnt, daß man aus einiger Entfernung eine efeubewachsene Backsteinfassade mit einem Festungswall verwechseln könnte. Hier gibt es aber auch richtige Burgen und natürlich die Schöpfungen zeitgemäßer Architekten. Die einzigartige Kaleva-Kirche, zum Beispiel, ist eine Besichtigung wert, um nur einmal den Eindruck eines solchen Bauwerkes zu erhalten.

Es macht mir durchaus Spaß, durch die Nebenstraßen in Kuopio und Tampere zu schlendern, wo noch Holzhäuser stehen und es sogar noch leere Plätze gibt, auf denen wilde Rosen, Kletten und lavendelfarbene Blumen wuchern, die in Rußland ›Ivan-chai‹ heißen und von den Finnen, falls ich mich nicht irre, ›horsma‹ (Weidenröschen) genannt werden. Es ist wundervoll, hier mit einer Pferdekutsche entlangzurumpeln und dem Hufgeklapper zuzuhören. Das muß man einmal erlebt haben. Unsere Urenkel werden noch Burgen bewundern können, aber das ländliche Leben von Gestern wird niemals mehr zurückkehren.

In Kuopio und Tampere hat man von Aussichtstürmen und den sich an deren Spitze drehenden Restaurants einen kilometerweiten Ausblick über die umliegenden Seenplatten.

Es wäre ohne Zweifel ein Fehler, gönnte man sich nicht eine Kreuzfahrt durch das Seenlabyrinth auf einem der nicht übergroßen Schiffe der ›Silber-Linie‹. Hier liegt wieder der gefühlvolle Reiz und, falls man so will, die heilsame Kraft des Seengebietes in der glatten Wasserfläche, die den fahlen Nordhimmel und die Möwen spiegelt. Man findet diese überwältigende Ruhe auch in den waldumsäumten Ufern, die einmal streng und düster, einmal sanft und einladend wirken. Ich glaube, daß Landschaften wie Lappland und das Seengebiet zum geistigen Ausruhen und Ausspannen geschaffen sind.

Ich selbst verließ Finnland nicht nur voller Eindrücke, sondern auch vollkommen erholt trotz meines anspruchsvollen Reiseprogrammes. Es muß an der Luft dieses Nordlandes liegen!

Meine Landsleute betrachten ihre nördlichen Nachbarn mit Wohlwollen. Tatsächlich lebten, historisch gesehen, Finnen und Russen nicht immer in einem Idyll. Das Museum in Tampere jedoch weckt in uns die Erinnerung an die zeitweiligen Bande zwischen russischen und finnischen Revolutionären und an die Tatsache, daß erst durch einen von Lenin unterzeichneten, sowjetrussischen Erlaß Finnlands Unabhängigkeit verwirklicht wurde. Es gab auch düstere Zeiten, die aber glücklicherweise der Vergangenheit angehören.

Nach der Meinung Moskauer Freunde von mir, die fast alle Geschäftsleute sind, ist der typische Finne ruhig, schweigsam und ernst wie Ilmarinen aus dem Kalevala-Epos und ein vollendeter Meister seines Fachs sowie ein vertrauenswürdiger Geschäftspartner. Die anhaltend gute Nachbarschaft, die unsere Länder heute verbindet, sie bedeutet – soweit ich das beurteilen kann – Vorteile auf beiden Seiten der Grenze. Wirtschaftsfachleute arbeiten Verträge über Zusammenarbeit auf den Gebieten der Metallindustrie, des Schiff- und Atomreaktorbaues und in vielen anderen Bereichen aus.

In Moskau trage ich einen Mantel mit finnischem Etikett, und diese Zeilen schreibe ich auf finnischem Qualitätspapier. Letzten Sommer sah ich am Ufer des Flusses Jenissej in Sibirien ein neues, starkes Motorschiff. Auf einer Messingplatte las ich den Herkunftsort des Schiffes: Reposaari, Finnland. In der subarktischen Stadt Norilsk in der Taimir, wo ich mit dem Schiff und quer durch die Tundra hinreiste, hörte ich, daß finnische Firmen die Anlagen für das neue Kupfer-Nickel-Werk liefern. Norilsk liegt nördlicher als Rovaniemi und mehrere tausend Kilometer weit weg von Finnland.

Maxim Gorki, der im vorrevolutionären Rußland berühmt und in der Folge als Haupt der russischen Literatur anerkannt wurde, drückte die traditionelle Achtung der russischen Intellektuellen vor dem nördlichen Nachbarn folgendermaßen aus. Er nannte Finnland das kleine Land des großen Volkes und den Architekten Eliel Saarinen ›das Genie‹. Gorki gehörte zu denen, die um die Jahrhundertwende die Zukunft der finnischen Architektur voraussahen, die heutzutage eine so breite Anerkennung erlangte.

Ich möchte noch an einige Worte Gorkis über Finnland erinnern: »Das ganze Land ist wie ein Märchen aus alten Tagen, ist stark, schön und von verblüffender Ursprünglichkeit.« An anderer Stelle sagt er: »In der Krone, die unser Planet trägt, ist Finnland eines der kostbarsten Juwele.« Er führte seine Charakterisierung weiter fort: ein armes, steiniges Land wurde durch die Tapferkeit und den Fleiß eines schöpferischen Volkes in ein Juwel verwandelt.

Aus meiner Sicht trifft dies in jeder Einzelheit auch heute zu.

(Mit freundlicher Genehmigung des Anders Nyborg Verlages, DK 2970 Hörsholm)

Danksagung

Während der Arbeit an diesem Buch erhielt ich von den Fremdenverkehrsorganisationen in Dänemark, Finnland, Norwegen und Schweden Hilfen und Hinweise, die nach skandinavischer Informationsgepflogenheit nur an eine Bedingung geknüpft waren: daß der Autor nach bestem Wissen und so objektiv wie möglich berichtet. Stellvertretend für viele seien hier aus Kopenhagen Kurt Nielsen und Inger Hahn, aus Helsinki Seppo Partanen, aus Oslo Levar Sand und Ellen Kaarbø sowie aus Stockholm Gunnar Rosvall genannt. Zahlreiche ergänzende und Hintergrundinformationen über Norwegen steuerten Leena und Truls Hanevold bei.

Literaturhinweise

Beim Vorbereiten und Schreiben des Manuskripts wurde eine große Zahl von Büchern durchgearbeitet. Dazu gehörten auch Reiseführer wie ›Danmark rundt‹ (Kopenhagen 1969), ›Bilturer i Norge‹ (Oslo 1975), ›Svenska vägboken‹ (Stockholm 1972) und ›Suomen Matkailuopas‹ (Helsinki 1974) und andere Bücher in den jeweiligen Landessprachen. Dem deutschsprachigen Leser werden folgende Bücher empfohlen, wenn er vor, während oder nach der Reise seine Kenntnisse über Skandinavien erweitern und vertiefen will:

Reiseführer: Die Bände über Dänemark, Finnland, Norwegen und Schweden sowie über das ›Land der Mitternachtssonne‹ in der Serie »... kennen und lieben« (zwischen 1968 und 1976 in Lübeck), ›Tourist Guide Finland‹ (jährlich, Helsinki).

Land und Leute: ›Finnland heute‹ (1971) und ›Schweden heute‹ (1969), beide bei Econ, Wien-Düsseldorf; zahlreiche Hefte über Skandinavien sind bei ›Merian‹ erschienen. Interessante Beiträge finden sich ebenfalls in den Heften ›Willkommen in Finnland‹, die bei Anders Nyborg A/S in Hörsholm bei Kopenhagen (jährlich, auch deutsch) erscheinen.

Geschichte, Kultur und Kunst: Von diesen Gebieten liegen sehr viele Werke vor, die entweder ins Deutsche übersetzt oder auf deutsch erschienen sind. Eine umfassende Bibliographie enthält das Buch ›Dänemark‹ (Kopenhagen 1971) des dänischen Außenministeriums. Weitere Informationen gibt ›Det danske Selskab‹ (Kultorvet 2, DK 1175, Kopenhagen K). Ähnliche Informationsmöglichkeiten haben die Finnen nicht aufzuweisen. Einen sehr kleinen Katalog bringt das Büchlein ›Blick auf Finnland‹ (Espoo 1980), das man beim Außenministerium oder bei den finnischen Auslandsvertretungen anfordern kann. Bücher politischen Inhalts sind aufgeführt in Eino Jutikkalas ›Geschichte Finnlands‹ (Stuttgart 1964). Das aktuellste politische Buch ist eine Sammlung von Reden des finnischen Staatspräsidenten Kekkonen unter dem Titel ›Finnlands Weg zur Neutralität‹ (Wien-Düsseldorf 1975). Erschöpfende Auskunft über alle Fennica kann die Deutsche Bibliothek geben (P. Makasiininkatu 7, SF 00130 Helsinki – adressierten Umschlag und Briefmarkengutscheine beilegen). Über Norwegen bringt eine Serie des Tanum-Verlags (Oslo) eine Reihe interessanter Bücher, wie ›Gustav Vigeland‹ von Ragna Stang (Oslo 1967). Werke über Schweden sind in Verzeichnissen zusammengestellt, die man bei der zuständigen schwedischen Botschaft oder beim Schwedischen Institut (Box 7072, S 103 82

Stockholm) anfordern kann. Das Institut hilft auch beim Aufspüren von Werken über bestimmte Fachgebiete.

Für den vorliegenden Kunst-Reiseführer wurden auch benutzt: ›Danish Museums‹ (Kopenhagen 1966), ›Museums in Norway‹ (Oslo 1974), ›Wandern unter der Mitternachtssonne‹ von Wulf Alex (Herford 1982), ›St. Ansgar‹ (Jahrbücher des St.-Ansgarius-Werkes, Köln), ›Kalevala‹ in Übersetzung von Lore und Hans Fromm (München 1967), und ›Ausblick‹, Vierteljahreszeitschrift der Deutschen Auslandsgesellschaft, die geistige Strömungen und literarische Neuerscheinungen in Skandinavien sehr genau verfolgt (Breite Straße 48, D 2400 Lübeck). Für Informationen über die Wikinger wurde ›Welt der Wikinger‹ von Ole Klindt-Jensen und Svenolof Ehrén (Frankfurt 1967) benutzt. Als Vorlage für den Augenzeugenbericht des Ibn Fadlan wurde jedoch eine Übersetzung ins Schwedische herangezogen, die Faruk Abu-Chacra (Universität Helsinki) angefertigt hat.

Fotonachweis

Farbtafeln und Schwarzweiß-Abbildungen

Lore Bermbach, Düsseldorf Farbt. 11
Danmarks Turistråd, Kopenhagen Abb. 1–8, 11, 13–15, 17, 21, 22, 24–46
Wedigo Ferchland, Varde/Dänemark Farbt. 8, 27, 31, 32; Abb. 16, 20, 23
Finnische Zentrale für Tourismus, Helsinki Abb. 146–151, 153–156, 158, 161–163, 166–168, 172–174, 176
Fritids-och Kulturnämnden, Kiruna Abb. 140
Barbara Hardt, München Abb. 108, 110, 111, 114, 117–120, 122, 137
Gerhard Kerff, Hamburg Farbt. 1, 3–5, 7; Abb. 9, 10, 12
Joachim Kinkelin, Worms (H. Huber, T. Schneiders) Farbt. 2, 6, 9, 12, 25, 28–30, 33
Hans Joachim Kürtz, Möltenort Farbt. 10
Landslaget for Reiselivet in Norge, Oslo Abb. 50, 51, 54–56, 58, 59, 61, 62, 71, 72, 75, 85, 86, 89–92
Läns Turisttrafik, Kalmar Abb. 112
Wulf Ligges, Obsteig/Österreich Umschlagvorder- und -rückseite, Umschlaginnenklappe vorn, Farbt. 13–24, 34–41; Abb. 47–49, 52, 53, 57, 60, 63–70, 73, 74, 76–82, 83, 84, 87, 88, 93–102, 145, 152, 157, 159, 160, 164, 165, 169–171, 175
raudia Werner Rau, Stuttgart Farbt. 15
Svenska Turisttrafikförbundet, Stockholm Abb. 103–107, 113, 115, 116, 121, 123–136, 138, 139, 141–144
Västkustens Turisttrafikförbundet, Göteborg Abb. 109

Figuren im Text

Ulrich Bracher, Geschichte Skandinaviens, Stuttgart 1968 Abb. S. 255
Denmark, An Official Handbook, Kopenhagen 1974 Abb. S. 14r., 15, 25o., 26, 29, 30, 31, 52, 53, 55, 57, 69, 193, 348
Der Dom zu Roskilde, Roskilde 1974 Abb. S. 49
Ole Klindt-Jensen, Denmark before the Vikings, London 1957 Abb. S. 14li.
Hans Koepf, Baukunst aus fünf Jahrtausenden, Stuttgart 1954 Abb. S. 195, 238
Herbert Kühn, Die Felsbilder Europas, Stuttgart 1971 Abb. S. 155, 361
H. Kürth / A. Kutschmar, Baustilfibel, Berlin 1964 Abb. S. 368
Olaus Magnus, Historia de gentibus septentrionalibus (1555) Abb. S. 11, 17, 27, 61, 72, 100, 111, 134, 138, 141, 147, 148, 159, 197o., 200, 234, 239, 249, 258, 267, 280, 314, 323, 328, 353o., 366o.
Norge, Illustreret Reisehaandbog, Christiania 1874 Abb. S. 63, 77, 106, 131, 133, 142
Ernst Samhaber, Geschichte Europas, Köln 1967 Abb. S. 79, 197, 363
I. Schwarz-Winklhofer / H. Biedermann, Das Buch der Zeichen und Symbole, München 1975 Abb. S. 366
Karten und Pläne: DuMont Buchverlag

Zeittafel zur Geschichte Skandinaviens

	Dänemark	Norwegen	Schweden	Finnland
0–500	Nordgermanen kämpfen gegen Westgermanen und sickern ins Gebiet des heutigen Dänemark ein. Abgrenzung nach Süden gegen Westgermanen (Danevirke)	Schon von Germanen bewohnt.	Germanen dringen vom Westen ins Svealand (Mittelschweden) ein.	Finnen dringen in das Gebiet des heutigen Finnland von Süden her ein und verdrängen die Samen.
500–1000	800–1050 Wikingerzeit. Christianisierung (Harald Blauzahn).	Periode der Kleinkönige. König Harald Hårfagre (gest. 933) einigt vorübergehend das Land. Besiedlung von Island ab 874.	Kampf der Göten gegen die Svear. Übergewicht der Svear. Erste Christianisierung durch Ansgar (829).	Weiteres Vordringen nach Norden und Westen. Kontakte und Kämpfe mit Germanen.
1000-1100	Größte Westausdehnung (Norwegen und England) bis etwa 1050.	Olav Tryggvason und Olav der Heilige versuchen, Norwegen zu einigen. Innere Kämpfe, wachsende Macht der Kirche. Oslo wird gegründet (1050). Christianisierung durch Olav den Heiligen.	Abschluß der Christianisierung, Taufe von König Olof Eriksson (1008).	Germanen setzen sich an einzelnen Küstenstreifen fest.
1100–1200	Anfang einer neuen Blüte unter den Valdemar-Königen (1157 bis 1182) Valdemar der Große). Erzbischof Absalon gründet Kopenhagen (1167).		Kreuzzug nach Finnland (Erik der Heilige, 1150). Gründung des Erzbistums Uppsala (1164).	Eindringen der Schweden unter Erik dem Heiligen nach Finnland um die Jahrhundertmitte. Christianisierung und damit religiöse Abgrenzung gegenüber dem Osten, der orthodox wird.
1200	Ostausdehnung bis Estland (1219). Unterzeichnung der Handfeste (Dänemarks Magna Charta, 1282).	Håkon IV. Håkonson (1204 bis 1263) einigt das Land, Norwegen gewinnt Island und Grönland und öffnet der Hanse durch einen Vertrag (1250) mit Lübeck die norwegischen Hafenstädte. Håkon fällt im Kampf gegen die Schotten auf den Hebriden.	Festigung und Verbesserung von Königsmacht, Verwaltung und Infrastruktur. Regentschaft von Birger Jarl (1250–1266). Gründung Stockholms (1255).	Weitere Ausbreitung der schwedischen Herrschaft. Gründung der Hafenstadt Åbo in Südwestfinnland Anfang des Jahrhunderts.

(1263–1280) werden die Befugnisse des Königs genau festgelegt, und ein Reichsrat entsteht.

1300

Ab 1319 (bis 1660) Teilung der Königsgewalt mit dem Reichsrat. Valdemar Atterdag (1340–1375) kämpft um die Ostsee-Vorherrschaft und prallt mit der Hanse zusammen. Friede zu Stralsund (1370) sichert der Hanse die Ostsee.

Margaretes Sohn Olav wird König von Dänemark (1375) und Norwegen (1380). Margarete ist zunächst Regentin, wird nach Olavs Tod (1387) Königin von Dänemark und Norwegen. Im selben Jahr ruft die schwedische Opposition gegen König Albrecht sie nach Schweden. Margarete wird auch Königin von Schweden (1389) und später als Herrscherin der vereinigten skandinavischen Königreiche bestätigt (Kalmarer Union, 1397).

Ab 1319 unter Magnus Erikson, der später (1363) zurücktreten muß. Grenzziehung nach Osten durch den Frieden zu Schlüsselburg (1323). Finnland wird gleichberechtigte Provinz (1362). Håkon VI., Nachfolger von Magnus, heiratet Valdemar Atterdags Tochter Margarete (1363).

1400

Erich von Pommern (1412–1439), Margaretes Großneffe, wird ihr Nachfolger. Schweden strebt ab etwa 1430 aus der Union (Erhebung unter Engelbrekt Engelbrektsson, 1434–1436).

Nach Christoph von Bayern (Kristoffer III., 1439–1448) wird Christian von Oldenburg (Christian I., 1448–1481) König. Unter ihm zerfällt die Union de facto.

Universität Uppsala gegründet (1477).

	Dänemark	Norwegen	Schweden	Finnland
	Aufstand in Schweden (1464) und Sieg über Unionskönig (1471). Universität Kopenhagen gegründet (1478).			
1500	Christian II. (1513–1523) läßt sich zum König von Schweden krönen (1520), Stockholmer Blutbad. Wird von Gustaf Vasa besiegt (Schlacht von Brunkeberg, 1523). Endgültiger Zerfall der Union in zwei Teile: Dänemark – Norwegen und Schweden – Finnland. Vorherrschaft der Hanse im Ostseeraum geht zu Ende (1559).			
	Estland geht verloren (1561). Nordischer Siebenjähriger Krieg zwischen den beiden Königreichen (1563–1570). Christian IV. wird König (1588–1648).		König Gustaf Vasa (1523–1560). Estland wird schwedisch (1561). Kampf gegen Polen (ab 1592). Nach langen Streitigkeiten wird Gustaf Vasas jüngster Sohn, Karl, erst Reichsverweser (1592) und später als Karl IX. König (1606–1611).	Helsinki/Helsingfors wird 1550 von Gustaf Vasa gegründet.
1600	Dänemark unterliegt im Kampf gegen Gustaf II. Adolf. Mit dem Verlust von Jämtland, Gotland und Ösel endgültige Wendung zugunsten von Schweden (Friede zu Brömsebro, 1645).			
	Christian IV. greift in den Dreißigjährigen Krieg ein (1625). Niederlage gegen Tilly (Lutter am Barenberge, 1626), bald danach Rückzug aus dem Engagement (1629).		Mit der Thronbesteigung von Gustaf II. Adolf (1611) beginnt das schwedische Großmachtstreben. Eroberung von Ingermanland (Friede zu Stolbowa, 1617), Eroberung Livlands (1621) wird später von Polen bestätigt (Friede zu Altmark, 1629). Eingreifen in den 30jährigen Krieg (1630), große Erfolge. Gustaf II. Adolf fällt in der Schlacht von Lützen (1632). Axel Oxenstierna wird Reichsverweser. Er rundet die militärischen Erfolge diplomatisch ab. Schweden gewinnt Bremen, Verden, Teile Pommerns, Rügen und Stettin (Westfälischer Friede, 1648).	1640 Gründung der ersten Lateinschule in Åbo (heute Turku/Åbo). Eine Verschwörung aus Finnland stammender Offiziere in Anjala (1788) ist die erste Manifestation finnischen Selbständigkeitsstrebens.

	Durch das ›Königsgesetz‹ (1665) wird Dänemark unter Frederik III. unbeschränkte Erbmonarchie.	später Eroberung von Schonen, Blekinge und Bohuslän (Friede zu Roskilde, 1658) Gustafs Tochter Kristina (geb. 1626) übernimmt 1644 die Regierungsgeschäfte, dankte aber 1654 ab und trat in Innsbruck zum katholischen Glauben über. König wird in Schweden entsprechend Kristinas früherem Vorschlag der Pfalzgraf Karl Gustaf als Karl X. Gustaf (1654–1660). 1682–1686 In der Schlußphase der Reduktion wird Karl XI. fast unumschränkter Herrscher. Damit legt er den Grundstein für die Versuche von Karl XII., Schweden zur Weltmacht zu erheben. Karl XII. wird 1697 König.
1700	Eine lange Periode des Friedens (1720–1807) bringt wirtschaftliche Erholung und für Dänemark kulturelle Blüte. Abschaffung der Hörigkeit (1788) im Mutterland. Als erste Kolonialmacht schafft Dänemark den Sklavenhandel ab (1792).	Kriege gegen Polen und Rußland (Sieg bei Narwa, 1700), nach Überdehnung schwedischer Leistungsfähigkeit schwere Rückschläge (Niederlage bei Poltawa, 1709). Bei Karls Tod (1718) sind Schweden und Finnland ausgeblutet. Am Ende des Großen Nordischen Krieges (Friedensschlüsse 1721) gehen die meisten schwedischen Besitzungen auf dem Kontinent sowie der südöstliche Teil Finnlands verloren. – Mehrere Revanchekriege führen zu weiteren Gebietsverlusten.
1800	Britischer Überfall (1807) auf Kopenhagen. Allianz mit Napoleon und Beteiligung an der Kontinentalsperre. Englische Gegenblockade wirkt sich vor allem auf Norwegen aus. Wachsende Not dort stärkt Bestrebungen zur Loslösung von Dänemark.	Gustaf IV. Adolf (1792–1809) beteiligt sich an den Kriegen gegen Napoleon. Pommern geht verloren (1807). Russischer Angriff gegen Schweden (1808), Finnland geht verloren und wird 1809 als Großfürstentum unter dem Zaren ein autonomer Teil Rußlands.

Dänemark	Norwegen	Schweden	Finnland

Zwischen 1807 und 1814 bahnt sich eine grundlegende Veränderung der Machtsituation in Skandinavien an, die bis heute nicht abgeschlossen ist. 1808 greift Rußland in die Struktur Skandinaviens hinein, wobei Finnland einen Autonomiestatus bekommt und somit aufgewertet wird. 1814 erhält Norwegen Autonomie. Ab 1864 greifen der Deutsche Bund, später Preußen, das deutsche Kaiserreich und das Dritte Reich in die Struktur Skandinaviens hinein. 1917 wird Finnland selbständig (die Åland-Inseln erhalten Autonomie). 1925 wird die Souveränität von Norwegen über die Svalbard-Inseln im Eismeer international anerkannt. 1940–1945 besetzt Deutschland Dänemark und Norwegen, bedroht Schweden, und Finnland läßt sich in den Krieg gegen die Sowjetunion verwickeln. Finnland schließt 1944 einen Sonderfrieden. Im selben Jahr erklärt Island sich für selbständig. 1948 erhalten die Färöer Autonomie, 1953 wird Grönland ›entkolonialisiert‹, und aus der lokalen Selbstverwaltung entwickelt sich die Grundlage künftiger Autonomie. Die Autonomie der Färöer bewegt sich in letzter Konsequenz auf volle Selbständigkeit hin.

Dänemark	Norwegen	Schweden	Finnland
Im Kieler Frieden (1814) wird Norwegen an Schweden und Helgoland an Britannien abgetreten. Frederik VII. unterschreibt die erste Verfassung (1849). Ein Aufstand in den Herzogtümern gegen den Totalanschluß Schleswigs und Holsteins endet mit einem Sieg der dänischen Königsgewalt (1850). Der Deutsche Bund greift Dänemark an (1864), das Lauenburg und die beiden Herzogtümer abgeben muß. Dänemark sinkt auf den Status eines Kleinstaats hinab und schwenkt auf eine Neutralitätslinie ein.	Durch das Überwechseln vom dänischen in den schwedischen Reichsverband (Kieler Friede, 1814) gewinnt Norwegen Autonomie. Am 17. Mai 1814 wird das norwegische Grundgesetz verkündet, das nach wie vor in Kraft ist. Damit erhält Norwegen ein Parlament (Storting). Das Weiterentwickeln von Verwaltung und Wohlstand in eigener Regie stärken Selbstbewußtsein und Selbständigkeitsstreben der Norweger. – Um 1850 setzt die Sprachenteilung ein.	Unter dem neuen Reichsverweser Jean Baptiste Bernadotte (ab 1810) schwenkt Schweden auf die Seite der Anti-Napoleon-Koalition ein. Damit gehört es später zu den Siegermächten. Dänemark verliert Norwegen an Schweden (Kieler Friede, 1814). 1818 wird J. B. Bernadotte als Karl XIV. Johan König. 1865 Neue Verfassung, die den Ständetag durch einen Reichstag mit zwei Kammern ersetzt. 1876 Ernennung des ersten Ministerpräsidenten. Schweden kehrt von der Königsdominanz ab und beschreitet einen Weg der Demokratisierung, der bis heute ohne Unterbrechung weitergegangen ist.	Auf dem Landtag zu Borgå/Porvoo sagte Alexander I., Großfürst von Finnland und Zar von Rußland: »Das finnische Volk ist nun in den Kreis der Nationen erhoben.« Friedens- und Aufbauperiode bis ins nächste Jahrhundert hinein. Ab etwa 1880 Reibungen mit Rußland durch das Wiedererwachen des Panslawismus. Nikolaus II. unterschreibt 1899 das ›Februarmanifest‹ als Einleitung zur Eingliederung Finnlands nach Rußland.

Dänemark kann im Ersten Weltkrieg durch Konzessionen an Deutschland seine Neutralität im großen ganzen bewahren.

Eine Volksabstimmung (1905) ergibt eine überwältigende Mehrheit für die Beendigung der Union mit Schweden. Unionsauflösung noch im selben Jahr durch den Vertrag von Karlstad. Damit ist Norwegen wieder ein selbständiges Königreich.

Im Ersten Weltkrieg bleibt Norwegen neutral, aber seine Handelsflotte verliert durch den deutschen uneingeschränkten U-Boot-Krieg viele Seeleute und Schiffe.

Schweden entläßt 1905 Norwegen in die volle Selbständigkeit. Im Ersten Weltkrieg kann Schweden durch Konzessionen an die Kriegführenden seine Neutralität bewahren.

1904 Attentat auf den russischen Generalgouverneur Bobrikoff. Im Widerstand gegen den Panslawismus verstärkte sich das finnische Nationalgefühl.

Mit der Verfassungsreform von 1906 geht Finnland vom Vier-Stände-Landtag zum Einkammer-Reichstag sowie zum allgemeinen, gleichen und geheimen Wahlverfahren über. Damit werden die finnischen Frauen als erste in Europa wahlberechtigt.

Im Ersten Weltkrieg lassen sich etwa 2000 junge Finnen aus allen Bevölkerungskreisen in Deutschland militärisch ausbilden.

Ende 1917 erklärt sich das Land für selbständig, weil durch Absetzung des Zaren die Personalunion mit Rußland beendet ist. Die Regierung unter Lenin in Petrograd erkennt als erste diese Unabhängigkeit an.

1918 Im Januar brechen Kämpfe zwischen Anhängern und Gegnern der Unabhängigkeit aus, wobei russische Truppen teilweise zugunsten der Gegner eingreifen. Der Senat stellt den früheren Zarengeneral C. G. Mannerheim an die Spitze einer Armee, für welche das in Deutschland ausgebildete Bataillon die Führungskader abgibt. Sieg der Regierungstruppen im April 1918.

In den 20er Jahren beginnt die eigentliche Entwicklung der nordischen Demokratien zu Gemeinwesen sozialer Gleichheit. Durch sein Eigengewicht und seine soziale Aufgeschlossenheit gelangt Schweden an die Spitze der Entwicklung. Die Weltwirtschaftskrise verursacht nur in Finnland eine nationalchauvinistische Bewegung, die aber bald abklingt.

Dänemark	Norwegen	Schweden	Finnland
1940 Besetzung durch deutsche Truppen unter Bruch eines Nichtangriffspakts. Island erklärt sich im Juni 1944 für selbständig. Im Mai 1945 Internierung der deutschen Truppen. Bornholm wird vorübergehend von sowjetischen Kräften besetzt, aber etwa ein Jahr später wieder geräumt. 1949 Beitritt zur NATO.	In Paris schließt Norwegen 1920 den Svalbard-Vertrag. Partner sind Britannien, die USA sowie andere europäische und außereuropäische Staaten. Norwegen erhält die volle Souveränität über die Svalbards (Spitzbergen), muß aber die Inseln demilitarisiert halten und den Staatsangehörigen aller Unterzeichnerländer wirtschaftliche Tätigkeit auf der Inselgruppe gestatten. Dem Vertrag traten später auch die Sowjetunion, China und Deutschland bei. Heute zählen beide deutsche Staaten zu den insgesamt 40 Unterzeichnern. 1940 Besetzung durch deutsche Truppen. Anfang 1945 zerstören deutsche Truppen systematisch Nordnorwegen. Sowjetische Truppen stoßen nach, sie räumen das norwegische Gebiet später ohne Komplikationen. 1949 Beitritt zur NATO.	1932 Beginn der sozialdemokratischen Ära. Kein Nationalchauvinismus im Gefolge der Weltwirtschaftskrise. Im Zweiten Weltkrieg kann Schweden durch Konzessionen an die Kriegführenden seine Neutralität bewahren.	Außenpolitisch sucht Finnland eine Linie skandinavischer Neutralität. Im Zweiten Weltkrieg will Finnland neutral bleiben, wird aber Ende 1939 von der Sowjetunion angegriffen. Es kapituliert nach 100 Tagen Kampf und verliert etwa ein Zehntel seines Territoriums. 1941 beteiligt sich Finnland an Hitlers Angriff gegen die Sowjetunion. Im Herbst 1944 schließt Finnland einen Waffenstillstand zu harten Bedingungen. 1947 Der Pariser Friede bestätigt die Waffenstillstandsbedingungen. 1948 Vertrag über Freundschaft, Zusammenarbeit und gegenseitigen Beistand mit der Sowjetunion.
Dänemark, Norwegen und Schweden sowie Island gründen 1952 den Nordischen Rat, der früher als die EWG eine Paßunion und einen supranationalen Arbeitsmarkt schafft.			
Ein neues Grundgesetz führt 1953 außer anderen Reformen die weibliche Erbfolge ein und die Entkolonialisierung Grönlands durch. Nach dem Tod von Frederik IX. wird die Kronprinzessin als Mar-	1957 Thronbesteigung durch Olav V. 1960 Beteiligung an der Gründung der EFTA. Ab 1970 beginnt die Ölsuche und -förderung in der Nordsee, die sich sehr vielversprechend für die norwegische Volkswirtschaft ent-	1973 stirbt Gustaf VI. Adolf, Nachfolger wird sein Enkel als Carl XVI. Gustaf.	1956 Beitritt zum Nordischen Rat. Urho Kaleva Kekkonen wird Staatspräsident. 1975 findet die Abschlußphase der Konferenz über Sicherheit und

ben Jahr tritt Dänemark nach einer Volksabstimmung der EWG bei.

Nach einer Volksabstimmung auf der größten Insel der Welt wird Grönland am 1. Mai 1979 autonom.

1972 Bei einer Volksabstimmung spricht sich eine klare Mehrheit gegen den Beitritt des Landes zur EWG aus.

1985 Der Ölboom läßt die norwegischen Devisenreserven seit Jahresbeginn 1984 von 50 auf 100 Mio. nkr (ca. 34 Mio. DM) steigen.

Durch Änderung der *Successionsordning*, die eines von Schwedens vier Grundgesetzen ist, werden ab Jahresbeginn 1975 auch Prinzessinnen thronberechtigt.

1984 Im Januar beginnt in Stockholm die Konferenz über vertrauensbildende Maßnahmen in Europa, beteiligt sind 35 Staaten.

Beisein von 35 Staatschefs in Helsinki statt.

Staatspräsident Urho Kaleva Kekkonen begeht am 1. März 1981 sein 25jähriges Amtsjubiläum. Er erkrankt im Herbst 1981 und wird im März 1982 von Mauno Koivisto abgelöst.

Raum für Ihre Reisenotizen

Anschriften neuer Freunde, Foto- u. Filmvermerke, neuentdeckte gute Restaurants, etc.

Raum für Ihre Reisenotizen

Anschriften neuer Freunde, Foto- u. Filmvermerke, neuentdeckte gute Restaurants, etc.

Skandinavien: Geographische Daten

Dänemark: Königreich zwischen Nord- und Ostsee, Brücke zwischen Skandinavien und dem Kontinent, 43000 km^2, fast 5 Mill. Einwohner. Hauptstadt Kopenhagen 850000 (mit Vororten 1,5 Mill.) E., Århus 190000, Odense 140000, Ålborg 130000 und Esbjerg 70000 E. Währungseinheit Dänische Krone (dkr) zu 100 Öre. Zu Dänemark gehören die Insel Bornholm in der Ostsee, das autonome Inselgebiet der Färöer im Nordatlantik und mit Grönland die größte Insel der Welt, die am 1. Mai 1979 die Autonomie erhalten hat.

Finnland: Republik in Nordosteuropa, 337000 km^2 groß (davon Binnenseen 31000 km^2). Etwa ein Drittel des Landes liegt nördlich des Polarkreises, Wald und Moor bedecken 70% der Landfläche. 4,7 Mill. Einwohner, Hauptstadt Helsinki 525000 (mit Einzugsbereich 1 Mill.) E., Tampere (Skandinaviens größte Binnenstadt) 170000 E., Turku 160000, Espoo 120000, Lahti 90000 E. Währungseinheit Finnische Mark (Fmk) zu 100 penni. Die zweite Landessprache ist Schwedisch, das etwa 6% der Bevölkerung als ihre Hauptsprache angeben. Zu Finnland gehören die Åland-Inseln.

Norwegen: Westlicher Teil der Halbinsel Skandinavien, 325000 km^2 groß (davon etwa 16000 km^2 Wasserfläche). Höchster Berg Galdhöpiggen 2469 m, längster Fjord Sognefjord 204 km. Gesamtküstenlänge des Festlands 21112 (ohne Fjorde usw. 2650) km, längster Abstand Nord-Süd in Luftlinie 1752 km. Königreich mit 4 Mill. Einwohnern, Hauptstadt Oslo 500000 E., Bergen 220000, Trondheim 130000, Stavanger 90000, Kristiansand 60000, Drammen 50000 E. Währungseinheit Norwegische Krone (nkr) zu 100 Öre. Zu Norwegen gehören die Svalbard-Inseln (Spitzbergen) und Jan Mayen in der Barentssee sowie zwei unbewohnte Inseln in der Antarktis.

Schweden: Ostteil der Halbinsel Skandinavien, 450000 km^2 groß (38000 km^2 Wasserfläche, mehr als die Oberfläche von Nordrhein-Westfalen). Monarchie mit 8 Mill. Einwohnern. Hauptstadt Stockholm mit 750000 (Groß-Stockholm über 1,2 Mill.) E., Göteborg 500000 E., Malmö 270000 und Uppsala 130000 E. Währungseinheit ist die Schwedische Krone (skr) zu 100 Öre. Schweden liegt im Sozialprodukt pro Einwohner an der Weltspitze der Industrienationen; die schwedische Wirtschaft beschäftigt etwa 500000 Gastarbeiter.

Praktische Reisehinweise

A-Ö: siehe: ›Kleines Skandinavien-Alphabet‹ unter ›Alphabete‹

Angeln: Gute Möglichkeiten in allen vier Ländern, noch besser werden sie nach Norden hin. Gewöhnlich benötigt man außer dem Reichsangelschein auch einen des Gewässernutzers. Man muß keine Mitgliedschaft in einem Verein nachweisen. Für Staatsforsten gelten besondere Bestimmungen. Am besten bald nach der Einreise Reichsangelschein lösen und dann bei den örtlichen Informationsbüros nach den jeweiligen Möglichkeiten und Bestimmungen fragen.

Anhalter: In der Toilette der *Nordkappshallen* las ich die stolze Mitteilung: »I hitch-hiked from Paris to the Cape within one week.« Das dürfte gewiß ein kaum zu überbietender Rekord sein. Im allgemeinen sind die Chancen nicht sehr gut, weil Langstreckenfahrer ihre Wagen voll haben. Betreten von Autobahnen überall verboten. Die Polizei aller Länder sieht Anhalter nicht gern, weil diese – aktiv oder passiv – eine Ursache für Kriminalität sein können. Aufsehenerregende Fälle waren jedoch in den letzten Jahren selten.

Anreise: Ist mit allen üblichen Verkehrsmitteln möglich, einschließlich Europabus ab Vorderasien. Die internationalen *Busverbindungen* reichen jedoch gewöhnlich nur bis zu den Hauptstädten.

Schiene: Knotenpunkt ist Kopenhagen, von wo aus man Verbindung nach Oslo und Stockholm hat. Eine sehr hübsche Strecke ist Oslo – Bergen (Trollzug). Von Stockholm Verbindung bis Kiruna und nach Narvik in Norwegen (Autobeförderung). Kürzeste Seestrecke Richtung Finnland ist Stockholm – Turku, von dort Zugverbindung nach Finnisch-Lappland hinein (Autobeförderung ab Turku oder Helsinki nach Rovaniemi).

See: Die Möglichkeiten sind zahlreicher, als der Nordeuropa-Neuling gewöhnlich vermutet. Eine Schiffsreise mit zumindest einer Übernachtung an Bord ist überdies ein Erlebnis, das man sonst nur auf Kreuzfahrten hat. Auf allen hier genannten Strecken kann man den Wagen mitnehmen.

Bundesrepublik – Norwegen: Ab Kiel nach Oslo (rund 20 Std.).

Dänemark – Norwegen und Dänemark – Schweden: Als ausgestreckte Hand nach Norden hat die Halbinsel Jütland neben Seeland große Bedeutung für den Fährverkehr. Die meisten Abfahrten erfolgen von der jütländischen Zipfelmütze (Thy und Vendsyssel) sowie von Jütlands tropfender Nase (Djursland). Hier der Stand von 1986, wobei hauptsächlich Linien

aufgeführt sind, die schon seit Jahren existieren:
ab Hanstholm nach Tórshavn (Färöer) 31 Std., nach Egersund 7½ Std., nach Arendal 5 Std.;
ab Hirtshals nach Stavanger 11 Std., nach Kristiansand 4 Std.;
ab Frederikshavn nach Larvik 5½ Std., nach Oslo 9–11 Std., nach Fredrikstad 7 Std., nach Göteborg etwas über 3 Std.;
ab Grenå nach Varberg 4 Std., sowie zu Häfen auf der dänischen Halbinsel Seeland;
ab Helsingör nach Helsingborg (mehrere Linien, tagsüber im Viertelstundenrhythmus, Überfahrt etwa 20–30 Min.).
Bundesrepublik – Dänemark: Zahlreiche Kurzstrecken, u. a. ab Kiel und Travemünde, direkte Verbindungen auch nach Bornholm.
Dänemark – Schweden: Mehrere Kurzstrecken, wie Frederikshavn – Göteborg, Grenå – Varberg, Helsingør – Helsingborg, Kopenhagen – Malmö.
DDR – Dänemark: Warnemünde – Gedser (abends ab West-Berlin, nächsten Morgen in Kopenhagen).
Bundesrepublik – Schweden: Kiel – Göteborg (12 Std.; Travemünde – Göteborg (14 Std.); Travemünde – Helsingborg (10 Std.); Travemünde – Trelleborg (7 Std.).
Schweden – Finnland: Zahlreiche Kurzstrecken über den Bottnischen Meerbusen sowie aus dem Raum Stockholm mit oder ohne Anlaufen der Åland-Inseln in den Raum Turku (tags und nachts). Zwischen Stockholm und Helsinki Schiffe mit hervorragend vielseitigem Service, die um 18 Uhr die eine Hauptstadt verlassen und gegen 9 Uhr morgens in der anderen ankommen.
Schweden – DDR: Trelleborg – Saßnitz (4 Std.).
Andere: Von Dänemark, Schweden und Finnland aus Verbindung mit Häfen in Polen und in der Sowjetunion.
Bundesrepublik – Finnland, Schnellverbindg: Die Reederei Finnjet-Lines setzt auf der Strecke Travemünde – Helsinki ganzjährig die ›Finnjet‹ ein. Dieses Superschiff (25 000 BRT) hat Platz für 1600 Passagiere und 380 Pkw. Es benötigt von Hafen zu Hafen 22½ (im Winter 36½) Stunden.

Straße: Zwischen Skandinavien und dem Kontinent existiert keine Brücke, alle Projekte sind noch im Planungsstadium. Man muß also stets eine der hier genannten Schiffsverbindungen nehmen. Irgendwann einmal wird eine Straßenverbindung Bundesrepublik – DDR – Polen – Sowjetunion eröffnet. Sie soll durch die baltischen Sowjetrepubliken und über Tallinn (Reval), alternativ Leningrad, nach Helsinki führen.

Flugverkehr: Dänemark, Norwegen und Schweden bedienen den internationalen Luftverkehr mit der SAS, Finnland mit der Finnair. Direkte Verbindungen (auch non-stop) mit allen größeren Flughäfen Mitteleuropas. Die Inlandsnetze sind in allen vier Ländern sehr dicht, Flüge zur Mitternachtssonne von Oslo, Stockholm und Helsinki aus.

Ärzte und Zahnärzte: Kontakt telefonisch mit den diensthabenden Ärzten (in Dänemark 0041, in den anderen Ländern örtlich verschieden).

Man kann jeden Skandinavier anhalten und mit seiner Hilfe rechnen (DK und N: ›Sük, doktor.‹ S: ›Schuhk, doktor.‹ F: ›Seiras, tochtoori.‹).

Auskunft: In ganz Skandinavien bis herauf zum Nordkap hervorragend organisiert. Die Informationsbüros mit dem internationalen ›i‹ als Kennzeichen sind während der Hochsaison auch am Wochenende geöffnet. Service gewöhnlich auch auf deutsch.

Fremdenverkehrsämter

Dänemark

Dänisches Fremdenverkehrsamt
Glockengießerwall 2
D–2000 Hamburg 1
✆ 040/327803

Danmarks Turistråd
Vesterbrogade 6D
DK–1620 Kopenhagen V
✆ 01–111415
Dieses Büro liegt direkt am Hauptbahnhof. Auskunft für Touristen auch im Gebäude H.-C.-Andersen-Schloß am Rathausplatz, ✆ 01–111325.

Norwegen

Norwegisches Fremdenverkehrsamt
Hermannstr. 32
D–2000 Hamburg
✆ 040/327651
tx: 215031 exnord

Norges Reiselivsraad
Havnelagret
Langkaia 1
Box 499, Sentrum
N–0105 Oslo 1
✆ 02–427044

Norges Turistkontor
Trondhjemspl. 4
DK–2100 Kopenhagen Ø
✆ 384118

Schweden

Schwedische Touristik-Information
Glockengießerwall 2–4
D–2000 Hamburg 1
✆ 040/330185/86

Sveriges Turistråd
Sverigehuset
Box 7473
S–10392 Stockholm
✆ 7892000

Sveriges Turistbureau
Vester Farimagsgade 1
DK–1606 Kopenhagen V
✆ 126106

Finnland

Finnisches Fremdenverkehrsamt
Rothenbaumchaussee 11
D–2000 Hamburg 13
✆ 040/441611

Finnische Zentrale für Tourismus
Asemapäällikkönkatu 12b
Box 53
SF–00520 Helsinki
✆ 144511

Finlands Turistbureau
Vester Farimagsgade 3
DK–1606 Kopenhagen V
✆ 131362

Automobilclubs:
(DK) Kopenhagen-Innenstadt (Vorw. 01)
FDM, Blegdamsvej 124
DK–2100 Kopenhagen Ø, ✆ 382112

Falck Rettungsdienst, Polititorvet,
DK–1593 Kopenhagen V., ✆ 158320

(N) Oslo (Vorwahl 02)
KNA, Parkveien 68, Oslo, ✆ 562690
NAF, Storgaten 2, Oslo, ✆ 337080 u. 201609

(S) Stockholm (Vorwahl 08)
KAK,
M, Sturegatan 32, ✆ 670580

(SF) Helsinki (Vorwahl 90)
Autoliitto, Kansakoulunkatu 10,
✆ 6940022

Autoverleih: Das Netz der bekannten Autoverleiher überzieht auch ganz Skandinavien. Vorbestellung aus Mitteleuropa im allgemeinen möglich. Vor allem in Nordskandinavien lohnt es sich manchmal, dem eigenen Wagen die voraussehbaren Strapazen zu ersparen und auf einen Leihwagen umzusteigen.

Auto-Reisezug: Diese Züge gibt es schon seit Jahren in Finnland auf den Strecken von Helsinki nach Rovaniemi und von Turku nach ›Roi‹. Die Norweger setzen ebenfalls im Sommer Huckepack-Züge ein. Seit 1984 sind auch die Schweden auf den Dreh gekommen. Ein Auto-Reisezug verkehrt einmal wöchentlich zwischen Malmö tief im Süden und Luleå hoch im Norden. Fahrtdauer 22 Stunden, Zusteigen unterwegs nicht möglich. Der Zug hat Liege-, Schlaf- und Speisewagen.

Banken: In der Regel sehr sprachenkundiges und hilfsbereites Personal. Fast alle Banken in größeren Städten können auch mit Stadtplänen und anderen Prospekten dienen. Es wird mehr und mehr üblich, auch beim Devisenumtausch eine Gebühr zu berechnen.

Öffnungszeiten:
(DK) Mo–Fr 9.30–16 (Do bis 18) Uhr
(N) Mo–Fr 9.00–15.30 (Do bis 16.30) Uhr
(S) Mo–Fr 9.30–15 Uhr
(SF) Mo–Fr 9.15–16.15 Uhr
Überall an Feiertagen, samstags und sonntags geschlossen.

Bauernhof-Ferien: In allen skandinavischen Ländern ein – teilweise begrenztes – Angebot. Zu den vielen Vorzügen dieser Urlaubsart kommt hier noch eine spezifisch skandinavische hinzu: Man respektiert die Privatsphäre sehr stark, man greift auch nicht in sie hinein, indem man jemanden ›bemuttert‹. Andererseits öffnet man sich gern, wenn man angegangen wird. Auf dem Bauernhof kommen Sie dem besuchten Land und seinen Menschen näher, ohne Ihre eigene Intimsphäre gegen ›Integrationsversuche‹ abschirmen zu müssen.

Benzin: Die Benzinqualität entspricht mitteleuropäischem Standard. Die Preise verändern sich auch in Skandinavien ständig, meist natürlich mit steigender Tendenz. Den deutschen Preisen am nächsten kommen die Schweden, dann folgen die Dänen, die Finnen und die Norweger. Bei einer Fahrt von Hamburg nach Schweden also vor der deutsch-dänischen Grenze volltanken und möglichst bis Schweden durchhalten. Bei Hamburg – Norwegen über Dänemark oder Schweden zunächst auf deutscher Seite tanken, danach vor der

Grenze nach Norwegen. Wer durch Norwegen fährt und in der Nähe der schwedischen Grenze ist, sollte zum Tanken nach Schweden hinüberfahren, dann aber möglichst nicht über denselben Grenzübergang zurückkommen. (Warum der Sprit in Norwegen so teuer ist? Ganz einfach: Die Norweger wollen in Mineralölerzeugnissen kein Billigland werden, sondern sie besteuern die raffinierten Erzeugnisse hoch – und tun dabei gleich zuviel des Schlechten.)
Überlebenshinweis: Viele Tankstellen sind von Freitagnachmittag bis Montagmorgen unbesetzt, haben aber automatische Zapfsäulen. Es empfiehlt sich, für Notfälle Hunderter in Landeswährung in der Tasche zu haben. Tankstellen für Kreditkarten gibt es selbst bei den hochtechnisierten Schweden noch nicht.

Boote, Sportboote: Man kann in allen vier Ländern Boote mieten. Hier einige Adressen:
(DK) Copenhagen Boat Center, Kalkbränderihavnsg. 22. DK 2100 Kopenhagen Ö, ✆ 183122.
Inger Sigh, *DK 7863 Spøttrup,* ✆ (07) 561290. Spøttrup liegt bei Skive in Nordjütland.
(N) Zahlreiche Möglichkeiten entlang der ganzen Küste. *Oslo,* auf der Museumsinsel Bygdöy durch Norsail Yachting, Oddeveien 3, ✆ (02) 533731; in *Kristiansand* Leif Stömme, Östra Stransgt. 46, ✆ (042) 24803; in *Stavanger* Ferie og Fritid A/S, Nedre Banegate 45, ✆ (045) 21397 und 21826; in Bergen durch das Informationsbüro; in *Ålesund* bei Ålesund og Sunnmöre Reiselivslag, ✆ (071) 21202; in *Bodö* durch Bodö Reiselivslag, ✆ Bodö 21240; in *Narvik* durch Narvik Turistkontor, ✆ (082) 43309; in *Alta* bei Gunnar Pedersen (Ruder- und offene Motorboote), ✆ (084) 35583; in *Kirkenes* bei Rödsand und durch das Informationsbüro.
(S) Westküste: Bohuslänska Semesterbåtar, *S 45010 Ljungskile,* ✆ (0522) 20937; Falkenbergs Båtuthyrning, Vamling & Co., Sågens Väg 6, *S 31100 Falkenberg,* ✆ (0346) 15968 u. 12348; Göta-Kanal und Ostsee: Data Boat Charter, Hagalundsgatan 36, *S 17150 Solna* (dicht nördlich Stockholm), ✆ (08) 7301345; südliche Ostsee: Karlskrona Sjösportskola, Borgmästaregatan 3, *S 37100 Karlskrona,* ✆ (0455) 12411; nördliche Ostsee: In *Luleå* und anderen Städten durch die Informationsbüros.
(SF) Auf den Ålands durch das Informationsbüro in *Mariehamn;* in *Helsinki* und *Turku* durch das Reisebüro Ageba, Kaisaniemenkatu 8, Helsinki 10, ✆ (90) 661123, in Turku am Passagierhafen; auf den Saimaa-Seen durch Saimaatours, Raatimiehenkatu 15, *53100 Lappeenranta 10,* ✆ (953) 17772 u. Saimaa Yacht Charters, Olavinkatu 44 A 65, *57100 Savonlinna 10,* ✆ (957) 22745; auf dem Inarisee durch Saara Toivonen und Feriendorf Lapponia im Ort *Inari* oder durch Inarin Matkailuyhdistys in *Ivalo.*

Busverkehr: Der Busverkehr hat zwar ebenfalls in ganz Skandinavien ein dichtes Netz, aber vor allem im Norden – wo man am meisten auf Busse angewiesen ist – bekommt man Informationen häufig nur in der Landessprache. Wer eine längere Busreise machen will, wendet sich spätestens am Vortage an ein Informationsbüro und nennt dort seine Wünsche. Am nächsten Tag kann man sich die Streckenpläne abholen und Anweisungen erhalten, wo man buchen muß. Man ist dabei nicht auf das Büro des Ausgangsorts angewiesen, sondern man kann beispielsweise in Stavanger um einen Streckenplan für Fauske – Hammerfest oder Tromsö – Kirkenes bitten.

Das Vorbeigehen beim Büro schon am Vortage ist eine Sache der Rücksichtnahme. Auch Sie stehen nicht gern in einer Schlange, die sich bildet, weil der oder die ganz vorn eine endlose Reihe von Fragen und Wünschen hat. Wenn Sie schnell Ihre Reiseziele nennen, dann kann das Personal Ihren Streckenplan in Ruhe zusammenstellen, wenn der Andrang im Büro nicht zu groß ist.

In Schweden haben die Staatsbahnen einen umfangreichen Buspark, der auch Wochenendreisen durchführt. Auskunft im lokalen Informationsbüro oder bei den Schwedischen Staatsbahnen.

Camping: Alle skandinavischen Länder sind mit Campingplätzen übersät. Auf den dänischen ist es häufig etwas eng, weil der Andrang so groß und das Land so klein ist. Die meisten Plätze haben Küchen, Waschmaschinen und eine sehr hübsche Lage – die finnischen an einem See oder Fluß – und sind oft baumbestanden. Viele Plätze haben Anschlüsse für Wohnwagen.

So könnte man Skandinavien für Campingreisende ganz besonders empfehlen, wenn es im Norden immer so warm wäre wie im Süden. Tatsächlich aber muß man in fast ganz Norwegen sowie in den nördlichen Teilen von Schweden und Finnland mit starken Schwankungen der Temperaturen rechnen. Auch Sturm und heftige Regengüsse sind möglich. Das sollten Sie beim Zusammenstellen der Ausrüstung bedenken.

Deutsch: Deutsch ist während der Nachkriegszeit von Englisch stark verdrängt worden und wird kaum wieder spürbar aufholen. Als Urlauber kommt man aber mit Deutsch noch immer einigermaßen zurecht. Ergiebigere Kontakte wird man jedenfalls bekommen, wenn man englisch spricht.

Deutschfeindlichkeit: Von deutschen Besuchern, Tisch- und Sitznachbarn werde ich oft gefragt, »ob die (Dänen, Norweger, Finnen, Schweden) deutschfeindlich sind«. Diese Fragen zeigen mir nur, daß meine Kollegen und ich noch nicht das Niveau der Informationsvermittlung erreicht haben, das wünschenswert wäre. Nachdem die Erinnerungen des Zweiten Weltkrieges verblassen, gibt es keine unnuancierte Anti-Haltung gegenüber Deutschen mehr. Kollektive Ablehnung oder gar Feindlichkeit paßt überhaupt nicht zum Naturell der Skandinavier. Wenn Sie manchmal das Gefühl bekommen, als Deutscher unfreundlich behandelt zu werden, so liegt das an dem Verhalten der Landsleute, die gestern, vor einem Monat oder im letzten Jahr an derselben Stelle waren: Vordrängen und unverschämtes Zulangen am Smörgåsbord, Nichtbeachtung auch der einfachsten Höflichkeitsregeln, Aufbrechen von Sommerhäusern, Mitnehmen von Bettwäsche sind zwar nicht die Regel, aber eine noch zu häufige Ausnahme. Wenn Sie auf eine Barriere der Ablehnung treffen, so sollten Sie Ihre Haltung überhaupt nicht ändern. Man wird bald merken, daß man Sie vorschnell über den falschen Kamm geschoren hat und Ihnen dann zumindest mit der normalen Freundlichkeit entgegenkommen.

Diplomatische Vertretungen: Das Selbstverständnis der Diplomaten hat sich in den letzten fünfzehn Jahren erheblich gewandelt, und zwar in dem Maße, wie die Aufgaben sich wandelten. Die früher rein politische und konsularische Tätigkeit erstreckt sich heute auch auf die Förderung der kulturellen und wirtschaftlichen Beziehungen, auf die Entwicklung des Reiseverkehrs. Damit ist die diplomatische Vertretung nicht mehr in erster Linie Dienst-, sondern Dienstleistungsstelle.

Wenn Sie im besuchten Land Grund sehen, sich an Ihre diplomatische Vertretung zu wenden, so sollten Sie das ohne weiteres tun. In der Regel aber werden Sie sich mit einem telefonischen Kontakt – und zwar nicht direkt mit dem Botschafter – begnügen müssen. Haben Sie auch Verständnis dafür, daß der Beamte ohnehin schon eine fest eingeteilte Arbeitszeit hat und Sie ihn zusätzlich in Anspruch nehmen. Wenn jemand sich – auch solche Anrufe kommen oft vor – über etwas geärgert hat, sich falsch behandelt oder übervorteilt glaubt, dann soll er sich nach dem Urlaub zu Hause an die Botschaft des Landes wenden, wo ihm dieses wirkliche oder vermeintliche Unrecht geschehen ist.

Die skandinavischen Botschaften in Ihrem Heimatland stehen Ihnen schon vor der Urlaubsreise als Kontaktstelle zur Verfügung. In rein touristischen Fragen wird man Sie nicht beraten können, aber man wird Ihnen die Adresse geben, die Sie brauchen.

Diplomatische Vertretungen

(DK)	Kopenhagen, Vorwahl hier 01	
(D)	Stockholmsgade 57	✆ 26 16 22
(DDR)	Svanemøllevejen 48	✆ 29 22 77
(A)	Grønningen 5	✆ 12 46 23
(CH)	Amaliegade 14	✆ 14 17 96

(N)	Oslo, Vorwahl 02	
(D)	Oscarsgate 45	✆ 56 32 90
(DDR)	Drammensveien 111 B	✆ 55 12 83
(A)	Sophus Liesg. 2	✆ 56 33 84, 55 23 49
(CH)	Drammensveien 6	✆ 41 70 17

(S)	Stockholm, Vorwahl 08	
(D)	Skarpögatan 9	✆ 63 13 80
(DDR)	Bragevägen 2	✆ 23 50 30
(A)	Kommandörsgatan 35	✆ 23 34 90
(CH)	Skeppsbron 20	✆ 23 15 50

(SF)	Helsinki, Vorwahl 90	
(D)	Fredrikinkatu 61	✆ 694 33 55
(DDR)	Vähäniityntie 9	✆ 68 81 38
(A)	Eteläesplanadi 18	✆ 63 42 55
(CH)	Uudenmannkatu 16 A	✆ 64 94 22

Eisenbahn: Es ist ein Vergnügen, in Skandinavien mit dem Zug zu fahren. Das gilt für alle vier Länder. Die Wagen sind modern, ordentlich und sauber, die Mitreisenden zurückhaltend und höflich, die Schaffner hilfsbereit. Unterentwickelt sind nur die Speisewagen, wo man aber zu erträglichen Preisen etwas zum Sattwerden bekommt. Etwas schwierig kann es werden, wenn man einen Sitznachbarn hat, der sich bei seinem Besuch in der großen Stadt – wie etwa Narvik, Ludvika oder Joensuu – betrunken hat (wie die das bei *den* Preisen nur fertigbekommen?). Am besten durch ihn hindurchblicken, dann wird er mit der Zeit ruhig. In hartnäckigen Fällen den Schaffner um Hilfe bitten.

Während der Sommermonate trifft man vor allem unter den jüngeren Passagieren jede Menge nette Leute, Eurorailer und Interrailer mit Rucksack und Traggestell. Wer mit kleinem Gepäck reisen will, kann das große aufgeben (kommt rechtzeitig an).

In Kopenhagen gibt es seit Sommer 1984 in der Mitte des Hauptbahnhofs ein *Interrail-Center.* Hier kann man auf langen Bänken seine mitgebrachten Stullen essen und ein paar jener Stunden Schlaf tagsüber nachholen, die man in der Nacht zuvor auf Brandwache nicht bekommen hat. Das Center hat einen vielseitigen Service und ist natürlich eine großartige Nachrichtenbörse. Es soll allerdings nicht mit dem Unterbringungsgewerbe konkurrieren und ist darum nachts geschlossen. Der Grundgedanke ist: zweckmäßige Bleibe für das Warten auf den Fernzug.
Sparhinweis: Schlafwagenfahren ist in Skandinavien günstig, auch im grenzüberschreitenden Verkehr zwischen den vier Ländern. Kopenhagen – Oslo oder Kopenhagen – Stockholm kostet weniger als die Hälfte des Zweite-Klasse-Betts Hamburg – Paris, also nur ein Drittel dessen, was man für ein einigermaßen passables Hotelbett ausgibt. Ausstattung der mitteleuropäischen entsprechend. Wer sich nicht scheut, eine Nacht lang mit höchstens zwei Fremden im selben Abteil zu verbringen, der kann schlafend – und fahrend – sparen.

Elektrizität: Im allgemeinen 220 V Wechselstrom. Auf einigen Schiffen 110 V, wie auch in den Badezimmern schwedischer Hotels. Es lohnt sich, einen reichlich großen Rasierspiegel mitzunehmen, damit man Rasierapparat und Frisierstab auch im Hotelzimmer benutzen kann, wo die Spannung 220 V beträgt.

Erzstraße: Verbindet seit Herbst 1984 Narvik mit Kiruna. Man benutzt bis Präldal die E 6 und kommt kurz vor dem Ort über die Brücke Romsdalbrua (765 m lang, lichte Höhe 41 m). Ab Präldal an einem Fluß entlang, etwa 23 km bis zur Grenze bei Björnefjell, auf der schwedischen Seite der Ort Riksgränsen. Ab Riksgränsen folgt die Straße der Erzbahn-Trasse bis Kiruna (ca. 130 km).

Essen – diesmal preiswert: Wie schon erwähnt, kann man sich durch ganz Skandinavien als Konsument der wasserreichen warmen Würstchen (dänisch, finisch, norwegisch und schwedisch *Hot dog*) ›durchbeißen‹. Ein günstiges Mittagessen – und diese Idee stammt von den Dänen – ist das Touristenmenü. Es besteht aus zwei Gängen, Qualität im allgemeinen gut, Preis gutbürgerlich. Es heißt *Danmenu.* Die Finnen haben es nachgemacht und bieten ein *Finland Menu* an. Man kann zwischen zwei Preisklassen wählen. Beide Länder informieren in Prospekten über die Restaurants, welche dieses Menü anbieten. (Die Finnen liefern in dem Prospekt gleich noch einen gastronomischen Spachführer mit. Hier ein Sprachführer zum Sprachführer: Was da auf Finnisch *keltavahvero* heißt und ›auf

Deutsch‹ als *Plitterling* bezeichnet ist, das bedeutet ganz einfach *Pfifferling*.)
Sparhinweis: Da gute Ideen ja immer schnell Nachahmer finden, sollte man in den anderen beiden Ländern ruhig fragen, ob es dort schon ein *Normenu* beziehungsweise ein *Swedmenu* gibt.
Bitte daran denken: Diese Menüs gibt es gewöhnlich nur zwischen 12 und 15 Uhr.

Euroschecks: Man kann nicht unbedingt damit rechnen, daß sie eingelöst werden, vor allem nicht in Norwegen.

Fahrräder: Ganz Skandinavien ist ideal für Radfahrer, weil man sich abseits der Durchgangsstraßen halten kann. Eine Fahrradrundtour durch ganz Skandinavien dürfte nur etwas für Bike-Fans sein, der Freizeitradler kann aber eine der vielen Gelegenheiten benutzen, seinen Wagen für einen Tag oder mehrere stehenzulassen und auf das Fahrrad umzusteigen. Vermieternachweis durch Informationsbüros. Vielleicht ist es zum Zeitpunkt Ihrer Skandinavien-Ferien auch in anderen Ländern als Dänemark bereits möglich, Fahrräder bei den Staatsbahnen zu mieten und an einem anderen Bahnhof wieder abzugeben.

Feiertage und Feste: Hier sind nur die Feiertage genannt, die für das jeweilige Land spezifisch sind. Im übrigen ist den Skandinaviern das Feiern eine Art Herzenssache. Viele Büros und Geschäfte haben am Tag vorher gar nicht oder nur vormittags geöffnet.
(DK) Bußtag/5. Juni, Verfassungstag
(N) 17. Mai, Verfassungstag
(S) 6. Juni, Nationaltag (normaler Arbeitstag); Samstag beim 24. Juni, Mittsommer
(SF) Samstag beim 24. Juni, Mittsommer/6. Dezember, Unabhängigkeitstag

Ferienhütten: Die ideale Art, einige Wochen in Skandinavien zu erleben. Und sehr preiswert dazu. Das Hüttenangebot ist in allen Ländern sehr umfangreich und vielfältig. Am besten schon zwei bis drei Monate vor der Abreise an das Fremdenverkehrsbüro des Ziellandes schreiben.

Fernsehen: Mit gewöhnlich ja englischem Text und Untertiteln in Landessprache laufen viele international bekannte Serien. Darum lohnt es, wenn der Abend verregnet oder die Reisekasse von Schwindsucht bedroht ist, nach dem Fernsehprogramm zu fragen. Wer Nachrichten sehen will, fragt nach der Zeit für tewe-awisen (DK), tewe-aktuell (N und S) oder tewe-uutiset (SF), die am Ende auch eine Wetterkarte bringen.

Festivals und Festspiele: Auch in Dänemark ist – darin ist es eher kontinental als skandinavisch – während der siebziger Jahre das Festspiel- und Festivalfieber ausgebrochen. Einige dieser Festivals, die von Jahr zu Jahr zahlreicher werden, erinnern zwar eher an Stadtfeste, andere haben jedoch durchaus internationales Niveau. Im übrigen Skandinavien schaut die Sache anders aus. In Schweden gibt es überhaupt keine nennenswerten Festspiele, in Norwegen nur eines: die traditionsreichen Festspiele in Bergen. In Finnland dagegen gibt es viele, allerdings aus einem ganz anderen Grund. Die Finnen verbringen ihren Sommer auf dem Lande, und bei diesem Lebensrhythmus sind die Sommer naturlich nicht besonders musenfreundlich. Deswegen schuf man Anfang der sechziger Jahre eine Festspielkette, deren Schwerpunkte fast ausschließlich in die Provinz gelegt wurden (s. ausführlich S. 369).

Eines jedoch gilt für ganz Skandinavien: Karten sind meist wesentlich billiger als in südlicheren Gefilden, und sie sind auch einfacher zu bekommen. Hotelbetten sind dagegen oft rar in Festspielzeiten. Deswegen lohnt es sich, wenn man eine Stadt zur Festspielzeit besuchen will, Hotelbetten einige Wochen im voraus zu bestellen. Hier eine Auswahl der wichtigsten Ereignisse:

Dänemark

Århus
Århus Festwoche; bietet alles, vom Kindertheater bis zu großen klassischen Konzerten. 1987 wird hier der gesamte Ring des Nibelungen aufgeführt. Zeit: Neun Tage, beginnend am letzten Samstag im August.
Kopenhagen
Internationales Jazzfestival, Zeit: Zweite Juliwoche. Internationales Theaterfestival of Fools, Zeit: Juni, Schwerpunkt zweite Hälfte.
Roskilde
Roskilde-Festival; ein bald in ganz Europa bekanntes, dreitägiges Jazz- und Rockfestival unter freiem Himmel. Zeit: Letztes Wochenende im Juni.
Tondern
Jazz- und Folkfestival, Zeit: Mitte August.

Norwegen

Bergen
Bergen Festspiele – das skandinavische Salzburg. In Bergen dreht sich natürlich fast alles um Edvard Grieg, der hier zur Welt kam und in der Nähe der Stadt ein Haus besaß, dort lebte und komponierte – und zusammen mit seiner Frau auch hier begraben ist. Unbedingt erleben: die romantischen Konzerte im Edvard-Grieg-Haus und auf der Insel von Ole Bull, einem Zeitgenossen und Kollegen von Edvard Grieg. Zeit: Ende Mai/Anfang Juni.

Finnland

Helsinki
Helsinki Festival; beginnt mit Ende der Sommerferien, wenn sich das Leben in Finnland und vor allem in Helsinki wieder ›normalisiert‹. Das Programm ist sehr umfangreich und bringt etwas aus vielen Gebieten, darunter auch Hoftheater à la siebziger Jahre: Schauspielgruppen ziehen im Stadtkern und auch in den langweiligen Schlafstädten von Hof zu Hof und bringen Sketches. Zeit: Monatswechsel August/September.
Jyväskylä
Jyväskylä Arts Festival; Diskussionen und Seminare mit international bekannten Künstlern und Wissenschaftlern. Außerdem eine Sommerakademie der Kammermusik. Zeit: Monatswechsel Juni/Juli.
Kuopio
Festwoche für Tanz und Musik; klassisches und modernes Ballett, einheimische und ausländische Volkstanzvorführungen. Kurse in Ballett, Jazz und traditio-

nellen Tänzen. Zeit: Sieben Tage in der Junimitte.
Pori
Pori Jazz; Jazz jeder Stilrichtung, Konzerte, Jam Sessions in Sälen und im Freien, so auf der Insel Kirjurinluoto. Zeit: Mitte Juli (3 Tage).
Kaustinen
Folk Music Festival Kaustinen; rund 100 Fest- und Konzertveranstaltungen: traditionelle Volksmusik, Volkstanz, geistliche, neubearbeitete Volksmusik, moderne Folk-Musik. Zeit: zweite Julihälfte.
Savonlinna
Savonlinna Opernfestspiele; hier wird die Burg als Bühne und Kulisse ausgenutzt, parallel finden in der Holzkirche Kerimäki Konzerte statt. Zeit: Mitte Juli bis Anfang August (2–3 Wochen).
Turku
Turku Musikfestspiele; Konzerte im Schloß, in Museen, in Kirchen, der Konzerthalle und auf den Gutshöfen der Umgebung. Parallel dazu im Volkspark ein Rockfestival. Zeit: zweite Augusthälfte.

Film und Foto: Kaufen Sie Ihre Filme schon zu Hause ein, da Marken wie Agfa und vor allem Orwo in Skandinavien schwerer zu bekommen sind. Wenn der Vorrat früher als vorgesehen zu Ende geht, dann kaufen Sie den Restbedarf für die gesamte Reise dort, wo Sie Ihre Marke finden.

Freikörperkultur: In den drei nördlichen skandinavischen Ländern ist das Klima nicht sehr FKK-freundlich, und dort braucht man außerdem keine Reservate, wenn man sich nackt tummeln will. Die Einheimischen, sie finden immer eine Stelle, wo sie sich ausziehen können, ohne daß jemand anders überhaupt davon Kenntnis zu nehmen gezwungen ist. In Dänemark ist es anders herum: Jeder bewegt sich am Strand so, wie es ihm paßt, und es wäre zutiefst undänisch, daran Anstoß zu nehmen. So ist es bei Licht besehen unerfindlich, warum es in Dänemark überhaupt FKK-Vereinigungen gibt. Sie müssen ein Überbleibsel aus früherer Zeit sein.

Denn, wie gesagt: Am dänischen Strand kann man sich ausziehen, ohne vorher einem Verein beizutreten.

Fremdenverkehrsämter: siehe Auskunft

Geld: Dänemark, Norwegen und Schweden haben Öre und Kronen, deren Wert aber in den einzelnen Ländern verschieden ist. Dänisches Geld wird nicht ohne weiteres in Schweden und Norwegen angenommen, das gilt analog für die beiden anderen Länder. Die Skandinavier rechnen bei Einkäufen auch noch mit einzelnen Ören, aber die Endsumme wird auf 5 oder 10 Öre abgerundet. DM kann man außer in Banken auch – mit geringem Kursverlust – in Hotels und Warenhäusern einwechseln, Schillinge und Franken sind weniger bekannt, MDN (DDR-Währung) kann man nur in Banken wechseln.

Bitte aufpassen: In Dänemark ist das 10-Kronen-Stück kleiner als das 5-Kronen-Stück. Dies führt beim Herausbekommen oft zu Betroffenheit und manchmal zum vorschnell ausgesprochenen Verdacht, der Verkäufer habe manipulieren wollen. – Die kleinste dänische Note hat einen Wert von 20 Kronen. Noten zu 10 Kronen sind auch gültig, aber man findet sie kaum noch. – In Finnland ist das 5-Mark-Stück dem 50-Penni-Stück zum Verwechseln ähnlich. Wer nicht aufpaßt, kann die notorische Ehrlichkeit der Finnen anschaulich erleben: Sie laufen bis auf die Straße hinter einem her und rufen, daß man zuviel bezahlt hat.

Geschäftszeiten: Mit Sicherheit zwischen 9 und 16 Uhr, sa. 9 bis 13 Uhr. Da die Skandinavier auch etwas vom Sommer haben möchten, ist mit weiteren Einschränkungen zu rechnen, vor allem am Samstag.

Geschwindigkeitsbegrenzungen und Verkehrsverhalten: Begrenzungen in allen Ländern, strikte Kontrolle, auch durch Hubschrauber. Strafmandate werden nur insofern mit Rücksicht auf Nationalität ausgeteilt, als man Ausländern bei Überschreitungen von 20 km/h und mehr nicht sofort den Führerschein entzieht, sondern sich (in Schweden) mit 200 SEK ›begnügt‹. In Dänemark kostet zu schnelles Fahren neuerdings mindestens 500 DKK! Schon wenige Überschreitungen können Ihr ganzes Urlaubsbudget durcheinanderbringen. Sitzgurte sind obligatorisch und Kinder (bis 12) gehören auf den Rücksitz.

Defensives Fahren, Rücksichtnahme im Straßenverkehr wird von den Skandinaviern viel ernster genommen als – bis jetzt noch – von vielen Mitteleuropäern.

Bei der Einfahrt in jedes Land bekommen Sie kostenlos Hinweise und Karten mit Geschwindigkeitsbegrenzungen und anderen wichtigen Bestimmungen. Sie lesen und beachten erspart viel Ärger – und spart Geld.

Achtung: 1 skandinavische Meile = 10 km!

Getränke: Einigermaßen erschwinglich sind nur alkoholfreie Getränke und Bier in Pils-Stärke. Weine sind erheblich, Spirituosen ganz erheblich teurer als in Mitteleuropa. Das gilt für Restaurant- wie auch für Ladenpreise. Wer einen größeren Vorrat zu schmuggeln versucht, muß beim Auffliegen mit ganz empfindlichen Geldstrafen rechnen. Der einzige wirklich gangbare Weg ist ›die große Verweigerung‹ – Drosseln des Konsums während der Urlaubswochen.

Hotels: In Skandinavien findet man – von ganz wenigen Ausnahmen abgesehen – nur saubere, ordentliche und freundliche Hotels. Sie sind im allgemeinen etwa ein Viertel teurer als entsprechende Hotels in der Bundesrepublik. Kleinere Hotels nach Art der mitteleuropäischen Gasthöfe gibt es nur in Dänemark und einigen Teilen Norwegens.

Camper und Wanderherbergsgäste, die ein paar Tage luxuriöser leben möchten, fragen bei den Informationsbüros nach Hotels mit verbilligten Wochenenden (weekend-paket). Diese Angebote sind auch für Familien mit Kindern sehr vorteilhaft. Sie werden gemacht, weil die Hotels der skandinavischen Kleinstädte auf Berufsverkehr eingestellt sind und deswegen über das Wochenende Mangel an Gästen haben.

Jachten: siehe Boote und Sportboote

Jedermannrecht: In Dänemark sind die Strände fast überall frei zugänglich, auch über Privatbesitz hinweg. Man soll sich jedoch nicht 50 m oder näher vom nächsten Wohnhaus niederlassen. Zelten über Nacht ist nicht zulässig.

Dieses Recht für jedermann, Strand, Ufer, Wald und Wiese auch dann zu benutzen, wenn sie Privateigentum sind, ist in den anderen skandinavischen Ländern noch ausgeprägter. Es handelt sich hier um ein allseits respektiertes, nirgendwo niedergeschriebenes Gewohnheitsrecht, dessen Grenzen fließend sind. Wer nicht anecken will, sollte vermeiden, auf dem Grund und Boden Dritter ohne Genehmigung zu zelten oder Feuer anzumachen. In Finnland ist das Jedermannrecht einigen weiteren Einschränkungen unterworfen (Prospekt).

Jugendherbergen: s. Wanderherbergen

Karten: Für Dänemark genügt eine Karte, für die anderen Länder kauft man lieber zwei.
(DK) Kort over Danmark (1:500000), Geodaetisk Institut, Kopenhagen. Sehr instruktiv ist auch die BP-Karte mit Erklärungen in vier Sprachen und dem seltsam anmutenden Maßstab von 1:520000.
(N) Cappelens Kartserier, Teilkarten 1:325000 und 1:400000, zwei Übersichtskarten 1:1000000.
(S) Zwei Karten Shell-Touring 1:1000000, Karten von Esso und anderen Benzinfirmen. Sehr übersichtlich ist die ›Bilturistkarta Sverige‹, ein Blatt, das die einzelnen Landesteile in verschiedenen Maßstäben bringt. Sie enthält Entfernungsangaben, Straßenzustand, Camping- und Badeplätze, Wanderheime, Berghütten, Wanderwege und Angelplätze.
(SF) Zwei Karten Autoilijan tiekartta 1:750000, außerdem Karten von Benzinfirmen.

Kinder: Kinder unter 11–13 Jahren werden von dem Landschaftserlebnis einer Skandinavien-Rundreise wenig haben. Wenn man sie mitnehmen möchte, dann sollte man einen Schwerpunkturlaub unternehmen, also längere Zeit an einem Ort bleiben. Die Skandinavier sind kinderfreundlich. Man findet Kinderstühlchen in den Restaurants und Wickeltische in den Toiletten.

Kleidung: siehe zunächst Klima. Man sollte etwas Wärmendes und auch etwas Wasserdichtes mit dabei haben, im übrigen aber Ausrüstung wie in Mitteleuropa. Für längere Wanderungen Gummistiefel mitnehmen.

Klima: Das dänische Klima entspricht dem in Schleswig-Holstein, auf Seeland hat man weniger Wind und Regen. Das norwegische ist sehr stark vom Golfstrom beeinflußt, also feucht und häufig auch kühl. Auf der Nordkalotte muß man auch im Hochsommer mit eiskaltem Nordwind und Schneeböen rechnen. In Finnland und Schweden hat man während des Sommers oft längere Schönwetterperioden, wobei es im Norden wärmer sein kann als im Süden. Schnelle Wetterumschläge sind besonders in Dänemark und Norwegen keine Seltenheit.

Landkarten: siehe Karten

Leihwagen: siehe Autoverleih

Motels: In Dänemark fünf Motels der Kette ›Hvide Hus‹, in Norwegen keine Motelkette, wohl aber zahlreiche Motels von Einzelunternehmen, in Schweden die Scandic Hotels, in Finnland neben vielen unabhängigen Unternehmen die Arctia-Kette.

Museen in den Hauptstädten

Helsinki

Amos Anderson Kunstmuseum; finnische Kunst des 20. Jh. Europäische Kunst vom 15.–18. Jh.
Yrjönkatu 27
Kunstmuseum Ateneum; finnische Kunst vom 18. Jh. bis heute.
Kansakoulunkatu 2
Zoologisches Museum der Universität; präparierte Tiere, ausgestellt in ihrer natürlichen Umgebung.
Pohjoinen Rautatiekatu 13
Gallen-Kallela-Museum; das Haus und Atelier von Akseli Gallen-Kallela, gebaut nach Entwürfen des Jugendstil-Künstlers. Gemälde, Grafiken und Kuriositäten.
Gallen-Kallelantie 27
Stadtmuseum Helsinki; Geschichte der Stadt von der Gründung bis heute.
Karamzininkatu 2
Mannerheim-Museum; Heim des finnischen Marschalls C. G. Mannerheim mit Originaleinrichtung.
Kalliolinnantie 14
Freilichtmuseum Seurasaari; Gebäude und Gebäudekomplexe aus verschiedenen Teilen Finnlands. Ältester Bau: Kaaruna-Kirche von 1685. Insgesamt 84 Gebäude.
Insel Seurasaari
Finnisches Nationalmuseum; verschiedenartige Sammlungen zur Geschichte Finnlands.
Mannerheimintie 34
Seefestung Suomenlinna; Festung aus dem 18. Jh. Führungen auch in Englisch und Deutsch; Fährverbindungen zur Insel Susisaari vom Marktplatz aus.

Kopenhagen

Ny Carlsberg Glyptotek; Kunstgegenstände von der Antike bis zum Untergang Roms, Sammlung französischer klassizistischer Skulpturen und impressionistischer Malerei. Sonderausstellungen. Dantes Plads (H. C. Andersen Boulevard)
Nationalmuseum; acht verschiedene Sammlungen von der Eisenzeit in Skandinavien bis zu Antiquitäten aus dem Orient. Einzigartige Eskimo-Sammlung.
Frederiksholms Kanal 12
Thorvaldsen-Museum; Skulpturen, Gemälde und Skizzen des dänischen Bildhauers (Abb. 31).
Porthusgade 1 (beim Schloß Christiansborg)
Theatermuseum; den Kern des Museums bildet das 1766 gegründete Hoftheater. Überblick über dänische Theater-, Opern- und Ballettkunst.
Im Stallflügel von Christiansborg.
Zeughausmuseum (Töjhusmuseet); dänische Waffensammlungen.

Töjhusgade 3 (beim Schloß Christiansborg)

Charlottenborg; Ausstellungsgebäude mit ständig wechselnden Ausstellungen zeitgenössischer Kunst.
Kongens Nytorv

Museum für Kunstgewerbe (Kunstindustrimuseet); neben moderner angewandter Kunst aus Dänemark Sammlung europäischen Kunsthandwerks.
Bredgade 68

Museum des dänischen Widerstands (Frihedsmuseet); Dokumentation über die dänische Widerstandsbewegung während des Zweiten Weltkriegs.
Churchillparken

Königliche Sammlungen Schloß Rosenborg; Kronjuwelen, Porträts der kgl. Familie, königliche Privatsammlung verschiedenartigster Kostbarkeiten aus der Zeit des 16.–19. Jh.
Östervoldgade 4 A

Staatliches Kunstmuseum (Statens Museum for Kunst); große Sammlung europäischer Kunst vom 17.–20. Jh.
Sölvgade

Hirschsprung-Sammlung (Den Hirschsprungske Samling); Sammlung dänischer Malerei, Skulptur und Zeichenkunst.
Stockholmsgade

Louisiana; Kunstsammlung
Humlebäk (s. S. 54)

Oslo

Einige der interessantesten Museen Oslos sind auf der Halbinsel Bygdöy versammelt. Man kann vom Hafen vor dem Rathaus aus mit einer Fähre nach Bygdöy übersetzen.

Museen auf Bygdöy

Die *Wikingerschiffe;* eine Sammlung von Bestattungsschiffen, die am Oslofjord gefunden wurden (Abb. 54).

Norwegisches Volksmuseum; Freilichtmuseum mit 170 Gebäuden aus ganz Norwegen, darunter auch einige Stabkirchen.

Das *Polarschiff Fram;* Fridjof Nansens Schiff, mit dem er zwei Polarfahrten unternahm. Roald Amundsen benützte die Fram bei seiner Südpolexpedition.

Norwegisches Seefahrtmuseum (Abb. 56); eine Sammlung von traditionellen Kleinbooten aus ganz Norwegen und Roald Amundsens Polarschiff *Gjöa.*

Museen im Stadtgebiet Oslo

Festung Akershus, Norwegisches Verteidigungsmuseum; das Museum ist noch relativ jung und deswegen noch nicht komplett. Im Laufe der Jahre soll es ein Bild der norwegischen Kriegsgeschichte von der Wikingerzeit bis heute geben (Abb. 51).

Das *Museum der Heimatfront* Norwegens; das Museum versucht durch seine Ausstellungen ein Bild der Besatzungszeit zu vermitteln. Ebenfalls in Schloß Akershus.

Nationalgalerie; skandinavische Kunst, außerdem Werke von Cézanne, Matisse und Picasso.
Universitetsgaten 12

Vigeland-Museum am Frogner Park und *Vigeland-Anlage* im Frogner Park; im Museum – der früheren Wohnung und Werkstatt Gustav Vigelands – befindet sich eine umfangreiche Sammlung von Werken des norwegischen Bildhauers. Der Frogner Park beherbergt eine große Skulpturen-Anlage, die von Vigeland selbst zusammengestellt wurde (Abb. 50).

Edvard-Munch-Museum; das Vermächtnis Edvard Munchs an die Stadt Oslo. Die

Sammlung umfaßt insgesamt 23864 Katalognummern (Abb. 57).
Töyengaten 53
Skimuseum Holmenkollen; ältestes Skimuseum der Welt in einem Gebäude am Fuße der Holmenkollen-Schanze. Attraktion: ein ca. 2500 Jahre alter Ski.

Stockholm

Armeemuseum; schwedische Kriegsgeschichte aus fünf Jahrhunderten. Waffen, Modelle, Fahnen und Uniformen.
Riddargatan 13
Der *Bergsche Park* (Bergianska Trädgården); Botanischer Garten und Gewächshaus mit tropischen Pflanzen.
Frescati (gegenüber dem naturhistorischen Reichsmuseum)
Drottningholms Theater und Theatermuseum; Theater aus dem Jahre 1766. Mit vollständig erhaltenen Dekorationen, ursprünglicher Szenenmechanik und einem einzigartigen Zuschauerraum.
Wer gerne in die Oper geht, sollte hier unbedingt mal einen Abend erleben. Alles ist originalgetreu – selbst die Orchestermusiker spielen in Rokokokostümen. Die teuersten Karten kosten 240 skr, die billigsten 35 skr, und man kann sie per Post bestellen. Hier die Adresse:
Drottningholms Teatermuseum
›Föreställningar‹
Box 27050
102 51 Stockholm
Elektronisches Museum; in historisch-chronologischer Form werden die ersten Stromquellen, die Entwicklung des elektrischen Generators, die Nutzung elektrischer Energie und die Entwicklung in der Hochspannungsübertragung gezeigt.
Linnégatan 42
Kulturhuset; Kunst- und Kunsthandwerkausstellungen. Ausstellungen zur Geschichte Stockholms, seiner Stadtplanung und den sozialen Problemen.
Sergels Torg 3
Moderna Museet; schwedische und internationale Kunst, Malerei, Skulpturen und Fotografie seit dem 19. Jahrhundert.
Skeppsholmen
Musikmuseum; grün markierte Instrumente dürfen benutzt werden. Europäischer Museumspreis 1981.
Östermalm
Nationalmuseum; staatliche Sammlung von Kunst, Kunsthandwerk, Technik und Grafik. – S. Blasieholmshamnen
Naturhistorisches Reichsmuseum (Naturhistoriska Riksmuseet); Tiere, Pflanzen, Fossilien und MIneralien aus der ganzen Welt. Tiere, ausgestellt in ihrer natürlichen Umgebung. – Frescati
Nordisches Museum (Nordiska Museet); Ausstellung zur Geschichte des schwedischen Volkes vom Mittelalter bis heute.
Djurgården
Strindbergmuseum; ›Der blaue Turm‹ – das Heim August Strindbergs in der Zeit 1908–1912. Die Möbel sind Originalstükke. – Drottninggatan 85
Kriegsschiff Wasa (Regalskeppet Wasa); die 62 m lange (ca. 1300 t) Wasa sank auf ihrer Jungfernfahrt 1628 und wurde 1961 gehoben und eingedockt (Abb. 129). – Djurgården

Nachrichten: In Norwegen und Finnland täglich oder mehrmals wöchentlich meist morgens Nachrichtendienst auf Englisch, in Dänemark und Schweden auch auf Deutsch. Genaue Zeiten durch die Informationsbüros.

Nachtleben: Allein schon die Preise werden auf Ihre Stimmung drücken. In vielen Kleinstädten besteht Jackett- und Menüzwang, was die Leute auch nicht gerade fideler macht. Mit großer Sicherheit wird man vor Enttäuschungen bewahrt, wenn man sich einem Einheimischen anschließt, mit größter Sicherheit aber, wenn man überhaupt nicht ausgeht.

Ohne Jackett und Durcharbeiten durch die Speisekarte darf man sich in Diskos aufhalten. Der Eintritt liegt zwischen 40 und 60 Zechinen in Landeswährung, aber dann kann man den ganzen Abend hinter ein oder zwei Glas Bier sitzen, ohne daß jemand schief guckt.

Nationalparks: Die Nationalparks sind in erster Linie *Naturschutz-* und nur in zweiter Linie *Freizeitgebiete.* In diesen oft Hunderte von Quadratkilometern großen Bezirken soll die Natur in ihrer ursprünglichen Form erhalten werden. Darum ist der Besucher bestimmten Beschränkungen unterworfen. Es ist leicht, sich schon vor dem Betreten ein Merkblatt über die jeweils geltenden Bestimmungen zu beschaffen.

Naturschutz: Es ist kein Zufall, daß gerade die Skandinavier große Nationalparks angelegt haben. Sie fühlen sich eng mit der Natur verbunden und nehmen mehr Rücksicht auf sie als gemeinhin Mitteleuropäer. Das reicht vom Mitnehmen eines Plastikbeutels im Auto für Abfälle (der auf dem Rastplatz in die Abfalltonne gestopft wird) bis zum Verzicht auf ein romantisches Abendfeuer in den Zeiten größter Trockenheit und Waldbrandgefahr.

Besonders empfindlich ist die Natur der Nordkalotte, wo alles viel langsamer wächst. In Finnland erwägt man bereits, einige Bergspitzen zu sperren, weil der starke Besucheranstieg der letzten Jahre zu der Gefahr führt, daß sie buchstäblich kahlgetreten werden.

Oper: siehe Theater und Oper

Polizei und Notruf: In Dänemark Nummer 000, in Schweden 90000. In Norwegen und Finnland örtliche Notrufnummern, die gewöhnlich ziemlich weit vorn im Telefonbuch oder sogar auf dem Umschlag stehen – aber meist nur in Landessprache.

Post: (DK) 9.30–17.30, (nur wenige Hauptpostämter) sa 9.30–12 Uhr
(N) 8.30–16.30, sa 8.30–13 Uhr
(S) 9.00–18 Uhr, sa 9.00–13 Uhr (Hauptpostämter)
(SF) 9.00–17.00, sa geschlossen
Kleinere Mengen Briefmarken bekommt man auch in Papiergeschäften, an Kiosken usw.

Presse: siehe Zeitungen

Rabattreisen: Für Skandinavienreisende gibt es sowohl im Flug- als auch im Eisenbahnverkehr eine Vielzahl von Rabatten. So bieten alle vier Eisenbahngesellschaften der skandinavischen Länder ein gemeinsames Rundreise-Ticket an. Mit diesem *Nordturist*-Ticket kann man 21 Tage (1986: 2. Kl. 431 DM, 1. Kl. 644 DM) lang kreuz und quer durch Skandinavien reisen. Wenn man nur eines der vier Länder kennenlernen will, kann man einen zeitlich begrenzten Fahrschein für das betreffende Land kaufen. Er kostet weniger und gilt ebenfalls für 21 Tage.

Mit dem *Nordturist*-Ticket bekommt man auf den wichtigsten Fährverbindungen 50% Rabatt. Und mit den Fähren innerhalb Dänemarks sowie zwischen Helsingör und Helsingborg kann man gratis fahren.

In einer Reihe von Hotels in Schweden und Finnland kann man mit dem *Nordturist*-Ticket billiger übernachten.

Die Fluggesellschaften SAS, Lin, Braathen, Finnair und Wideröe gewähren ihren Gästen ebenfalls Rabatte.

(SK) Innerhalb Skandinaviens können zwei Erwachsene mit Kind mit einem Familien-Ticket fliegen. Es kostet genausoviel wie das Ticket eines gewöhnlichen Einzelreisenden. Ist die Familie größer, gibt es für alle weiteren Familienmitglieder andere Rabatte.

(DK) Innerhalb Dänemarks gibt es für alle Flugreisen einen Einheitspreis, wenn man außerhalb der Stoßzeit fliegt. Dänemark bietet zusätzlich auch noch einen besonderen Service: Fliegt man aus dem Ausland ein, so kann man innerhalb des Landes kostenlos weiterfliegen, wenn man die nächstmögliche Anschlußmaschine benutzt. Bei einer Reise Frankfurt–Kopenhagen–Bornholm ist also der Flug von Kopenhagen nach Bornholm gratis.

(N) In Norwegen fliegen außer der SAS auch Braathen (auf längeren Strecken) und Wideröe's Flyveselskab mit kleinen Maschinen auf kürzeren Strecken, vor allem im Norden des Landes. Von den zahlreichen Möglichkeiten, Ermäßigungen zu bekommen, seien hier nur einige genannt: Kinder- und Jugendrabatte (12–15 Jahre 50%), Familienrabatte (Ehegatten und Kinder reisen zum halben Preis), Gruppenrabatte für Gruppen über 10 Personen und die sogenannten ›grönne ruter‹ (Hin- und Rückflugscheine, die bestimmte Zeiten gelten, sind 35% billiger).

(S) In Schweden gibt es neben der SAS auch die Fluggesellschaft Lin. Beide Gesellschaften bieten – vor allem in den Sommermonaten – billige Inlandflüge an. Besondere Rabatte gibt es für Ehegatten und Kinder. Im Durchschnitt kostet ein Flug für die erwachsene Begleitperson 200 skr, fürs Kind bezahlt man 100 skr. Für Reisende über 65 Jahre gibt es ein Pensionärsticket, das rund 400 skr kostet.

(SF) Auf innerfinnischen Linien fliegt fast ausschließlich die Finnair. Das interessanteste Angebot dieser Fluggesellschaft: ein Rundreise-Ferien-Ticket in den Monaten Juni, Juli, August. Es kostet 250 USD (1986) und gilt 15 Tage für eine unbegrenzte Anzahl von Flügen. Außerdem gibt es gestaffelte Gruppenrabatte für Gruppen ab 10 Personen und Familienrabatte (ein Ehegatte zahlt 75%, Kinder 4–12 Jahre 25%, 12–23 Jahre 50%). Bei Wochenendflügen gibt es 50% Ermäßigung. Für ältere Leute gibt es den sogenannten *Pensionärsrabatt* (gilt für alle Personen über 65, ergibt 50% Ermäßigung) und für Kinder einen speziellen Kinderrabatt (ein Kind bis 4 Jahre gratis, alle weiteren bis 12 Jahre 50%).

Radfahren: siehe Fahrräder

Reisezeit: Ergibt sich aus den Informationen über das Klima und den eigenen Urlaubsvorstellungen. Die Hauptferienzeit ist der Sommer (Juni–August), aber das Interesse an der Vor- und Nachsaison ist im Steigen, weil man dann für weniger Geld einen besseren Service und ein breiteres Angebot hat. Frühlingserwachen (Mitte April–Mitte Mai) oder herbstliches Beerenpflücken in Finnland finden mehr und mehr Interesse. – Die Wintersaison richtet sich natürlich nach dem Schneefall. Sie beginnt etwa Mitte Dezember und dauert bis in den Mai hinein.

Saison: Bezeichnend für die nordskandinavischen Länder ist es wohl, daß die Sommersaison kürzer ist als die Wintersaison, während das kontinentale Dänemark überhaupt keine Wintersaison hat. Die Dänen fahren – wie die Schweden der ›unteren Hälfte‹ – zum Wintersport nach Vorarlberg, ins Gudbrandsdal oder in die Dalarna.

Die Saison beginnt am 15. April in Dänemark damit, daß die Hotels ihre Preise erhöhen (auch wenn die Reservierung vor dem 15. April erfolgt ist). In Nordskandinavien beginnt die Sommersaison in der ersten Junihälfte (in einzelnen Gegenden Norwegens Vorsaison in der zweiten Maihälfte) und endet von Norden nach Süden zwischen etwa dem 5. und dem 25. August.

Rund einhundert Kilometer nördlich der Linie Oslo – Stockholm – Helsinki (in Norwegen je nach Höhenlage schon früher) beginnt die schneesichere Zeit im Dezember. Dann herrscht nördlich des Polarkreises die niemals ganz dunkle Polarnacht. Und im April liegt noch Schnee, während die Sonne schon ganz schön brennt. (Skiläuferinnen im Bikini jedoch trifft man auf den Frontseiten der Reiseprospekte öfter als in freier Wildbahn).

Sparhinweis: Praktisch bis Mitte Juni und ab August sind viele Dienstleistungen (Fähren, Unterkunft) billiger als in der Hochsaison, und außerdem gibt es raffiniert ausgeklügelte Ermäßigungen. Preisbeispiel Herbst 1985: Auf der Fährstrecke Puttgarden – Rødby Havn kostete die einfache Überfahrt (Pkw und Fahrer) fast 50 DM, und ein Ticket für Hin- und Rückfahrt am selben Tag aber nur 30 DM.

Sandburgen: Das Schlimmste, was ein Deutscher im Norden – vor allem in Dänemark – machen kann, ist, so komisch es auch klingen mag, eine Sandburg zu bauen. Der Strand gehört allen, und man betrachtet es als eine typische Eigenschaft des Deutschen, wenn er sogar am Strand ein Stückchen Erde bzw. Sand ›besetzt‹. In Sommerhausgebieten werden in den Lokalzeitungen deswegen die deutschen Touristen immer wieder aufgefordert, das Sandburgenbauen zu lassen. Bitte – wenn auch kopfschüttelnd – respektieren.

Souvenirs: Wer auf die Nordkalotte fährt, wird sich samische Handarbeiten (Sameslöjd) mitbringen: ein Lederband für den Hals, mit einem Stück Rentiergeweih, das die magischen Zeichen der Schamanentrommel zeigt, Geräte aus Leder, Holz und Span. Viele kaufen sich ein ganzes Rentiergeweih (was mögen sie damit zu Hause machen?). Rentierfelle haaren sehr bald.

Ohne jeden Eigen- und bald auch ohne Erinnerungswert sind die Zelluloidpuppen mit Samenkleidung.

Im übrigen wird man sich skandinavische Formgebung in Glas, Holz, Leder, Metall oder Stoff aussuchen. In Stockholm bekommt man auch während des Sommers Weihnachtsschmuck, in Helsinki die hervorragende finnische Winterkleidung mit und ohne Fell. Diese Sachen sind aus großen Vliesen gearbeitet und nicht aus Fetzchen zusammengenäht.

Gut sortiert sind in den großen Städten die Kaufhäuser, die in Skandinavien ein stärker hochgestuftes Angebot haben als in Mitteleuropa.

Man kann kaum damit rechnen, etwas Skandinavisches in Skandinavien billiger zu bekommen als daheim. Bei größeren Sachen lohnt es sich, den Versand durch das Warenhaus direkt vornehmen zu lassen, weil die Mehrwertsteuerersparnis zumindest die Portokosten deckt.

Sprachen: siehe Alphabete S. 366

Stadt-›Schlüssel‹: Für die vier skandinavischen Hauptstädte gibt es ›Karten‹ oder ›Schlüssel‹, die bei richtiger Kalkulation und Vorbereitung eine Menge Geld sparen können. Hier als Beispiel die Oslo-Karte: Sie kostete im Sommer 1986 für zwei Tage 90 NOK (Kinder 45 NOK). Schon die freie Benutzung aller Verkehrsmittel in Groß-Oslo erspart eine Menge Geld, und dazu kommt noch ein freier Eintritt in Museen und anderen Sehenswürdigkeiten. Auch einige Sightseeing-Touren zu Lande und zu Wasser räumen dem Karteninhaber Ermäßigungen ein. Verlockend wirken angesichts der hohen Hotelpreise in Oslo auch die Ermäßigungen in verschiedenen Hotels. Davon jedoch hat man nur etwas, wenn man mindestens zu zweit ist, denn die ermäßigten Preise gelten pro Bett im Doppelzimmer.

Sparhinweis: Diese Karten wurden schnell außerordentlich beliebt; es lohnt sich also, auch in Städten wie Bergen, Göteborg, Århus und Tampere nachzufragen.

Tanz: Tanz ist in Skandinavien eine beliebte Form des Trimm-Dich und das billigste aller Vergnügen. Während des Sommers wird häufig im Wald und auf der Heide getanzt, wo Tanzdielen aufgestellt sind.

Telefon: In ganz Skandinavien gibt es nur noch wenige Bezirke, wo man Gespräche mit Mitteleuropa über das Amt bestellen muß. Der größte davon ist Finnisch-Lappland, wo man aber sehr schnell vermittelt wird.

Theater und Oper: Wirklich gutes Theater gibt es in Norwegen und Schweden. Natürlich ist die Sprache für Touristen ein großes Hindernis. Aber warum nicht mal Ibsen oder Strindberg im Originalton hören? Für die Mutigen: In Oslo sind dafür *Nationalteatret* und *Det Norske Teatret* zuständig, in Stockholm *Dramaten.*

Obwohl aus Skandinavien einige der besten Sänger unserer Zeit kommen, kann man hier nur sehr selten gute Opernaufführungen erleben. Das liegt vor allem an der skandinavischen Angst vor der *finkultur* (siehe Finkultur, S. 368). Wer es trotzdem nicht lassen kann, hier ein kurzer Wegweiser: In Kopenhagen ist die Oper am schlechtesten, in Oslo am besten, in Stockholm am interessantesten (siehe Drottningholm, S. 360) und in der ostfinnischen Stadt Savonlinna am mutigsten.

Karten sind für Theater und Oper sehr billig. Bei guten Theateraufführungen bekommt man sie meist sehr schwer, in die Oper kommt man fast immer rein (Ausnahme: Savonlinna).

Trinkgelder: Trinkgelder werden auch in Skandinavien gegeben und genommen, aber nicht so üppig wie im Süden Europas. Die Tendenz geht zu Festpreisen mit Aufrundung: Man bekommt einen Preis inklusive Bedienung genannt und rundet diese Summe dann ein wenig nach oben auf (30 Kronen statt 28,50 oder 120 Kronen statt 116,10).

Verkehr: siehe Geschwindigkeitsbegrenzungen

Währungen: siehe Geld

Wanderherbergen: Die früheren Jugendherbergen sind jetzt in allen skandinavischen Ländern für jeden zugänglich, unabhängig vom Alter und vom Beförderungsmittel. Viele Wanderherbergen sind nur provisorisch: Schulen, die zur Ferienzeit umfunktioniert werden. Die Unterbringung erfolgt getrennt nach Männlein und Weiblein in Schlafsälen, 15 oder 20 Personen. Kleine Räume werden als Familienzimmer vermietet. Die Aufenthaltsdauer ist meist auf fünf Tage begrenzt.

Zeitungen: Einige deutschsprachige Zeitungen, die in Städten mit internationalem Flughafen (wie Frankfurt/M.) gedruckt werden, sind in Kopenhagen, Oslo und Stockholm schon am selben Tag erhältlich, in Helsinki am nächsten Morgen. Andere skandinavische Städte mit Flughafen bringen am Dienstagnachmittag die Montagsausgabe zum Verkauf. In Schweden (Dagens Nyheter), in Finnland (Hufvudstadsbladet) und in Norwegen (Aftenposten) bekommt man Zeitungen mit gerafften Nachrichten aus aller Welt auf Englisch.

Zoll: Außer dem persönlichen Reisegepäck und kleinen Mengen zum Verzehr sind gestattet:
(DK) Bei Einreise aus einem EG-Land: 1½ l Spirituosen *oder* 3 l Südwein (bis 22 %) bzw. Schaumwein sowie 4 l Tafelwein und 2 l Bier. – Bei Einreise aus anderen Ländern: 1l Spirituosen *oder* 2 l Südwein sowie 2 l Tafelwein und 2 l Bier.
Die Tabakmengen sind ebenfalls nicht dieselben: 300/200 Zigaretten *oder* 150/100 Zigarillos sowie Entsprechendes. Altersgrenzen: Alkoholika 18, Tabakwaren 15 Jahre.
Bei Durchreise (unter 24 Stunden) sind die zulässigen Mengen geringer. Man erzähle also dem Zollbeamten in Rødbyhavn lieber nicht, daß man die nächste Nacht in Göteborg gebucht hat.
(N) 1 l Spirituosen, 1 l Wein, 2 l Bier und 200 Zigaretten bzw. analoge Mengen.
Altersgrenze: Alkoholika 20, Tabakwaren 16 Jahre.
(S) 1 l Spirituosen, 1 l Wein und 2 l Exportbier, dazu 200 Zigaretten oder dergleichen. Altersgrenze: Alkoholika 20, Tabakwaren 15 Jahre.
(SF) 2 l Bier, 1 l Spirituosen und 1 l Wein und 200 Zigaretten.
Altersgrenze: 20 Jahre für Spirituosen, 18 Jahre für Bier und schwache alkoholische Getränke, 16 Jahre für Zigaretten.

Kleines Skandinavien-Alphabet

Abkürzungen: In Schweden und Finnland kürzt man auf besondere Art ab. Wenn Buchstaben am Ende fortfallen, hat man den Punkt wegrationalisiert. *Samh* bedeutet dasselbe wie *samhälle* (Ort). Fällt etwas in der Mitte weg, dann steht zwischen den übriggebliebenen Buchstaben ein Doppelpunkt. S:t bedeutet *Sankt,* aber St mit oder ohne Punkt am Ende heißt *Stor* (groß).

Absalon: Dänischer Bischof und Erzbischof, Sieger über die Wenden, Mehrer des Reiches (Abb. 37), wurde 1128 geboren und wuchs zusammen mit dem späteren König Valdemar auf, der Absalon zu seinem Ratgeber und 1158 zum Bischof von Roskilde machte. Zwischen 1159 und 1185 nahm er an etwa zwanzig Kriegszügen gegen die Wenden teil, wobei Dänemark Rügen eroberte und sich einen Teil Pommerns unterwarf. Er befestigte die dänischen Küstenorte und gründete den *Haffn,* jenen Hafen, aus dem sich Kopenhagen entwickelte. Im Schisma zwischen Papst Alexander III. und Kaiser Friedrich nahm Valdemar Partei für Friedrich, Dänemarks Erzbischof Eskil hingegen für den Papst. 1177 zwang Valdemar Eskil zum Rücktritt, und Absalon wurde Erzbischof.

Nicht alle Aktionen des streitbaren Erzbischofs gingen gut aus. Die Bauern von Schonen erhoben sich zweimal gegen ihn und seine Steuerforderungen, so daß er nach Seeland fliehen mußte.

Nach Valdemars des Großen Tod 1182 bestieg Knut VI. den Thron, tatsächlich aber war Absalon Herrscher. Absalons Sekretär in späteren Tagen war Saxo, der mit *Gesta Danorum* (die Taten der Dänen) die erste – fabelreiche – Gesamtdarstellung der dänischen Geschichte lieferte.

Alphabete: Die skandinavischen Alphabete weichen vom mitteleuropäischen insofern ab, als sie *keine Umlaute* kennen. Das ü existiert dort als Vokal y, ö (in Dänemark und teilweise auch Norwegen ø) und ä (dito ae) sowie å (in Dänemark und Norwegen früher aa) sind auch Vokale und stehen am *Ende des Alphabets;* eine Ausnahme bildet das Finnische, in dessen Alphabet es å nicht gibt. Die drei Vokale stehen in verschiedener Reihenfolge hinter dem z, so in Schwedisch å, ä, ö, in Dänisch und Norwegisch aber ä (ae), ø (ö) und å.

Wenn Sie Öhqvists in Luleå anrufen wollen, die Sie voriges Jahr auf Rhodos kennengelernt haben, dann sehen Sie bitte am Ende des Telefonbuchs nach, nicht unter o.

Am Ende stehen Sie auch, wenn Sie ihren Namen Oehqvist schreiben. In diesem Falle finden Sie aber vermutlich unter o den Hinweis ›Oehqvist siehe Öhqvist‹.

Das wirkt schon ein wenig kompliziert. Ganz hoffnungslos endet jeder Versuch, Ordnung in das dänische Aa- und å-Unwesen bringen zu wollen. Das aa ist ja kein Super-a, sondern eine veraltete Schreibweise des å, das am Ende des Alphabets steht, weswegen genau genommen auch das aa dorthin gehört. Am besten, man sucht stets bei beiden Stellen. – Aa und å werden ausgesprochen wie etwa o in Tor.

Ansgar: 801 in der Pikardie geboren, 865 in Bremen gestorben. Zunächst Mönch in Corbie, dann in Corvey, folgte einem dänischen Kleinfürsten, der König werden wollte, im Jahre 826 nach Dänemark, das damals gerade christlich wurde. Er kehrte nach Mitteleuropa zurück, war aber offenbar als Nordeuropa-Experte abgestempelt: Die Kirche entsandte ihn 829 nach Schweden, als die Svear um christliche Priester baten. Er ließ auf *Birka* (Mälarsee) die erste Kirche Schwedens bauen. So wurde er zum ›Apostel des Nordens‹.

Ansgar, von 831 ab Erzbischof von Hamburg und päpstlicher Legat für den ganzen Norden, hat Birka – damals wirklich äußerster Außenposten der Christenheit – 850 noch einmal besucht. Schon vorher hatte er seinen Sitz nach Bremen verlegt, weil die Dänen Hamburg zerstört hatten.

Ansgars Nachfolger Rimbert hat ihn als frommen Asketen geschildert. Das dürfte kaum der Wirklichkeit entsprochen haben. Ansgar war eine auch äußerlich starke Persönlichkeit.

62. Breitengrad: Bis zum 62. Breitengrad nördlicher Breite, etwa in der Höhe von Ålesund, ist die Nordsee unter den Anrainern aufgeteit. Das atlantische Gebiet nördlich davon wird wahrscheinlich nach dem Prinzip der Wirtschaftsräume verteilt werden, ein Prinzip, dem Island schon vorgegriffen hat: Jeder Anrainer hat das Alleinrecht auf wirtschaftliche Ausbeutung des Wassers und des Meeresbodens bis auf 200 km Entfernung von der Küste, sofern nicht der eigentliche Kontinentalsockel noch weiter ins Meer hinausreicht. – Der Begriff Kontinentalsockel ist nicht genau definiert, man nimmt allgemein an, daß er bei 200 m Meerestiefe endet.

Bronzezeit: Das Herstellen und Verwenden dieses Metalls breitete sich vom Orient her über Europa von Süden nach Norden aus. Die Bronzezeit fing darum in Skandinavien später an als in Mitteleuropa. Bronze erreichte überdies niemals eine dominierende Stellung, weil das Material importiert werden mußte. Der Import fertiger Güter beeinflußte Handwerk und Kunst in Skandinavien. So kam die Spiralform, die man in Skandinavien während der Bronzezeit so häufig antrifft, mit importierten Spiralen aus dem östlichen Mittelmeer.

Die Bronzezeit ist im Norden ein Zeitabschnitt, in dem *auch* Bronze benutzt wird. Während der ersten Periode erfolgt das Beerdigen in Hünengräbern, in denen Kleidung und Gerät jener Zeit oft erhalten blieben. Später werden die Leichen verbrannt, und die Asche in Urnen auf Friedhöfen beigesetzt (Urnenkultur). Die Bronzezeit begann etwa 1500 v. Chr. und klang zwischen 500 v. Chr. und dem Beginn unserer Zeitrechnung aus.

Die Einteilung der Vorzeit in Stein-, Bronze- und Eisenzeit geht auf den Dänen Christian Jürgensen Thomsen (1788 bis 1865), Sekretär der kgl. Altertumskommission, zurück.

Danevirke: Grenzbefestigung entlang der Schlei in Schleswig (dt.: Dannewerk), wurde von König Godfred oder einem Vorgänger Anfang des 9. Jh. begonnen, um Dänemark gegen das Reich Karls des Großen abzugrenzen. Im 12. Jh. unter Valdemar dem Großen verstärkt. Die damals aufgeführte Absalonsmauer war wohl das erste Ziegelbauwerk Dänemarks. Das Danevirke wurde im Krieg gegen den Deutschen Bund 1864 von den Dänen verteidigt, konnte aber nicht gehalten werden. Die Dänen zogen sich zu den Düppeler Schanzen (Abb. 11) zurück, mit deren Fall der Krieg zu ihren Ungunsten entschieden war.

Dannebrog: Die älteste unverändert gebliebene Nationalfahne Europas; soll in der Schlacht von Lyndaniz in Estland, 1219, vom Himmel herabgeschwebt sein, war aber vermutlich eine Gabe des Papstes an die dänischen Kreuzfahrer. Der Name kommt wohl aus dem Friesischen und bedeutet ›rotes Tuch der Dänen‹. Ein Dannebrog eroberten die Lübecker 1472 von den Dänen. Es wurde in der Marienkirche angebracht und war die älteste erhaltene Flagge der Dänen, bis sie im Zweiten Weltkrieg bei den Luftangriffen auf Lübeck vernichtet wurde.

Edda: Diese Bezeichnung wurde ursprünglich für das Dichterhandbuch des Snorre Sturlason und vom 17. Jahrhundert an auch für eine Liedersammlung (9.–12. Jahrhundert) benutzt. Die *Jüngere* (um 1220, vorwiegend verfaßt von Snorre) Edda und die *Ältere* haben also außer der Zufälligkeit des Namens wenig miteinander gemein.

Die Ältere Edda ist gewöhnlich gemeint, wenn wir von der Edda sprechen. Sie ist im wesentlichen als Codex regius bewahrt und enthält sowohl Götter- als auch Heldensagen. Das Weltenende, die Götterdämmerung, ist in der Voluspa behandelt.

Die Handschriften der Edda führten in den 60er Jahren zu einer starken Irritation in den Beziehungen zwischen Kopenhagen und Reykjavik. Als Island zu Dänemark gehört hatte, waren die Handschriften nach Kopenhagen überführt worden, wo sie sicherer lagerten und besser konserviert werden konnten. Nachdem sich Island 1944 für selbständig erklärt hatte, forderte es die Handschriften zurück. Dieser Forderung widersetzten sich viele Dänen, wobei sich nicht selten auch der Ärger darüber entlud, daß die Isländer zu einem Zeitpunkt aus dem Reichsverband ausgetreten waren, als Dänemark besetzt und handlungsunfähig war.

Schließlich setzte sich die Ansicht durch, daß diese Handschriften isländisches Eigentum seien und Dänemark nur als Treuhänder gelten könnte. Nachdem die Isländer zur Aufbewahrung geeignete Räume gebaut hatten, erfolgte auf Beschluß des dänischen Folketing die Überführung nach Reykjavik.

Eisenzeit: Auch das Eisen kam aus dem Orient. Bis 300 v. Chr. sind Funde selten, aus der Zeit danach sind viele auf Gräberfeldern gemacht worden. Während der Eisenzeit treten die Völker Europas – wie schon früher die Griechen – aus der Vorgeschichte in die eigene Geschichte hinein. Mit dem Beginn der Völkerwanderung endet für Süd- und Mitteleuropa die Eisenzeit. In Skandinavien umfaßt sie auch noch jene Periode, in der die Wikinger ihre Reiche und Handelswege aufbauen (800–1050).

Eiszeiten: Im Quartär, unserer gegenwärtigen erdgeschichtlichen Periode, hat es bislang mehrere Eiszeiten (20000–40000 Jahre) und Zwischeneiszeiten (30000–70000 Jahre) gegeben. In der letzten Eiszeit, die ihren Höhepunkt etwa vor 25000 Jahren hatte, war unter anderem praktisch ganz Skandinavien vom Eis bedeckt (einige Ausnahmen sind in den jeweiligen Kapiteln erwähnt). Das Abtauen verlief in drei Etappen: Während der daniglazialen Zeit wurden Norddeutschland, Dänemark und Südschonen eisfrei, während der gotiglazialen ging das Eis bis zum mittelschwedischen Endmoränengürtel zurück, und während der finiglazialen Zeit schrumpfte es auf einen schmalen Eisrücken östlich der Fjällkette zusammen. Zwischen diesem Rücken und den Bergen bildete sich ein Schmelzwassersee, der zentraljämtländische Eissee, der vor mehr als 10000 Jahren die Eisbarriere durchbrach und in Richtung Osten, wo die Ostsee entstand, abfloß. Damit endete die – bislang – letzte Eiszeit.

Finkultur: Alles was nach Schlips und Kragen, Abendkleid und hohen Eintrittspreisen riecht, wird in Skandinavien als *Finkultur* bezeichnet. Weil Kultur für jederman zugänglich sein soll – hier drückt sich die skandinavische Auffassung von Demokratie sehr stark aus –, werden die Eintrittspreise für Theater, Konzerte und Oper so niedrig wie möglich gehalten. Oft ist es billiger, in die Oper zu gehen als ins Kino. Die Subventionen reichen natürlich nicht aus; im internationalen Gagen- und Honorarpoker der Opernintendanten kann Skandinavien nicht mithalten. Resultat: Die eigenen, guten Leute wandern ab, ausländische kann man nicht holen, und das Niveau sackt deutlich mehr und mehr ab. Nur das Theater ist oft ausgesprochen gut. Ganz einfach deswegen, weil auch die Schauspieler ihre Sprachprobleme haben und darum zu Hause bleiben müssen.

Finland Festivals: Diese Festspielkette ist in den 60er Jahren geschaffen worden. Der Anfang war ein Versuch, die Finnen aus ihrem kulturellen Sommerschlaf zu wecken. Es gehörte zur Lebensweise des finnischen Groß- und Mittelstädters, daß er mit Beginn der Sommerferien (1. Juni) so tief wie nur möglich ins Land flieht. In dieser Zeit nimmt er auch seinen eigenen Urlaub, und wenn er überhaupt in die Stadt fährt, dann ist er eine Minute vor Arbeitsbeginn da, und einige Minuten nach Feierabend schon wieder auf dem Weg aus der Stadt hinaus. Erst in der zweiten Augusthälfte, wenn die Schulferien zu Ende gehen, taucht die ganze Familie wieder in der Stadt auf.

Bei diesem Lebensrhythmus war der Sommer nicht musenfreundlich. Die Schöpfer der Festivalkette sahen denn auch keine Chancen, Publikum in den größeren Städten zu finden. Sie rechneten sich aber aus, es müßte möglich sein, die Menschen wenigstens für ein paar Tage von Sauna und Seeufer fortzulocken. Darum finden die einzelnen Ereignisse in den verschiedensten Ecken

Finnlands statt. Innerhalb des gegebenen Rahmens und Festivalcharakters ändert sich das Programm jährlich.
Kuopio 1. Junihälfte
Festwoche für Tanz und Musik (7 Tage); Klassisches und modernes Ballett, einheimische und ausländische Volkstanzvorführungen. Kurse in Ballett, Jazz und traditionellen Tänzen.
Ilmajoki Mitte Juni
Musikfestspiele in Österbotten. Freilicht-Opernaufführung (Der Fluß, von Jorma Panula und Tapio Parkkinen. Folklore-Szenen vom Anfang des 20. Jh., bis zu 300 Mitwirkende).
Naantali 2. Junihälfte
Naantali Musikfestspiele; romantische Sommer-Festspiele in einer verträumten Stadt. Programmschwerpunkt ist die romantische Musik – bis hin zum Wiener Walzer.
Jyväskylä Monatswechsel Juni/Juli (10 Tage)
Jyväskylä Arts Festival; Diskussionen und Seminare mit international bekannten Künstlern und Wissenschaftlern. Außerdem eine Sommerakademie der Kammermusik.
Savonlinna Mitte Juli bis Anfang August (2–3 Wochen)
Savonlinna Opernfestspiele; hier wird die Burg als Bühne und Kulisse ausgenutzt, parallel finden in der Holzkirche Kerimäki Konzerte statt.
Pori Mitte Juli (3 Tage)
Pori Jazz; Jazz jeder Stilrichtung, Konzerte, Jam Sessions in Sälen und im Freien, so auf der Insel Kirjurinluoto.
Kaustinen 2. Julihälfte (1 Woche)
Folk Music Festival Kaustinen; rund hundert Fest- und Konzertveranstaltungen: traditionelle Volksmusik, Volkstanz, geistliche, neubearbeitete Volksmusik, moderne Folk-Musik.
Kuhmo 2. Julihälfte (über 1 Woche)
Kuhmo Kammermusikfestspiele; Kammermusik unter großer internationaler Beteiligung.
Lahti 1. Augusthälfte
Lahti Internationale Orgelwoche; die alljährlich stattfindende Orgelwoche hat es sich zur Aufgabe gestellt, Orgelwerke bekannter zu machen. Die Konzerte finden in zahlreichen Kirchen der Stadt und im Historischen Museum statt. Die Lahti-Orgelwoche gewinnt international mehr und mehr an Popularität.
Turku 2. Augusthälfte (1 Woche)
Turku Musikfestspiele; Konzerte im Schloß, Museen, in Kirchen, der Konzerthalle und auf den Gutshöfen der Umgebung. Parallel dazu im Volkspark Ruissalo ›Ruis Rock‹, ein Rock-Festival.
Tampere 2. Augusthälfte (etwa 1 Woche)
Tampere Theatersommer; hier werden jährlich mehrere finnische Stücke uraufgeführt. Die Atmosphäre ist nicht ernst, sondern bunt. Auch Amateurbühnen beteiligen sich, Kindervorführungen und Tanztheater werden gezeigt.
Helsinki Monatswechsel August/September (2 Wochen)
Helsinki Festival; beginnt mit Ende der Sommerferien, wenn das Leben in Finnland und vor allem Helsinki sich wieder ›normalisiert‹. Das Programm ist sehr umfangreich und bringt etwas aus vielen Gebieten, darunter auch Hoftheater à la 70er Jahre: Schauspielgruppen ziehen im Stadtkern und auch in den langweiligen Schlafstädten von Hof zu Hof und bringen Sketches.

Gokstad-Schiff: 1880 in *Gokstad* (Vestfold) gefundenes Wikingerschiff, in dem ein etwa 50jähriger Mann beigesetzt ist. Länge 23,3 m, Breite 5 m, sechzehn Ruderpaare, Klinkerkonstruktion mit eisernen Nägeln. Nach frühen Plünderungen waren noch übrig: das Totenbett, Hausrat, drei kleinere Boote, ein Schlitten, Pferde und Hunde sowie der Anker. Heute im Haus der Wikingerschiffe auf dem Museumsgelände von Bygdöy (Oslo) zu besichtigen. Hier stehen auch die in *Tune* und *Oseberg* (Abb. 54) gefundenen Schiffe.

Göta-Kanal: Eine Verbindung zwischen Kattegatt und Ostsee, für die 87 km ausgeschachtet werden mußten, die übrigen Strecken sind natürliche Wasserwege wie Vättersee und Vänersee. Der Kanal mündet bei Söderköping in die Ostsee.

Schon Gustaf Vasa hatte sich einen Segelschiffweg quer durch Schweden gewünscht. Versuche wurden aber nie zu Ende geführt. Nachdem 1809 Finnland verlorengegangen war, beschloß der Reichstag »Finnland in den Grenzen Schwedens wiederzuerobern«, also durch Verbesserung der Infrastruktur aus dem noch verbliebenen Schweden mehr herauszuholen. Im Rahmen der Projekte wurde auch die Arbeit am Göta-Kanal wieder aufgenommen. Endgültig fertig wurde er 1832, und hundert Jahre lang hatte er erhebliche wirtschaftliche Bedeutung.

Heute ist sein Wert vorwiegend touristischer Natur. Man kann den Kanal auf einem Urlauberschiff oder im eigenen Boot befahren. Kenner der Strecke werden lyrisch, wenn sie mit dem Erzählen beginnen.

Gotland, Kirchen: Von den 93 Kirchen, die im schwedischen Gotland heute in Gebrauch sind, stammen 92 aus dem Mittelalter: eine Konzentration von Baukunst, wie man sie sonst in Skandinavien selten findet. Um sich einen Eindruck zu verschaffen, wie die ältesten Kirchen Gotlands ausgesehen haben, muß man allerdings ins Historische Museum von Stockholm fahren, wo die Stabkirchen von Hemse teilweise so rekonstruiert ist, wie sie bei Restaurationsarbeiten gegen Ende des letzten Jahrhunderts freigelegt wurde. Die ältesten erhaltenen Kirchen stammen aus dem 12. Jahrhundert (Garde, Källunge), mit sockellosen Kalksteinwänden und einfachen, schmucklosen Portalen. Bemerkenswert die byzantinischen Fresken in Garde.

Das kulturelle Zentrum Gotlands ist *Visby*, von dessen Kirchen besonders der Dom St. Maria Beachtung verdient. Beim Dom liegt die gotische Kapelle Swertingska. Die ältesten Teile des Domes stammen aus dem 12. Jahrhundert, die Türme wurden im Barock angebaut. In Visby stehen auch zahlreiche Ruinen früherer Kirchen. Einige weitere Schmuckstücke Gotlands: die Madonna von Viklau (12. Jh.), das Triumphkruzifix von Alva (13. Jh.), die Wasserspeier am Turm der Kirche von Lärbro (14. Jh.), die Fresken in Ganthem (15. Jh.) oder der Altar in Lye aus dem Jahr 1496. Wie gesagt: 92 Kirchen aus dem Mittelalter, fast alle mit dem charakteristischen weißen Turm, warten auf den Besucher.

Grundtvig: Seine Vornamen lauten Nicolai Frederik Severin, aber in Dänemark ist er als N. F. S. Grundtvig (1783 bis 1872) (Abb. 32) bekannt. Er ist der Vater des dänischen und skandinavischen Volkshochschulwesens. Der Kirchenmann stand unter dem Einfluß der deutschen Romantik (Schelling) und kam später in einen Gegensatz zur Kirche, die ihm verbot, Psalmen singen zu lassen, die Grundtvig selbst geschrieben hatte.

Eigensinnig entwickelte Grundtvig eine neue Richtung, das *frohe Christentum*. Der Grundtvigianismus ist eine positive, optimistische Einstellung zum Leben und eine positive zum Menschen: Wenn man ihm nur genug Freiheit läßt und ihn bildet, dann wird er schon von selbst richtig handeln. Mit der Erwachsenenbildung brachte er ein neues und bitter notwendig gewordenes Element in das dänische Kulturleben. Es ist nicht zum wenigsten den Volkshochschulen zu verdanken, daß der dänische Bauer heute auf der Basis des Familienhofs Leistungen erbringt, die in der Welt einmalig sind.

Hämeenlinna-Burg: Diese Anlage wurde von den Schweden schon Mitte des 13. Jh. als quadratisches Lagerkastell erbaut. Sie hatte eine Grundfläche von 33 × 33 m und war von etwa 7 m hohen Mauern aus Granitblöcken geschützt. Danach erfolgte der Innenausbau, und die Ziegelgewölbe vom Ende desselben Jahrhunderts gehören zu Finnlands ältesten. Später kamen weitere Festungsanlagen und Türme hinzu. Nach dem Frieden von Uusikaupunki (Nystad), der 1721 den Großen Nordischen Krieg beendete, verlor die Burg ihre militärische Bedeutung. Sie wurde 1837 in ein Gefängnis umgewandelt, das später um ein ›Korrektionshaus‹ (Zuchthaus) erweitert wurde.

Vor etwa 20 Jahren wurden die Insassen nach und nach ›ausgesiedelt‹, um die Restaurierung der Burg beginnen zu können. Diese war 1979 abgeschlossen. Schon in jenem Jahr besuchten rund

150000 Personen dieses Denkmal schwedisch-finnischer Geschichte.

Holger Danske: Holger Danske ist ein dänischer Volksheld, über den man im Grunde nur sehr wenig weiß. Angeblich soll er mit Karl dem Großen im 15. Jahrhundert gegen die Araber gekämpft haben. Erste Erzählungen über ihn sind in norwegischen Heldensagen zu finden. Er soll »irgendwo in Dänemark« schlafen – nach Ansicht der Seeländer tut er das im Schloß Kronborg in Helsingör –, bis Dänemark in Not gerät. Dann wird er erwachen und zum Schwert greifen.

Kabeljau, getrocknet: Getrockneter Kabeljau kommt als Klippfisch oder als Stockfisch auf den Markt. Der Stockfisch wird unzerlegt und ungesalzen auf den aus Stöcken hergestellten Gestellen getrocknet. Der Klippfisch wird längst der Rükkenlinie aufgespalten, dann wird das Skelett entfernt und der Fisch gesalzen. Das Trocknen erfolgt ebenfalls an der Luft, früher auf den Klippen.

Kalevala: Land des Kaleva, d.i. des Vaters der Helden; Finnische Heldenlieder im Übergang vom Heidentum zum Christentum, wahrscheinlich im 12. Jahrhundert entstanden. Vom Sammler Elias Lönnrot (1802–1882) (Abb. 147) mit besonderer Begabung aus Sagengut und Volksliedern zum finnischen Nationalepos zusammengestellt und ergänzt (s.a. S. 273f.). In endgültiger Fassung zuerst 1849 herausgegeben.

Das Epos wird aus einzelnen Runen gebildet: ›runo‹ ist die finnische Bezeichnung für Gedicht, Vers, Gesang (s. Runen [finnische]).

»Die Macht der Dinge und die Übermacht des Zauberers – das ist der Gegenstand der epischen Rune. Darum hat sie auch keine rechte Kontinuität. Sie verläuft episodisch, explosiv. Denn das Reich der Magie ist keine Welt der Abfolge und des ursächlichen Zusammenhanges aller Vorgänge; das Wirkende und das Bewirkte sind seine Pole, zwischen ihnen die zuckende Tat, um sie das brandende Nichts. Die wesentliche Tat aber in der finnischen Magie ist das Wort.« M. Buber

Kopenhagen-Karneval: Eine tolle Sache, aber ständig von Verboten und Konkurs bedroht. (Es besteht also keine Gewähr, daß der Kopenhagen-Karneval z.B. auch 1986 noch stattfindet.) Da es im Winter sogar den Dänen für einen Karneval zu kalt ist, haben die Kopenhagener beschlossen, ihren Karneval auf Pfingsten zu verlegen.

Es ist kein Karneval der großen Kassen und der langen Umzüge. Auch Büttenreden werden nicht gehalten (was bei manchem als Annehmlichkeit gelten dürfte). Der Kopenhagener Karneval ist eine Sache begeisterter Amateure. Schon im Winter beginnen das Kostümschneidern und das Sambatanzen. Zu Pfingsten bricht dann das Vergnügen aus, und es läßt auf den ehrwürdigen Kirchtürmen der Hauptstadt fast die Patina abbröseln.

Dieser Karneval hat die zweifelhafte Ehre, schon nach dem zweiten Mal in die Terminkalender internationaler Banden von Taschendieben (so die dänische Polizei) aufgenommen worden zu sein. Also lieber mit zugeknöpften Taschen herumlaufen. Im übrigen geht es sehr friedlich zu.

Kåseberga-Schiffsetzung: Diese Schiffsetzung auf einem sandigen Landrücken an der Ostseeküste gehört zu den schönsten Schwedens. Sie hat die Namen ›Urbans Grab‹ und ›Ales stenar‹. Die Setzung besteht aus 58 Steinen, sie ist 67m lang und 19m breit (Abb. 110, 111). Nach Ansicht zweier amerikanischer Wissenschaftler ist Kåseberga ein »schwedisches Stonehenge«. Der Bug weist auf den Punkt am Horizont, wo die Sonne bei der Sommersonnenwende aufgeht, während das Heck den Punkt des Sonnenaufgangs zur Zeit der Wintersonnenwende markiert.

Kolmården, Tierpark und Safarigebiet: Das Gesamtareal umfaßt etwa 150 ha. Es besteht nicht nur aus Wegen und Gehegen, sondern Freiflächen und Restaurants geben den Besuchern die Möglichkeit, einen halben oder ganzen Tag dort zu verbringen. Man kann einen kleinen Ziehwagen (skrında) mieten, dort alle Sachen hinein- und das Jüngste obendraufpacken und losziehen. In den Safari-Park kommt man allerdings nur im Auto oder Autobus hinein, weil u. a. auch Bären und Löwen herumlaufen. Im Tierpark können Großstadtkinder zusehen, woher die Milch kommt und wie sie vor der Zeit der Melkmaschinen dem Kuheuter entnommen wurde. Eine weitere Attraktion für Kinder – aber nicht nur für sie – ist das Delphinarium, das im Tierpark liegt. Wer die größte Sammlung von Giftschlangen in der ganzen Welt sehen will, der soll das *Tropikhus* besuchen.

Lemminge: »Lemmus, Dicrostomyx, zu den Wühlmäusen gehörende kurzschwänzige Nagetiere, von walzenförmigem Körperbau.« Die Lemminge wandern jedes Jahr, aber etwa in jedem vierten Jahr kommt es zu den Lemmingzügen, die eigentlich keine Züge nach Art der Völkerwanderungen, sondern mehr zufällige Zusammenballungen von Einzelgängern sind.

Die Ursache dieser Züge ist Überbevölkerung (über deren Ursachen keine Klarheit besteht). Wenn der abgekapselt lebende Lemming im Herbst eines Jahres der großen Fruchtbarkeit auf Wanderung geht, packt ihn schon die Nervosität, wenn er überall auf Artgenossen trifft. Sie induzieren sich gegenseitig und drehen vollends durch, wenn sie von einem Paß oder einem schmalen Pfad über ein Gewässer zur Hautnähe gezwungen werden.

Dann treten die Erscheinungen auf, die mit meist übertriebenen oder zumindest falsch interpretierten Einzelheiten weitererzählt werden. So stimmt es nicht, daß die Lemminge nach der Parole »Einigkeit macht stark« gemeinsam ein größeres Tier anfallen. Ihre angesammelte Aggressivität entlädt sich lediglich gegenüber einem neuen Objekt, wobei die Tiere in ihrem halbirren Zustand jeden Selbsterhaltungstrieb verloren haben und sogar einem Elefanten in die Sohle beißen würden.

Norppa: Diese kleine, traurig aus dem Wasser blickende Robbe hat den wissenschaftlichen Namen Phoca hispida saimensis. Sie lebt in den Gewässern der ostfinnischen Seenplatte des Saimaa, die nach der jüngsten Eiszeit Verbindung zum offenen Meer hatte. Die Norppa fand aus dem Saimaalabyrinth nicht heraus, als die Verbindung zum Meerwasser im Westen im Gefolge der Landhebung langsam eintrocknete, und wurde zur Süßwasserrobbe. Seit 1955 steht sie unter Naturschutz, 1967 nahm der World Wildlife Fund sie in das Rote Buch der vom Aussterben bedrohten Tierarten auf. Heute gibt es nur noch etwa siebzig Norppas.

Röros: Norwegens einzige Hochfjell-Stadt (600 m ü. NN), früher wichtige Bergbaustadt, gelegen an der Straße 30; zu erreichen, wenn man in Tynset nach Nordosten auf die Straße 30 abbiegt und durch das Tal Gauldalen fährt. Die Stadt wurde im 16. und 17. Jh. durch den Kupferbergbau groß, die Gebäudearchitektur erinnert an sächsische Einwanderer, der rechteckige Stadtplan an den Dänenkönig Christian IV. Die Kirche wurde Ende des 18. Jh. erbaut, sie ist achteckig und eine Stilmischung aus Barock und Klassizismus. Zur Freude vieler Skandinavier ist die Altstadt von Röros in die UNESCO-Liste ›Kulturerbe der Welt‹ aufgenommen worden.

Runen (finnische): Das finnische Wort *runo* kommt vom germanischen Wort für nhd. *raunen* und bedeutet Gesang oder Gedicht. Eine Verwandtschaft mit dem germanischen Wort *runa* läßt sich nicht nachweisen. Runo ist aber – wie runa – ins Deutsche als *Rune* übernommen worden, was Begriffsverwirrungen nicht ausschließt. Das finnische Nationalepos Kalevala (s. S. 371) besteht aus Einzelstrophen (runo), die in deutschen Übertragungen als Runen bezeichnet werden. Die Heimat dieser finnischen Volksdichtung ist das jetzt teilweise zur Sowjetunion gehörende Karelien. In Finnisch-Karelien nennt man heute – im Zeichen des Tourismus – eine Strecke› Straße der Runen und Grenzmarken‹. Germanische Runen wird wird man dort vergeblich suchen. Hier haben viele der *runoilijat* (Barden, Sänger, Dichter) gelebt, deren Nachfahren Elias Lönnrot im 19. Jh. besuchte, als er das Kalevala neu zusammenstellte.

Runen (germanische): Auch ihre Entstehung und Entwicklung läßt sich im Dämmer der Vorzeit nur schwer ausmachen, und das Deuten von Runenschriften ist nicht immer befriedigend gelungen.

Die ersten Versuche machte der dänische Arzt Ole Worm (1588–1654), der ›Erfinder‹ des Museums (s. S. 52).

Einige Runenbeispiele:

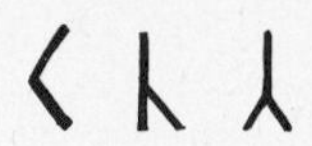

Lautwert k; Name kan, kauna, cān (Kahn, Schiff, vielleicht der von Tacitus erwähnten Göttin Nerthus, einer Parallelgestalt des in der Edda erwähnten Njördr, zugeordnet).

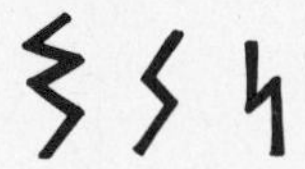

Lautwert s; Name sigyl, söl, söweln (Sonne, damit auch Licht und Wärme, Fruchtbarkeit, Abwehr feindlicher Mächte).

Lautwert m; Name man, maŏr, mannuz (Mann, Mensch, vielleicht der von Tacitus erwähnte Stammvater Mannus)

Über den Ursprung der (urnordisch) *Geheimnisse* gibt es drei Theorien. Bis vor unsere Zeitrechnung geht die zurück, nach der die Markomannen eine etruskische Schrift »für den Holzgebrauch« umgestaltet haben sollen. Eine zweite behauptet eine Verwandtschaft mit lateinischen Buchstaben und datiert die Entstehung auf etwa 100 n. Chr. bei den Weichsel-Goten. Theorie drei verweist auf Ähnlichkeiten mit der griechischen Kursivschrift und vermutet, die ersten Runen seien um 200 bei den Goten am Schwarzen Meer entstanden.

Beschrieben wurden mit den Runen zunächst Holztafeln, und die Form der Buchstaben ist offenbar auch von der Notwendigkeit geprägt, quer zur Faser über diese hinweg zu ritzen. Holztafeln (aus bok = Buche?) sind nicht erhalten, werden aber u. a. von Arabern in der Zeit um 500–900 erwähnt.

Jede Rune war zunächst ein geheimnisvolles, zauberkräftiges Zeichen. Die von der gemeingermanischen abgeleitete jüngere oder nordische Runenreihe heißt ›fudark, nach den Anfangsrunen. Hier steht f für fé (isl. Reichtum), u für úrr (Auerochse), d für durs (Dämon). Stäbchen mit eingeritzten Runen wurden gemischt und dann fallengelassen. Aus der Reihenfolge beim Aufsammeln (Auf-Lesen) versuchte man den Willen der Götter und die Zukunft zu deuten. Erst später wurde die Bedeutung der einzelnen Rune auf einen Buchstaben reduziert.

Das gemeingermanische Alphabet hat 24 Zeichen, das nordische versuchte mit 16 auszukommen, wobei ein Zeichen mehrere Laute repräsentierte. Weil unter dieser Übernormierung die Deutlichkeit litt, erfand man ›das Pünktchen auf dem i‹. Ein punktloses ı war ein i-Laut, eins mit Pünktchen wurde der e-Laut. Auch einige andere Runen wurden mit und ohne Punkt benutzt. Diese dänische Runenreihe setzte sich in ganz Skandinavien durch und wurde später auf 28 Zeichen erweitert. Damit war ein schrifttaugliches Alphabet entstanden, und diese *Valdemarsrunen* wurden im 12. Jh. für Gesetzestexte benutzt. Sie verschwanden aber, weil als Nachhut der Christianisierung die Mönche mit ihrem Anspruch auf das Bildungsmonopol folgten.

Die Runen haben bislang jeder Datenverarbeitung getrotzt, längst noch sind nicht alle Texte befriedigend entschlüsselt. Fraglich ist, ob dies überhaupt jemals möglich sein wird; man kann nicht sicher sein, daß sie überall in derselben Bedeutung benutzt wurden. Aber selbst bei durchgehenden Texten stößt man auf Schwierigkeiten.

So bestehen einige Teile des längsten Textes (800 Runen) auf dem Stein bei Rök (südlich von Vadstena) aus Geheimschriften verschiedener Art. Andere Teile wiederum sind ziemlich klar deutbar, wie die Strophe über Thiaudrikr – womit Theoderich der Große gemeint sein dürfte.

Seeland, Schlösser: Von Kopenhagen aus kann man in einem Tagesausflug bequem drei bemerkenswerte Schlösser besichtigen: Kronborg, Fredensborg und Frederiksborg.

Schön placiert wie wenige andere Bauwerke liegt *Kronborg* an der Nordostspitze Seelands in Helsingør (Abb. 43). Es ist das Schloß, das Shakespeare zum Schauplatz seines ›Hamlet‹ machte. (In Wirklichkeit war Hamlet Prinz von Jütland und hatte mit Helsingør nichts zu tun – aber lassen Sie sich dadurch in Ihrer Fantasie nicht stören, wenn Sie auf Kronborgs Zinnen stehen!) Am schönsten ist Kronborg vom Meer aus betrachtet, von der Fähre nach Helsingborg. Das Schloß wurde 1585 erstmals vollendet, wurde 1629 durch einen Brand großteils zerstört und 1637 wieder aufgebaut. Im Keller schläft der alte Volksheld Holger Danske, der wieder aufwachen wird, wenn den Dänen mal Gefahr drohen sollte, um ihnen zu Hilfe zu eilen.

Frederiksborg liegt wie ein Märchenschloß an See und Wald (Farbt. 8). Heute beherbergt es das Dänische Nationalmuseum. Das Schloß stammte ursprünglich aus dem 16. Jahrhundert und wurde in der zweiten Hälfte des vorigen Jahrhunderts nach einem Brand in etwa im alten Stil wieder aufgebaut. In der Schloßkirche steht die berühmte Compenius-Orgel (Abb. 44), auf der mehrmals wöchentlich Konzerte gegeben werden.

Auf *Fredensborg* wohnt die königliche Familie im Sommer. Das Schloß stammt aus dem 18. Jahrhundert. Dom und Schloßpark sind für das Publikum ständig geöffnet, der Garten nur dann, wenn die Königin gerade nicht zu Hause ist.

Skandinavien: Ursprung und Bedeutung nicht voll belegbar. Nach einer Version soll der Name vom Handelsplatz Skanör an der schwedischen Südküste abgeleitet sein. Nach Ansicht von Stefan Söderlind, Erster Archivar im Schwedischen Reichsarchiv, entstand der Name im Altertum am Mittelmeer. Söderlind geht von den geografischen Vorstellungen Plinius' des Älteren (24–79) aus, nach dessen Meinung Scatinavia die größte der Scandiainseln war, die dort lagen, wo die Elbe sich zur großen Meeresbucht Codanus erweitert. Söderlind stellt sich gegen die bisherige Auffassung, wonach das Wort aus germanischen Begriffen zusammengesetzt ist, mit der Frage: »Warum sollte Plinius sich die Mühe gemacht haben, gerade den Barbaren am Ende der Welt aufs Maul zu schauen?« Die Bestandteile dürften vielmehr *scati* und *navia* sein. Das zweite Wort bedeutet Schiff oder übertragen Trog bzw. Tonne, scati aber geht auf ein griechisches Wort zurück, lateinisch *scor* oder *scatis,* was Mist oder Dreck bedeutet. Söderlind schließt messerscharf, daß für Plinius jene entlegene und ihm im Grunde völlig gleichgültige Insel im Sinus Codanus ganz einfach ›die Drecktonne‹ war. Er glaubt sich zu dieser Interpretation um so mehr berechtigt, als es durch die Jahrtausende immer menschlich war, entlegene Erdstriche abwertend zu bezeichnen. Er führt dafür den Seefahrerausdruck ›Höllenloch Kap Hoorn‹ an, aber man kann auch auf den Geheimen Rat zurückgreifen, der Faust beim Osterspaziergang gewiß nicht voller Hochachtung die Wendung »drunten fern in der Türkei« aussprechen läßt.

Snorre Sturlason: (1179–1241) ist außerhalb Islands gewöhnlich nur als der Dichter der Jüngeren Edda, der Olavssage und der Königssagas (Heimskringla) bekannt. Tatsächlich gehört er zu den farbigsten Gestalten der isländischen Geschichte jener Zeit. Er wuchs auf dem Hof des mächtigsten Isländers, Jón Loptsson, auf. (Der Hof hieß Oddi, wovon möglicherweise das Wort Edda kommt.) Von 1215–1218 war er der höchste Repräsentant der Exekutive auf Island. Dann ging er nach Norwegen, wo König Haakon Haakonsson eine Strafexpedition gegen Island plante, weil die Isländer die Rechte der norwegischen Kaufleute auf der Insel beschneiden wollten. Snorre versprach dem König, er würde sich nach der Rückkehr für die norwegischen Belange auf Island einsetzen, und erreichte so, daß Haakon seine Absichten aufgab.

Nach der Rückkehr löste Snorre seine Versprechen nicht ein, sondern übernahm 1222 wieder das Amt des *Lagsagomans,* das er bis 1231 ausübte. Überfordert von den Machtkämpfen zwischen den isländischen Familien ging er 1237 wieder nach Norwegen. 1239 begab er sich zurück nach Island, womit er ein ausdrückliches Verbot von König Haakon mißachtete. Zwei Jahre später läßt Gizurr Thorvaldson, Haakons langer Arm nach Island hinein, Snorre Sturlason ermorden.

Stabkirchen: Unter den christlichen Sakralbauten sind die frühmittelalterlichen norwegischen Holzkirchen einzigartig in Konstruktion und Erscheinungsbild. Das konstruktive Gerüst besteht aus starken Pfosten, die an Schiffsmasten erinnern; daher auch der Begriff ›Mastenkirche‹. Der Innenraum ist zumeist klein und von der Stellung der Masten bestimmt. Die Stabkirche stellt keine Übersetzung des Steinbaus in Holz dar, sondern ihre eigenen, typischen Formen sind die steilen,

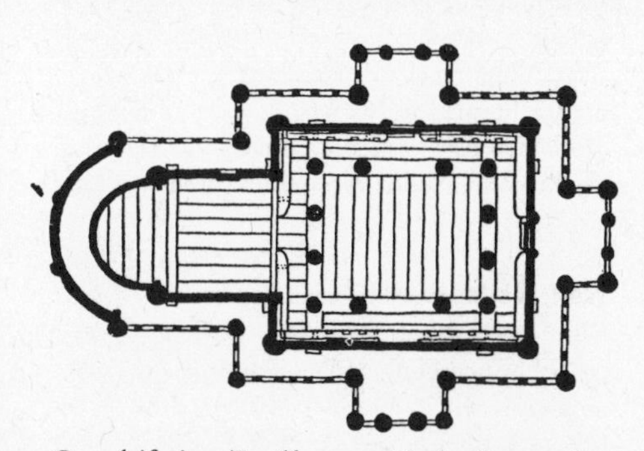

Grundriß einer Zwölfmasten-Kirche (Borgund)

über-und ineinandergeschichteten Dächer, offenen Laubengänge und die Vorhalle. Die Seitenschiffe sind oft wenig entwickelt, der Hauptraum dominiert; in ihm wird allgemein eine Nachfolge des altnordischen Hauses, der Königshalle, gesehen. Drachenköpfe und Tierornamente im Wikingerstil schmücken Giebel, Portale und Türen. 25 Stabkirchen haben sich erhalten. Als älteste gilt die Kirche von Urnes (Abb. 79–81) aus dem 11. Jh. Weitere guterhaltene Bauten sind die von Borgund (Abb. 82, 83), 12. Jh., Hitterdal, 13. Jh., Heddal (Abb. 61), die größte und am besten restaurierte, und Eidsborg, 14. Jh. (Abb. 62).

Steinzeiten: Sie beginnen mit dem Bearbeiten des Steins durch den Menschen, der sich mit dem Faustkeil Werkzeug und Waffe zugleich schafft. Die ältesten Funde sind eine halbe Million Jahre alt. In der Mittleren Steinzeit sind zum Faustkeil auch Schaber und Geräte aus Knochen dazugekommen. Als vor etwa 100000 Jahren die Jungsteinzeit begann, verfügte der Homo sapiens bereits über zahlreiche Handwerkszeuge und – natürlich – ein veritables Waffenarsenal.

In dem Endstadium der Jungsteinzeit, die mit dem Auftauchen des Ackerbaus etwa 3000 v. Chr. endet, ist Skandinavien schon an vielen Stellen bewohnt. In dieser Zeit breitet sich die Bandkeramik in Europa aus, deren skandinavische Variante die Trichterbecherkultur ist.

Steinzeitgräber: Die kulturellen Epochen der Jungsteinzeit werden nach der Form der jeweiligen Großstein- oder Megalithgräber bezeichnet: *Dolmen-*, *Gang-* und *Steinkistengrab,* wobei das Dolmengrab die einfachste Form ist, mit vier als Seiten aufgestellte Platten und einer Deckplatte. Von eben dieser Deckplatte (kelt.-franz.: dolmen) hat das Grab seinen Namen bekommen. Die Megalithkultur erstreckte sich von Norddeutschland über Dänemark bis nach Südschweden und -norwegen. Das Zeitalter der Großsteingräber fällt mit der Epoche der Trichterbecherkultur zusammen.

Suomenlinna: Diese Festung sollte im 18. Jahrhundert den schwedischen Truppen ermöglichen, »das Land gegen die Russen zu verteidigen und von dort aus die Russen gut anzugreifen«. Es kam indes anders – wie schon auf Seite 320 angedeutet.

Zum Angreifen hatte Schweden die Kraft nicht mehr, und 1808 reichte es nicht einmal zum Verteidigen. Die Festung kapitulierte vorschnell, als die russischen Truppen über das immer noch feste Frühjahrseis anrückten. Natürlich wurde die Festung später von russischen Truppen benutzt, und nach dem Freiheits- und Bürgerkrieg von 1918 diente sie zeitweise als Gefangenenlager. Damit endete ihre kriegerische Epoche.

Die Festung hieß ursprünglich *Sveaborg* (Schwedenburg) und auf Finnisch, der finnischen Zunge angepaßt, *Viapori.* Mit diesem läppischen Wort gaben die Finnen sich nach Erringen der Unabhängigkeit nicht mehr zufrieden, sondern nannten die Festung *Suomenlinna* (Finnlandburg).

Die umfangreiche Festungsanlage hat einen großen kulturellen Wert, und darum wird jetzt überall ständig ein wenig restauriert. Auf Suomenlinna liegen mehrere Museen, eins davon ist eins jener kleinen U-Boote von dem Typ, den auch die Reichswehr (1919–1935) im Ausland verbotenerweise für sich bauen ließ. Man kann z. B. in ›Vesikko‹ hineinsteigen, also hautnah erleben, wie eng ›Das Boot‹ innen ist. – Außerdem besteht auf Suomenlinna ein nordischees Kunstzentrum.

Thorvaldsen, Bertel: 1768–1844, isländischer Abstammung. Begann schon 1781 an der Akademie der Schönen Künste in Kopenhagen und erhielt 1797 ein Stipendium für einen Romaufenthalt, wobei der Akademie vorgeworfen wurde, sie habe Geld für einen ›ungebildeten Mann‹ hinausgeworfen. Er entwickelte einen beherrschten Klassizismus, bei dem Schönheit vor Dramatik rangierte, und wurde damit weltberühmt. 1838 zog er mit seinen Modell- und anderen Plastiken nach Kopenhagen um, wo schon ein Jahr später mit dem Bau eines Museums für ihn begonnen wurde (G. Bindesböll, 1839–1848) (Abb. 30, 31). Die Fresken an den Außenwänden zeigen Thorvaldsens Einzug in Kopenhagen. Der Künstler ist auf dem Innenhof des Museums bestattet, das alle Werke enthält, die Kopenhagens erster Ehrenbürger seiner Stadt vermacht hat.

Tollund-Mann: Einer der drei wichtigen Moor-Funde in Dänemark. Der Tollund-Mann ist in der Zeit 250–180 v. Chr. durch den Strang hingerichtet und in ein Moor geworfen worden. Das Moor hatte ihn derart gut konserviert, daß man sogar seinen Mageninhalt analysieren konnte. Sein Kopf gilt als der besterhaltene Kopf eines Vorzeitmenschen. Betrachter sind über die Harmonie erstaunt, die in seinen Gesichtszügen zum Ausdruck kommt. – Schon zwölf Jahre früher, 1938, wurde im selben Moor eine weibliche Leiche gefunden, die ›Elling-Frau‹. Sie stammt aus der Zeit 335–225 v. Chr. Auch sie wurde im Alter von 30–40 Jahren durch den Strang hingerichtet. – Im Museum von Moesgård (südlich von Århus) liegt der Grauballe-Mann.

Unterirdische: Die Unterirdischen sind kleine Mannsbilder, die in Höhlen und Spalten auf Bornholm leben und bei Invasionen für die Sache der Insel kämpfen. Sie dürfen aber ihre Waffen erst erheben, wenn zumindest ein »dänischer Soldat christlichen Glaubens« auf den Feind geschossen hat. Deswegen waren sie bei schwedischen Überraschungsangriffen mehrfach gezwungen, List und Abschreckung anzuwenden. So marschierten sie einmal, als die schwedische Flotte sich frühmorgens am Horizont abzeichnete, in breiter Formation am Strand auf. Die Morgensonne ließ ihre Waffen erglänzen, die Schweden glaubten ihre Aktion verraten und drehten wieder ab.

Watt, Wattenmeer: Flacher Landstreifen vor der Küste der Nordsee und anderer Meere mit Gezeiten (Ebbe und Flut), der bei Ebbe freiliegt. Dieser Streifen ist im Gefolge der Gezeiten entstanden. Im ›amphibischen‹ Gebiet vor der Küste tummelt sich eine besonders variationsreiche Flora und Fauna. Sie befestigt den Boden, der von der Flut und bei Stürmen mit dem Wasser an die Küste getragen wird. Dem Meer durch Eindeichung abgerungen, wird das Watt (Wattenschlick) nach einer Karenzzeit der Entsalzung zum fruchtbaren Marschboden.

Register

Personen und Völker

Orte und Länder

Norwegen

Von Wulf Ligges. Text von Gerhard Eckert und Reinhold Dey. 184 Seiten mit 24 farbigen und 154 einfarbigen Abbildungen, 15 Textabbildungen, 3 Landkarten, Leinen mit Schutzumschlag

»Der Fotograf Wulf Ligges, der das Land mehrfach und zu verschiedenen Jahreszeiten bereist hat, präsentiert Aufnahmen, die interessieren und imponieren. Bilder verträumter, idyllischer Flecken wechseln ab mit Fotos von unerwartet farbenprächtigen Landschaften und Ansiedlungen, die Aufnahmen der Menschen stehen im Kontrast zu Abbildungen, in denen die gewaltige, zum Teil menschenfeindliche Natur Norwegens höchst eindrucksvoll eingefangen wurde.« *Die Welt*

»In dem großzügig angelegten Band sprechen die Aufnahmen für sich.«
Rheinische Post

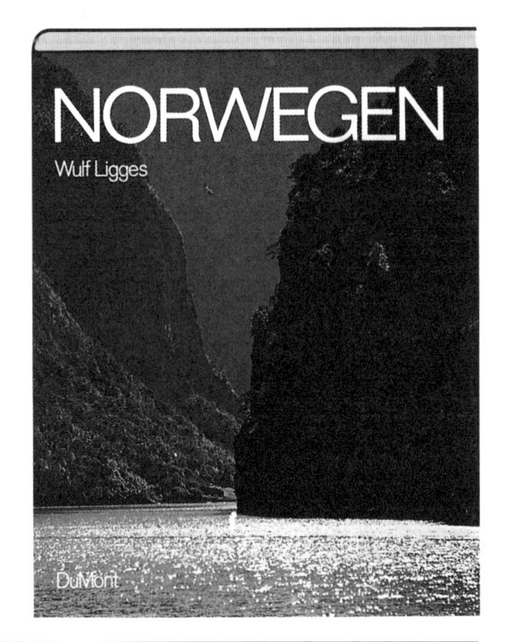

Von Reinhold Dey erschienen weiterhin in unserem Verlag:

»Richtig reisen«: Norwegen

392 Seiten mit 65 farbigen und 171 einfarbigen Abbildungen, 12 Karten und Plänen, 94 Seiten praktischen Reisehinweisen, Register, kartoniert

»Reinhold Dey stellt Norwegen vor, wie es selbst häufige Nordlandreisende noch nicht kennen werden. Einmalige Landschaften, freundliche Menschen und eine Fülle von Möglichkeiten, Sport zu treiben, laden ein. Mit diesem Reiseführer, den man tunlichst vor der Abreise studieren sollte, läßt sich ein Norwegen-Urlaub perfekt vorbereiten. Der ausführliche ›gelbe Teil‹ enthält wie immer eine Fülle von touristischen Informationen.«
Harburger Anzeiger und Nachrichten

»Der Band gibt umfassend Auskunft über Geschichte und Gegenwart, Land und Leute und beinhaltet eine Fülle beherzigenswerter Tips für Reisende.« *Salzburger Landes-Zeitung*

Dänemark

Land zwischen den Meeren. Kunst, Kultur, Geschichte
288 Seiten mit 39 farbigen und 133 einfarbigen Abbildungen, 61 Zeichnungen und Plänen, Literaturhinweisen, 8 Seiten praktischen Reisehinweisen, Register, kartoniert (DuMont Kunst-Reiseführer)

DuMont Kunst-Reiseführer

Ägypten und Sinai – Geschichte, Kunst und Kultur im Niltal
Vom Reich der Pharaonen bis zur Gegenwart. Von Hans Strelocke

Algerien – Kunst, Kultur und Landschaft
Von den Stätten der Römer zu den Tuareg der zentralen Sahara. Von Hans Strelocke

Belgien – Spiegelbild Europas
Eine Einladung nach Brüssel, Gent, Brügge, Antwerpen, Lüttich und zu anderen Kunststätten. Von Ernst Günther Grimme

Bulgarien
Kunstdenkmäler aus vier Jahrtausenden von den Thrakern bis zur Gegenwart. Von Gerhard Eckert

Dänemark
Land zwischen den Meeren. Kunst – Kultur – Geschichte. Von Reinhold Dey

Deutsche Demokratische Republik
Geschichte und Kunst von der Romanik bis zur Gegenwart. Brandenburg, Mecklenburg, Sachsen-Anhalt, Sachsen, Thüringen. Von Gerd Baier, Elmar Faber und Eckhard Hollmann

Bundesrepublik Deutschland

Das Allgäu
Städte, Klöster und Wallfahrtskirchen zwischen Bodensee und Lech. Von Lydia L. Dewiel

Das Bergische Land
Kultur, Geschichte, Landschaft zwischen Ruhr und Sieg. Von Bernd Fischer

Bodensee und Oberschwaben
Zwischen Donau und Alpen: Wege und Wunder im ›Himmelreich des Barock‹. Von Karlheinz Ebert

Die Eifel
Entdeckungsfahrten durch Landschaft, Geschichte, Kultur und Kunst – Von Aachen bis zur Mosel. Von Walter Pippke und Ida Pallhuber

Franken – Kunst, Geschichte und Landschaft
Entdeckungsfahrten in einem schönen Land – Würzburg, Rothenburg, Bamberg, Nürnberg und die Kunststätten der Umgebung. Von Werner Dettelbacher

Hessen
Vom Edersee zur Bergstraße. Die Vielfalt von Kunst und Landschaft zwischen Kassel und Darmstadt. Von Friedhelm Häring und Hans-Joachim Klein

Köln
Stadt am Rhein zwischen Tradition und Fortschritt. Von Willehad Paul Eckert

Kölns romanische Kirchen
Architektur, Ausstattung, Geschichte. Von Werner Schäfke

Die Mosel
Von der Mündung bei Koblenz bis zur Quelle in den Vogesen. Landschaft, Kultur, Geschichte. Von Heinz Held

München
Von der welfischen Gründung Heinrichs des Löwen bis zur Gegenwart: Kunst, Kultur, Geschichte. Von Klaus Gallas

Münster und das Münsterland
Geschichte und Kultur. Ein Reisebegleiter in das Herz Westfalens. Von Bernd Fischer

Der Niederrhein
Das Land und seine Städte, Burgen und Kirchen. Von Willehad Paul Eckert

Oberbayern
Kultur, Geschichte, Landschaft zwischen Donau und Alpen, Lech und Salzach. Von Gerhard Eckert

Oberpfalz, Bayerischer Wald, Niederbayern
Regensburg und das nordöstliche Bayern. Kunst, Kultur und Landschaft. Von Werner Dettelbacher

Ostfriesland mit Jever- und Wangerland
Über Moor, Geest und Marsch zum Wattenmeer und zu den Inseln Borkum, Juist, Norderney, Baltrum, Langeoog, Spiekeroog und Wangerooge. Von Rainer Krawitz

Die Pfalz
Die Weinstraße – Der Pfälzer Wald – Wasgau und Westrich. Wanderungen im ›Garten Deutschlands‹. Von Peter Mayer

Der Rhein von Mainz bis Köln
Eine Reise durch das Rheintal – Geschichte, Kunst und Landschaft. Von Werner Schäfke

Das Ruhrgebiet
Kultur und Geschichte im »Revier« zwischen Ruhr und Lippe. Von Thomas Parent

Sauerland
mit Siegerland und Wittgensteiner Land. Kultur und Landschaft im gebirgigen Süden Westfalens. Von Detlev Arens

Schleswig-Holstein
Zwischen Nordsee und Ostsee: Kultur – Geschichte – Landschaft. Von Johannes Hugo Koch

Der Schwarzwald und das Oberrheinland
Wege zur Kunst zwischen Karlsruhe und Waldshut: Ortenau, Breisgau, Kaiserstuhl und Markgräflerland. Von Karlheinz Ebert

Sylt, Amrum, Föhr, Helgoland, Pellworm, Nordstrand und Halligen
Natur und Kultur auf Helgoland und den Nordfriesischen Inseln. Entdeckungsreisen durch eine Landschaft zwischen Meer und Festlandküste. Von Albert am Zehnhoff (DuMont Landschaftsführer)

Der Westerwald
Vom Siebengebirge zum Hessischen Hinterland. Kultur und Landschaft zwischen Rhein, Lahn und Sieg. Von Hermann Joseph Roth

Östliches Westfalen
Vom Hellweg zur Weser. Kunst und Kultur zwischen Soest und Paderborn, Minden und Warburg. Von G. Ulrich Großmann

Württemberg-Hohenzollern
Kunst und Kultur zwischen Schwarzwald, Donautal und Hohenloher Land: Stuttgart, Heilbronn, Schwäbisch Gmünd, Tübingen, Rottweil, Sigmaringen. Von Ehrenfried Kluckert

Zwischen Neckar und Donau
Kunst, Kultur und Landschaft von Heidelberg bis Heilbronn, im Hohenloher Land, Ries, Altmühltal und an der oberen Donau. Von Werner Dettelbacher

Frankreich

Auvergne und Zentralmassiv
Entdeckungsreisen von Clermont-Ferrand über die Vulkane und Schluchten des Zentralmassivs zum Cevennen-Nationalpark. Von Ulrich Rosenbaum

Die Bretagne
Im Land der Dolmen, Menhire und Calvaires. Von Almut und Frank Rother

Burgund
Kunst, Geschichte, Landschaft. Burgen, Klöster und Kathedralen im Herzen Frankreichs: Das Land um Dijon, Auxerre, Nevers, Autun und Tournus. Von Klaus Bußmann

Côte d'Azur
Frankreichs Mittelmeer-Küste von Marseille bis Menton. Von Rolf Legler

Das Elsaß
Wegzeichen europäischer Kultur und Geschichte zwischen Oberrhein und Vogesen. Von Karlheinz Ebert

Frankreich für Pferdefreunde
Kulturgeschichte des Pferdes von der Höhlenmalerei bis zur Gegenwart. Camargue, Pyrenäen-Vorland, Périgord, Burgund, Loiretal, Bretagne, Normandie, Lothringen. Von Gerhard Kapitzke (DuMont Landschaftsführer)

Frankreichs gotische Kathedralen
Eine Reise zu den Höhepunkten mittelalterlicher Architektur in Frankreich. Von Werner Schäfke

Korsika
Natur und Kultur auf der ›Insel der Schönheit‹. Menhirstatuen, pisanische Kirchen und genuesische Zitadellen. Von Almut und Frank Rother

Languedoc – Roussillon
Von der Rhône zu den Pyrenäen. Von Rolf Legler

Das Tal der Loire
Schlösser, Kirchen und Städte im ›Garten Frankreichs‹. Von Wilfried Hansmann

Lothringen
Kunst, Geschichte, Landschaft. Von Uwe Anäuser

Die Normandie
Vom Seine-Tal zum Mont St. Michel. Von Werner Schäfke

Paris und die Ile de France
Die Metropole und das Herzland Frankreichs. Von der antiken Lutetia bis zur Millionenstadt. Von Klaus Bußmann

Périgord und Atlantikküste
Kunst und Natur im Lande der Dordogne und an der Côte d'Argent von Bordeaux bis Biarritz. Von Thorsten Droste

Das Poitou
Westfrankreich zwischen Poitiers, La Rochelle und Angoulême – die Atlantikküste von der Loiremündung bis zur Gironde. Von Thorsten Droste

Drei Jahrtausende Provence
Vorzeit und Antike, Mittelalter und Neuzeit. Von Ingeborg Tetzlaff

Savoyen
Vom Genfer See zum Montblanc – Natur und Kunst in den französischen Alpen. Von Ruth und Jean-Yves Mariotte

Südwest-Frankreich
Vom Zentralmassiv zu den Pyrenäen – Kunst, Kultur und Geschichte. Von Rolf Legler

---

Griechenland

Athen
Geschichte, Kunst und Leben der ältesten europäischen Großstadt von der Antike bis zur Gegenwart. Von Evi Melas

Die griechischen Inseln
Ein Reisebegleiter zu den Inseln des Lichts. Kultur und Geschichte. Hrsg. von Evi Melas

Kreta – Kunst aus fünf Jahrtausenden
Von den Anfängen Europas bis zur kreto-venezianischen Kunst. Von Klaus Gallas

Rhodos
Eine der sonnenreichsten Inseln im Mittelmeer – ihre Geschichte, Kultur und Landschaft. Von Klaus Gallas

Alte Kirchen und Klöster Griechenlands
Ein Begleiter zu den byzantinischen Stätten. Hrsg. von Evi Melas

Tempel und Stätten der Götter Griechenlands
Ein Reisebegleiter zu den antiken Kultzentren der Griechen. Hrsg. von Evi Melas

---

Großbritannien

Englische Kathedralen
Eine Reise zu den Höhepunkten englischer Architektur von 1066 bis heute. Von Werner Schäfke

Die Kanalinseln und die Insel Wight
Kunst, Geschichte und Landschaft. Die britischen Inseln zwischen Normandie und Süd-England. Von Bernd Rink

Schottland
Geschichte und Literatur. Architektur und Landschaft. Von Peter Sager

Süd-England
Von Kent bis Cornwall. Architektur und Landschaft, Literatur und Geschichte. Von Peter Sager

Wales
Literatur und Politik – Industrie und Landschaft. Von Peter Sager

Guatemala

Honduras – Belize. Die versunkene Welt der Maya. Von Hans Helfritz

---

Das Heilige Land

Historische und religiöse Stätten von Judentum, Christentum und Islam in dem zehntausend Jahre alten Kulturland zwischen Mittelmeer, Rotem Meer und Jordan. Von Erhard Gorys

---

Holland

Kunst, Kultur und Landschaft. Ein Reisebegleiter durch Städte und Provinzen der Niederlande. Von Jutka Rona

---

Indien

Indien
Von den Klöstern im Himalaya zu den Tempelstätten Südindiens. Von Niels Gutschow und Jan Pieper

Ladakh und Zanskar
Lamaistische Klosterkultur im Land zwischen Indien und Tibet. Von Anneliese und Peter Keilhauer

---

Indonesien

Indonesien
Ein Reisebegleiter nach Java, Sumatra, Bali und Sulawesi (Celebes). Von Hans Helfritz

Bali
Tempel, Mythen und Volkskunst auf der tropischen Insel zwischen Indischem und Pazifischem Ozean. Von Günter Spitzing

---

Iran

Kulturstätten Persiens zwischen Wüsten, Steppen und Bergen. Von Klaus Gallas

---

Irland – Kunst, Kultur und Landschaft

Entdeckungsfahrten zu den Kunststätten der ›Grünen Insel‹. Von Wolfgang Ziegler

---

Italien

Elba
Ferieninsel im Tyrrhenischen Meer. Macchienwildnis, Kulturstätten, Dörfer, Mineralienfundorte. Von Almut und Frank Rother (DuMont Landschaftsführer)

Das etruskische Italien
Entdeckungsfahrten zu den Kunststätten und Nekropolen der Etrusker. Von Robert Hess und Elfriede Paschinger

Florenz
Ein europäisches Zentrum der Kunst. Geschichte, Denkmäler, Sammlungen. Von Klaus Zimmermanns

Ober-Italien
Kunst, Kultur und Landschaft zwischen den Oberitalienischen Seen und der Adria. Von Fritz Baumgart

Die italienische Riviera
Ligurien – die Region und ihre Künste von San Remo über Genua bis La Spezia. Von Rolf Legler

Von Pavia nach Rom
Ein Reisebegleiter entlang der mittelalterlichen Kaiserstraße Italiens. Von Werner Goez

Rom
Kunst und Kultur der ›Ewigen Stadt‹ in mehr als 1000 Bildern. Von Leonard von Matt und Franco Barelli

Das antike Rom
Die Stadt der sieben Hügel: Plätze, Monumente und Kunstwerke. Geschichte und Leben im alten Rom. Von Herbert Alexander Stützer

Sardinien
Geschichte, Kultur und Landschaft – Entdeckungsreisen auf einer der schönsten Inseln im Mittelmeer. Von Rainer Pauli

Sizilien
Insel zwischen Morgenland und Abendland. Sikaner/Sikuler, Karthager/Phönizier, Griechen, Römer, Araber, Normannen und Staufer. Von Klaus Gallas

Südtirol
Begegnungen nördlicher und südlicher Kulturtradition in der Landschaft zwischen Brenner und Salurner Klause. Von Ida Pallhuber und Walter Pippke

Toscana
Das Hügelland und die historischen Stadtzentren. Pisa · Lucca · Pistoia · Prato · Arezzo · Siena · San Gimignano · Volterra. Von Klaus Zimmermanns

Venedig
Die Stadt in der Lagune – Kirchen und Paläste, Gondeln und Karneval. Von Thorsten Droste

Japan – Tempel, Gärten und Paläste
Einführung in Geschichte und Kultur und Begleiter zu den Kunststätten Japans. Von Thomas Immoos und Erwin Halpern

Der Jemen
Nord- und Südjemen. Antikes und islamisches Südarabien – Geschichte, Kultur und Kunst zwischen Rotem Meer und Arabischer Wüste. Von Peter Wald

Jordanien
Völker und Kulturen zwischen Jordan und Rotem Meer. Von Frank Rainer Scheck

Jugoslawien
Kunst, Geschichte und Landschaft zwischen Adria und Donau. Von Frank Rother

Karibische Inseln
Westindien. Von Duba bis Aruba. Von Gerhard Beese

Kenya
Kunst, Kultur und Geschichte am Eingangstor zu Innerafrika. Von Helmtraut Sheikh-Dilthey

Luxemburg
Entdeckungsfahrten zu den Burgen, Schlössern, Kirchen und Städten des Großherzogtums. Von Udo Moll

Malta und Gozo
Die goldenen Felseninseln – Urzeittempel und Malteserburgen. Von Ingeborg Tetzlaff

Marokko – Berberburgen und Königsstädte des Islam
Ein Reisebegleiter zur Kunst Marokkos. Von Hans Helfritz

Mexiko

Mexiko
Ein Reisebegleiter zu den Götterburgen und Kolonialbauten Mexikos. Von Hans Helfritz

Unbekanntes Mexiko
Entdeckungsreisen zu verborgenen Tempelstätten und Kunstschätzen aus präkolumbischer Zeit. Von Werner Rockstroh

Nepal – Königreich im Himalaya
Geschichte, Kunst und Kultur im Kathmandu-Tal. Von Ulrich Wiesner

Österreich

Kärnten und Steiermark
Vom Großglockner zum steirischen Weinland. Geschichte, Kultur und Landschaft ›Innerösterreichs‹. Von Heinz Held

Salzburg, Salzkammergut, Oberösterreich
Kunst und Kultur auf einer Alpenreise vom Dachstein bis zum Böhmerwald. Von Werner Dettelbacher

Tirol
Nordtirol und Osttirol. Kunstlandschaft und Urlaubsland an Inn und Isel. Von Bernd Fischer

Wien und Umgebung
Kunst, Kultur und Geschichte der Donaumetropole. Von Felix Czeike und Walther Brauneis

Pakistan
Drei Hochkulturen am Indus. Harappa – Gandhara – Die Moguln. Von Tonny Rosiny

Papua-Neuguinea
Niugini. Steinzeit-Kulturen auf dem Weg ins 20. Jahrhundert. Von Heiner Wesemann

Portugal
Vom Algarve zum Minho. Von Hans Strelocke

Rumänien
Schwarzmeerküste – Donaudelta – Moldau – Walachei – Siebenbürgen: Kultur und Geschichte. Von Evi Melas

Die Sahara
Mensch und Natur in der größten Wüste der Erde. Von Gerhard Göttler

Sahel Senegal, Mauretanien, Mali, Niger
Islamische und traditionelle schwarzafrikanische Kultur zwischen Atlantik und Tschadsee. Von Thomas Krings

Die Schweiz
Zwischen Basel und Bodensee · Französische Schweiz · Das Tessin · Graubünden · Vierwaldstätter See · Berner Land · Die großen Städte. Von Gerhard Eckert

Skandinavien – Dänemark, Norwegen, Schweden, Finnland
Kultur, Geschichte, Landschaft. Von Reinhold Dey

Sowjetunion

Kunst in Rußland
Ein Reisebegleiter zu russischen Kunststätten. Von Ewald Behrens

Sowjetischer Orient
Kunst und Kultur, Geschichte und Gegenwart der Völker Mittelasiens. Von Klaus Pander

Spanien

Die Kanarischen Inseln
Inseln des ewigen Frühlings: Teneriffa, Gomera, Hierro, La Palma, Gran Canaria, Fuerteventura, Lanzarote. Von Almut und Frank Rother (DuMont Landschaftsführer)

Katalonien und Andorra
Von den Pyrenäen zum Ebro. Costa Brava – Barcelona – Tarragona – Die Königsklöster. Von Fritz René Allemann und Xenia v. Bahder

Mallorca – Menorca
Ein Begleiter zu den kulturellen Stätten und landschaftlichen Schönheiten der großen Balearen-Inseln. Von Hans Strelocke

Südspanien für Pferdefreunde
Kulturgeschichte des Pferdes von den Höhlenmalereien bis zur Gegenwart. Geschichte der Stierfechterkunst. Von Gerhard Kapitzke

Zentral-Spanien
Kunst und Kultur in Madrid, El Escorial, Toledo und Aranjuez, Avila, Segovia, Alcalá de Henares. Von Anton Dieterich

Sudan
Steinerne Gräber und lebendige Kulturen am Nil. Von Bernhard Streck

Südamerika: präkolumbische Hochkulturen
Kunst der Kolonialzeit. Ein Reisebegleiter zu den Kunststätten in Kolumbien, Ekuador, Peru und Bolivien. Von Hans Helfritz

Syrien
Hochkulturen zwischen Mittelmeer und Arabischer Wüste – 5000 Jahre Geschichte im Spannungsfeld von Orient und Okzident. Von Johannes Odenthal

Thailand und Burma
Tempelanlagen und Königsstädte zwischen Mekong und Indischem Ozean. Von Johanna Dittmar

Tunesien
Karthager, Römer, Araber – Kunst, Kultur und Geschichte am Rande der Wüste. Von Hans Strelocke

USA – Der Südwesten
Indianerkulturen und Naturwunder zwischen Colorado und Rio Grande. Von Werner Rockstroh

»Richtig reisen«

»Richtig reisen«: Algerische Sahara
Reise-Handbuch. Von Ursula und Wolfgang Eckert

»Richtig reisen«: Amsterdam
Von Eddy und Henriette Posthuma de Boer

»Richtig reisen«: Arabische Halbinsel
Saudi-Arabien und Golfstaaten
Reise-Handbuch. Von Gerhard Heck und Manfred Wöbcke

»Richtig reisen«: Australien
Reise-Handbuch. Von Johannes Schultz-Tesmar

»Richtig reisen«: Bahamas
Von Manfred Ph. Obst. Fotos von Werner Lengemann

»Richtig reisen«: Von Bangkok nach Bali
Thailand – Malaysia – Singapur – Indonesien
Reise-Handbuch. Von Manfred Auer

»Richtig reisen«: Berlin
Von Ursula von Kardorff und Helga Sittl

»Richtig reisen«: Budapest
Von Erika Bollweg

»Richtig reisen«: Cuba
Reise-Handbuch. Von Karl-Arnulf Rädecke

»Richtig reisen«: Florida
Von Manfred Ph. Obst. Fotos von Werner Lengemann

»Richtig reisen«: Friaul – Triest – Venetien
Von Eva Bakos

»Richtig reisen«: Griechenland
Delphi, Athen, Peloponnes und Inseln. Von Evi Melas

»Richtig reisen«: Griechische Inseln
Reise-Handbuch. Von Dana Facaros

»Richtig reisen«: Großbritannien
England, Wales, Schottland. Von Rolf Breitenstein

»Richtig reisen«: Hawaii
Von Kurt Jochen Ohlhoff

»Richtig reisen«: Holland
Von Helmut Hetzel

»Richtig reisen«: Hongkong
Mit Macau und Kanton. Von Uli Franz

»Richtig reisen«: Ibiza/Formentera
Von Ursula von Kardorff und Helga Sittl

»Richtig reisen«: Irland
Republik Irland und Nordirland
Von Wolfgang Kuballa

»Richtig reisen«: Istanbul
Von Klaus und Lissi Barisch

»Richtig reisen«: Jamaica
Von Brigitte Geh

»Richtig reisen«: Kairo
Von Peter Wald

»Richtig reisen«: Kalifornien
Von Horst Schmidt-Brümmer und Gudrun Wasmuth

»Richtig reisen«: Kanada und Alaska
Von Ferdi Wenger

»Richtig reisen«: West-Kanada und Alaska
Von Kurt Jochen Ohlhoff

»Richtig reisen«: Kopenhagen
Von Karl-Richard Könnecke

»Richtig reisen«: Kreta
Von Horst Schwartz

»Richtig reisen«: London
Von Klaus Barisch und Peter Sahla

»Richtig reisen«: Los Angeles
Hollywood, Venice, Santa Monica
Von Horst Schmidt-Brümmer

»Richtig reisen«: Madagaskar
Reise-Handbuch. Von Wolfgang Därr

»Richtig reisen«: Malediven
Reise-Handbuch. Von Norbert Schmidt

»Richtig reisen«: Marokko
Reise-Handbuch. Von Michael Köhler

»Richtig reisen«: Mauritius
Reise-Handbuch. Von Wolfgang Därr

»Richtig reisen«: Mexiko und Zentralamerika
Von Thomas Binder

»Richtig reisen«: Moskau
Von Wolfgang Kuballa

»Richtig reisen«: München
Von Hannelore Schütz-Doinet und Brigitte Zander

»Richtig reisen«: Nepal
Kathmandu: Tor zum Nepal-Trekking. Von Dieter Bedenig

»Richtig reisen«: Neu-England
Boston und die Staaten Connecticut, Massachusetts, Rhode Island, Vermont, New Hampshire, Maine
Von Christine Metzger

»Richtig reisen«: New Mexico
Santa Fe – Rio Grande – Taos
Von Gudrun Wasmuth u. Horst Schmidt-Brümmer

»Richtig reisen«: New Orleans
und die Südstaaten Louisiana, Mississippi, Alabama, Tennessee, Georgia
Von Hanne Zens, Horst Schmidt-Brümmer und Gudrun Wasmuth

»Richtig reisen«: New York
Von Gabriele von Arnim und Bruni Mayor

»Richtig reisen«: Nord-Indien
Von Henriette Rouillard

»Richtig reisen«: Norwegen
Von Reinhold Dey

»Richtig reisen«: Paris
Von Ursula von Kardorff und Helga Sittl

»Richtig reisen«: Paris für Feinschmecker
exklusiv. Von Patricia Wells

»Richtig reisen«: Peking und Shanghai
Von Uli Franz

»Richtig reisen«: Rom
Von Birgit Kraatz

»Richtig reisen«: San Francisco
Von Hartmut Gerdes

»Richtig reisen«: Die Schweiz und ihre Städte
Von Antje Ziehr

»Richtig reisen«: Seychellen
Reise-Handbuch. Von Wolfgang Därr

»Richtig reisen«: Sri Lanka
(Ceylon) Von Jochen Siemens

»Richtig reisen«: Südamerika 1
Kolumbien, Ekuador, Peru, Bolivien. Von Thomas Binder

»Richtig reisen«: Südamerika 2
Argentinien, Chile, Uruguay, Paraguay. Von Thomas Binder

»Richtig reisen«: Südamerika 3
Brasilien, Venezuela, die Guayanas. Von Thomas Binder

»Richtig reisen«: Süd-Indien
Von Henriette Rouillard

»Richtig reisen«: Texas
Von Horst Schmidt-Brümmer und Gudrun Wasmuth

»Richtig reisen«: Tunesien
Reise-Handbuch. Von Michael Köhler

»Richtig reisen«: Venedig
Von Eva Bakos

»Richtig reisen«: Wallis
Von Antje Ziehr

»Richtig reisen«: Wien
Wachau, Wienerwald, Burgenland
Von Wolfgang Kuballa und Arno Mayer